浙江省普通本科高校"十四五"重点立项建设教材

数字化
供应链管理

苗青　葛洪磊　王菲　编著

Digital Supply
Chain Management

机械工业出版社
CHINA MACHINE PRESS

本书以数字化供应链管理的决策过程为逻辑安排内容，分为 13 章：数字化供应链管理概述、数字化供应链目标、数字化供应链战略、数字化供应链管理策略、数字化供应链信息流管理、数字化供应链产品流管理、数字化供应链物流管理、数字化供应链资金流管理、数字化供应链商流管理、数字化供应链风险管理、数字化供应链合作关系管理、数字化供应链绩效评价、数字化供应链改进与提升。每一章都从传统供应链管理讲到数字化供应链管理，系统阐述了供应链数字化的实施路径和未来发展趋势。本书基于五星教学模式实现教材与慕课的同步设计，每个章节都包含聚焦任务、展示新知、尝试应用、融会贯通四个部分，形成完整的教学体系，同时深度融入本土化案例和综合实验，运用案例分析、复杂网络、多智能体、系统动力学、运筹优化、系统仿真等方法解决复杂的供应链管理决策问题，具有一定的高阶性、创新性和挑战度。

本书可以作为高等院校物流管理专业和相关专业的教学用书或教学参考书，也可以作为供应链管理人员、供应链理论研究人员和经营管理人员的参考读物。

图书在版编目（CIP）数据

数字化供应链管理 / 苗青，葛洪磊，王菲编著．
北京：机械工业出版社，2025.7. --（高等院校新形态
教材系列）. -- ISBN 978-7-111-78821-8

Ⅰ. F252.1-39

中国国家版本馆 CIP 数据核字第 2025M0H523 号

机械工业出版社（北京市百万庄大街 22 号　邮政编码 100037）
策划编辑：伍　曼　　　　　　　　责任编辑：伍　曼
责任校对：李荣青　李可意　景　飞　　责任印制：常天培
北京联兴盛业印刷股份有限公司印刷
2025 年 9 月第 1 版第 1 次印刷
185mm×260mm・21 印张・506 千字
标准书号：ISBN 978-7-111-78821-8
定价：59.00 元

电话服务　　　　　　　　　　　网络服务
客服电话：010-88361066　　　机 工 官 网：www.cmpbook.com
　　　　　010-88379833　　　机 工 官 博：weibo.com/cmp1952
　　　　　010-68326294　　　金 书 网：www.golden-book.com
封底无防伪标均为盗版　　机工教育服务网：www.cmpedu.com

前　　言

供应链管理是当前跨国公司管理实践的前沿，也是专家学者研究的热点，代表了未来管理的发展方向，融合了商业模式、采购管理、生产运营管理、库存管理、财务管理、物流管理、市场营销、契约经济学、博弈论等众多领域的内容，是在新的视野下对这些内容的重构与整合，是经济管理类学习者应该学习和掌握的内容。国外很多高校都设有供应链管理专业，供应链管理也是国外最推荐的大学专业之一。2018年，我国本科院校开始开设供应链管理专业并实现招生，供应链管理专业属于新文科专业，是当前的热门专业。

在国内，供应链管理越来越受到政府和企业的重视。2017年10月，党的十九大报告明确提出，在中高端消费、创新引领、绿色低碳、共享经济、现代供应链、人力资本服务等领域培育新增长点、形成新动能。同年，国务院办公厅印发了《关于积极推进供应链创新与应用的指导意见》。2022年10月，党的二十大报告明确提出要着力提升产业链供应链韧性和安全水平。2024年7月，党的二十届三中全会提出要健全提升产业链供应链韧性和安全水平制度，抓紧打造自主可控的产业链供应链。在这一背景下，我国对供应链管理人才的需求将出现快速增长。

习近平总书记指出，要推动制造业加速向数字化、网络化、智能化发展，提高产业链供应链稳定性和现代化水平。目前，虽然以物联网、大数据、人工智能等为代表的新兴技术与供应链深度融合，数字化新场景层出不穷，但相关教材较少。本团队立足我国先进企业供应链数字化的最佳实践，基于多年学术研究与企业调研，编写了这本《数字化供应链管理》新形态教材。

本书以数字化供应链管理的决策过程为逻辑安排内容，分为13章：数字化供应链管理概述、数字化供应链目标、数字化供应链战略、数字化供应链管理策略、数字化供应链信息流管理、数字化供应链产品流管理、数字化供应链物流管理、数字化供应链资金流管理、数字化供应链商流管理、数字化供应链风险管理、数字化供应链合作关系管理、数字化供应链绩效评价、数字化供应链改进与提升。通过学习本书，读者可以系统、完整地了解数字化供应链管理的决策过程、理论、方法、技术、模式与模型。每一章都从传统供应链管理讲到数字化供应链管理，系统阐述了供应链数字化的实施路径和未来发展趋势。

本书在相关章节的"融会贯通"部分融入了10个综合实验，与理论内容相匹配，实现了理实融合。10个综合实验包括：供应链复杂网络分析实验、供应链战略设计仿真实验、啤酒游戏实验、供应链牛鞭效应的系统动力学仿真实验、供应链物流系统优化实验、供应链数字孪生仿真实验、供应链资金流仿真实验、供应链风险分析仿真实验、供应链绩效评价仿真实验、全球供应链优化与仿真实验。这些实验使用 Gephi、AnyLogic、anyLogistix 等软件，运用复杂网络、智能体建模、系统动力学、运筹优化、系统仿真等方法，解决复杂的供应链管理决策问题，具有一定的高阶性、创新性和挑战度。10 个综合实验的操作步骤在本书配套的线上慕课中均有详细的介绍，并配有学生的数字化实验成果展示。

本书具有以下几个特色。

（1）基于五星教学模式。本书基于五星教学模式，每个章节都包含聚焦任务、展示新知、尝试应用、融会贯通四个部分，自然形成了四个教学阶段，既有利于读者自学，又实现了教学模式的显性化和教学过程的模块化。配套的慕课和线上、线下教学课件也是基于五星教学模式进行设计的，因此这一教学模式便于其他老师理解和复制，进而开展线上、线下混合式教学，在各个教学阶段分别实现线上和线下教学内容及呈现方式、教学方法、课程思政、课程考核等教学要素的全过程融合。

（2）完整融合实践体系。本书在每个章节的"尝试应用"部分设置了实践调研任务，将这些任务贯穿起来，就可以形成对一个现实供应链管理决策的完整调研报告。本书针对高阶性内容和产业数字化、智能化的需求，自主设计了 10 个综合实验，综合运用多种优化仿真方法，解决复杂的供应链管理决策问题，很好地实现了理实融合。同时，本书还展示了学生实验的优秀数字化学习成果，激发学生的学习兴趣，提升学生的学习成就感。

（3）生动展现中国故事。本书提供了上百个国内优秀企业供应链管理案例，全面展现了人工智能、大数据、云计算等现代信息技术在供应链管理决策中的实践应用，树立了中国供应链管理的特色旗帜。

（4）广泛利用线上资源。本书广泛利用二维码扩充纸质教材物理承载空间，链接教学视频、经典知识、前沿知识、案例资料、知识图谱、云平台实验项目、学生优秀学习成果等教学资源包，实现与云端的结合。此外，本书与学银在线自建《供应链管理》慕课的知识图谱相关联，实现从教材知识图谱到云端资源的动态、无缝链接。

使用本书时，读者可以借助国家高等教育智慧教育平台或学银在线葛洪磊老师主讲的《供应链管理》慕课进行线上自主学习，教师则可以基于五星教学模式进行线上、线下混合式教学。国家高等教育智慧教育平台《供应链管理》慕课网址：https://higher.smartedu.cn/course/630bee251fdc0303f43ac73c。在学银在线的课程首页，可以查看本书的知识图谱。

苗青撰写了本书第 2、4、10、11、12 章的部分内容，葛洪磊撰写了第 1、2、6、7、10、13 章的部分内容，王菲撰写了第 2、3、5、8、9、12、13 章的部分内容。全书由葛洪磊统稿。本书在写作过程中引用了大量的文献、资料、实例，作者已经尽可能将参考文献和资料来源列出，在此对这些研究者表示衷心的感谢，但是出于多方面原因，疏漏在所难免，在此先行表示歉意。本书还得到了一些专家和学者的宝贵意见，这里一并表示感谢。此外，本书得到了浙江省普通本科高校"十四五"第二批新工科、新医科、新农科、新文科重点教材项目，2025 年全国高校、职业院校物流教改教研课题（JZW2025010），浙江省高等教育学会 2025 年度高等教育研究课题（KT2025334）等课题的立项支持，在此表示感谢。最后，感谢机械工业出版社的编辑团队，他们工作严谨细致、精益求精，为本书的出版付出了大量精力。

　　本书可以作为高等院校物流管理专业和相关专业的教学用书或教学参考书，也可以作为供应链管理人员、供应链理论研究人员和经营管理人员的参考读物。

　　供应链管理的研究与实践不断发展，新的思想、观念、方法和技术不断涌现。虽然我们已经尽力将其最新的发展包含在内，但由于编写水平有限，书中肯定存在不足之处，恳请读者和专家批评指正。你可以在《供应链管理》慕课首页的"师生互答"界面留言，也可以发送邮件给 gehonglei33@126.com，还可以加入 QQ 群（群号：892697717）。我们会积极响应，尽早回复，谢谢。

目 录

第1章 数字化供应链管理概述

○ **聚焦任务**

1. 识别一条供应链，包括其产品、最终客户、核心企业、主要节点企业。
2. 使用多种方式和工具绘制供应链的网络结构图。
3. 区分供应链的类型。
4. 描述供应链管理的主要工作与职能。
5. 描述数字化供应链管理的特征。
6. 设计供应链数字化转型的路径与模式。

▲ **知识点**

供应链、核心企业、供应链结构图、V型供应链、A型供应链、T型供应链、供应链管理、数字化供应链、供应链数字化转型、数字化供应链管理、供应链数字化管理

▲ **知识图谱**

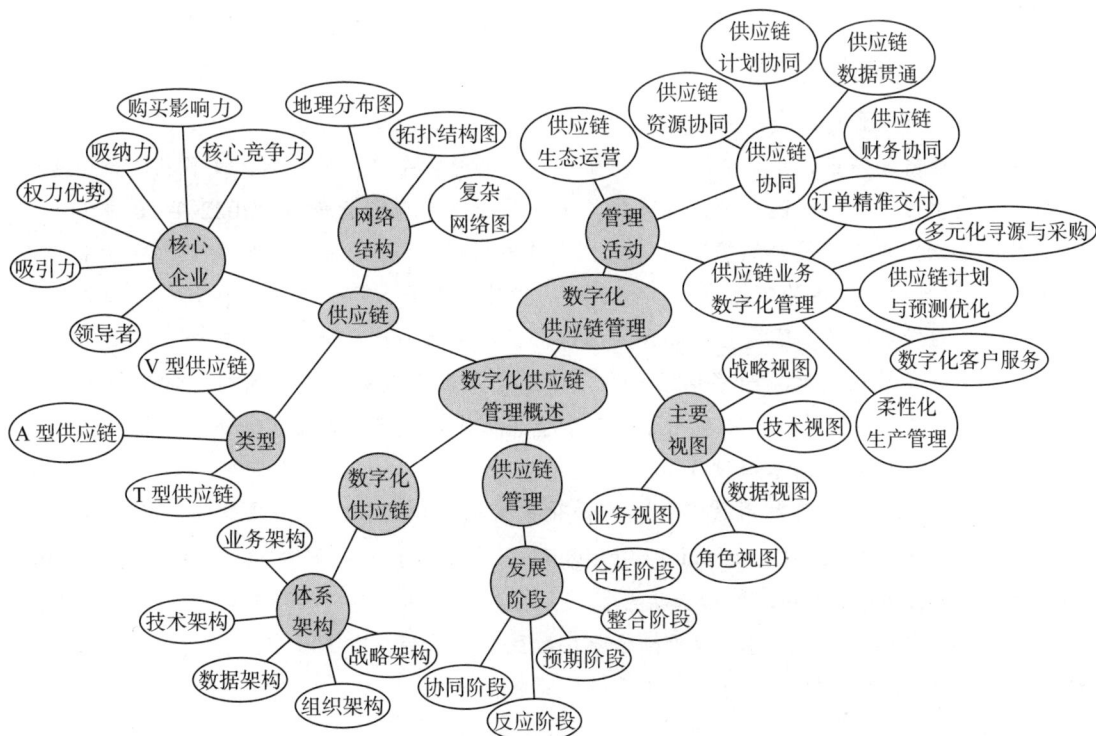

1.1　供应链概述

资料 1-1　钢铁与家电供应链

家电产品涨价潮

2021 年新年伊始，国内众多家电品牌纷纷向经销商发出涨价通知。海尔自 2021 年 1 月下旬起，将热水器价格上调 5%～20%；TCL 自 1 月 15 日起，全面上调白电产品价格，涨幅为 5%～15%；奥克斯自 2 月 1 日起，将空调柜机价格上调 200 元，挂机价格上调 100 元。2021 年，海信、海尔、TCL、格力、奥克斯、美的、创维等家电龙头企业多次上调价格。这一轮家电涨价，从上游的原材料供应商到下游的苏宁、京东等零售终端，最终转嫁到了消费市场。

家电产品涨价原因剖析

从成本结构来看，原材料约占家电成本的 70%～80%。家电产品涨价的主要原因是原材料价格的持续上涨。2021 年上半年以来，工业大宗材料市场价格波动明显，且呈现涨价幅度大、连续上涨的特点。塑料、压缩机、纸箱、泡沫以及钢板、铜管等原材料价格均大幅上涨。据宁波市家电行业协会统计，这一轮原材料价格上涨始于 2020 年 10 月，2021 年 3—5 月达到高峰。以家电产业常用的几种原材料为例，铜的涨幅接近 65%，铝和 ABS 塑料的涨幅均超过 50%。以钢材为例，2021 年，宝钢、河钢、沙钢以及鞍钢等钢铁巨头企业多次调高出厂价格。2021 年，CSPI 国内钢材价格指数平均值为 142.03 点，较上年同期增长 36.46 点，增幅达 34.53%。国内钢材价格上涨的重要原因是进口铁矿石价格的上涨。中国的铁矿主要进口来源国是澳大利亚和巴西，主要供应商是力拓、必和必拓和淡水河谷等企业。2021 年，澳大利亚和巴西的铁矿石占中国铁矿石总进口的 82.75%，其中澳大利亚占 61.65%，巴西占 21.10%。2021 年，进口铁矿石平均每吨价格为 1162 元，而 2020 年仅为 703 元。

数字化赋能家电供应链

近年来，家电企业大多陷入存量市场的激烈竞争，新冠疫情冲击、房市低迷、原材料上涨以及裁员降薪等因素，让整个家电行业面临重重困境。在这种背景下，许多家电企业通过数字化赋能供应链，以突破困境，提升用户服务质量和供应链竞争力。2022 年 10 月 11 日，世界经济论坛宣布美的厨热顺德工厂入选"全球灯塔网络"。至此，美的旗下已有 5 家"灯塔工厂"，包括此前入围的家用空调广州工厂、微波炉顺德工厂、洗衣机合肥工厂和冰箱荆州工厂。美的厨热顺德工厂是全球最大的洗碗机生产基地，年产量达 600 万台，产品销往全球 145 个国家和地区。世界经济论坛表示，该工厂为满足在更短交货期内交付高质量产品的需求，在"端到端"价值链中应用了人工智能、数字孪生等第四次工业革命技术。通过应用这些技术，单位生产成本降低了 24%，交付时间缩短了 41%，研发时间缩短了 30%，缺陷率降低了 51%。该工厂利用数字化、智能化技术赋能供应商，提升来料合格率，降低供应商库存。例如，利用 AI（artificial intelligence，人工智能）视觉和 SCADA（supervisory control and data acquisition，数据采集与监控）技术赋能供应商，实现核心零部件的智能检验和关键参数的智能控制；通过智能排程与供应商协同平台，对 300 多家核心供应商的库存进行在线化管理，提高供应齐套率，降低供应商库存。

问题：

（1）价格上涨如何从铁矿石传递到家电？

（2）淡水河谷、宝钢、美的、苏宁之间是什么关系？它们形成了什么样的组织形态？

（3）淡水河谷、宝钢、美的、苏宁是通过什么联系在一起的？

（4）淡水河谷、宝钢、美的、苏宁形成的组织的最终目的是什么？

（5）美的是通过什么方式提升供应链竞争力的？

资料来源：

1. 罗晨，《原材料成本增加 头部家电品牌四季度领涨 15%》，2021-09-30。

2. 雪球，《家电"涨价潮"来袭，苏宁易购：稳供不涨价》，2021-03-02。

3. 智研咨询，《2021 年国际及中国钢材价格走势、价格变化因素及后期钢材价格走势分析》，2022-04-05。

4. 李昱丞、王镜茹，《再添 1 家灯塔工厂！美的累计拥有 5 家，灯塔效应外溢明显》，2022-10-12。

1.1.1　供应链的定义

淡水河谷、宝钢、海尔、苏宁之间通过供应与需求关系，以产品流、物流、信息流、资金流、商流为媒介，形成了创造家电产品价值的网络组织，这一网络组织就是供应链。因此，供应链就是围绕核心企业，通过对产品流、物流、信息流、资金流和商流的控制，从采购原材料开始，到制成中间产品以及最终产品，最后由销售网络把产品送到消费者手中的，将供应商、制造商、分销商、零售商、最终客户连成一个整体的增值网络。

不同的研究机构和学者对供应链给出了不同的定义，几种典型的供应链的定义如表 1-1 所示。

表 1-1　几种典型的供应链的定义

研究机构或学者	定义
《中华人民共和国国家标准：物流术语》（GB/T 18354—2021）	生产及流通过程中，围绕核心企业的核心产品或服务，由所涉及的原材料供应商、制造商、分销商、零售商直到最终用户等形成的网链结构
全球供应链论坛（Global Supply Chain Forum，GSCF）	从最初的供应商到最终用户的一系列产品、服务、信息等为用户和利益相关者价值增值关键过程的集成
美国运营管理协会（American Production and Inventory Control Society，APICS）	由企业内部和外部为顾客制造产品和提供服务的各职能部门所形成的价值链
马士华、林勇（2016）	围绕核心企业，通过对信息流、物流、资金流的控制，从采购原材料开始，制成中间产品（零部件）以及最终产品，最后由销售网络把产品送到消费者手中的，将供应商、制造商、分销商、零售商、物流服务商直到最终用户连成一个整体的增值网络
张相斌等（2020）	由直接或间接地履行顾客需求的各企业组成，通过对信息流、物流、资金流的控制，将相关的供应商、制造商、物流服务商和销售商等有效地结合成一个整体所形成的网链型企业组织

供应链的定义虽然不同，但都强调以下几个方面。①供应链是一种网络组织。供应链的结构组成和成员间的竞合关系越来越复杂，已由链条式供应链扩展为以核心企业为中心的网络式供应链（单供应链网络），进而演化为由多个单供应链网络构成的复杂供应链网络。②供应链是一种增值网络。供应链实质上是一条物料在传递过程中不断增值的价值链，是由供应商价值链、企业内部价值链、客户价值链组成的扩展价值链。③供应链的媒介包括产品流、物流、信息流、资金流和商流等各种物质与业务形态，并且这些流是相互关联的，而不

是独立的。其中，产品流的功能是根据客户的需求将多种原材料或零部件转化为新的产品或服务，包括产品的设计开发、生产制造等过程；物流的功能是实现产品时间、空间和尺寸的改变与转移，包括仓储、库存、运输、包装、分类等活动；信息流的功能是实现供应链节点企业间信息的传递和交互，包括信息的收集、传输、加工、储存等活动；资金流的功能是实现供应链节点企业间资金的支付，包括资金的获取、支付、使用等；商流的功能是实现供应链节点企业间商品或服务的交易和产权的转移，包括交易信息调查、交易契约签订、交易履行、交易纠纷解决等活动。④供应链中的节点企业除了核心企业之外，还包括各类上游、下游企业，除了以上定义列举的各类原材料供应商、零部件供应商、制造商、分销商、零售商、物流服务商之外，还包括信息服务商、技术提供商、广告媒体服务商、电商平台、资金提供商，乃至于人才提供商等参与产品流、物流、信息流、资金流、商流等活动的各类节点企业。因此，参与了为最终客户创造价值的上下游节点企业都隶属于供应链网络。⑤供应链是基于特定产品和服务的供应链。同一个企业生产不同产品或提供不同服务时，其产品和服务的价值、上游供应商、下游客户都可能存在较大差异，此时就存在不同的供应链。以海尔为例，其家电供应链和医疗设备供应链就属于两条完全不同的供应链；而对于海尔家电供应链来讲，大家电供应链与小家电供应链、白色家电供应链与黑色家电供应链，乃至空调供应链与冰箱供应链都有所不同。因此，从严格意义上讲，以特定企业的特定产品来界定供应链更加合理，比如海尔的空调供应链。

综上所述，供应链就是围绕核心企业，通过对产品流、物流、信息流、资金流和商流的控制，涉及将产品或服务提供给最终客户的上游与下游企业，所形成的增值网络。

知识解析

1.1.2　供应链核心企业

既然一条供应链往往围绕一个核心企业而建立，那么什么样的企业才是供应链核心企业呢？供应链核心企业一般具有以下特征。

（1）供应链核心企业是供应链的领导者。可以认为，供应链核心企业是供应链的领导者（leader），非核心企业则是供应链的跟随者（follower）。供应链的领导者与其他供应链成员相比，在领导的思维方式、责任范围、合作方式与承诺方式四个维度上具有更高的层次。这些企业往往具有更大的影响力，主导供应链的发展愿景与供应链的合作关系。而供应链跟随者则承认领导者的领导地位，服从供应链领导者的一些决策。

（2）供应链核心企业是供应链核心竞争力的决定者。一个企业要想成为供应链核心企业，一般应该具备如下条件：①掌握供应链的瓶颈约束资源（技术、市场、原始资源、信息等）；②决定供应链的运行节拍与效率；③能够有效胜任供应链的产品流、物流、信息流、资金流、商流的组织协调工作；④能够实现供应链核心竞争优势并能够为供应链成员带来更多利益。因此，在供应链竞争中，核心企业掌握着供应链的核心瓶颈资源，以自身瓶颈资源的产销率决定供应链的节拍，承担着供应链组织者与协调者的功能，协调供应链网络中各个节点企业的运作，挖掘供应链潜力并实现优势集成，是供应链的物流集散中心、运作调度中心和信息处理中心。

（3）供应链核心企业决定了最终客户的购买行为。供应链核心企业往往能够完整地了解和把握客户需求，并通过供应链的管理和协调为最终客户创造完整的客户价值，因此它决定了最终客户的购买行为。最终客户之所以购买该供应链提供的产品或服务，往往是因为"看中了"供应链核心企业，而不太在意其他节点企业。比如，当消费者购买某品牌的家电产品时，主要关注的是该家电核心企业，而不太在乎该家电产品使用的是哪个供应商的钢材，以及哪个供应商的零部件等。当然，当产品或服务存在问题时，供应链核心企业往往需要为此负首要责任，所受的冲击也最大。

（4）供应链核心企业是在供应链中享有权力优势地位的企业。权力指的是一个人或组织对其他人或组织的影响能力。在社会交往中两个交往实体的权力，是由双方相对依赖程度来决定的，权力反映的是双方关系中的一方影响另一方而使另一方附和自己的能力。供应链中的权力可以定义为供应链中一个企业影响另一个企业的决策与行动的能力。供应链核心企业对非核心企业决策与行动的影响能力相对较大，在供应链中享有权力优势地位。从供应链角度来说，满足以下条件之一的成员在供应链中享有权力优势地位：①大部分渠道成员需要依靠它生存；②控制着主要财力资源；③最接近消费者或者控制销售渠道；④拥有某种核心技术优势；⑤是渠道中产品和服务的主要提供者。

（5）供应链核心企业是供应链中具有强劲吸引力与吸纳力的企业。供应链被有些人看作一种动态联盟。既然是联盟，就应有一个处于盟主地位的企业。这个企业应具有一种吸引其他企业加盟的力量，能使其他企业认为加入这个供应链是有利可图的，这样才能使供应链不断延伸和发展。供应链核心企业应该对其他非核心企业具有强劲的吸引力和吸纳力，使得其他企业进入供应链有利可图。作为供应链上的其他企业来说，为了自己的利益，必然会对加入供应链的获益情况做一个判断。如果有利于企业的发展，这些企业就愿意加入供应链，反之则会将自己有限的资源投向更能获利的其他供应链中。

需要注意的是，供应链核心企业未必全部具备以上 5 个特征，但是往往具备其中几个特征。

供应链核心企业可以是制造企业，如阿迪达斯、丰田汽车；也可以是零售企业，如沃尔玛、京东；还可以是关键零部件供应商，如英特尔；还可以是产品设计与品牌商，如苹果公司；还可以是供应链管理服务提供商，如怡亚通。

资料1-2　丰田的 TPS

在汽车行业，丰田最为人称道的是其丰田生产体系（Toyota production system，TPS）。TPS 的核心理念是精益生产，即在必要的时间，按照必要的数量，生产出必要的产品。这种生产模式为丰田在全球市场的成功奠定了坚实基础。

TPS 采用以订单和需求为导向的生产模式，通过消除供应链上下游的各种浪费来降低成本。这些浪费包括订单处理的冗余、运输过程中的低效、谈判过程中的时间损耗、库存积压以及零部件质量问题或交货期不准确所导致的额外成本等。与传统的生产方式不同，TPS 摒弃了"大而全"或"小而全"的模式，构建了一个以制造商为核心、以精益化为特征的供应链体系。

在这个体系中，供应链上的企业之间深度合作、优势互补，形成了紧密的战略联盟关系。

资料来源：

成熙.供应链核心企业的成因、边界及演化研究 [D].广州：华南理工大学，2012.

1.1.3　供应链网络结构

1. 供应链网络结构一般模型

根据以上供应链的定义，供应链的网络拓扑结构模型如图 1-1 所示。

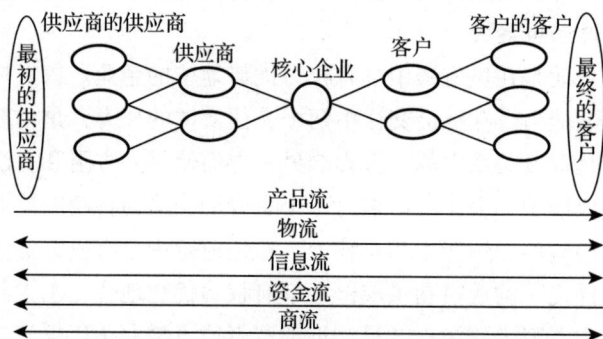

图 1-1　供应链的网络拓扑结构模型

资料来源：邓明荣，葛洪磊.供应链管理：战略与实务 [M].北京：机械工业出版社，2012.

可见，供应链由所有加盟的节点企业组成，这些节点企业中一般有一个核心企业。核心企业上游有各级供应商，这里的供应商不仅包括零部件和原材料供应商，还包括物流服务商、信息服务商、技术提供商、广告媒体服务商、资金提供商、电商平台、人才提供商等参与产品流、物流、信息流、资金流、商流等活动的各类节点企业。核心企业下游有各级客户或渠道商，如批发商、分销商、零售商等，以及最终的客户。

知识解析

● 资料 1-3　智能手机供应链的节点企业

智能手机供应链主要包含五大主体：品牌制造商、原料供应商、零部件供应商、合同制造商以及分销商 / 零售商，它们分别对应研发、采购、制造、代工和分销 / 零售等环节。供应链的起点是领先企业，它们提供市场知识、知识产权、系统集成以及品牌名称，其价值体现在质量、创新和客户服务方面的声誉，随后根据设计方案寻找合适的供应商。原料供应商会将生产零部件所需的原材料交给零部件供应商。大部分零部件本身是复杂的系统，其制造过程需要分工和组装，因此零部件供应商会将生产零部件所需的组件依次交给子组装商，以完成零部件的最终组装。接下来是代工环节，即合同制造（contract manufacturing，CM）或电子制造服务（electronic manufacturing service，EMS）环节。随着电子行业新兴劳动分工的出现，产品创新与制造逐渐分离，由此催生了基于全球网络的大规模合同制造模式。以往的垂直整合型领先企业、品牌商和初创企业纷纷在全球建立离岸生产线，实现制造的外包、分包和转包。在这一环节中，合同制造商主要负责 OEM（original equipment manufacture，原始设备制造商）业务，或根据订单承接 ODM（original design manufacture，原始设计商）业务。最后是智能手机的分销与零售环节。根据市场情况，智能手机的直接客户通常是分销商或运营商，他们越来越依赖在主要市场建立品牌知名度，从而获得品牌溢价。最终，通过线上或线下的零售方式将产品销售给消费者，完成智能手机供应链的终端输出。

资料来源：
刘清，杨永春，蒋小荣 . 全球价值生产的空间组织：以苹果手机供应链为例 [J]. 地理研究，2020，39（12）：2743-2762.

除了给出供应链网络拓扑结构图之外，还可以使用供应链网络地理分布图，将供应链节点企业放在地理分布图中，以表达供应链不同节点的地理分布。

当供应链节点企业特别多时，可以使用复杂网络的相关理论和工具（如 Pajek、UCINET、NetworkX、NetMiner、Gephi）来表达供应链网络。

2. 绘制供应链网络结构图

绘制供应链网络结构图，可以参考以下几个步骤。

（1）选择需要分析的企业。供应链是由节点企业组成的，因此没有企业就没有供应链。大多数情况下，我们首先需要选择一个核心企业。

（2）确定企业提供的主要产品或服务。我们在供应链的定义中提到过，供应链是基于产品或服务的供应链，一个企业由于提供多种差异性很大的产品和服务，就会处于多条差异性很大的供应链上。因此，需要确定我们要分析该企业哪一种产品或服务的供应链。

（3）罗列该企业的上下游节点企业。此时需要查询该企业的供应商名录和客户名录，并尽可能罗列与该企业有业务往来的企业。

（4）基于分析目的筛选节点企业。一个企业，特别是大型企业，与它有业务往来的企业非常多，可能有成千上万个。如果把所有相关联企业都放到供应链网络中，那么供应链网络结构会非常复杂，反而会对我们分析特定问题造成障碍。所以，需要根据分析目的对供应链节点企业进行筛选。比如当分析供应链物流系统时，就不需要考虑技术供应商、人才供应商、广告媒体服务商等。

（5）基于节点企业在供应链中的地位和作用进一步筛选关键节点企业。对于供应链节点企业来讲，它们往往符合 80/20 法则，即 20% 的节点企业对供应链的目标、战略、运营与绩效具有 80% 的影响。因此，需要基于节点企业在供应链中的地位和作用进一步将重要的节点企业筛选出来，并将这些节点企业纳入供应链网络中。

（6）绘制供应链网络拓扑结构图、地理分布图或使用复杂网络的相关工具绘制复杂网络图。

（7）根据分析需要和供应链动态发展，动态调整供应链节点企业和供应链网络结构图。

◎ 资料1-4　绘制苹果手机供应链网络结构图

1.选择需要分析的企业：苹果公司。

2.确定苹果公司的一种主要产品：智能手机。

3.罗列苹果公司的上下游节点企业。获取节点企业数据的方式有三种。

（1）从苹果公司官网（https://www.apple.com）下载供应商名录。

（2）查阅世界企业数据库、亚太企业数据库以及苹果公司供应链相关研究报告。

（3）从 iSuppli 和 Portelligent 公司获取不同型号 iPhone 的拆机报告和物料清单。

4.基于分析目的筛选节点企业。本研究主要分析苹果手机供应链中零部件供应与生产的空间分布，因此不涉及物流服务商、技术合作伙伴、广告媒体服务商、银行等节点企业。但若分析目的改变，这些节点企业可能会被纳入考虑范围。

5.基于节点企业在供应链中的地位和作用进一步筛选关键节点企业。按行业标准与价值分配将苹果手机零部件分类，然后根据采购价格估值筛选关键节点企业。

6.绘制苹果手机供应链网络拓扑结构图，如图1-2所示。

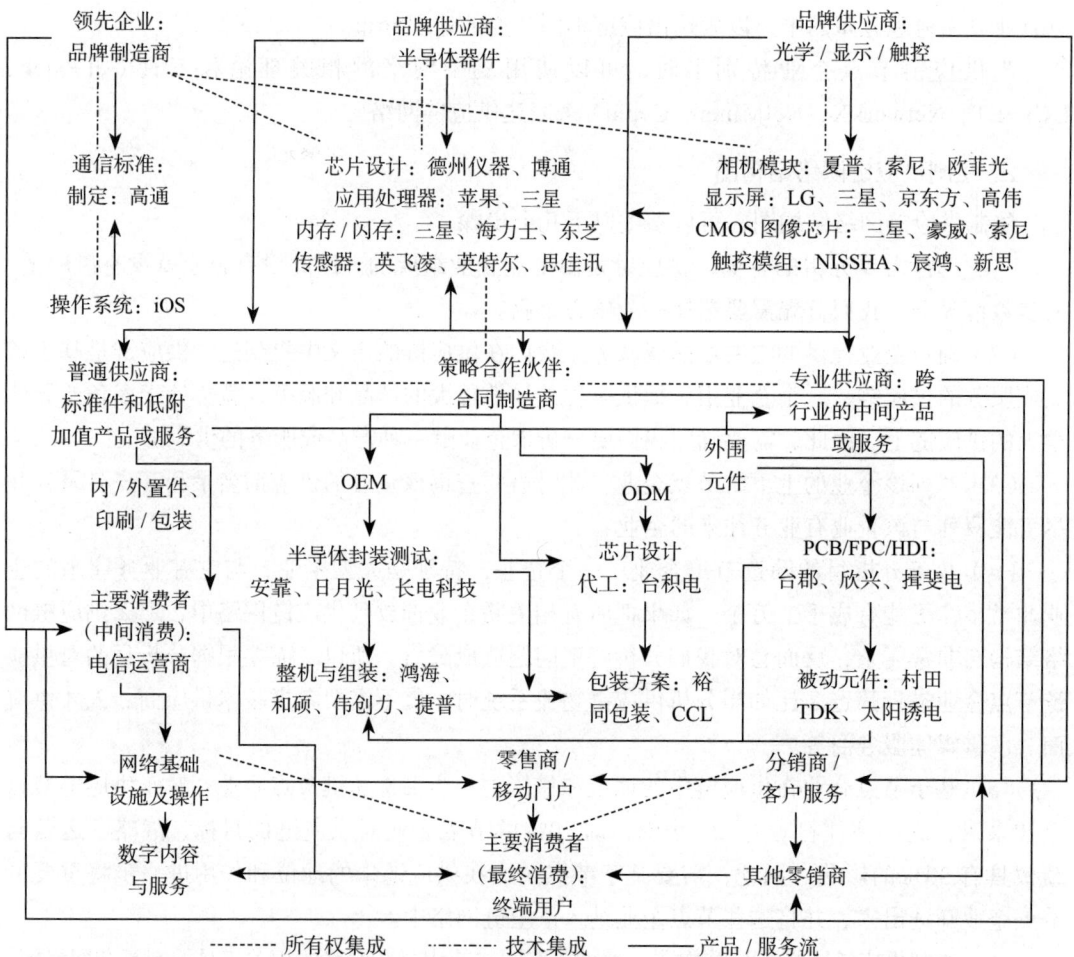

图 1-2　苹果手机供应链网络拓扑结构图

7. 根据分析需要和供应链动态发展，动态调整供应链节点企业和供应链网络结构图。

资料来源：

刘清，杨永春，蒋小荣．全球价值生产的空间组织：以苹果手机供应链为例 [J]．地理研究，2020，39（12）：2743-2762．

1.1.4 供应链的类型

按照供应链上企业的层次关系和物理结构，可以将供应链大致划分为发散型的 V 型供应链、汇聚型的 A 型供应链和介于两者之间的 T 型供应链。

（1）V 型供应链。在 V 型供应链中，原材料比较单一，但生产加工成的半成品和成品纷繁复杂，因此生产中间产品的企业要多于供应商，如石油、化工、造纸和纺织等企业。很多企业生产的产品是下一级更多企业的原料。企业的上下游关系是由企业所生产的产品在加工流程中的位置所决定的。

在这类供应链中，企业往往业务复杂、库存占用资金较多，关注的是生产能力的设置、库存控制方式、生产加工的深度和产品种类等。由订单驱动的控制系统不太适合这样的企业。这种供应链也常常围绕本地业务而不是全球战略展开。对这些 V 型供应链来说，计划和调度的重点是对关键性的内部能力瓶颈进行合理安排，生产和库存计划最好由供应链成员统一设置。

（2）A 型供应链。A 型供应链与 V 型供应链相反，其中的核心企业为了满足供应链最终客户的需求，需要从许多供应商处采购大量的物料，形成一个汇聚型的供应链，如飞机制造业、汽车工业、重工业等行业内的企业。它们的业务常常是由客户订单驱动的。由于市场交货期的压力，它们关注的重点是通过生产的排序计划确保重要装配节点上的物流同步，采用 MRP（material requirement planning，物资需求计划）/ERP（enterprise resource planning，企业资源计划）等先进的计划系统来优化计划以及通过增加公用件、标准件的使用来降低成本。

A 型供应链主要考虑的是交货提前期和成本的压力，因此重点要考虑各企业的生产协调和原料、零件以及半成品的供应时间和数量，尤其要识别关键路径，确保关键路径上的供应链成员紧密联系和合作。

（3）T 型供应链。T 型供应链介于 V 型和 A 型之间，需要从一定数量的供应商处采购大量的物料，处理、加工成各种构件、套件和其他产品，供给大量的最终客户或合作伙伴，如医药保健品、汽车配件、电子产品、食品饮料等行业中的供应链。这种供应链在现在和将来都面临着最大的挑战，因为既要关注各类客户不同的需求，又要加强生产过程的协作优化。

这类供应链中的企业往往需要花费很大精力设计供应链解决方案，对客户的需求进行预测，此外还要对各个环节进行整体协调，确定生产和促销的地点、物流的方式，按相似产品系列对产品进行汇集，减少产品品种，利用先进的计划工具来缩短提前期、降低库存水平、维护和加强供应链的运作效率。

知识解析

1.2   供应链管理概述

⊙ 资料1-5   华为的供应链管理

华为从一家深圳的普通民营企业，经过30多年的发展，已经成为全球知名的科技巨头，甚至让美国政府产生了危机感。在2020年《财富》世界500强榜单中，华为排名第49位，仅次于亚马逊、苹果、三星、谷歌、微软等顶尖高科技公司，成为全球领先的中国企业。

1997年之前，华为经历了10年的快速成长和粗放式管理，销售额达到41亿元人民币，成为一家中型企业。从1997年开始，华为引入了甲骨文（Oracle）的MRP II（manufacturing resource plan，制造资源计划）系统，初步建立了IT管理系统的雏形，为数字化转型奠定了基础。1999—2003年，华为进入集成供应链建设阶段，将中国总部的不同职能部门和供应链各环节连接了起来。2005—2007年，华为进入全球化供应链建设阶段，通过全球化的IT系统将总部与海外各地区的职能组织连接了起来。2008—2011年，华为打通了所有供应链环节，建立了海外多供应中心，实现了国际化与本地化的一体化管理，真正实现了全球化。2012年起，华为终端建立了独立于To B业务的供应链管理体系，并进行了终端供应链变革。2015年至今，华为持续升级供应链和采购流程、IT系统等，不断推动供应链变革。

在华为内部，供应链被视为核心竞争力之一，企业间的竞争本质上是供应链之间的竞争。华为的供应链涵盖了从战略合作伙伴联合研发新技术，到零部件供应、分析客户需求、产品代工、制订解决方案、系统集成、物流交付、工程安装和售后服务等各个环节的全面协同合作。华为的供应链以及国际化的供应链管理团队，构成了公司的核心竞争力。

华为有三大战略事业部：运营商BG（business group，业务群）、企业网BG和消费者BG。在组织设计上，华为针对不同客户类别和业务模式设置了不同的供应链管理部门。华为的供应链管理组织是一个由IT支撑的、通过业务流程化和系统化管理的体制，它结合了集中控制和分层管理。

华为To B的供应链管理部门主要面向运营商业务，其前身是华为的供应链管理部门，现更名为"首席供应官"。该部门包括采购认证部（负责供应商管理、审核、认证等）、制造部（负责产品生产、新产品导入等）和供应链管理部。供应链管理部下设集成计划部（负责制订项目和产品需求计划）、生产计划与采购履行部（负责制订MRP和执行采购订单）、物流部（负责物流运输、交付、仓储服务）以及全球供应中心等服务部门。

华为To C的供应链管理部门主要面向消费者业务，被称为集成交付管理部，包括计划部、采购认证部、订单履行部、物流部和地区供应中心等。制造部是独立的，不在集成交付管理部管理范围内。华为的自制工厂和EMS外包工厂由制造部和采购认证部共同管理。

针对终端业务的特点，华为终端公司提出构建敏捷、智能的数字化供应链，以提供极致体验和实现持续增长。具体要求包括：敏捷交付，布局全球网络，建立国家维度的销售供应链，实现以销定产；提供极致体验，包括供应商在早期介入、联合创新，以及为消费者提供多渠道、全场景服务；满足差异化，满足消费者个性化需求，支持新零售模式；加强对产业链的创新与掌控，对战略器件进行提前布局，对紧缺部件进行排他性合作；打造精益和数字化的全球运营体系，培养一流的人才队伍，建立风险预警和管控机制。

经过多年努力，华为终端的供应链在芯片研发、计划、采购供应、智能制造和智能物流等领域取得了显著进步。华为供应商管控能力显著提升，库存周转率从 2012 年的 6 次提升到 2018 年的 10 次，库存周转天数从 60 天降至 36 天，供应链管理能力大幅提升。

问题：

（1）华为在供应链中扮演什么角色？

（2）华为建立了哪些供应链管理部门？

（3）华为的供应链管理部门开展了哪些供应链管理工作？

（4）数字化在华为的供应链管理中起了什么作用？

资料来源：

辛童 . 华为供应链管理与变革给中国产业链发展的启示 [J]. 中国经济评论，2021（2）：68-73.

1.2.1　供应链管理的定义

从华为的管理实践可以得出供应链管理的概念，供应链管理就是以提升客户价值为目标，对供应链的物流、信息流、资金流和商流进行优化和协同，实现供应链的持续改进。

不同的研究机构和学者对供应链管理给出了不同的定义，几种典型的供应链管理的定义如表 1-2 所示。

表 1-2　几种典型的供应链管理的定义

研究机构或学者	定义
《中华人民共和国国家标准：物流术语》（GB/T 18354—2021）	从供应链整体目标出发，对供应链中采购、生产、销售各环节的商流、物流、信息流及资金流进行统一计划、组织、协调、控制的活动和过程
国际供应链理事会（Supply Chain Council，SCC）	为了生产和提供最终产品，从供应商的供应商到客户的客户的一切努力
供应链管理专业协会（Council of Supply Chain Management Professionals，CSCMP）	包括对涉及采购、外包、转化等过程的全部计划和管理活动以及全部的物流管理活动，其中包括与渠道伙伴之间的协调和协作，涉及供应商、中间商、第三方服务供应商和客户
日本供应链管理研究会	将整个供应链上各个环节的业务看作一个完整的、集成的流程，以提高产品和服务的客户价值为目标，跨越企业边界所使用的流程整体优化管理方法的总称
马士华、林勇（2018）	使以核心企业为中心的供应链运作达到最优化，以最少的成本，让供应链从采购开始，到满足最终客户的所有过程，包括高效率地操作工作流、实物流、资金流和信息流等，把合适的产品以合理的价格，及时、准确地送到消费者手上

不管供应链管理的定义如何，供应链管理都强调了以下几个方面。①供应链管理以客户价值作为导向。供应链管理的追求是了解最终客户需求、满足最终客户需求，提高客户的满意度和客户价值。②供应链管理是一种管理哲学。供应链管理以系统的观点将供应链看成一个整体，追求供应链成员企业内部及企业之间的同步化与集成化。③供应链管理是一系列实现供应链管理哲学的活动。为了成功实现供应链管理哲学，就必须实施供应链管理活动，包括集成化、信息共享及建立合作伙伴关系等。④供应链管理是一系列管理流程的重构与优化。为了有效实施供应链管理，必须进行管理流程的重构与优化，对传统的功能孤岛（采购、生产、销售及相应的物流、资金流、产品开发、需求管理、生产管理、客户关系管理等）实施流程化管理和集成管理。⑤供应链管理竞争力的保持途径是持续改进。在不断变化

的外部环境和愈演愈烈的商业竞争中，供应链必须持续改进，不断适应外部环境，不断克服自身不足，才能保持持续的竞争力。

1.2.2　供应链发展阶段

供应链的发展阶段实际上体现了供应链管理的发展阶段。不同的学者和研究机构对于供应链发展阶段有着不同的描述和划分。例如，Gartner 公司提出的供应链需求驱动价值网络（demand-driven value network，DDVN）成熟度模型，将供应链的发展分为五个阶段：反应阶段、预期阶段、整合阶段、合作阶段、协同阶段；美国运营管理协会（APICS）将供应链的发展分为四个阶段：供应链孤岛阶段、供应环阶段、内部供应链集成阶段、扩展供应链阶段；施云（2016）将供应链发展分成五个阶段：原始供应链、初级供应链、整合供应链、协同供应链、智慧供应链。当然，还有其他的一些关于供应链发展阶段的研究成果，这些成果基本上都按照供应链管理从低级到高级、供应链数字化水平从低级到高级、供应链合作从企业内部到企业外部的发展过程对供应链的发展阶段进行划分。

下面以 Gartner 公司提出的供应链需求驱动价值网络成熟度模型为例，介绍供应链的发展阶段。

1. 反应阶段

在反应阶段，供应链表现出较高的被动性，各部门的目标相互孤立。例如，销售部门为了满足客户需求不惜一切代价，而生产部门则更注重自身效率。各部门通过特定数据来衡量单一指标，如及时交货率、库存周转天数或生产计划达成率。这一阶段的数据分析主要依赖简单的数据表格，数据分析能力较为有限。

2. 预期阶段

进入预期阶段后，供应链通过标准化来解决反应阶段的部门目标冲突，通过减少浪费、建立绩效评估标准和共享最佳实践，降低成本并提升绩效。随着成本降低工作的推进，各部门管理者开始在库存管理、及时交付和需求准确率等方面建立跨部门标准，以促进各部门之间的协作，进而达成共同目标。标准化带来的改善可以通过成本降低数据来衡量，同时标准化也能减少过剩库存。尽管各业务部门仍相对独立，但统一的认知开始逐步建立。企业通过电子表格、报表和仪表盘（dashboard）工具，尝试打破信息孤岛。

3. 整合阶段

当各部门开始在统一标准和兼顾各方利益的决策机制下协作时，供应链进入整合阶段，建立起端到端的流程。这种整合从设计和规划供应网络阶段开始，通过采购、生产和物流部门的相互配合，确保整个供应网络的顺畅运行。这种协作还延伸到销售、市场和产品部门，通过端到端的供应链体系满足不同客户的细分需求，实现差异化服务。

在整合阶段，公司注重数据协调和处理能力，利用端到端流程数据进行分析，改善内部供应链决策。供应链数据与产品开发、销售和财务等领域数据保持一致，这是重要的里程碑。供应链应用程序专注于跨流程的可见性和绩效衡量。例如，当客户反馈"反应太慢"时，公司能够将这种感性语言转化为具体的量化指标，如周转时间和前置时间。先进的分析技术能够预测整个供应链的情况，并提出行动建议，例如模拟订单变化对生产计划的影响。

4. 合作阶段

在合作阶段，供应链强调与上下游企业的合作，以提升更多供应链伙伴的绩效。创新技术用于增强外部可见性和衡量整个供应链的绩效，覆盖多个企业。数据分析速度更快且数据可以实时动态更新，企业可利用贸易伙伴的数据调整自身计划。例如，一家快消品制造商在新产品上市时，根据零售伙伴的下游销售数据调整补货计划。供应链数据来自内部和外部贸易伙伴，用于分析整个供应网络的整体情况。此阶段，供应链协同初具规模，伙伴们达成共识，使用数字化工具共享数据，绩效考核也扩展到整个网络。

5. 协同阶段

在协同阶段，供应链的目标是优化整个贸易伙伴网络的绩效，满足客户需求的同时保持利润率，实现供应链价值共享。数据包括公共和非结构化数据，以及物联网数据。复杂的应用集中在提升可见性、性能和网络价值创造上。数字化技术能够自动化决策和执行任务，权衡贸易伙伴之间的复杂关系，例如为网络内的供应商设置最佳安全库存水平。此阶段还支持新商业模式的创立和需求塑造。

从供应链成熟度的发展阶段可以看出，数字化工具的支持作用逐渐增强，数据分析工具从最初的基础数据表格到电子仪表盘，再到可视化技术，最终发展到工业互联网和物联网技术。

1.3　数字化供应链概述

◐ 资料 1-6　徐工集团供应链数字化的发展阶段

徐工集团作为中国工程机械行业的奠基者、开拓者和引领者，在过去 30 多年中一直稳居中国工程机械行业榜首，并于 2021 年跃居世界工程机械行业第三位。2019 年 10 月，在世界智能制造大会上，工信部授予徐州重型机械有限公司"重型智能制造标杆企业"称号，它成为工程机械行业中唯一入选的企业。2021 年 9 月，徐州重型机械有限公司"起重机智能工厂大数据创新应用"项目入选工信部大数据产业发展试点示范项目，徐州重型机械有限公司同样是行业唯一入选企业。近年来，徐工集团经营业绩增长迅速，营收从 2017 年的 291 亿元增长到 2021 年的 843 亿元，净利润从 2017 年的 10 亿元增长到 2021 年的 56 亿元。

2013 年，中国工程机械行业已初具规模且前景广阔，但行业进入门槛较低，市场竞争激烈。许多企业为争夺市场份额，盲目扩大产能，导致产能过剩和产品积压。徐工集团也面临类似困境。一方面，公司难以精准把握市场需求，导致仓储成本过高、库存积压严重，同时人工成本占比接近 50%，随着中国劳动力成本上升，企业利润空间不断被压缩；另一方面，企业无法有效监控生产全程，残次品率较高。因此，通过数字化和技术升级提升企业及供应链竞争力成为徐工集团的必然选择。

徐工集团的数字化发展历程可分为三个阶段。

（1）数字化基础阶段（2013年以前）。这一阶段是企业的业务数据化时期，重点在于业务的电子化和信息化。1998—2007年，徐工集团致力于ERP系统的研发与应用，成为国内首家上线MRP系统的企业，率先完成CMS（content management system，内容管理系统）项目并最早实施ERP系统。在此期间，徐工集团连续三年荣获"中国信息化企业500强"称号。2008—2013年，徐工集团启动大规模信息化升级工程。

（2）数字化发展阶段（2014—2017年）。这一阶段是数据业务化时期，也是徐工集团的顶层设计阶段。2014年，徐工集团制定了《互联网+融合行动方案》和《徐工集团智能制造实施方案》，在工业自动化方面取得了突破性进展。同年，徐工集团成立了业内首家专业化信息技术股份公司"徐工信息"。2016年，经过一年多的探索，徐工集团创建了中国首个具有自主知识产权的工业互联网平台"徐工汉云"，并获得"国家工业与互联网融合试点企业"称号。2016年下半年，徐工集团开始推进智能制造，徐州重型机械有限公司成为试点项目。

（3）全面数字化转型（2018年至今）。这一阶段是大数据时代下的数据资产化时期。2018年，徐工集团开启了全面数字化转型的新阶段。在集团修订的"十三五"战略规划中，首次将数据定义为资产。同年，徐工集团在行业内率先搭建了跨境电商平台，平台销售额达200亿元，并向130个国家和地区出口产品。2019年，徐工集团提出"数字化产品"理念，建立了面向全球客户的X-GSS（XCMG-global service system，全球数字化备件服务信息系统）体系，为全球客户提供全生命周期的精准、增值、满意的数字化服务。物联网数据已成为每个子公司数据资产的一部分。2024年，徐工汉云再次入选Gartner公司全球工业物联网平台魔力象限，并荣获中国第一、全球前十的佳绩。

问题：

（1）徐工集团为什么要进行数字化转型？

（2）徐工集团如何进行数字化转型？

（3）徐工集团的数字化转型取得了哪些成效？

资料来源：

1. 付思敏，范旭辉.数字化驱动"智造"升级：徐工智能制造创新与实践[J].中国工业和信息化，2020（Z1）：58-65.

2. 王晨璐.徐工机械数字化转型经济后果研究[D].郑州：河南财经政法大学，2023.

1.3.1　数字化供应链的定义

随着全球数字经济的快速发展，以及物联网、大数据、人工智能等数字化技术的高速演变，传统供应链逐渐升级为数字化供应链。学术界和产业界基于两个不同的层面——技术层面和管理层面对数字化供应链进行了研究。技术层面是指在供应链管理中增加各种数字化技术的应用，如信息收集、存储和传输设备的应用，在技术层面帮助企业建立以大数据为基础的供应链管理模式。大量先进的数字化技术与供应链深度融合，必然会对企业的组织形式和资源结构产生影响，并激发出熊彼特式的"破坏性创造"。在这种情况下，数字资源将成为企业单独的生产要素，企业需要在管理层面进行供应链数字化转型，为供应链赋能，使它能够充分响应各种机会和挑战。

不同的研究机构和学者对数字化供应链给出了不同的定义，几种典型的数字化供应链的定义如表 1-3 所示。

表 1-3　几种典型的数字化供应链的定义

研究机构或学者	定义
美国数字供应链研究院（Digital Supply Chain Institute，DSCI）（2016）	以客户为中心的平台模型，通过多渠道实时获取，并最大化利用数据，实现需求刺激、匹配、感知与管理，以提升企业业绩，并最大限度降低风险
德勤（2017）	基于数字化平台，构建数字化供应链网络，通过数字化技术记录、分析从商品采购到交付的端到端数据信息，持续优化联合设计、新品测试、库存管理、物流管理、质量追溯，改进内部和外部仓储与物流网络，优化和创新供应结构与生态关系，保持快速高效供应
Ivanov 等（2019）	基于大数据分析、CPS 网络和增材制造等新兴数字化技术，包含计划执行、溯源、制造和交付等功能的系统
唐隆基、潘永刚（2021）	以客户为中心，基于网络的相互连接、协同、智能、数据驱动、动态、自适应、可预测、弹性、可持续发展的供应链
张浩维（2022）	以信息和数据作为驱动的供应链管理模式，该模式以客户为中心，通过使用数字化技术对产品从零部件采购到交付的全流程进行记录和分析，持续优化产品开发、仓储管理、物流可视性、质量溯源性等，从而有效改善供应链网络和业务流程，最终实现供应链管理水平的提升
工业互联网产业联盟（AII）（2023）	基于物联网、人工智能、数字孪生等数字技术，构建起的大范围协同、智能决策的网状供应链
阿米特·辛哈等（2023）	一种由互联的信息流提供动力的供应链，它以数字化为核心，同时协调数字化研发、同步规划、智能供应、智能工厂、动态实现、互联客户等 6 种不同的数字化供应链能力
《数字化供应链　体系架构》国家标准（征求意见稿）（2024）	在数字化条件下，以客户（消费者）为中心、以价值创造为导向、以数据为驱动、以平台为依托，实现供应商、制造商、经销商、服务商以及客户（消费者）等供应链合作伙伴多线连接，数据、资源、资金等高效协同、柔性供给的供应链全新形态

1.3.2　数字化供应链体系架构

根据《数字化供应链　体系架构》国家标准（征求意见稿）（2024），数字化供应链体系架构主要包括战略架构、业务架构、组织架构、数据架构、技术架构，如图 1-3 所示。数字化供应链体系架构所包括的战略、业务、组织、数据、技术架构相互配套、密切关联。战略架构指导组织架构中相关主体执行业务架构中的数字化供应链业务活动；组织架构中相关主体在业务架构中的业务活动是战略架构的具体反映与实现；数据架构所体现的数据开发过程由组织架构中相关主体共同参与，并为业务架构中的数字化供应链业务活动赋能；技术架构的关键技术用于支撑业务架构中的业务活动，以实现战略架构中的数字化供应链战略意图。

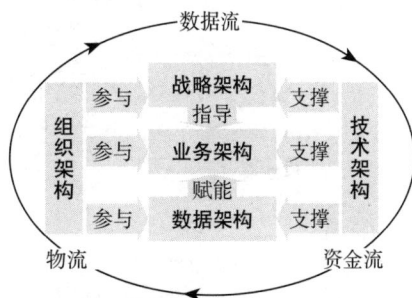

图 1-3　数字化供应链体系架构

资料来源：《数字化供应链　体系架构》国家标准（征求意见稿）（2024）。

1. 战略架构

数字化供应链的战略架构描述了数字化供应链的顶层设计，包括数字化供应链的价值愿景、战略方向及其绩效指标，从数字化供应链的价值愿景出发，层层分解、细化明确数字化供应链的战略方向与相关绩效指标。

数字化供应链的价值愿景是构建数字化转型的供应链竞争优势，是企业构建数字化供应链的最终诉求和价值体现。数字化供应链的战略方向主要包括供应链运行效率提升、成本降低、价值增值、模式创新、生态合作增强、韧性（弹性）提升等。

数字化供应链的主要绩效指标包括但不限于：

a）安全类指标，如基础设施安全、网络安全、数据安全等；

b）运行效率类指标，如产品研发周期、订单交付周期、订单准时交付率等；

c）运行成本类指标，如成本降低率、库存周转率等；

d）价值创造类指标，如客户满意率、资本收益率、客户保持率等；

e）模式创新类指标，如数字化供应链建设运行所衍生的相关模式创新类指标。

2. 业务架构

数字化供应链的业务架构主要描述了数字化条件下供应链运行的主要业务活动和核心能力，由决策层、作业层和能力层三部分组成。决策层主要聚焦数字化供应链建设与运行需要考虑的决策要素，并为作业层的相关业务活动提供指导；能力层主要给出数字化供应链运行所需的关键能力，并为作业层的相关业务活动赋能。数字化供应链的业务架构如图1-4所示。

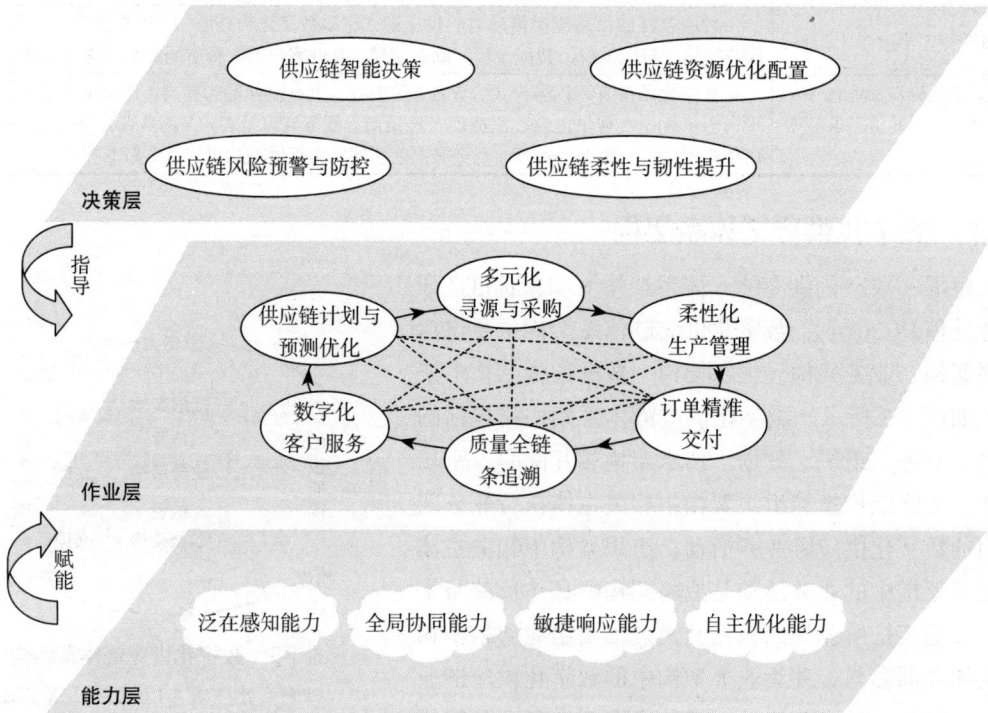

图1-4　数字化供应链的业务架构

资料来源：《数字化供应链 体系架构》国家标准（征求意见稿）(2024)。

（1）决策层。决策层主要面向数字化供应链相关的决策者，描述数字化供应链建设与运行需要关注的决策要素。

a）供应链智能决策：应用数字技术推动提高需求预测和计划制订、供应商选择与评估的智能化和科学性。

b）供应链资源优化配置：加强与供应商、客户等外部合作伙伴的业务协作和信息共享，加强企业内部供应链资源优化配置和跨部门、跨业务环节业务协同和信息集成。

c）供应链风险预警与防控：基于对供应链运营全流程的监控和分析，精准识别风险发生的概率、时间和根源，形成风险防控机制和处置方案。

d）供应链柔性与韧性提升：依托数字化手段灵活投入资源和配置能力，快速变更产品或服务的品种、质量和数量，确保供应链体系快速响应市场和应对不确定环境。

（2）作业层。作业层主要面向数字化供应链相关的业务管理人员，描述数字化供应链的主要业务活动。

a）供应链计划与预测优化：围绕市场需求，采用数字化手段配置供应链资源要素与能力，规划并预测采购、生产、物流、销售、退回等业务活动。

b）多元化寻源与采购：采用数字化手段设计企业供应资源网络、寻找匹配适宜的供应商并开展分级分类管理，从而快速获取必要的原料、配件和服务。

c）柔性化生产管理：灵活调用人、机、料、法、环等资源，编排并执行生产作业计划，监控并优化生产运行过程，从而产出符合客户（消费者）需求的产品及服务。

d）订单精准交付：对订单信息进行收集分析，基于分析结构动态优化物流网络和开展库存管控，实现产品精准配送和订单及时交付。

e）质量全链条追溯：采用数字化手段记录和跟踪产品生产过程，对从原材料到最终产品的每一个环节进行追溯，以保障产品的合规性、质量可控性和安全性。

f）数字化客户服务：采用数字化手段建设售后服务体系，快速响应客户（消费者）需求，采用数字化手段为客户（消费者）提供产品运维、回收和升级等退回服务。

（3）能力层。能力层主要面向数字化供应链相关的支持人员，描述数字化供应链所需具备的关键能力。

a）泛在感知能力：对人、机、料、法、环等资源的连接与感知能力。

b）全局协同能力：开展供应链计划协同、财务协同、资源协同、数据贯通和生态运营的能力。

c）敏捷响应能力：对差异化市场需求和个性化客户需求的快速响应能力。

d）自主优化能力：基于智能模型的数字化供应链相关业务活动和绩效指标的自主优化能力。

3. 组织架构

数字化供应链的组织架构是以客户（消费者）为核心、由供应商、制造商、经销商、服务商以及客户（消费者）等供应链合作伙伴多线连接形成的网状结构。

4. 数据架构

数字化供应链的数据架构反映了数字化供应链的数据基础，描述了企业对供应链数据开展采集交换、集成处理、建模分析并应用实施的全过程。数字化供应链的数据架构如图 1-5 所示。

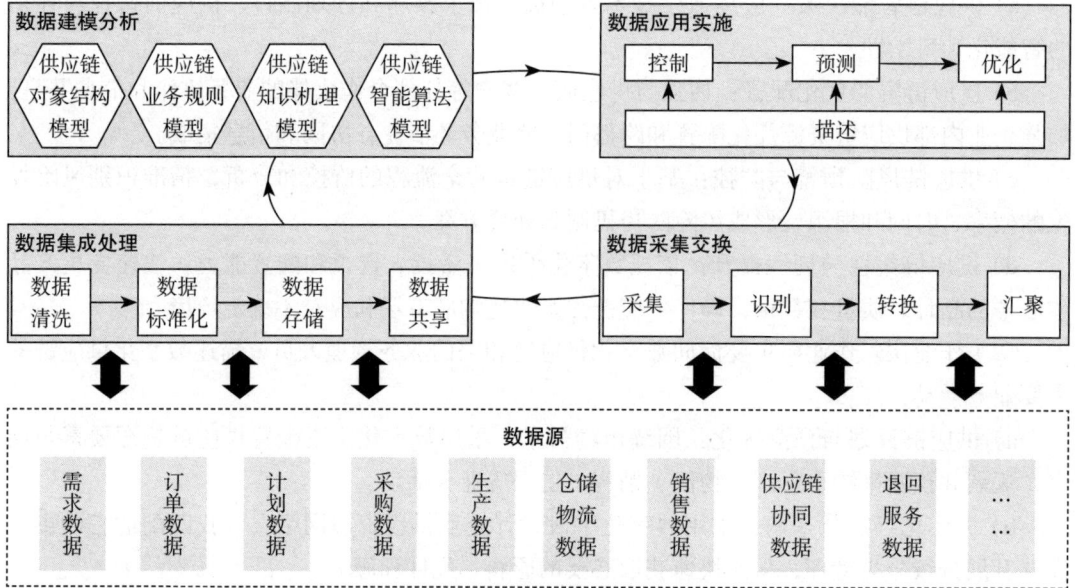

图 1-5   数字化供应链的数据架构

资料来源：《数字化供应链 体系架构》国家标准（征求意见稿）(2024)。

（1）数据源。数字化供应链的数据来源于供应链计划、采购、生产、订单、物流、销售、服务等业务运营以及与供应链上下游合作伙伴的协同，主要包括：

a）需求数据，如市场需求规模、消费者偏好、需求预测、地区属性等；

b）订单数据，如采购订单 ID、采购订单号、合同类型描述、订单状态等；

c）计划数据，如采购规模、生产能力投入、市场布局等；

d）采购数据，如物料需求数量、供应商属性、物料质量、交货期等；

e）生产数据，如物料数据、设备属性数据、生产环境数据、生产进度数据等；

f）仓储物流数据，如仓库规模、运输工具属性、配送价格、路线距离、仓储成本等；

g）销售数据，如客户身份信息、消费需求、行为倾向等；

h）供应链协同数据，如合同合约数据、业务协同运营数据、系统贯通数据等；

i）退回服务数据，如客户属性、退回产品属性、退回物流信息等。

（2）数据采集交换。数字化供应链的数据采集交换主要包括数据的采集、识别、转换和汇聚，具体包括：

a）使用传感器和物联网设备来监测与采集物流和运输过程中的数据，利用条形码、二维码、RFID（radio frequency identification，射频识别）标签等自动识别技术来追踪和记录产品在供应链中的流动情况，通过 EDI（electronic data interchange，电子数据交换）系统实现企业间电子数据的交换，通过数字化供应链管理平台自动采集采购、生产、物流等业务运营中的数据；

b）基于某一主数据实现数据的关联与识别，包括但不限于物料编码、项目编码、组织机构代码；

c）预留与研发设计、生产制造、财务经营、供应商客户协同业务领域的映射字段，用于与上述业务环节的协同和转换；

d）应用数据集成工具、API（application programming interface，应用程序编程接口）、数据仓库等数字化技术将分散的供应链数据整合到一个统一的数据中心或平台中，以便进行分析和管理。

（3）数据集成处理。数字化供应链的数据集成处理主要是指数字化供应链全链条、订单全过程、产品全生命周期的数据的规范管理、统一存储与集成共享，主要包括：

a）数据清洗，通过删除重复项、处理缺失值、处理异常值、转换格式和类型、数据归一化等清洗方法，对供应链数据进行审查、纠正、转换、一致性检查等处理，确保数据的准确性和完整性；

b）数据标准化，应用数据最小 – 最大标准化、Z-Score 标准化、小数定标标准化、离差标准化等方法进行数据标准化，确保供应链数据具有一致、规范的格式和规则；

c）数据存储，将供应链中的各种数据（如采购、生产、库存、销售等）进行数字化，并通过特定的存储方式进行管理和维护，数据存储媒介包括关系型数据库、非关系型数据库、分布式文件系统、对象存储系统、列存储数据库等；

d）数据共享，建立供应链数据共享平台，支持供应链中各参与方的数据交换和共享，提高供应链的效率和透明度。

（4）数据建模分析。数字化供应链的数据建模分析主要是指基于数字化供应链运行的业务规则、运筹算法和机理知识等，开发供应链数据模型，所涵盖的数据模型包括但不限于：

a）供应链对象结构模型，如产品三维结构模型、BOM（bill of material，物料清单）等；

b）供应链业务规则模型，对供应链相关业务活动进行定义、描述和关联从而形成的数据模型；

c）供应链知识机理模型，基于供应链运行、管理的知识、经验、诀窍等构建形成的，能够客观反映数字化供应链运行规律、精准描述数字化供应链运行原理的数据模型；

d）供应链智能算法模型，基于供应链数据，利用人工智能、大数据算法构建形成的，能够解决复杂的供应链布局、预测、优化等问题的数据模型。

（5）数据应用实施。数字化供应链的数据应用实施主要是指供应链数据资源的部署应用与价值转化，具体应用场景包括但不限于：

a）描述数字化供应链体系结构和运行过程；

b）控制数字化供应链业务活动；

c）预测数字化供应链运转状态；

d）优化数字化供应链业务活动和价值绩效。

5. 技术架构

数字化供应链的技术架构主要给出了数字化供应链的关键使能技术，包括基于数字化装备的数字化供应链操作执行技术、基于先进工业网络的数字化供应链互联感知技术、基于工业互联网平台的数字化供应链业务控制技术与建模分析技术，以及数字化供应链安全可信技术等。数字化供应链的技术架构如图 1-6 所示。

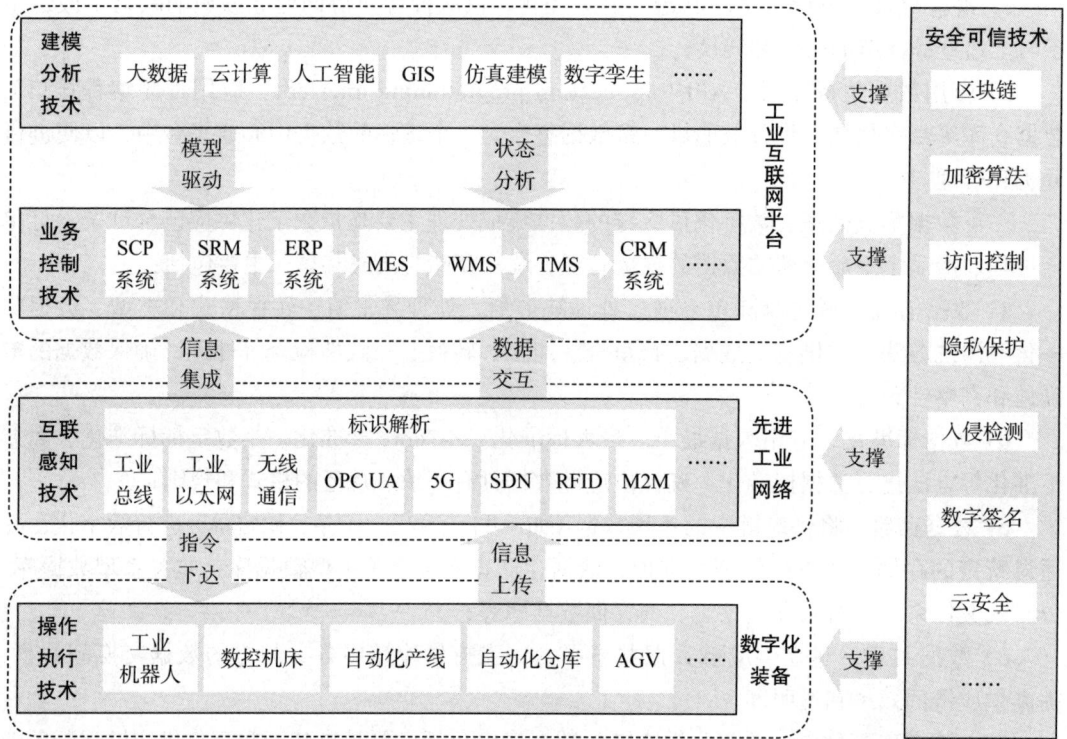

图 1-6 数字化供应链的技术架构

资料来源：《数字化供应链 体系架构》国家标准（征求意见稿）(2024)。

（1）数字化供应链操作执行技术。数字化供应链的操作执行技术主要用于实现采购、生产、物流、销售和退回的业务活动的智能执行与自主优化，包括但不限于：

a）工业机器人；

b）数控机床；

c）自动化产线；

d）自动化仓库；

e）AGV（automated guided vehicle，无人搬运车）。

（2）数字化供应链互联感知技术。数字化供应链的互联感知技术主要用于连通数字化供应链相关业务环节、感知相关资产与产品状态，包括但不限于：

a）标识解析；

b）工业总线；

c）工业以太网；

d）无线通信；

e）OPC UA（OLE for process control and unified architecture，开放性生产控制和统一架构）；

f）5G；

g）SDN（software defined network，软件定义网络）；

h）RFID；

i）M2M（machine to machine，机器与机器）。

（3）数字化供应链业务控制技术。数字化供应链的业务控制技术主要用于实现计划、采购、生产、物流、销售、退回等业务活动的调度、管控和监测，具体是指基于工业互联网平台的，与供应链业务控制相关的云化软件和工业 app，包括但不限于：

a）SCP（supply chain planning，供应链计划）系统；

b）SRM（supplier relationship management，供应商关系管理）系统；

c）ERP 系统；

d）MES（manufacturing execution system，制造执行系统）；

e）WMS（warehouse management system，仓库管理系统）；

f）TMS（transportation management system，运输管理系统）；

g）CRM（customer relationship management，客户关系管理）系统。

（4）数字化供应链建模分析技术。数字化供应链的建模分析技术主要用于实现供应链预测性分析、动态仿真和柔性计划，包括但不限于：

a）大数据；

b）云计算；

c）人工智能；

d）GIS（geographic information system，地理信息系统）；

e）仿真建模；

f）数字孪生。

（5）数字化供应链安全可信技术。数字化供应链的安全可信技术主要用于提升数字化供应链的安全防护与可信水平，包括但不限于：

a）区块链；

b）加密算法；

c）访问控制；

d）隐私保护；

e）入侵检测；

f）数字签名；

g）云安全。

1.4　数字化供应链管理概述

● **资料 1-7　希音的数字化供应链**

希音（SHEIN）的前身南京点唯信息技术有限公司成立于 2008 年，是一家跨境 B2C 互联网企业。希音以产品价格实惠、款式多样、上新速度快为特点，自主设计、生产和销售自有品牌的时尚产品。公司主要经营女装，同时也提供男装、童装、饰品、鞋、包等时尚用品，拥有超过 10 个自营品牌。希音的四大主要市场为美国、欧洲、中东地区和东南亚，业务覆盖全球 230 多个国家和地区，日均发货量高达 80 万件。2021 年，希音超越亚马逊，成为美国 iOS 和安卓平台下载量最大的购物应用程序。在美国快时尚领域，希音的市场份额从 2020 年的 7% 猛增到 2022 年的 30%。希音的成功主要得益于其创新的柔性数字化供应链系统，该系统适应了零售行业个性化、时尚化、定制化、多元化的快速消费趋势，并基于自身需求建立了供应链成员和消费者参与的数字生态。

1. 数字供应链的分布式生产、集中式管理

（1）分布式生产：希音搭建了云工厂供应链平台，与中小厂商建立了深度合作，构建了强大的供应链体系。目前，纳入希音供应链体系的工厂至少有 6000 家。供应商在入驻审核通过后，即可开通云工厂账号。希音通过平台发布订单需求信息，符合条件的供应商接单完成任务，将生产任务分布至平台中的中小企业等供应商手中。供应商以"小单快反"（每单件数不多，要求快速反应并快速生产）的方式完成生产任务。

（2）集中式管理：希音通过供应平台和开发的 MES，对供应商进行集中智能管理，通过质检验收、物流配送等完成整个订单任务。MES 能够直观准确地反映产品销售库存情况。当库存结余达到设定的临界值时，系统会自动生成订单并自动派发到云工厂平台，由供应商抢单完成任务。数字化程度越高的供应商，越能够获取更多订单，获得的实际效益越大。

2023 年上半年，希音宣布 5 年投入 5 亿元继续深化供应商赋能工作，并建立了首个服装制造创新研究中心，持续输出柔性供应链标准。例如，在精益生产与管理方面，希音服装制造创新研究中心点、线、面全方位模拟并复盘成衣生产全流程，从技术生产人员、管理层等不同角色切入提升运营效率。哪怕是具体环节的小工具和智能设备的自主研发，希音也会对它们进行深入研究和输出。初步估算，希音在国内带动了产业上下游百万伙伴员工的就业。

2. 数据连通的全链路数字化管理

希音致力于实现全链路环节的数字化，整合供应链，将消费者需求纳入管理，快速响应市场。公司以数字驱动设计，精准把握社交媒体造势周期，精准将服务用户的前端系统与以云工厂平台为主轴的后端系统无缝融合，形成了商品选择多样性、成交价格平易性和客户高留存度三大核心竞争力优势。

（1）市场端的数据汇集和数据捕捉：首先，希音依托平台，利用数字技术将地理分散的中低端市场汇集成巨大市场；其次，利用数字技术抓取客户需求进行精准需求分析，并及时反馈至生产端，缩短了产品设计开发过程；最后，通过数字技术进行精准营销，保持高客户留存度。希音利用谷歌的搜索趋势发现器以及自主开发的网页抓取、系统追踪工具，收集时装面料等相关数据，分析研判海外各国的时装热销元素，预测流行趋势，为企业的设计师及买手团队提供强大的资信支撑，实现了日均上新数千款。这种及时精准调整使希音爆款率为 50%，滞销率仅为 10% 左右。

（2）生产端的数字化管理：希音运用 AI 技术为消费者画像，并将消费需求快速反馈给

设计师。公司还专门开发了智能设计辅助系统，对不同时尚元素进行搭配组合，快速形成设计样稿，借助 AI 技术打造设计流水线，将设计变为流水线作业。在生产端，MES 可以对每笔订单的执行进度、具体生产步骤、面料库存消耗以及订单的完成情况等进行追踪。在生产端进行数字化管理，一方面便于订单的分配及补单需求查询；另一方面可以帮助供应商优化生产计划，实时监控生产数据，大幅提升生产效率和作业的运转速度，保障"小单快反"的顺利运行。

（3）生产端和市场端的数字化连通：与希音合作的供应商被纳入数字化管理系统，终端、生产、供应、配送等各个环节之间高度配合，形成数字化生态系统。希音的数据分析系统可以实时反馈销售数据给供应商，确保供应商能够及时利用销售数据对产量进行实时调整，实现利益最大化。生产端采用分布式生产，100 件即可发起订单，供应商以"小单快反"的生产方式对接平台。希音利用供应平台和 MES 对供应商进行集中化、智能化的管理。平台将市场端和生产端连接，实现了准确匹配、精准配送、快速销售，从而将企业管理延伸至供应链管理，使制造变得敏捷、快速。

（4）仓储物流环节的数字化管理：希音的仓储物流各分支机构情况均对接云平台。在仓储物流配置中，希音将整个供应链中心 80% 的人力资源（4000 多名员工）配置在仓储物流部门，并在全球主要市场建设中心仓、海外运营仓和中转仓。不同类型的仓库有着不同的功能定位：中心仓主要面向全球消费者；海外运营仓则主要负责当地的销售；货物中转及售后等问题主要由海外中转仓负责。同时，希音运用数字化、智能化手段进行仓储管理和货品配送。

问题：

（1）希音的数字化供应链使用了哪些数字化新技术？

（2）与传统的服装供应链相比，希音的数字化供应链有哪些优势？

（3）希音供应链的数字化管理表现在哪些方面？

（4）归纳希音基于供应链管理的数字化管理模式。

资料来源：

刘雪松，谭戬玉，李飞星.企业跨越边界的数字化管理：基于希音（SHEIN）公司的案例研究 [J].科技管理研究，2024，44（12）：114-122.

1.4.1　数字化供应链管理的定义

尽管不同学者和研究机构根据各自的研究目的和视角提出了对数字化供应链内涵的不同理解，但是他们普遍认为数字化供应链不仅仅是数字化技术在供应链领域的简单应用，更体现在企业利用数字化技术对内外部资源、机会和能力进行整合与管理，以实现对数字化大环境的适应。因此，多数数字化供应链的定义体现了数字供应链管理的含义，特别是表 1-3 中美国数字供应链研究院（DSCI）（2016）、德勤（2017）、张浩维（2022）、阿米特·辛哈等（2023）给出的定义。

《信息化和工业化融合管理体系 供应链数字化管理指南》（GB/T 23050—2022）中给出了供应链数字化管理的定义：在信息化和工业化融合环境下，应用新一代信息技术和现代化管理理念方法，以价值创造为导向、以数据为驱动，对供应链中从最初原材料到最终产品和服务的整个业务流程进行计划、执行、控制和优化，并对供应链中涉及的跨企业、跨产业、跨地域运作的业务流、资金流、物流、数据流进行整体规划设计与运作管理的活动和过程。结合表 1-3 中数字化供应链的定义，可以发现"供应链数字化管理"这个定义也可以作为"数字化供应链管理"的定义。在本教材中，"供应链数字化管理"与"数字化供应链管理"作为两个可以相互替换的概念来使用。

1.4.2 数字化供应链管理的主要视图

《信息化和工业化融合管理体系 供应链数字化管理指南》（GB/T 23050—2022）中给出了数字化供应链管理的主要视图，用于指导企业及其供应链上下游相关方协同开展数字化供应链管理，实现供应链业务流、资金流、物流与数据流的整体规划和协调运作，如图 1-7 所示。

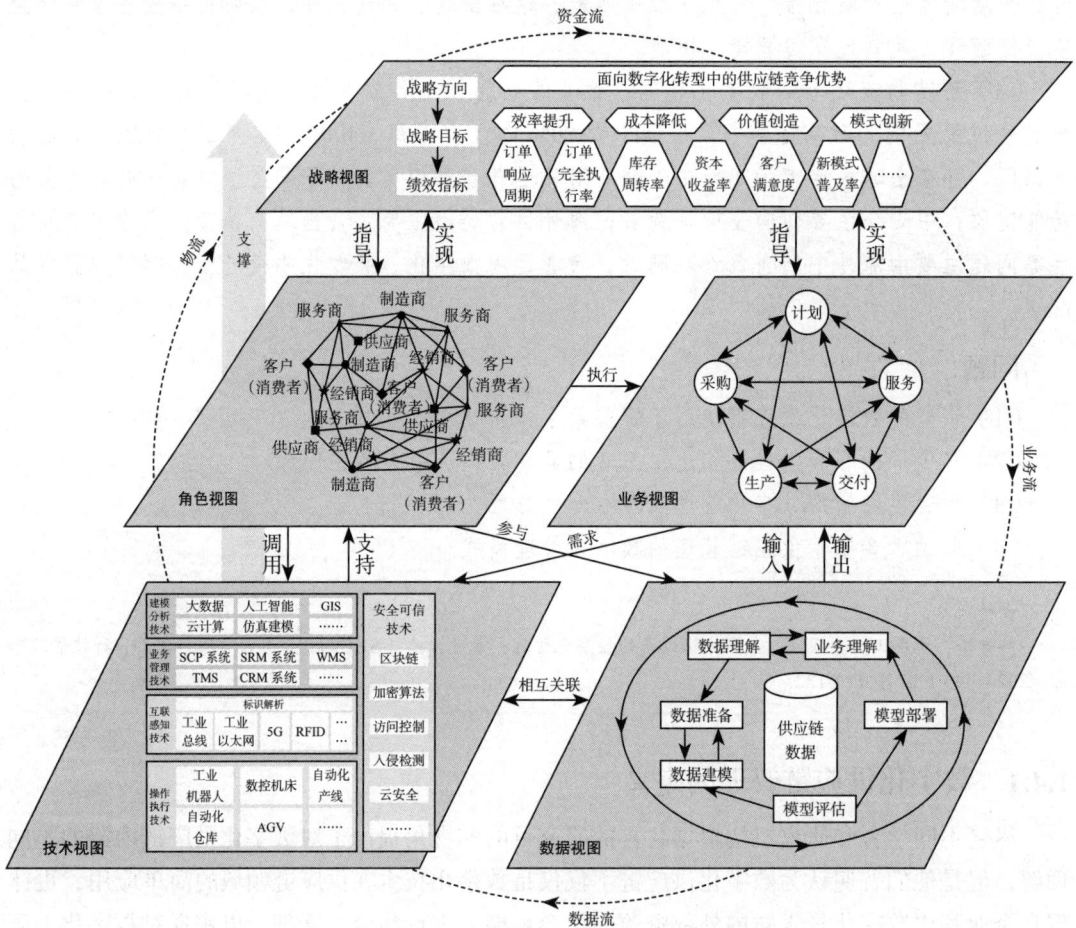

图 1-7 数字化供应链管理的主要视图

数字化供应链管理的主要视图如下。

（1）战略视图：重点面向企业决策层，给出开展数字化供应链管理的战略意图，包括战略方向、战略目标以及绩效指标。

（2）角色视图：重点面向企业决策层和管理层，给出数字化供应链管理所涉及的主要主体。

（3）业务视图：重点面向企业管理层，给出数字化供应链管理所涉及的主要业务活动。

（4）数据视图：重点面向企业及其数字化供应链管理平台开发服务商，给出数字化供应链管理相关数据资源的开发利用过程。

（5）技术视图：重点面向企业及其数字化供应链管理平台开发服务商，给出数字化供应链管理所需的关键技术。

数字化供应链管理的五个视图相互配套、密切关联。战略视图指导了角色视图中相关主体执行业务视图中的业务活动；角色视图中相关主体在业务视图中的业务活动是战略视图的具体反映与实现；业务视图为技术视图提供了应用需求，并生成了数据视图所需的输入；数据视图中的数据开发过程由角色视图中相关主体共同参与，并应用于业务视图中的业务活动；技术视图的关键技术用于支持角色视图中相关主体在业务视图中的业务活动；技术视图与数据视图相互关联，共同支撑角色视图中相关主体在业务视图中的业务活动，以实现战略视图中的战略意图。

1.4.3　数字化供应链管理活动

1. 供应链业务数字化管理

根据数字化供应链管理的业务视图（图 1-7），供应链业务数字化管理是指依托数字化供应链管理平台，开展计划、采购、生产、交付和服务等业务活动的数字化管理，主要包括供应链计划与预测优化、多元化寻源与采购、柔性化生产管理、订单精准交付、数字化客户服务等。

（1）供应链计划与预测优化。企业依托数字化供应链管理平台，开展采购计划、生产计划、物流计划的科学制订、执行跟踪和预测优化等活动，包括但不限于以下方面：

a）实时获取并整合市场需求、订单数量、物料消耗、制造资源、物流运力等供应链关键信息，基于数据分析科学规划形成企业的采购计划、生产计划、物流计划等；

b）对采购、生产、物流等业务计划执行情况开展动态跟踪和反馈，并根据市场需求波动、制造资源变化等情况，对供应链计划进行动态修正与改进；

c）利用模拟仿真、数字孪生等手段，构建需求预测模型、原料消耗模型、生产调度模型、库存预测模型等供应链数据模型，模拟并预测供应链计划执行过程，动态优化供应链计划。

（2）多元化寻源与采购。企业依托数字化供应链管理平台，开展供应商寻源、供应资源网络布局、供应商分级分类管理、采购执行与跟踪等活动，包括但不限于以下方面：

a）围绕战略品类、瓶颈品类、杠杆品类、一般品类等企业不同的采购需求类型，结合市场供应情况明确可选供应商范围，通过资质评审、样品测试、服务考核等方式完成供应商的认证与引入，并建立供应商资源池；

b）综合考虑供应资源的重要性、供应关系、运输距离等因素，建立科学合理的供应资源网络，及时识别和备份关键供应节点，并基于模型动态优化供应链资源结构、货源分布与供给线路；

　　c）建立供应商分级分类评价准则，从质量、交货期、价格、技术、服务等方面按周期常态化开展供应商评价，实现供应商的动态分级分类管理；

　　d）实时获取需求、交易、配送、交付等采购数据，对采购申请、采购订货、进货入库、退货换货等采购执行过程进行全流程跟踪和可视化展示，确保采购过程合规、安全、有效。

　　（3）柔性化生产管理。企业依托数字化供应链管理平台，开展柔性作业排产、生产资源动态配置、生产过程实时监控、生产决策智能优化等活动，包括但不限于以下方面：

　　a）根据生产计划，利用智能排产算法和模型，在订单需求、产能平衡、资源均衡、工艺约束等条件下自动生成并按需灵活调整排产计划，规划工艺路线、工序单元、订单分配和生产节拍；

　　b）基于客户需求、设备可用性、制造进程、人工计划等约束条件，合理调度企业内外部人员、设备、物料、能源等制造资源，并根据制造任务和生产环境的变化动态优化制造资源配置；

　　c）利用人机交互软件和可视化软件等工具，对生产环境、生产进度、资源消耗、库存情况等进行全方位监测，开展生产运行过程的实时跟踪与可视化展示；

　　d）利用大数据、模拟仿真、数字孪生等手段，模拟、分析、预测生产执行过程和运行波动情况，动态优化生产调度决策，必要时可按需开展跨企业、跨行业产能共享和协同生产。

　　（4）订单精准交付。企业依托数字化供应链管理平台，开展订单管理、库存动态管控、物流网络规划、第三方物流服务商管理等活动，包括但不限于以下方面：

　　a）全面收集订单型号、数量、金额、交货期等基本信息，对订单创建、订单执行、订单交付、订单变更等订单全生命周期进行数字化管理和全流程跟踪；

　　b）在线采集入库、出库、盘点等业务数据，依据产品重要程度、储存要求等进行仓储分级、分类、分库管理与实时监控，实现原料、配件、产品等的快速出入库与动态盘点；

　　c）建立完善的供应物流网络，开展仓储物流全程信息追溯和透明化管控，基于模型算法设计规划并动态优化物流运输路线和运输方式，实现产品精准配送和订单快速交付；

　　d）必要时，建立第三方物流服务商资源池，构建第三方物流服务商准入、考核、激励以及淘汰机制，精准评估第三方物流服务商的运营能力，合理利用第三方物流服务资源。

　　（5）数字化客户服务。企业依托数字化供应链管理平台，建设售后服务体系，开展客户关系管理、产品信息追溯、退换货管理和售后服务管理等活动，包括但不限于以下方面：

　　a）整合线上线下渠道资源建立全链路的数字化售后服务体系，开展与经销商、零售商、第三方服务团队的在线协同运营，实现全渠道精准触达终端客户，提升产品售后服务能力；

　　b）在客户允许的前提下，基于客户身份背景、消费需求、决策方式、行为倾向等信息全维度绘制客户画像，开展客户差异性分析和及时响应客户需求，预测客户潜在消费行为，提高客户价值、满意度和忠诚度；

　　c）通过条形码、二维码等方式统一标识产品信息，实现供应链全过程和产品全生命周期信息追溯，为客户提供产品从原料采购、生产制造、仓储物流到终端销售等环节的状态查询与流向跟踪服务；

　　d）基于对客户、产品、物流等数据的采集和分析，预测客户退货需求，核实产品缺陷情况，设计优化逆向物流网络，开展产品分类回收或快速置换，实现退换货全程可视化、可跟踪、可追溯；

e）基于对客户和产品数据的监控与分析，快速响应客户售后服务需求，动态调度服务资源开展产品运维保养、更新升级和检修维修等质保服务，为客户提供标准化、透明化、个性化的售后服务体验。

2. 供应链协同

企业依托数字化供应链管理平台，与供应链合作伙伴整体规划，协调运作供应链的产品流、资金流、物流、信息流、商流，实现供应链上下游的高效协同，供应链协同包括供应链计划协同、供应链财务协同、供应链资源协同和供应链数据贯通。

（1）供应链计划协同。企业依托数字化供应链管理平台，在企业内部实现采购计划、生产计划、物流计划的协调统一，并与供应链合作伙伴开展计划的协同联动，包括但不限于以下方面：

a）整合订单情况、市场需求、供应能力、生产能力等信息，依据生产计划的能源、物料、配件需求协同制订采购计划，确定采购品类需求、入库批次和发放安排，实现企业采购进度与排产计划、生产节拍的协调统一；

b）整合生产能力、库存水平、物流运力和销售需求等信息，依据生产计划和销售情况协同制订物流计划，基于数据分析规划厂内物流和厂外物流，合理配置仓储设施、物流载具、人员等资源，实现企业物流调度与排产计划、生产节拍、销售进度的协调统一；

c）基于采购、生产、物流、销售等业务数据的集成与共享，开展采购计划、生产计划、物流计划的协作执行和联动调整，实现企业原料供给、生产调度、库存周转、销售交付的端到端协同；

d）与供应链合作伙伴共享需求、产能、物流、销售等信息，基于数据分析协同制订并优化供应链上下游相关方的生产计划、物流计划和采购计划，统一协调供应链上下游相关方的采购进度、排产计划、生产节拍、物流调度和销售进度，实现供应链计划的跨企业协同联动。

（2）供应链财务协同。企业依托数字化供应链管理平台，与供应链合作伙伴构建供应链财务一体化管理体系，开展财务协同管理，创新供应链金融合作模式，包括但不限于以下方面：

a）综合分析供应链所处的外部市场环境和企业战略定位，协同制定与市场环境相适应、与供应链战略协调一致的财务管理体系和运行机制；

b）基于供应链业务与财务数据的共享和整合，协同制订资金使用计划，监控分析供应链资金使用情况，精准评价资金使用绩效；

c）创新供应链金融合作模式，按需引入金融机构、平台服务商等供应链合作伙伴，基于供应链全链条业务实时运营数据优化供应链资金使用与管理，实现供应链价值增值。

（3）供应链资源协同。企业依托数字化供应链管理平台，与供应链合作伙伴建立供应链资源库，开展供应链上下游资源精准匹配、全流程追溯和协同优化，包括但不限于以下方面：

a）构建供应链资源库，整合供应链上下游原料、能源、零配件、设备、工具、仓储、物流车辆、人员等各类资源，开展供应链资源分级分类协同管理；

b）基于供应链资源库，依据供应链计划为供应链上下游业务活动精准匹配相应的人、机、料、法、环等资源，实现供应链上下游资源供给与排产计划、生产节拍、物流调度等的协调一致；

c）利用物联网、区块链等技术，构建覆盖供应链上下游的全流程追溯体系，动态跟踪原料、能源、零配件、设备工具、物流车辆、产成品等在供应链全链条的流向和动态，实现供应链资源来源可查询、去向可追踪；

d）综合分析市场需求变化、供应情况、生产进度、库存状态等信息，基于对供应链上下游运作状态的监测、模拟和预测，灵活调整并优化供应链上下游资源配置，确保供应链上下游业务连续运转，实现供应链整体资源利用效率最优化。

（4）供应链数据贯通。企业依托数字化供应链管理平台，与供应链合作伙伴打通相关业务系统，建立数据资源标准体系，基于数据实现供应链场景数字化和供应链业务活动动态优化，构建供应链系统的数字孪生体，并确保供应链数据资源安全，包括但不限于以下方面：

a）打通供应链合作伙伴相关业务系统，获取供应链合作伙伴必要的需求、计划、采购、生产、物流、销售等业务数据；

b）建立供应链数据资源标准体系，构建格式统一、内容完整、可计算、可分析的数据链，实现供应链上下游各业务活动和关键节点数据端到端集成；

c）通过大数据分析挖掘和智能建模，实现供应链上下游业务活动全场景数字化，开展供应链上下游产、供、销等业务活动的协同优化和联动预测，以数据为驱动提升供应链决策和管控水平；

d）建立供应链上下游业务场景在物理空间和虚拟空间的实时映射，构建供应链上下游业务全过程的数字孪生体；

e）确立供应链合作伙伴之间的数据访问规则，规避供应链数据丢失、被窃取和损坏风险，确保供应链数据安全。

3. 供应链生态运营

企业依托数字化供应链管理平台，与供应合作伙伴开展战略协同，并整合社会资源、重构供应链运营机制、创新供应链服务模式，打造开放共享、价值共创的供应链生态系统，供应链生态运营包括但不限于以下方面：

a）开展供应链战略的协同制定和评价改进，在业务部门、节点企业、供应链等层面进行战略匹配与协调，消除战略差异和运作冲突，形成以价值共创为导向的统一的供应链战略；

b）对接外部工业电子商务平台、工业互联网平台，引入平台服务商、金融机构、数据服务商、咨询服务机构、第三方开发者等外部主体，在实现供应链上下游资源协同的基础上，整合金融、知识产权、技术开发、管理咨询等社会化资源；

c）在供应链上下游业务集成的基础上，与外部参与主体围绕供应链业务行为规范、权责确认、利润分配等达成共识，开展供应链业务重构和机制创新，实现供应链由链主企业主导的封闭式供应链向多元主体共同参与的无边界社会化供应链转变；

d）基于对数据的全面采集和深度分析，开展产能共享、供应链金融、资产融资租赁等供应链服务模式创新。

◉ 尝试应用

1. 模拟任务

2～3 个同学组成一组。每个小组选择一条现实的供应链，通过实地调研和网络调研，完成以下模拟任务。

（1）识别该供应链主要的节点企业和边界，确定核心企业及其在供应链中的作用。

（2）分析供应链面向哪些最终客户，提供何种主要产品或服务。

（3）画出供应链网络结构图。

（4）分析该供应链在数字化转型方面做了哪些工作，取得了何种成效。

（5）查找资料，分析在该供应链的竞争对手中，存在哪些数字化供应链管理的最佳实践者。

2. 思考分析题

（1）尝试用本章所学的知识和技能分析你暑期实习所在企业的供应链，并与他人分享。

（2）一家企业是否只处于一条供应链上？试举例说明。

（3）一个企业可能是一个供应链的核心企业，但同时又是另一个供应链的非核心企业，这种说法是否正确？试举例说明。

（4）举例说明在手机行业中曾经以及现在存在哪些供应链。手机行业中诺基亚公司的兴衰是一个企业的兴衰，还是一个供应链的兴衰？面对核心企业的兴衰，非核心企业应该怎么办？

（5）打造数字化供应链是否可以一蹴而就，而不需要分阶段实施？

◉ 融会贯通

1. 讨论学校所在的供应链。

2. 如果把每个人看作一个企业，那么你所在的供应链是什么样的？从供应链的视角，你对于与其他人的关系有没有新的理解？

3. 实验：供应链复杂网络分析实验。

结合复杂网络理论，使用 Gephi 软件绘制供应链网络图，进行供应链网络动态分析。

供应链复杂网络分析实验

数字化学习成果

Gephi 软件官网免费下载地址：https://gephi.org。

⦿ 参考文献

[1]   IVANOV D, DOLGUI A, SOKOLOV B. The impact of digital technology and Industry 4.0 on the ripple effect and supply chain risk analytics[J]. International journal of production research, 2019, 57(3): 829-846.

[2]   辛哈，贝尔纳德斯，卡顿，等.数字化供应网络：技术突破和过程重构共同推动供应链重塑、增强企业竞争力 [M].王柏村，彭晨，彭涛，译.北京：电子工业出版社，2023.

[3]   德勤，中国连锁经营协会.中国零售企业数字化转型成熟度评估 [R].2017.

[4]   邓明荣，葛洪磊.供应链管理：战略与实务 [M].北京：机械工业出版社，2012.

[5]   中国信息通信研究院，工业互联网产业联盟.工业供应链数字化白皮书（2023 年）[R]. 2023.

[6]   马士华，林勇.供应链管理 [M].5 版.北京：机械工业出版社，2016.

[7]   施云.供应链架构师：从战略到运营 [M].北京：中国财富出版社，2016.

[8]   唐隆基，潘永刚.数字化供应链：转型升级路线与价值再造实践 [M].北京：人民邮电出版社，2021.

[9]   张浩维.供应链数字化转型对企业竞争优势的影响研究 [D].长春：吉林大学，2022.

第 2 章　数字化供应链目标

◎ 聚焦任务

1. 了解影响客户购买的因素。

2. 度量产品的客户价值。

3. 设定供应链目标。

4. 设定供应链数字化的变革目标。

▲ 知识点

客户价值、客户感知价值、客户价值的度量、供应链目标的设定方法、供应链目标、平衡供应链计分卡、供应链数字化的变革目标

▲ 知识图谱

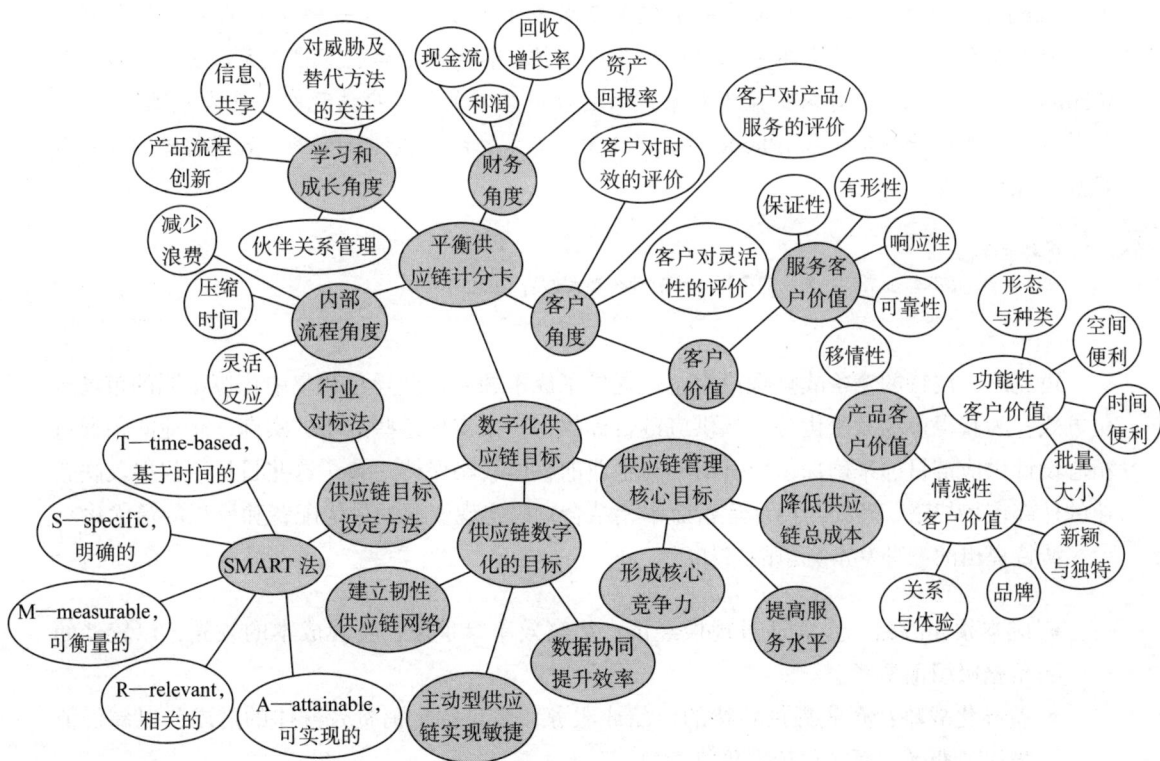

供应链目标是企业战略规划的基石，它们定义了供应链管理的方向和焦点。明确的目标有助于企业集中资源、优化流程，并确保所有供应链活动都与企业的长期愿景和短期需求保持一致。通过设定具体、可衡量、可达成、相关且时限明确的目标，企业能够更有效地监控进度、评估绩效，并及时调整策略以应对市场变化。供应链目标的重要性不仅体现在提升内部运作效率上，更在于它们如何帮助企业在激烈的市场竞争中保持领先地位，满足客户需求，从而实现可持续发展。

2.1　供应链目标与竞争战略

◉ 资料 2-1　小米和苹果：企业竞争战略的两种典型案例

小米在创业初期便选择了成本领先战略。当时，同配置的智能手机售价大多在 3000 元左右，而小米通过深度整合供应链，将产品价格定为 1999 元。这一策略吸引了大量原本因价格望而却步的年轻消费者，成功打开了市场，使小米从一家创业公司迅速成长为行业的重要参与者。

苹果的竞争战略则侧重于创新能力和高端市场定位。它通过提供高品质的产品和服务来实现差异化竞争。苹果的供应链管理与竞争战略紧密相连，旨在确保产品质量、创新性以及供应链的高效和可持续性。

苹果能够以高价格吸引消费者，关键在于它对细节的极致追求。例如，为苹果 iPod 和 Macbook 打磨后盖的合作商是一家仅有 7 名员工的日本企业——小林研业。尽管规模小，但小林研业凭借几十年的手工经验和工匠精神，将产品后盖打磨得毫无瑕疵，厚度仅约 0.5mm。这种对细节的苛求贯穿于苹果产品的每一个零部件，也体现在企业发展的全过程。据统计，苹果为研发第一代 iPhone 投入了 1.5 亿美元的研发和设计费用，最终打造出了一款风靡全球的产品。

资料来源：
新浪财经，《小米和苹果：企业竞争战略的两种典型案例》，2020-08-30。

迈克尔·波特的竞争战略理论为企业提供了成本领先、差异化和集中化等不同的市场定位方式。为获得市场竞争优势，从供应链目标执行上来支撑这些战略的实施，企业必须通过精心设计供应链目标来确保供应链活动与企业的整体战略保持一致。这些目标不仅要反映企业的外部市场战略，还要与内部运营效率相结合，以实现资源的最优配置和流程的最优化。

波特提出的三种基本竞争战略如下。

- **成本领先战略**：企业通过规模经济、提高效率等手段，实现成本的领先，以较低的价格吸引消费者。
- **差异化战略**：企业提供独特的产品或服务，满足特定消费者群体的需求，以高价值吸引消费者，而非仅依靠价格竞争。

- 集中化战略：企业专注于特定细分市场或消费者群体，通过满足这些细分市场的特定需求来获得竞争优势。

供应链管理是企业运营中的核心环节，其使命在于将研发模块设计的产品有效地生产出来，并按照营销模块设定的标准准时交付给客户。供应链的产出直接关联到企业对社会的价值贡献，同时也是企业存在和发展的基础。因此，供应链管理的核心目标可以概括为以下几点。

- 提高服务水平：为了满足市场需求和提升客户满意度，供应链管理需要快速响应市场变化，减少误差，确保平稳供应，并提供高质量的服务。同时，应针对产品的全生命周期制定合适的供应策略。
- 降低供应链总成本：为了增加企业利润，供应链管理应通过资源整合和业务整合形成规模经济，提高库存周转率，优化库存结构，控制呆滞库存，并提高物料的配套率，从而提高资源利用率。
- 形成核心竞争力：供应链管理还须通过集成供应链各环节，促进设计与流程的整合，构筑市场竞争壁垒。此外，挖掘和培育供应商的能力也是形成企业核心竞争力的关键措施。

供应链管理的上述三个核心目标，与波特提出的基本竞争战略是相互匹配的。它们之间的关系如图 2-1 所示。

成本领先战略靠供应链的降本目标来实现，差异化战略一般靠供应链的提高服务和形成竞争力这两个目标来实现，而集中化战

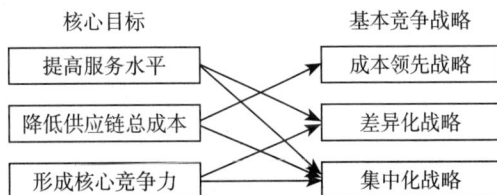

图 2-1　供应链管理核心目标与波特的基本竞争战略之间的关系

略更是要通过供应上述三个目标中的至少一个来实现。由此可见，一个经营良好，甚至是业内优秀的企业，其供应链管理至少要达到一个目标，才有可能选择一个竞争战略，从而在市场上占有一席之地。

2.2　供应链目标与客户价值

● 资料 2-2　尚品宅配以数字化供应链管理创新提升客户价值

随着消费者对家居个性化需求的不断提升，定制家居市场迅速崛起。与此同时，传统家居企业面临着设计与生产脱节、供应链协同效率低下、客户满意度难以保障等问题。尚品宅配作为国内领先的定制家居企业，通过数字化供应链管理创新，成功解决了这些问题，成为行业的标杆。

尚品宅配成立于 2004 年，专注于全屋定制家居产品的研发、生产和销售。近年来，公司通过构建数字化供应链平台，实现了从客户需求到生产交付的全流程数字化管理。

首先，尚品宅配利用大数据和人工智能技术，开发了智能设计系统。客户可以通过线上

平台输入房屋尺寸、风格偏好等信息，系统会自动生成多种设计方案供客户选择。这种直观的设计体验大大提高了客户满意度，减少了因设计不符合预期而导致的客户投诉。

其次，尚品宅配通过数字化平台与供应商建立了紧密的合作关系。平台可以实时共享订单信息、库存数据和生产进度，确保原材料的及时供应和生产的高效协同。这种透明化的供应链管理不仅提高了生产效率，还降低了库存成本。

最后，尚品宅配还建立了完善的售后服务体系。客户在使用过程中遇到任何问题，都可以通过线上平台快速反馈，公司会及时安排专人处理。这种"一站式"的服务模式，进一步提升了客户的体验。

尚品宅配通过数字化供应链管理创新，成功解决了传统家居企业面临的这些问题。其数字化平台不仅提高了设计与生产的协同效率，还通过与供应商的紧密合作，确保了原材料的及时供应和生产的高效运行。这种创新的供应链管理模式，为尚品宅配赢得了客户的高度认可，也为它在激烈的市场竞争中保持竞争优势奠定了坚实的基础。

问题：

（1）尚品宅配的数字化供应链管理平台主要解决了哪些问题？

（2）传统家居企业在供应链管理方面存在哪些主要问题？

（3）尚品宅配的数字化供应链管理模式对客户满意度有何影响？

（4）尚品宅配的供应链管理模式对其他家居企业有何启示？

资料来源：

新浪财经，《定制家居行业首家！尚品宅配再获灯塔级重磅荣誉"数字领航"企业》，2024-01-08。

2.2.1   供应链目标与客户价值的关系

供应链管理的总体目标是实现供给与需求的精准匹配，即以最小的成本来满足客户需求。客户价值是供应链管理的核心，它直接影响企业的市场竞争力和长期成功。供应链不仅仅是产品从原材料到最终客户的物理流动，更是价值创造和传递的过程。在这个过程中，供应链的每一个环节都对客户价值产生影响。管理学大师彼得·德鲁克说："企业的最终目的，在于创造客户并留住他们，实现这一目的的最重要的方法是最大化客户价值以达到客户满意，进而实现客户忠诚。"供应链管理的最终目的也是如此。

所谓客户价值，是指客户从拥有和使用某产品或服务中所获得的全部利益。因而客户满意和客户忠诚可以被认为是创造并保持竞争优势的原因。供应链的每一个环节，从采购、生产、库存管理到物流和分销，都直接或间接地影响着客户对产品或服务的满意度。设定以客户为中心的供应链目标，可以帮助企业更好地理解客户需求，预测市场趋势，并设计出能够创造更大客户价值的供应链解决方案。此外，供应链目标还能够驱动创新，鼓励企业采用新技术和方法来提高产品质量、降低成本、缩短交付时间，最终提升客户的整体购买体验。供应链可以看作一个给客户带来价值的价值网络，企业需要从识别客户价值开始，正确定位，合理配置资源，只有这样才能给客户和供应链带来更多的价值。

价值常常通过主观看法来表达，产品/服务的价值依赖于客户的价值认知或购买意愿。

客户的行为都是基于对内外部环境的感知和分析，因此大卫・辛奇－利维将客户价值定义为"客户对公司提供的所有产出物，包括产品、服务和其他无形资产的感知"。客户价值还可以被定义为产品或服务为客户提供的感知利益与成本之间的差异。在供应链中，这意味着可以通过优化流程、降低成本、提高效率和质量来增加客户获得的价值。

客户除了对产品或服务有功能需求以外，还有情感方面的诉求。例如华为不仅注重产品功能的提升，还通过与"花粉"群体的深度互动，如开展花粉年会等活动，满足了客户在情感方面的诉求，进一步巩固了品牌与用户之间的情感。

获知客户的深层需求有时是很困难的，涉及两个问题，一是明确客户群，二是如何发现客户价值。

首先，明确客户群是企业战略定位的重要内容之一。在大多数的行业中，参与竞争的企业对目标客户的定义都大同小异。但在目标客户群确定后，还存在三类人直接或间接地参与了购买的决策，即产品或服务的最终使用者、购买者和其他的一些关键影响者。尽管这三类人可能会重叠，但通常他们都不是同一个人。当三类人不一致的时候，他们的价值观通常也不一样。例如，企业的采购员要比产品的最终使用者更关心成本，而最终使用者可能更关注产品是否好用。类似地，产品零售商希望生产商能够及时补充存货，并且提供更好的融资方式；而购买产品的消费者虽然会受到这些产品渠道的影响，但他们对这些的关注程度会少一些。

企业还常常需要区分消费个体和团体客户，消费个体是为了满足其个人需要而购买产品或服务的个人或家庭，团体客户则是一些组织或机构，他们的采购活动是为了使团体内的使用者完成某种具体的工作或任务。

如何发现客户价值也是一个重要问题，一方面，客户的需求和很多因素有关，有时候很难用语言表达，因此企业需要与客户充分沟通，甚至与客户一起工作，从而发现客户潜在和难以表述的需求。另一方面，客户可能惯于用自己的思维方式来考虑行业的发展，不一定完全理解产品的最新走势、了解哪些方式或功能可以提高产品的特性。因此，技术人员和供应链管理人员需要努力辨别、倾听和分析客户需求，将客户的需求转化为商业机会。

2.2.2　客户价值的衡量

菲利普・科特勒认为客户将选择从感知价值最大的企业购买产品或服务。客户感知价值被定义为客户对产品或服务的价值被评估与取得该产品或服务所付出的成本之差。例如，企业使用联邦快递，这不仅意味着运输服务的快捷和可靠，而且还有利于企业的形象与地位价值，因此使用联邦快递常常会使发送人和收件人感到被重视。客户在决定是否使用联邦快递时，会将所有这些利益与使用这些服务所付出的金钱、时间、精力和心理等成本进行权衡与比较。

对服务管理中的客户满意度进行研究发现，客户满意度主要与服务质量的五个维度有关。

- 有形性——实体工具、设备、人员和通信材料的体现。
- 可靠性——执行已承诺服务的可信赖性和精确性的能力。
- 响应性——帮助消费者以及快速提供服务的主动程度。
- 保证性——员工的知识和礼貌，以及他们传播信任和信心的能力。
- 移情性——对消费者的照顾，以及对消费者个性化的关心。

客户对服务的感知如图 2-2 所示。

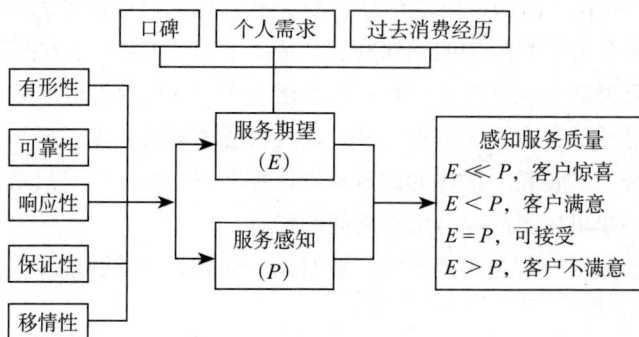

图 2-2　客户对服务的感知

按照客户诉求可以把客户价值分为功能性与情感性，如图 2-3 所示。

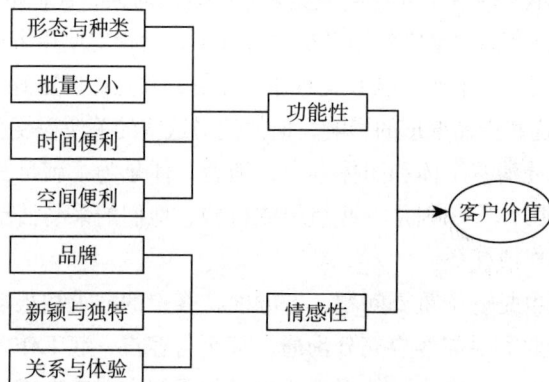

图 2-3　客户价值的因素

1. 形态与种类

来自形态与种类的价值大多来自生产过程。如果产品的标准化程度比较高，那么相应的供应链管理就要关注成本的降低；如果公司提供个性化的定制产品或服务，那么其供应链就要有足够的柔性，具备较高的研发能力。

多样化品牌布局能够有效提升客户满意度，部分企业已通过推行多品牌战略来实现这一目标。比如 2023 年，比亚迪完成了比亚迪、腾势、仰望和方程豹四大品牌的矩阵布局。其中，比亚迪品牌细分为王朝和海洋两大系列，实现了对乘用车市场的全面覆盖。凭借四大品牌的战略布局，比亚迪的产品线从微型车延伸到大型 SUV，价格区间从亲民车型的 6 万元到高端豪华车型的 150 万元，满足了不同层次消费者的需求。产品品种种类越多，分销商和零售商需要存储的产品配置和组合就越多，客户对每种具体规格产品的需求量就越难预测，管理成本、生产成本和库存保管成本也就越高。

2. 批量大小

客户购买的批量较大时，企业可以降低生产、运输、处理等方面的成本，但客户需要承担产品存放和保养带来的成本。如果企业能够小批量地供应产品，客户就能降低资金占用、实现采购和需求之间的平衡，但供应商就承担了较高的运营成本。在使用准时制（just in time，JIT）生产方式时，就需要采购和配送的过程都采用较小的批量。

批量大小还与特定的行业有关，例如奢侈品行业中的批量就普遍较小。国际上将奢侈品定义为"超出人们生存与发展需要范围的，具有独特、稀缺、珍奇等特点的消费品"。通常，奢侈品行业的客户忠诚度很低，如果需要的商品在商店出乎意料地缺货，消费者就会选择竞争对手的产品。此外，奢侈品具有很高的毛利率，因此为了实现较高的客户服务水平，企业宁愿增加一定的运输成本和产品库存。因而奢侈品的物流特点是：制造批量小，生产种类多，产品更新频繁，客户要求快速供货。

3. 时间便利

产品或服务只有在合适的时间提供才会产生价值。客户需求的时间越灵活，供应链企业就可以有越多的优化空间，通过增加批量、调剂供应点、延迟交付等措施降低成本，客户也因此可以得到价格上的一些优惠；如果客户需要较短的供货提前期，那么供应链企业就在响应性、可获得性方面提供更高的服务水平。

4. 空间便利

产品或服务给客户带来的价值与产品供应地点相关。产品供应地点分布得越广，客户在采购方面需要付出的成本就越低。供应链要给客户提供空间上的便利，就需要在众多的地区向客户提供自己的产品。比如，盒马鲜生通过线上线下一体化的模式，将门店与线上平台紧密结合，为消费者提供了无缝衔接的购物体验。它借助大数据和智能物流实现快速配送，确保商品新鲜度，同时通过会员制度和个性化服务满足消费者的多样化需求，这种模式不仅提升了购物便利性，还增强了客户黏性。

5. 品牌

品牌是一个名称、术语、标记、符号、图案，或者是这些因素的组合，用来识别产品的制造商和销售商。它是卖方做出的为买方提供一系列产品特点、利益和服务的承诺。品牌名中包含了产品质量等信息，客户将品牌视为产品的一个重要组成部分，他们常常把一个品牌与某种价值联系起来，因此品牌名称能帮助消费者找到他们需要的产品。对销售者来说，建立品牌既有利于明确细分市场，吸引忠诚客户，又有助于生产商和销售商对订单的处理，以及对生产运作过程与产品的追踪。另外，品牌名称和商标还为产品的特色提供了法律保护，避免了竞争者的仿制。

6. 新颖与独特

按照马斯洛的需求层次理论，人类的需要是分层次的，由高到低分别是：自我实现的需求、尊重需求、社交需求、安全需求、生理需求。随着社会经济的发展和生产水平的提高，客户对产品质量、成本、灵活性等的要求都得到了最大程度的满足，客户更加关注产品的新颖性、独特性和个性化等。比如，小米推出了"小米定制"服务，客户可以根据自己的喜好选择手机的颜色、材质、后盖图案甚至开机画面等。这种定制化服务不仅满足了消费者对产品独特性的追求，还通过数字化供应链实现了从生产到交付的高效运作。小米的这种创新模式受到了消费者的热烈追捧，尤其是年轻客户群体，他们通过定制化产品来彰显个性。

7. 关系与体验

客户与企业建立了长期的合作关系后，就能更加了解对方的特点和需求，避免因为误解而产生各类成本、增加客户的转移成本。

在信息系统支持下，企业可以把每个客户的业务情况记录下来，发现客户的偏好和需求规律，根据客户情况改进产品设计，或在客户没有明确提出需求时向客户提供建议。应用电子商务的企业还可以根据客户的历史采购情况建立针对特定客户的虚拟超市。

企业与消费者、供应商、内部员工、竞争者、影响者等形成的关系之所以能产生持续价值，是因为：第一，关系的发展是双方长期交易和互动的结果，也是一个不断管理、协调和积累的过程，既要付出物质，又要付出时间和感情，关系涉及双方复杂的互动和调整过程，其他企业难以仿效；第二，关系是排他性的，一方如果终止关系，将付出较高的转移成本；第三，关系是其他资源无法替代的。

除关系外，当今的客户还越来越重视体验带来的价值。所谓体验，就是企业以服务为舞台、以商品为道具，围绕消费者创造出的值得消费者回忆的活动。在这里，商品是有形的，服务是无形的，而创造出的体验是令人难忘的。与过去不同的是，商品、服务对消费者来说是外在的，但体验是内在的，存在于个人心中，是个人在形体、情绪、知识上参与的所得。体验经济被称为继农业经济、工业经济和服务经济之后的第四类经济，或被称为服务经济的延伸，比如，迪士尼乐园通过打造沉浸式的主题体验，将故事、角色和环境完美融合，为游客创造了难忘的欢乐体验。游客不仅能够看到有形的游乐设施和表演，还能在无形的服务中感受到情感的共鸣和文化的传递，这种体验经济模式正是迪士尼成功的关键所在。

工业、农业、计算机业、互联网业、旅游业、商业、服务业、餐饮业、娱乐业等都在上演体验或体验经济，尤其是娱乐业，它已成为现在世界上成长最快的经济领域。体验经济可以给人造成一种感觉：企业把每一位消费者都看作独特的个人，进而满足他们的个性化需要。在体验经济中，生产商可以通过以下途径来增加消费者对自身产品的需求。

- 创造一个引人注目的个性化品牌形象，强调消费者购买、使用或占有该产品时的良好体验，如计算机中"Intel inside"价值等。
- 使通过不同方式进入的消费者得到的体验和获得的信息始终一致。
- 在产品中加入更多的能引发消费者共鸣的元素。
- 随着消费者对体验的需求增加，他们对能够帮助产生体验的物品的需求也会增加。这时需要提供更多的有刺激感觉的道具，如纪念品。
- 有意造成产品的短缺，激发消费者的占有欲。
- 组织产品俱乐部，发起有关产品的特别活动等。

拓展案例

案例解析

2.3　供应链目标模型

◐ 资料 2-3　沃尔玛的供应链目标优化

沃尔玛（Walmart）作为全球最大的零售商之一，其供应链管理被认为是它成功的关键因素。沃尔玛的供应链目标主要集中在降低成本、提高效率、确保产品可及性以及减少环境影响上。为了实现这些目标，沃尔玛采取了一系列创新措施。

首先，在降低成本方面，沃尔玛通过优化库存管理和物流流程，显著降低了运营成本。例如，沃尔玛在其供应链中广泛使用 RFID 技术，实时跟踪库存状态，从而减少了缺货和库存过剩的情况。这一技术不仅提高了库存管理的精确性，还降低了因库存问题导致的额外成本。

其次，为了提高供应链效率，沃尔玛采用了交叉配送策略。通过建立高效的配送中心，沃尔玛能够直接将货物从供应商运送到门店，减少了中间仓储环节。这种"直达门店"的模式不仅缩短了物流时间，还提高了供应链的响应速度，确保商品能够更快上架，满足消费者需求。

再次，沃尔玛还非常重视产品的可及性。通过数据分析和需求预测，沃尔玛能够精准掌握各门店的商品需求，确保商品在客户需要时能够及时上架。这种高效的商品供应体系不仅提升了客户满意度，还增强了沃尔玛的市场竞争力。

最后，在可持续发展方面，沃尔玛设定了到 2040 年实现零排放的目标，并在供应链中积极推广环保措施。例如，沃尔玛鼓励供应商使用可再生能源和环保包装，以减少碳足迹和资源消耗。这些举措不仅有助于减少对环境的影响，还提升了沃尔玛的企业社会责任形象。

通过以上措施，沃尔玛在供应链管理中取得了显著成效。其运营成本大幅降低，供应链效率显著提升，客户满意度持续提高，同时它也在环境保护方面做出了积极贡献。沃尔玛的成功案例表明，明确的供应链目标和创新的管理实践能够为企业带来巨大的竞争优势。

资料来源：

搜狐网，《针对可持续发展，Walmart 沃尔玛做了哪些？》，2024-05-09。

企业供应链绩效评价是针对企业制定的目标所进行的评价，因此企业供应链目标可以基于现有的绩效评价模型来制定。这里仅介绍平衡供应链计分卡模型。

2.3.1　平衡计分卡

哈佛大学教授罗伯特·S. 卡普兰（Robert S. Kaplan）和诺朗诺顿研究所最高执行长大卫·P. 诺顿（David P. Norton）于 1992 年率先提出了平衡计分卡（balanced scorecard，BSC）这一战略管理和绩效考核相结合的绩效管理系统。

平衡计分卡从四个角度来考察企业绩效，这四个角度分别是财务角度、客户角度、内部流程角度、学习和成长角度（见图 2-4）。这四个角度弥补了以往通过单纯财务指标反映企业绩效的不足，使管理者的注意力从短期目标的实现转移到兼顾长期战略目标，从对结果的关注转向对过程、对原因的实时分析。平衡计分卡的四个角度代表了三个主要的相关群体：股东、客户和员工。

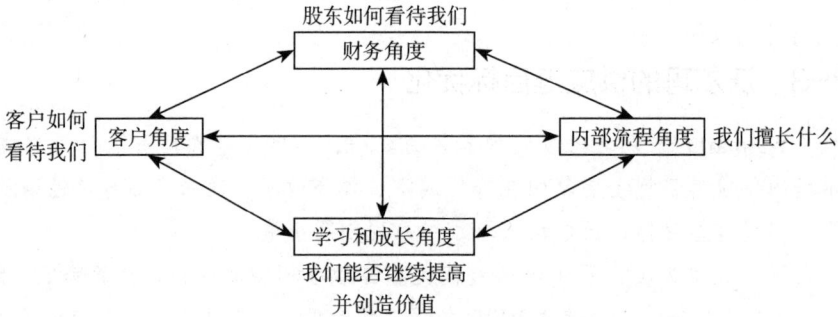

图 2-4　平衡计分卡的四个角度

　　财务角度，其目标是解决"股东如何看待我们"这一问题。在平衡计分卡里，财务指标可以体现股东的利益，是其他三个评价方面的出发点和归宿，其他三个方面的改善必须能反映到财务指标上。财务指标包括销售额、利润额、资产利用率等。

　　客户角度，其目标是解决"客户如何看待我们"这一问题。只有了解客户并满足客户需求，企业才能持续获利。客户角度的指标包括送货准时率、客户满意度、产品退货率等。

　　内部流程角度，其目标是解决"我们擅长什么"这一问题。内部业务流程是指企业从输入各种原材料和客户需求到企业创造出对客户有价值的产品或服务的一系列活动。它是企业改善其经营绩效的重点，主要包括生产率、生产周期、成本、合格品率、新产品开发速度等。

　　学习和成长角度，其目标是解决"我们能否继续提高并创造价值"这一问题，为其他领域的绩效突破提供手段。平衡计分卡的特点之一就是避免短期行为，强调未来绩效。相关指标包括新产品开发循环期、新产品销售比率、流程改进效率等。

　　平衡计分卡综合考虑了企业各方面的因素，强调了"平衡"的概念。它从整体上对企业的经营业绩进行了衡量，既有整体思想，又有局部测评，兼顾了长期目标与短期目标、财务目标与非财务目标、滞后型指标与领先型指标、内部绩效与外部绩效。平衡计分卡将企业战略置于中心位置，通过使用该方法，企业可以将目标和战略转化成具体的评价指标和改进行动，在动态调整中保持向目标前进的机动性和灵活性，在可预见的未来保持不断发展的势头。

2.3.2　平衡供应链计分卡

　　平衡计分卡作为全方位企业绩效考量的工具，与供应链管理流程相结合，为供应链流程与企业战略的结合、平衡的绩效考量的实现提供了一个完整的框架。Brewer 和 Speh（2000）对平衡计分卡应用于供应链管理绩效考量进行了系统的阐述。将平衡计分卡应用于供应链管理绩效考量主要的立论依据是平衡计分卡与供应链管理概念之间的相互关系，二者的结合将成为创造供应链竞争优势的源泉。Brewer 和 Speh 首先将供应链管理指标分成供应链目标、客户收益、财务收益、供应链提升四个方面，然后将它们分别与业务流程、客户满意度、企业财务绩效以及企业如何学习和成长相关联。在这个基础上，建立了供应链管理和平衡计分卡之间的对应关系，如图 2-5 所示。

　　将供应链管理指标代入平衡计分卡的体系内，就形成了平衡供应链计分卡。这个供应链计分卡模型强调了供应链跨企业主要功能和跨企业的本质，提出了企业应以平衡的方法管理企业内部和供应链伙伴的关系。最主要的是这个模型给出了企业员工和管理层在供应链上获取均衡目标的工具和方法论。Spina 等提出的平衡供应链计分卡模型的价值不是在于给出了所有的供应链均衡考量指标，而是提出了一个研究和应用的框架。这个框架为供应链绩效考量的细化奠定了基础，如图 2-6 所示。

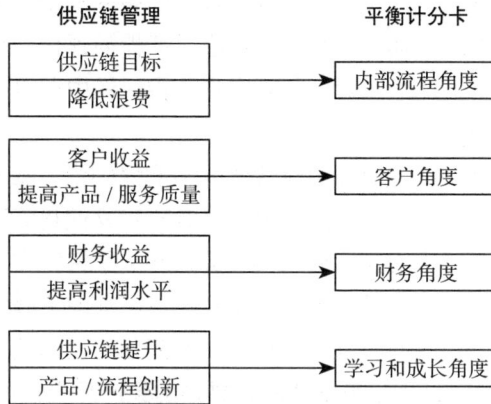

图 2-5　供应链管理和平衡计分卡之间的对应关系

资料来源：BREWER, P C, SPEH T W. Using the balanced scorecard to measure supply chain performance [J]. Journal of business logistics, 2000, 21: 75-93.

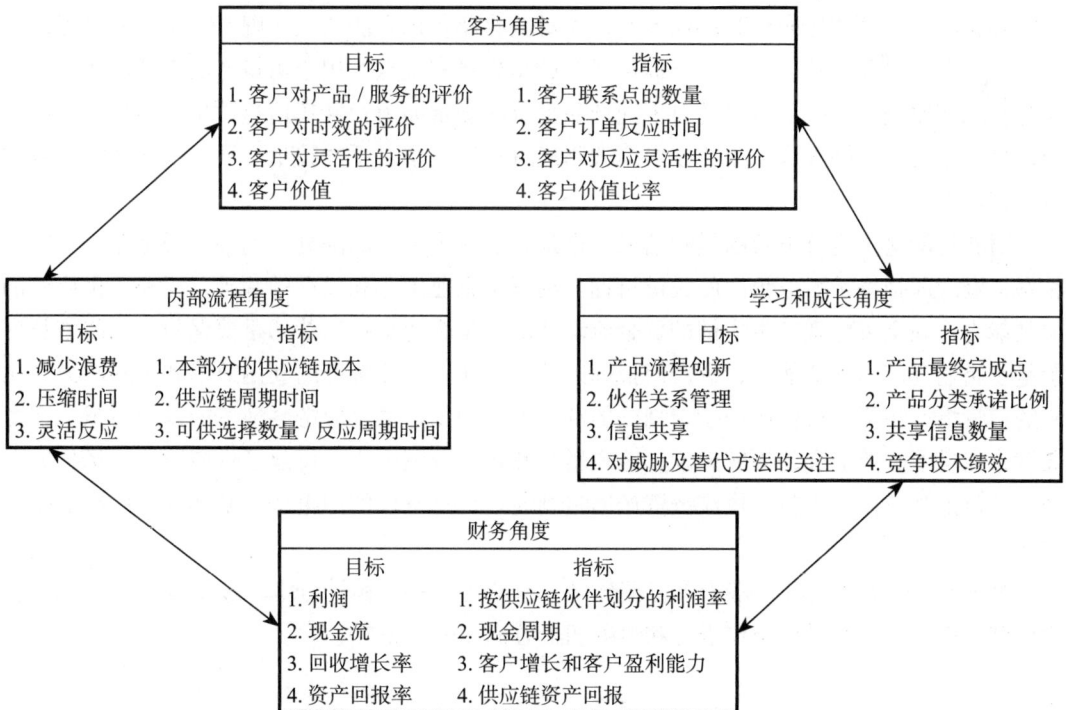

图 2-6　平衡供应链计分卡模型

资料来源：SPINA, G, ZOTTERI G. A model for assessing the performance of manufacturing supply chains[J]. International journal of operations and production management, 2000, 20(6): 675-695.

客户是供应链的终端用户，其满意度直接关系到供应链的成功与否。从客户角度出发，供应链管理的目标应聚焦于客户对产品 / 服务的评价、时效的评价、灵活性的评价以及客户价值。具体而言，客户对产品 / 服务的评价反映了供应链在满足客户需求方面的质量水平；客户对时效的评价体现了供应链的响应速度和交付能力；客户对灵活性的评价衡量了供应链应对客户需求变化的能力；而客户价值则是指客户从供应链中获得的整体利益。对应的衡量指标包括：客户联系点的数量，这反映了与客户沟通的频率和渠道的多样性；客户订单反应时间，直接体现了供应链的响应速度；客户对反应灵活性的评价，衡量了供应链在适应客户需求变化时的表现；客户价值比率则通过计算客户从供应链中获得的价值与成本的比值，来评估客户对供应链的总体满意度。

内部流程角度关注的是供应链内部的运营效率和流程优化。减少浪费、压缩时间、灵活反应是供应链内部流程的三大绩效目标。减少浪费意味着要优化资源配置，避免不必要的成本支出，提高资源利用效率；压缩时间要求供应链各环节紧密协作，缩短从原材料采购到产品交付的周期；灵活反应则是为了适应市场变化和客户需求的不确定性，使供应链能够快速调整生产计划和物流配送。相应的衡量指标包括：本部分的供应链成本，通过成本核算来评估浪费情况；供应链周期时间，用于衡量从原材料采购到产品交付的总时间；可供选择数量 / 反应周期时间，反映了供应链在面对变化时的灵活性和响应速度。

学习和成长是供应链持续发展的动力源泉。产品流程创新、伙伴关系管理、信息共享以及对威胁及替代方法的关注是这一角度的关键目标。产品流程创新能够提升产品的竞争力和供应链的效率；伙伴关系管理有助于加强供应链各环节之间的合作，实现优势互补；信息共享能够提高供应链的透明度和协同效率；而对威胁及替代方法的关注则有助于供应链提前布局，应对潜在风险。对应的衡量指标包括：产品最终完成点，用于衡量产品创新的成果；产品分类承诺比例，反映了供应链对不同产品需求的满足能力；共享信息数量，体现了供应链内部信息流通的顺畅程度；竞争技术绩效则通过对比竞争对手的技术水平，来评估供应链在技术创新方面的表现。

财务是衡量供应链绩效的最终结果，也是企业最为关注的部分。利润、现金流、回收增长率、资产回报率是财务角度的关键目标。利润是企业生存和发展的基础，反映了供应链的盈利能力；现金流体现了供应链的资金流动状况，是企业维持运营的重要保障；回收增长率衡量了企业资产的增值能力；资产回报率则综合反映了企业资产的利用效率和盈利能力。相应的衡量指标包括：按供应链伙伴划分的利润率，用于评估供应链各环节的盈利贡献；现金周期，衡量了企业资金的周转速度；客户增长和客户盈利能力，反映了供应链在市场拓展和客户价值挖掘方面的成效；供应链资产回报则通过计算资产的回报率，来评估供应链的整体财务绩效。

德国 CONET 咨询公司基于供应链环境，重新定义了平衡计分卡，该平衡计分卡主要包括内部运作、合作质量、合作强度和财务四个方面（见图 2-7）。

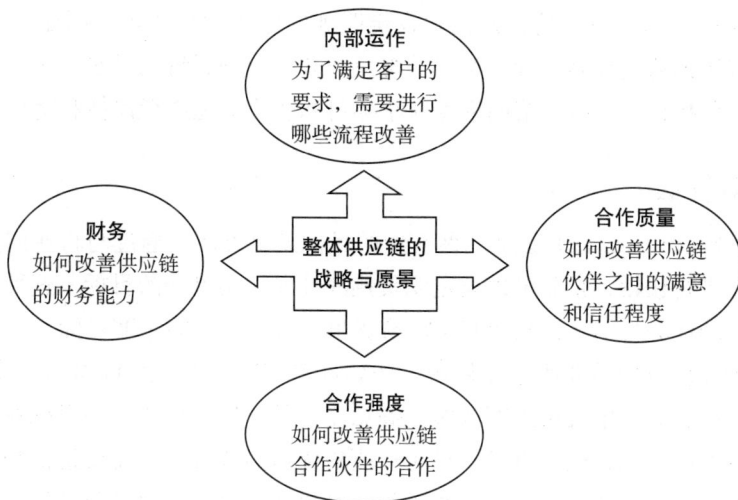

图 2-7　CONET 咨询公司的平衡计分卡模型

资料来源：邓明荣，葛洪磊 . 供应链管理：战略与实务 [M]. 北京：机械工业出版社，2012.

2.4　供应链目标的设定方法

是否达成目标是描述举措好坏的指标，接下来介绍设定供应链目标的常用方法：SMART 法和行业对标法。

2.4.1　SMART 法

SMART 的含义如下。

S—specific，明确的：目标必须清晰明确，包含实施主体、时间节点、行动动机及量化标准等关键要素。例如，某制造企业制定了提升供应链协同效率的战略，由"供应链协同"团队（实施主体），在 2024 年第三季度（明确的时间点），针对主要供应商开展协同计划优化项目（明确的动机），计划将供应商的库存周转率提升 20%（完成到什么程度）。

M—measurable，可衡量的：目标必须量化，可采用数量或时间等指标进行量化。例如，与合作供应商达成以下量化目标：①在生产协同方面，确保全年生产计划执行率达到 95%；②在库存管理方面，成品和半成品库存成本降低 15%；③在零部件交付周期方面，零部件交付准时率提升至 90%。

A—attainable，可实现的：企业应结合行业对标结果和历史经验，制定既有挑战性又可落地实现的目标。例如，基于 2023 年在部分供应商中成功实施的库存优化项目经验，结合行业最佳实践，制定 2024 年的目标。同时，与供应商进行多轮沟通和调研，确保目标的可操作性。

R—relevant，相关的：目标的达成程度应能直接衡量战略实施的效果。例如，在描述库存优化、交付准时率提升等目标时，须验证这些目标是否真正支持了供应链协同效率提升的战略目标，确保目标与战略高度相关。

T—time-based，基于时间的：目标须设定明确的完成时间节点。例如，2024年第一季度完成所有供应商的协同计划培训，第二季度完成仓库管理系统的升级，第三季度开始实施新的协同计划并监控执行效果，第四季度对全年目标达成情况进行评估和优化。

2.4.2　行业对标法

行业对标（benchmarking）法是一种有效的目标设定方法。通过与行业内其他企业或跨行业的优秀企业进行比较，企业可以设定既具挑战性又切实可行的目标。这种方法有助于深入了解竞争对手的优势与不足，从而制定出有竞争力且可实现的年度目标。

首先，明确供应链中需要改进的领域，例如订单响应速度或交付周期，并选择可量化、可比较的关键指标，如订单交付周期或客户满意度。其次，选择合适的对标对象，这些对象既可以是同一行业的领先企业，也可以是跨行业的优秀实践者，但需要遵循相似性原则，确保与自身运营模式、产品类别或客户群体等具有可比性。再次，通过公开信息、调研访谈等渠道收集对标数据，并与自身企业的数据进行对比，分析差距及差距产生的原因。例如，交付周期长可能是由于物流配送效率低下或订单处理流程复杂。在此基础上，根据对标分析结果，设定具有挑战性但切实可行的目标，并制订具体的行动计划，明确实现目标的措施和步骤，如优化物流配送路线或引入自动化系统。最后，按照计划执行改进措施，并定期监控关键指标的变化情况，评估改进效果。如果发现效果不理想，应及时调整策略。同时，对标是一个动态过程，需要定期更新对标对象和数据，持续优化供应链管理，提升竞争力。通过这一系列步骤，企业可以借鉴优秀企业的实践经验和成功模式，明确自身的优势与不足，从而实现供应链绩效的持续提升。

2.5　供应链数字化的目标

2.5.1　新技术提升客户价值

在数字化时代，供应链目标与客户价值之间的关系变得越发紧密。随着大数据、物联网、区块链和人工智能（AI）等技术的兴起，供应链管理已经从传统的线性流程转变为一个高度集成和动态响应的生态系统。这些技术不仅提高了供应链的效率和透明度，而且为实现以客户为中心的供应链目标提供了新的可能性。

大数据技术通过分析消费者行为、市场趋势和供应链性能数据，为供应链管理者进行深入的客户洞察提供了支持。这些洞察有助于企业设定更加精确的供应链目标，如预测性库存管理，可以帮助企业减少库存积压和缺货情况，确保客户能够及时获得所需产品，从而提升客户满意度和忠诚度。

物联网技术通过在供应链中部署传感器和智能设备，实现了对产品从生产到交付的全程监控。这种实时的监控和追踪不仅提高了供应链的透明度，还使得企业能够快速响应客户需求变化，调整生产和配送计划，实现更加灵活和个性化的客户服务。

区块链技术为供应链带来了革命性的改变，特别是在提升信任和安全性方面。通过区块链，企业能够确保产品信息和交易记录的真实性和不可篡改性，这对于建立客户信任至关重要。同时，区块链还能够简化交易流程，降低成本，这些节省最终可以转化为更有竞争力的价格或更高的价值。

人工智能的集成使供应链能够实现智能化决策。AI 算法可以分析复杂的数据集,预测市场趋势,优化库存水平,甚至自动化客户服务流程。这种智能化不仅提高了供应链的响应速度和准确性,还为客户提供了更加个性化和高效的服务体验。

2.5.2　供应链数字化的变革目标

环境变化与技术创新共同驱动了制造企业的供应链变革,传统以效率为核心的供应链管理转变为效率、敏捷、韧性并重的供应链管理。在环境变化方面,全球供应资源碎片化和供需状态的持续不确定使得企业频繁出现材料短缺、生产中断、物流延误等问题,企业供应链稳定运行面临巨大挑战。如何提升供应链的韧性和敏捷性是当前企业供应链优化的关键任务,同时,鉴于客户价格敏感度的上升,效率提升依然是企业供应链优化的重要内容。在技术创新方面,随着 AI、机器人流程自动化(robotic process automation,RPA)、数字孪生等新一代数字技术与供应链场景的深度融合,供应链变革也逐步走向高端化、智能化。数字化供应链管理的三大价值追求如图 2-8 所示。

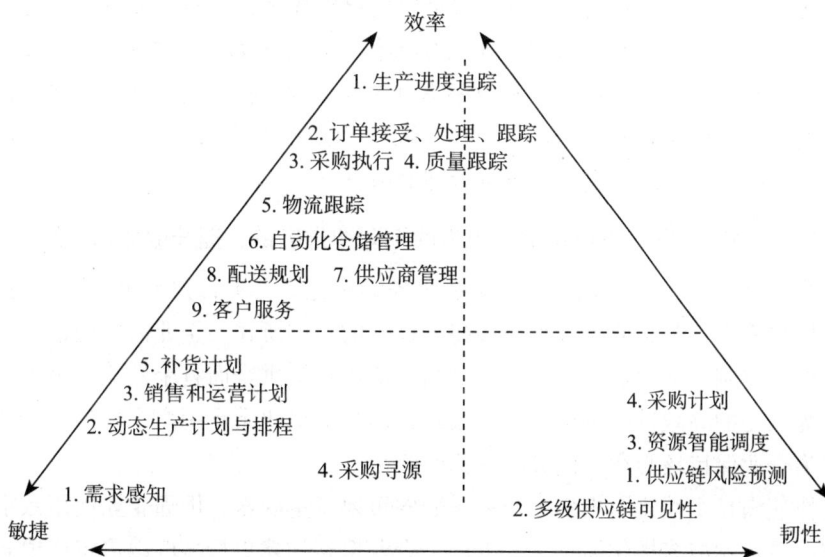

图 2-8　数字化供应链管理的三大价值追求

资料来源:中国信息通信研究院、工业互联网产业联盟,《工业供应链数字化白皮书(2023 年)》,2023 年 12 月。

1. 走向涵盖更多环节与主体的大范围数据协同,进一步提升供应链管理效率

当前越来越多元的销售和供给渠道使得供应链数据愈加分散,供应链各环节之间信息难以共享和传递,极易形成信息孤岛,导致供应链信息不透明、牛鞭效应越发严重,进而影响供应效率和成本,企业迫切需要打通各类数据实现资源优化配置,提高供应链运营效率。因此,构建大范围的数据协同能力成为企业运营效率提升的关键。从数据打通范围看,供应链管理从单一环节优化走向多流程协同和多主体协同。在工厂级单一环节优化上,中小企业通过打通工厂内采购、物流等单点业务数据并叠加一定程度的数据分析,提升供应链局部业务

管理效率。中小企业依托服务商打造的各类"小轻快"工具，实现供应链局部业务数字化"补能力"。如简道云面向中小企业打造进销存、仓库管理和客户订单管理等应用，通过数据打通、自动化流程等开展客户和销售管理，实现客户跟进效率提升40%，业务协作效率提升60%；携客云为制造企业提供供应链管理优化的SaaS（software as a service，软件即服务）化SRM，用户仅需一个账户和密码便可实现一天在线，解决了采购供应过程管理效率低的难题，使协作效率提升了90%。

在企业内多流程协同上，企业通过打通采购、物流和生产等多部门数据并叠加优化算法，实现跨环节协同规划，提升内部供应链运营效率。此类应用以大企业为主，大企业供应链通常具备较好的数字化基础，已基本实现单点业务的全量数据打通，多环节数据流通协同成为大企业的普遍选择。如奥克斯建立了SCM系统，打通了库存、采购、销售等多部门数据，将排产仓储、配送和签收时间从18h缩短到了1.4h，显著提升了供应链运营效率。

在企业间多主体协同上，企业进一步打通客户、供应商等多类主体数据，并融入智能算法实现整条供应链协同优化。此类应用以集团企业为主，通过供应链内外数据可视化，企业可实时掌握供应商库存、生产进度、物流进度等情况，并与供应商在生产、品质、物流等方面实现管理协同，提高生产物料齐套率，降低供应链整体运营成本。如联想搭建企业级供应链管理平台，与400家一级供应商基于平台实现供应链业务数字化协同，并推动2000家中小供应商入驻平台，使企业供应链运营效率提升10%；吉利推出供应链云协同的"百千万"五年推广计划，分阶段实现从一级供应商到二级、三级等更深层级供应商的全面拓展，有效降低供应商不良率，显著提升供应商质量管理效率。

2. 走向需求精准规划、供应链柔性组织的主动型供应链，提升敏捷响应能力

随着用户消费升级，个性化、定制化和服务即时化等需求日益突出，快速响应、探索、挖掘、引领用户需求，是企业得以生存和持续发展的关键所在。企业需要构建一个能够主动感知需求、按需定制、准时生产的供应链网络，给用户提供全面且个性化的服务体验。过往以精益理念为核心的高效供应链依然不可或缺，但打造更快满足用户个性需求的敏捷响应供应链，或成为企业保持核心竞争优势的更关键所在。

用户将快速满足个性化需求作为产品采购的重要考量因素，倒逼企业使用数字技术打造柔性供应链，灵活响应多样化需求。一方面，企业探索构建更精准的以需定产模式，依托数字技术主动预测用户需求并规划供应链，提前应对市场变化。如华为构建用户数据中心，基于用户行为数据预测市场需求，面向新终端研发，提前进行物料采购、仓储分配等供应链布局，使产品研发上市周期缩短20%。另一方面，企业依托数字技术构建快速响应的供应链网络，打造外部供应商寻优与计划协同、个性定制的混线柔性产线等应用，敏捷响应多变的市场需求。如鞍钢集团通过搭建供应商平台，引入集团供应商与第三方供应商，实现了第三方供应商的快速调度，形成了新供应体系，使企业采购周期缩短20%，采购成本降低10%；上汽大通构建"蜘蛛智选"平台支持用户自助选择配置，根据车型需求实时开展供应商寻源，并打造智能排产、柔性生产执行等应用，定制车辆交付周期最快仅需18天。

3. 构建仿真推演、实时监测、资源调度能力，建立更具韧性的供应链网络

不确定时代打造韧性供应链势在必行，数字化成为不确定中的稳定力量，是提升企业供

应链优势的强劲引擎。施耐德电气《迈向以客户为中心的一流供应链——精益、韧性、绿色、数字化》研究报告指出，韧性是一流供应链建设的重要方向，数字化是不可或缺的支撑手段，它将有效赋能供应链的精益和韧性。当前，龙头企业越发关注提升供应链韧性水平，在实现效率提升和敏捷响应的基础上加大对突发事件智能预警、调度优化的探索，利用物联网、大数据分析等技术对供应链全链条进行实时监测分析，构建事前仿真推演、事中实时监测和事后资源调度系统，减少断链风险。

一是事前仿真推演，面向新建供应链，企业通过对供应链流程进行仿真、模拟，提前识别并规避风险。龙头企业尝试在新厂规划、新品投产、现有产线优化和物流优化阶段，基于数字孪生技术建立工厂产线、物流系统的数字模型，开展工厂规划、产线布局、仓储物流设计等仿真分析，并依托物联网接入供应链实时数据，对工厂生产运作进行可视化设计、验证，实现产线性能、生产流程和资源配置的优化以及风险的规避。如宝马、奔驰等龙头车企与英伟达合作，基于 omniverse（全能宇宙）数字孪生能力开展新车型生产流程模拟仿真，实现了生产风险预测和优化，加快了新建生产线达到最大产能的速度，并降低了生产返工或停机风险。

二是事中实时监测，企业通过监测供应链全链条的实时数据即时识别风险。依托物联网、大数据分析和云计算等技术，龙头企业对供应商、工厂、仓储物流和客户等进行实时监测，获得透明可视的供应链全景图，并结合人工智能识别潜在风险。如奔驰与微软合作打造 MO360 供应链平台，将全球工厂实时数据连接到微软云，利用 AI、数据分析提供实时监测反馈，识别供应链瓶颈。华为打造供应链智能运营中心，面向关键业务点设置超 300 个探针，自动识别业务活动或指标异常，实现供应链风险和需求的实时感知。

三是事后资源调度，企业通过大范围的供应链资源智能调度减少断链损失。龙头企业在识别供应链风险基础上，探索打造超大数据规模和计算规模的复杂业务场景资源调度和智能决策能力，并通过最优的供应商更换方案、生产计划调整、运输路线替换等方式解决中断风险。如华为构建全球业务数智平台，在苏伊士运河货轮搁浅事故中快速识别的受影响的 400 个货柜和下游 123 个客户，并对空海铁运数万条实时变化路径展开百万级排列组合分析，预判事故可能带来的塞港、铁运挤兑等风险，通过预案模拟算出最佳方案，快速调度欧洲工厂，将 80% 的订单延误控制在 2 周之内。

⦿ 尝试应用

1. 模拟任务

2～3 个同学组成一组。每个小组选择一条现实的供应链，通过实地调研和网络调研，完成以下模拟任务。

（1）分析该供应链目前是如何了解客户需求的，其产品是如何定位的。

（2）设计该供应链的某一产品客户价值的度量指标，分析在这些指标上该产品与其他供应链的产品有何差别或优劣势。

（3）分析该供应链在把握客户需求、产品定位、产品设计等方面应该如何改进，才能更好地提升产品的客户价值。

（4）找到一家企业，调查其竞争战略，评价它现有的供应链目标，并为它优化设计合理的供应链目标。

（5）找到一家数字化供应链的标杆企业，查找该企业近几年供应链目标的框架及指标。

2. 思考分析题

（1）分析你使用的某种产品的客户价值包括哪些组成部分以及如何衡量。

（2）分析你消费的某种服务的客户价值包括哪些组成部分以及如何衡量。有形产品和无形服务的客户价值有什么区别？

（3）对于某种特定产品，企业理解的客户价值和客户理解的客户价值是否会存在偏差？为什么？如何减小这种偏差？

（4）客户价值是生产企业创造的，还是整个供应链创造的？

（5）一个企业处于多条供应链上，每条供应链设定的目标都相同吗？

（6）不同供应链数字化变革的目标可能有所差异。你是否同意这一观点，为什么？

⦿ 融会贯通

1. 如何看待社会价值与客户价值的关系？

2. 尝试用本章所学的知识和技能分析你暑期实习所在企业的供应链的客户价值与社会价值，并与他人分享。

3. 讨论学校所在供应链的客户价值与社会价值，并分析该供应链应如何设定目标。

4. 从供应链的客户价值与社会价值出发，思考如何实现个人的价值。

5. 在数字化时代，人的数字化素养越来越重要，请结合供应链数字化的变革目标，提出你的数字化素养塑造目标。

⦿ 参考文献

[1]　BREWER P C, SPEH T W. Using the balanced scorecard to measure supply chain performance[J]. Journal of business logistics, 2000, 21: 75-93.

[2]　SPINA G, ZOTTERI G. A model for assessing the performance of manufacturing supply chains[J]. International journal of operations and production management, 2000, 20(6): 675-695.

[3]　辛哈，贝尔纳德斯，卡顿，等 . 数字化供应网络：技术突破和过程重构共同推动供应链重塑、增强企业竞争力 [M]. 王柏村，彭晨，彭涛，译 . 北京：电子工业出版社，2023.

[4]　邓明荣，葛洪磊 . 供应链管理：战略与实务 [M]. 北京：机械工业出版社，2012.

[5]　中国信息通信研究院，工业互联网产业联盟 . 工业供应链数字化白皮书（2023 年）[R].2023.

[6]　马士华，林勇 . 供应链管理 [M]. 5 版 . 北京：机械工业出版社，2016.

[7]　唐隆基，潘永刚 . 数字化供应链：转型升级路线与价值再造实践 [M]. 北京：人民邮电出版社，2021.

第 3 章　数字化供应链战略

◐ **聚焦任务**

1. 基于行业时钟速度制定供应链战略，设定供应链组织形式。

2. 基于动力因素制定供应链战略，设定供应链的推拉边界。

3. 基于产品特性制定供应链战略，匹配实物效率型供应链或市场反应型供应链。

4. 制定供应链数字化转型的战略与实施框架。

▲ **知识点**

推式供应链、拉式供应链、推拉结合式供应链、推拉边界及其影响因素、延迟策略、CODP、ETO（engineer-to-order，面向订单设计）、MTO（make-to-order，面向订单生产）、ATO（assemble-to-order，面向订单装配）、MTS（make-to-stock，面向库存生产）、功能型产品、创新型产品、实物效率型供应链、市场反应型供应链、产品类型与供应链类型的匹配关系、产品生命周期对供应链战略的影响、战略性新兴技术在供应链中的应用、供应链数字化转型战略

▲ **知识图谱**

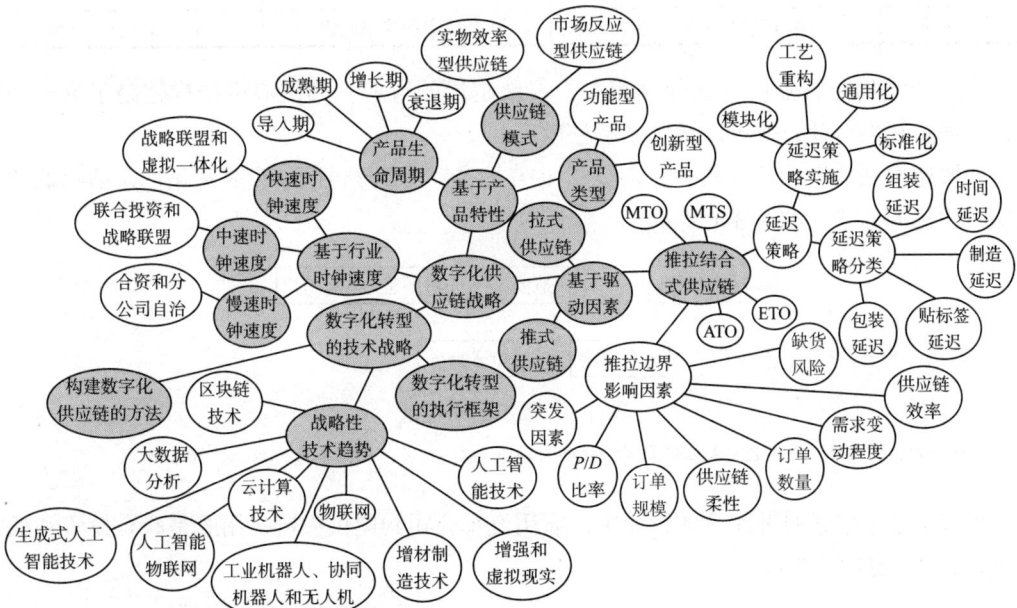

供应链根据是否有核心企业分为单核供应链和多核供应链。在单核供应链中，一个企业因为拥有财务或生产等方面的能力而成为供应链的领导者或链主；在多核供应链中，伙伴成员具有同等的权利，因此可以成立一个协调委员会来协调供应链决策，如价格变动和补偿机制。对一个单核供应链来说，供应链战略更类似于企业战略；而对于一个多核供应链来说，协调委员会要通过为供应链制定长期战略规划，协调流程，推动和成员企业员工在供应链目标、计划和政策方面的沟通，从而整合供应链各层面的有意识和无意识的行为。

3.1　基于行业时钟速度制定供应链战略

查理·费恩提出每一个行业都有不同的时钟速度（clock speed）。例如，信息娱乐行业是时钟速度较快的行业，电影产品生命以小时来测量。春节期间是推出新电影的最佳时机，这时的观众最多。信息娱乐行业的加工速度也很快，将信息娱乐产品和服务送到家里、公共中心和办公室的流程每天都在发生变化。同时，组织结构也是动态的，媒体巨头经过不断的谈判、签字、再谈判来改变互相之间的关系，从而适应产品和流程设计的改变。飞机行业来自慢时钟速度产品行业。波音公司以 10 年为单位测量产品时钟速度，波音 747 在 20 世纪70 年代上市后，直到 2022 年 12 月 6 日才下线。2020 年生产和销售的波音 747 与最初投产时制造的波音 747 相比没什么大的改变。处于中间位置的是汽车行业，汽车行业的产品不像信息娱乐行业的产品那样变化快，也不像飞机行业的产品那样变化慢。例如，客车的产品寿命为 3 ～ 5 年，制造商希望每个新款式汽车都能在推出之后四五年就过时。

行业发展时钟速度可根据产品、流程、组织的更新速度来综合判断，如表 3-1 所示。

表 3-1　行业发展时钟速度

项目	快速时钟速度（如信息娱乐行业）	中速时钟速度（如汽车行业）	慢速时钟速度（如飞机行业）
产品	6 个月～ 2 年	3 ～ 15 年	10 年或更长
流程	2 ～ 10 年	2 ～ 25 年	5 年或更长
组织	2 ～ 10 年	2 ～ 25 年	20 年或更长
供应链战略	战略联盟和虚拟一体化	联合投资和战略联盟	合资和分公司自治

供应链结构与行业的发展速度相关，发展越慢的行业，其供应链结构越趋于纵向一体化，发展越快的行业，其供应链关系越松散。

如快速发展的个人计算机生产商戴尔（DELL），其直接供应链模式采用的是战略联盟和虚拟一体化的形式，如图 3-1 所示。

图 3-1　戴尔的供应链

资料来源：邓明荣，葛洪磊.供应链管理：战略与实务 [M]. 北京：机械工业出版社，2012.

在汽车这个中速时钟速度的行业中，通用汽车公司构建供应链采用的是联合投资和战略联盟等方式（见图 3-2）。

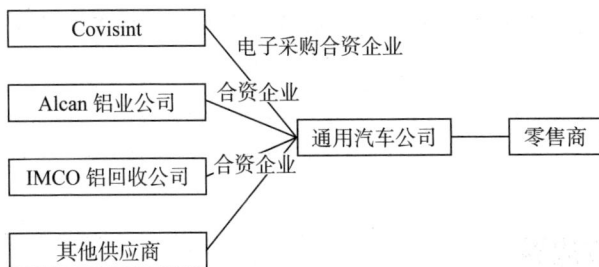

图 3-2 通用汽车公司的供应链

资料来源：邓明荣，葛洪磊. 供应链管理：战略与实务 [M]. 北京：机械工业出版社，2012.

对于像商用飞机这样的慢速时钟速度产品，波音公司构建供应链采用的是合资和分公司自治的方式（见图 3-3）。

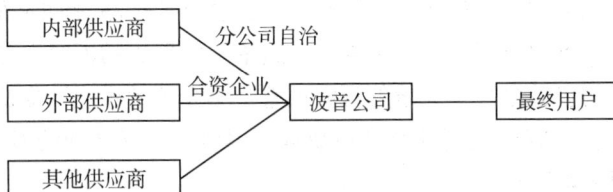

图 3-3 波音公司的供应链

资料来源：邓明荣，葛洪磊. 供应链管理：战略与实务 [M]. 北京：机械工业出版社，2012.

3.2 基于驱动因素制定供应链战略

资料 3-1 衣邦人的服装定制供应链

衣邦人是杭州贝嘟科技有限公司旗下的互联网上门服装定制平台，2014 年 12 月创立于杭州，是国内领先的服装定制平台。衣邦人在服装定制业最先引入"互联网 + 上门量体 + 工业 4.0" C2M（customer to manufacturer，从消费者到生产者）模式，主要服务商务人士，用户通过互联网免费预约着装顾问上门量体，顾问提供服装定制方案与建议。

截至 2021 年 12 月，衣邦人已在全国先后开设 62 个直营网点，建立起包含 600 多人的着装顾问团队，并能够为全国 1903 个区县的客户提供免费上门量体服务。同时，衣邦人累计预约客户近 200 万人，衣邦人 app 注册用户近 400 万，衣邦人已经在上门服务网络、定制服装品类拓展深度、面料供应链体系三个方面达到行业第一。

衣邦人供应链的特色如下。

- 一键预约，上门服务：衣邦人 app、小程序、公众号、官网一键预约，随时随地上门服务。
- 量身定制，单人单版：19 个部位 26 项身材数据采集，个性化细节选择，打造专属时尚。
- 精品面料，全球直采：全球奢级面料直采，优选服装定制品牌入驻，彰显高端品质。
- 工厂直连，10 日成衣：C2M 工厂直连，更高性价比，10 个工作日成衣发货。

● 专属顾问，专业搭配：专属顾问随时服务，全品类服装搭配建议，365 天无忧售后。

资料来源：
衣邦人，百度百科。

3.2.1　供应链推拉边界

供应链按运行的驱动因素可以分为推式供应链、拉式供应链和推拉结合式供应链。

1. 推式供应链

在推式供应链中，制造商和供应商根据预测预先拟订计划进行生产制造或送出物资。推式供应链机制比较适合那些制造周期长、需求稳定、质量要求高，或者生产能力得不到保障的行业。当需求变化较大时，推式供应链机制往往会造成产品过时或库存过多，并且会影响企业的响应速度。需求的多变也导致了生产和运输资源配置的困难，如果按照最大需求配置，那么在大多数时间里就会产生大量的资源闲置。不合理的生产计划造成的后果是：卖不动的产品有一大堆库存，客户想买的产品却缺货，因而客户感受到的服务水平常常比较低。推式供应链机制如图 3-4 所示。

图 3-4　推式供应链机制

2. 拉式供应链

在拉式供应链中，供应链流程是由已知的客户订单需求来拉动的，因此供应链必须有高效的信息传递机制，能够将客户的需求信息［如 POS（point of sale，销售终端）数据］及时传递给供应链中的企业。拉式供应链实现的前提是拥有较短的提前期，它的优势是能够减少不确定性、降低库存、提高资源利用率，但是一般来说，拉式供应链较难实现生产和运输的规模优势。拉式供应链机制如图 3-5 所示。

图 3-5　拉式供应链机制

比如，衣邦人的服装定制供应链就是典型的拉式供应链，作为国内领先的服装定制平台，衣邦人率先引入"互联网＋上门量体＋工业 4.0"C2M 模式，以客户需求为导向，采用拉式供应链，实现从预约到交付的高效协同。

提高客户服务水平和降低成本是供应链管理主要关注的两个方面，推式模式的优势在于能利用规模优势降低成本，拉式模式的目标是缩小不确定性带来的影响。因此，可以根据具体产品的需求特点和供应过程中规模经济价值来确定供应链应采取何种策略（见图 3-6）。

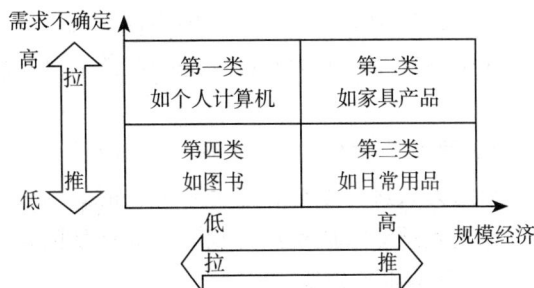

图 3-6　确定供应链推拉模式

从图 3-6 中可以看到，个人计算机和日常用品的供应链管理重点比较明确，分别采用拉式和推式机制，但图书和家具产品的供应链模式就要进一步分析了。

3. 推拉结合式供应链

拉式供应链的优势在于能快速响应客户需求，减少生产过剩、多余库存等产生的浪费，推式供应链则可以通过优化计划、标准化产品、增加生产运输规模等来降低成本。

实际上，企业通常采用的是两种模式结合的供应链，例如对通用性强的零部件和半成品供用链采用推式策略，对最后的成品以及满足客户个性化需求的供应链则采用拉式策略。

（1）推拉边界（客户订单切入点）。供应链时间线上采用推式和拉式策略的流程的接口处被称为推拉边界，也被称为客户订单切入点（customer order decoupling point，CODP）。例如，对一家个人计算机（PC）生产商而言，它按预测对部件库存进行管理，而最后的装配根据最终的客户订单按拉式进行，这样推拉边界就是装配的起始点。

CODP 在供应链中的位置决定了供应链的四种生产模式（见图 3-7）：ETO、MTO、ATO、MTS。

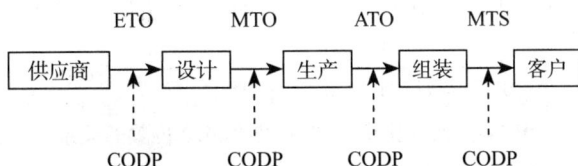

图 3-7　CODP 与供应链生产模式之间的关系

资料来源：邓明荣，葛洪磊 . 供应链管理：战略与实务 [M]. 北京：机械工业出版社，2012.

- ETO（engineer-to-order，面向订单设计）。此时，CODP 位于产品设计阶段。企业根据客户订单的要求对产品进行设计，直到最终产品被加工成型。
- MTO（make-to-order，面向订单生产）。此时，CODP 位于原材料采购之后、加工之前。产品在企业接到订单之前并未开始生产，从物料流来看，MTO 处于原材料阶段，企业接到客户订单之后才开始生产产品。
- ATO（assemble-to-order，面向订单装配）。此时，CODP 位于半成品形成之后。企业根据预测生产标准化的半成品，将它们储放于仓库；当接到客户订单后，再根据客户的具体要求进行组装，以满足客户要求。在 ATO 环境下，企业需要对半成品的数量进行协调，以满足客户订单中要求组装的不同半成品的匹配问题。戴尔公司根据客户在线订单，从库存中挑选相应的标准部件进行组装，以实现产品定制化，是 ATO 的典型代表。

- MTS（make-to-stock，面向库存生产）。此时，CODP 位于产成品形成之后。标准化的产品按照预测驱动的方式进行生产，当客户需要时，由产成品仓库发货。最大的优势是企业可以完全按照预测形成生产计划，因此计划的执行程度较高；劣势是易形成高库存，并且客户服务水平较低。

（2）影响推拉边界（客户订单切入点）的因素。影响 CODP 位置的相关因素如下。

1）供应链效率和柔性。效率会影响产品的生产成本，而柔性会影响客户的满意度。如果将 CODP 定位在供应链的上游，产品的柔性程度会得到提高，此时客户会得到更多自己偏好的产品，但随着 CODP 继续向上游移动，产品柔性的边际贡献将会逐渐降低。相应地，如果将 CODP 定位在供应链的下游，产品的生产成本会降低，客户将得到价格的优惠，但随着 CODP 继续向下游移动，产品生产成本的边际贡献将会逐渐降低。因此，定位 CODP 时应该考虑效率与柔性的平衡。

2）P/D 比率（P：production lead time，生产提前期；D：delivery lead time，交付提前期）和需求变动程度（relative demand volatility，RDV）。P/D 比率、RDV 与 CODP 位置的关系如图 3-8 所示。

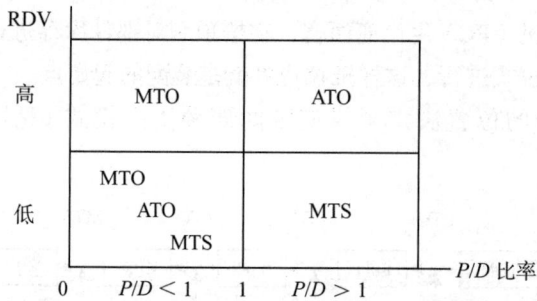

图 3-8　P/D 比率、RDV 与 CODP 位置的关系

资料来源：邓明荣，葛洪磊.供应链管理：战略与实务 [M].北京：机械工业出版社，2012.

- P/D < 1，且 RDV 较低。P/D < 1，意味着交付提前期要比生产提前期长，这种情况下 MTO 是可行的选择。但是，为了尽量利用规模经济，也不排除采取 MTS 的可能性。企业面临的 RDV 较低，意味着企业面临的大部分为确定性需求，则为了降低成本，企业也可以选择 ATO，甚至是 MTS。
- P/D < 1，且 RDV 较高。由于 P/D < 1，MTO 自然成为一种选择。但由于 RDV 较高，企业面临很大的不确定性需求，若采取 ATO 或 MTS 必然会造成大量额外的库存，因此，MTO 成为唯一的选择。
- P/D > 1，且 RDV 较低。P/D > 1，意味着生产提前期要小于客户要求的交付提前期，显然企业的一部分制造流程必然要按照预测来进行。若 RDV 较低，则可以充分利用规模经济又不会造成过多的库存成本，MTS 成为企业明智的选择。

- P/D > 1，且 RDV 较高。由于 P/D > 1，MTO 显然已经不可能实施。而 RDV 又较高，意味着若采取 MTS 必然会造成大量额外的库存，因此企业会选择 ATO。

3）订单数量的多少。CODP 的位置受订单数量的影响。当企业面临一个订单数量减少的环境时，它会将 CODP 的位置移动到供应链的上游，从单纯的 MTS 转换成 ATO 等按照订单进行生产的模式。比如，当航空制造业处于低市场需求时期时，飞机制造企业通常会选择生产基本样式的"白色飞机"。因此，对于面对季节性需求的企业来说，它们的 CODP 的位置会随着需求的季节性而发生变动，并取决于某季节需求量的大小。

4）订单的规模。CODP 的位置还受单个订单规模的影响。当标准产品的每个订单规模差别很大，即方差很大时，企业很有可能采取 MTO 模式，而非 MTS 模式。这种情况经常出现，当客户希望通过大批量购买以取得价格优惠时，订单规模通常会增大。

5）缺货的风险。CODP 的位置还受缺货风险的影响。显然，当 CODP 位于供应链的下游，即采取 MTS 模式时，由于产品以库存形式存在，当接到客户订单时，可以及时地满足订单需求，缺货风险较小。而当 CODP 逐渐向供应链上游移动时，缺货的风险将大大增加。

6）突发因素。CODP 的位置还或多或少地受一些突发因素的影响。例如，当企业正在以 ATO 组装产品时，订单突然取消，或者已经装运的货物经检查质量不合格等。

图 3-9 列举了一些企业的推拉边界，例如对于天猫、京东等电商平台，各地区仓库中存放多少商品是根据预测设定的，从地区仓库到最终客户的过程则是根据客户订单拉动的。

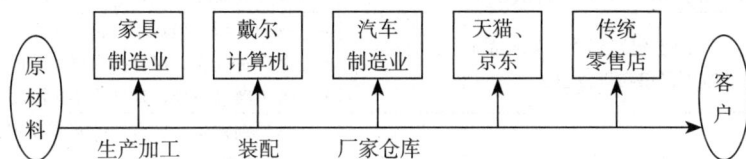

图 3-9 一些企业的推拉边界

知识解析

3.2.2 延迟策略

大规模定制中应用最多的延迟策略，也是一种典型的推拉结合式供应链管理策略。大规模定制（mass customization，MC）这一新概念是为适应客户需求多样化的发展和赢得竞争优势而提出的，即企业既要有多品种小批量甚至是单件生产的柔性（满足客户定制化生产要求），又要有大量流水线生产的效果（满足低成本、高效率的要求）。于是，大规模定制将传统上两个不同生产类型的管理有机联系起来，致力于以接近大批量生产的成本和效率提供满足客户个性化需求的定制产品，并提供相应的服务。大规模定制追求成本的有效性和对需求的快速响应，能够有效地降低产品库存。成功实施大规模定制可以使制造企业根据客户需求变化和市场机遇快速重组供应链。

延迟策略是为了适应大规模定制而采用的一种以客户需求为导向的供应链管理策略，它强调将供应链上的客户化活动（包括产品设计、采购、生产、物流等供应链活动）延迟至接到客户订单或明确客户需求，即在时间和空间上延迟客户化活动，使产品和服务可以与客户需求实现无缝连接，从而提高供应链的柔性，增加客户价值。比如，日本汽车生产商采用分阶段延迟策略优化生产和配送。在每两个月的周期中，第一阶段经销商提供综合订单，锁定关键零部件（如发动机和底盘）的生产；第二阶段根据最新销售趋势，提供汽车特征和需求数据，以精准决策产品配置。这种策略将产品差异化决策推迟至明确需求后，有效降低了因预测不准确导致的生产错误和库存积压风险，提高了供应链灵活性和市场响应速度。

1. 延迟策略的分类

根据产品顺着制造流程所处的阶段和时间，Zinn 和 Bowersox 把延迟策略分为 5 种类型：贴标签（labeling）、包装（packaging）、组装（assembly）、制造（manufacturing）、时间（time）。这 5 种延迟都是以客户订单来驱动最后的流程，会有 5 种不同的配送成本，进而产生了不同的成本模式与成本特性，如表 3-2 所示。

表 3-2　Zinn 和 Bowersox 的延迟策略分类

延迟策略	定义	延迟对成本的影响
贴标签	产品以不同的商标销售，则产品可以以无标签的状态运到仓库，收到订单再贴标签	• 安全库存减少，存货持有成本下降 • 失去了规模经济，处理成本（贴标签）增加
包装	产品以不同的包装销售，则产品可大批量运送到仓库，收到订单再进行包装	• 运输的货物体积减小，运输成本下降 • 安全存货减少，存货持有成本下降 • 失去了规模经济，处理成本（包装）增加
组装	不同产品拥有相同的零部件，则可将一些零部件运到仓库再进行组装	• 货物类别减少，有较佳的密度比率，运输成本下降 • 安全存货减少，存货持有成本下降 • 失去了规模经济，处理成本（组装）增加 • 配送成本增加，销售损失增加
制造	运送零部件到仓库，在那里根据客户订单进行制造	• 货物类别减少，有较佳的密度比率，运输成本下降 • 安全存货减少，存货持有成本下降 • 失去了规模经济，处理成本（制造）增加 • 配送成本增加，销售损失增加
时间	采取集中库存，提供完整的产品供货能力，并在接到客户订单后才开始配送	• 配送的时间增加，运输成本增加 • 安全库存减少，存货持有成本下降 • 零担运输的比例升高，销售损失增加

一些研究将延迟策略分为时间延迟与形式延迟。时间延迟，即尽可能地将制造流程（如制造、组装、定制化、地域化、包装）中的产品差异点延后到接近客户端。时间延迟将产品差异点延后，并未减少产品间的差异。而形式延迟是指以形式上的通用性来延迟产品的差异点，即通过标准化的方式减少产品间的差异，以达到产品差异延后的效果。例如重新设计产品和制造流程使零件标准化与制造流程模块化，如此一来可使产品差异点延后，提高完成产品的弹性。形式延迟与时间延迟的不同在于形式延迟减少了产品差异。

一些研究将延迟策略分为制造延迟（manufacturing postponement）和物流延迟（logistics postponement），两者的差异在于延迟发生的阶段不同。对于制造延迟来说，延迟发生较早，位于制造阶段，将所有的制造过程都延迟到订单确定后。而物流延迟则发生在配送阶段，制造仍按照预测以大量生产的方式进行，且将成品集中储存于一个或多个仓储中心，仅将最后的配送阶段延迟到订单确认之后。

从制造和物流两个方面综合考虑，可以得出 4 个供应链延迟 – 预测策略（postponement-speculation strategy）：完全预测策略（the full speculation strategy）、制造延迟策略（the manufacturing postponement strategy）、物流延迟策略（the logistics postponement strategy）和完全延迟策略（the full postponement strategy），如表 3-3 所示。

表 3-3　供应链延迟 – 预测策略

		物流	
		预测 （分散存货管理）	延迟 （集中存货管理与接单配送）
制造	预测 （存货生产）	完全预测策略	物流延迟策略
	延迟 （接单生产）	制造延迟策略	完全延迟策略

（1）完全预测策略：这种策略是传统企业常用的策略。与延迟策略完全相反，完全预测策略能尽可能早地实现产品形态上的差异。完全预测策略通过预测需求来进行生产，CODP位于供应链最下游，所有产品均在订购点之前完成。产品储存于最接近客户的配送中心，这样可以缩短交货前置时间。其优点为制造及物流配送具有规模经济，缺点为存货成本高及产品形式相对固定。

（2）制造延迟策略：将未经最后装配、包装及贴标签的产品，配送到距离客户较近的配送中心存放，客户订单确定之后才开始执行最后的装配、包装及贴标签的作业。其优点是成品安全库存减少，库存的计划与管理较为简单，缺点是制造成本增加及客户订单处理成本增加。

（3）物流延迟策略：这种策略在制造上完全采用预测性生产的方式，但配送则是客户需求确认后才进行。由于采取集中性储存，接到客户订单后，便可直接配送到客户手中。其优点为制造具有规模经济，缺点为运输成本增加（因为配送的批量小，但频率增加，且需要较快的运输工具）。

（4）完全延迟策略：确定客户订单之后，才开始实施制造和物流配送作业。其优点是存货减少，缺点是制造和物流配送不具备规模经济。

比如，戴尔和摩托罗拉均采用了延迟策略来优化供应链管理。戴尔在接到客户订单后，通过信息中心将订单分解为多个子任务，并利用互联网和企业间信息网络将这些任务分派给上游配件制造商。制造商根据电子订单生产配件，并按照戴尔控制中心的时间表供货。戴尔仅在成品车间完成组装和系统测试，后续流程由客户服务中心跟进。随着全球订单的持续涌入，戴尔的生产实现了规模化循环。

摩托罗拉则在其手机供应链中主要面向无线服务提供商应用了延迟策略，其配送仓库储存了手机产品、服务提供商标识及相关印刷品。在收到订单后，摩托罗拉根据不同的服务提供商需求对产品进行定制化处理。通过在配送仓库集成所有服务提供商的需求，摩托罗拉避免了为每个服务提供商单独备货，显著降低了仓储和运输成本。

2. 影响延迟策略实施的因素

供应链节点企业延迟策略的实施受到诸多因素的影响，例如，流程型加工行业（化工、石油等）不存在初级加工和深加工的问题，实施延迟策略就意味着延迟最终产品的生产，延长生产周期，增加在制品，丧失规模经济，不能取得良好的经济效益。影响延迟策略实施的因素如表 3-4 所示。

表 3-4　影响延迟策略实施的因素

影响因素	对延迟策略的影响
技术特征 • 最终加工制造简单 • 最终制造技术内容简单 • 模块化产品设计	• 通过实施延迟策略和缩短加工时间可以实现规模经济 • 缩短了准备时间、换产时间和加工时间 • 以低的加工成本快速实现最终制造，增加产品响应市场的可能性
生产流程特征 • 生产和作业可分离 • 定制不太复杂 • 多站点采购	• 生产技术的先决条件 • 缩短准备时间、换产时间和加工时间 • 模块的直接整装发运
产品特征 • 模块的高通用性 • 产品有具体的形式和参数 • 产品单位价值高 • 定制后产品的体积或重量增加	• 降低库存水平和减少库存积压的风险 • 提高定制化的可能性 • 降低渠道费用和库存持有成本 • 降低运输和库存持有成本
市场特征 • 产品生命周期短 • 销售量波动大 • 提前期短而可靠 • 价格竞争 • 多个市场、多个客户	• 更低的库存积压 • 降低库存水平 • 改善配送服务 • 降低成本 • 更好地定位、细分产品和销售市场

3. 实施延迟策略实施的途径

实施延迟策略有以下几个途径。

（1）工艺重构（或重新排序）。工艺重构即对产品的生产工艺或步骤进行修改和调整，使具体产品的差异化生产工序尽可能往后延迟。比如，宝洁公司在生产流程优化方面采取了重要措施，通过改进工艺降低了包装车间的转产频率，显著提升了生产效率。以香波产品为例，宝洁公司对包装设计进行了标准化处理，降低了不同品牌产品包装的差异性。这一改变有效缩短了转产时间，降低了生产成本。

（2）通用化。通用化即采用通用零部件或工艺以降低产品和工艺的复杂性，提高在制品库存的柔性。

（3）模块化。模块化即将一个完整的产品分解为一些便于组装在一起的模块，而在设计阶段赋予各个模块各种功能。

（4）标准化。标准化即用标准产品替代一个产品系列，实现标准化的方法之一是建立特定客户可能需要的几个备选方案。

知识解析

3.3 基于产品特性制定供应链战略

● 资料 3-2 ZARA 的快速响应型供应链

ZARA 是西班牙 Inditex 集团旗下的知名时尚品牌，以"快速时尚"（fast fashion）模式闻名全球。ZARA 成功的关键在于它构建了一套高效的快速响应型供应链体系，能够迅速将最新时尚趋势转化为产品并上架销售。ZARA 的供应链目标主要包括缩短产品上市周期、提高库存周转率以及快速响应市场需求。

（1）缩短产品上市周期：ZARA 的目标是从设计到上架仅需 2～4 周，远快于传统时尚品牌的 6～9 个月。为实现这一目标，ZARA 将设计、生产和配送环节紧密整合，采用小批量、多批次的生产模式。

（2）提高库存周转率：ZARA 通过精准的需求预测和快速补货机制，确保库存始终处于较低水平，同时减少滞销风险。

（3）快速响应市场需求：ZARA 通过实时数据分析和门店反馈，迅速调整产品设计和生产计划，以满足消费者不断变化的需求。

ZARA 采取的措施如下。

（1）垂直整合模式：ZARA 拥有高度垂直整合的供应链，控制从设计、生产到配送的各个环节。其生产基地主要位于西班牙、葡萄牙和摩洛哥等地，靠近欧洲主要市场，缩短了物流时间。

（2）快速设计流程：ZARA 的设计团队紧密关注全球时尚趋势，并通过门店反馈和销售数据快速调整设计。新款设计从概念到生产只需几天时间。

（3）柔性生产系统：ZARA 采用小批量生产方式，能够快速调整生产线以满足市场需求。这种模式减小了库存压力，并允许 ZARA 频繁上新。

（4）高效物流体系：ZARA 的配送中心采用自动化技术，能够在 24h 内将货物配送到欧洲门店，48h 内送达全球其他地区。

ZARA 取得的成果如下。

（1）快速上新：ZARA 每年推出 24 个新品系列，远超传统品牌的 4～6 个系列，吸引了大量追求时尚的消费者。

（2）低库存风险：由于采用小批量生产模式，ZARA 的库存周转率显著高于行业平均水平，减小了滞销和打折促销的压力。

（3）高客户满意度：ZARA 能够快速响应市场趋势，确保门店始终提供最新款式，提升了客户满意度和品牌忠诚度。

ZARA 的快速响应型供应链是其"快速时尚"模式的核心竞争力。通过垂直整合、柔性生产和高效物流，ZARA 能够在极短时间内将设计转化为产品，并迅速推向市场。这种模式不仅降低了库存风险，还提高了品牌的市场适应能力，使它在全球时尚行业中占据领先地位。

资料来源：

1. LÓPEZ C, FAN Y. Internationalisation of the Spanish fashion brand Zara [J]. Journal of fashion marketing and management, 2009, 13(2): 279-296.

2. Inditex Annual Report 2022, Inditex Group, 2023.

3.3.1　产品特性

费希尔（Fisher）将产品分为两类：功能型产品和创新型产品。功能型产品是指满足基本功能需要的产品，有较为稳定且可预测的市场需求，生命周期较长，竞争激烈，边际利润较低，如日用品等。创新型产品则是指增加了特殊功能的产品，在技术或外观上有创新，边际利润大，需求不可预测，生命周期短，在市场上易被模仿，一旦被模仿，竞争优势就会降低，边际利润就会下滑，如时尚品等。功能型产品与创新型产品的对比如表 3-5 所示。

表 3-5　功能型产品与创新型产品的对比

维度	功能型产品	创新型产品
需求方面	可预测	不可预测
产品生命周期	多于 2 年	3 个月～1 年
边际贡献率	5%～20%	20%～60%
产品种类	少（每类产品有 10～20 个型号）	多（一般每类产品有数万个型号）
平均预测失误率	10%	40%～100%
平均缺货率	1%～2%	10%～40%
季末平均打折百分比	0	10%～25%
按订单制造需要的提前期	6 个月～1 年	1 天～2 周

3.3.2　供应链模式

功能型产品和创新型产品需求的供应链模式不同。实际上，供应链的功能也可以从内外两个角度来划分，一个是内部角度的实物功能，即从供应方开始，沿着供应链的各个环节，把原材料转化为在制品、半成品和成品直至运达需求方；另一个是外部角度的市场调节功能，即保证及时提供多样化的产品以满足客户多样化的需求，避免缺货损失或库存过大。对应于实物功能和市场调节功能，供应链也可分为实物效率型供应链和市场反应型供应链（见表 3-6）。

表 3-6　实物效率型供应链和市场反应型供应链

项目	实物效率型供应链	市场反应型供应链
主要目的	以最低成本有效率地满足可预测的需求	对不可预测的需求快速反应，以避免缺货、减少库存积压
生产方面	保持高的平均利用率	配置富余的缓冲能力
库存策略	实现高周转及最低库存分布	配置较多的零部件或成品缓冲库存

（续）

项目	实物效率型供应链	市场反应型供应链
提前期方面	在不增加成本的前提下压缩提前期	积极投资以减少提前期
供应商选择	成本与质量	速度、灵活性与质量
产品设计策略	性能最大化、成本最小化	模块设计、延迟产品的差别

3.3.3 基于产品特性制定供应链战略

对于功能型产品，供应链的主要目标是降低成本，企业没有必要为改善市场反应能力而投入巨资；但对于创新型产品，由于边际利润高，机会成本大，所以需要有高度灵活的供应链与之匹配。因此可以得到如图 3-10 所示的供应链与产品的匹配关系。

	功能型产品	创新型产品
实物效率型供应链	匹配	不匹配
市场反应型供应链	不匹配	匹配

图 3-10 供应链与产品的匹配关系

资料来源：邓明荣，葛洪磊．供应链管理：战略与实务 [M]. 北京：机械工业出版社，2012.

例如，不少发达国家将功能型产品放在低成本的发展中国家生产，而把一些流行性或短生命周期的产品放在本土生产。一个典型的例子是服装品牌 ZARA，它通过敏捷供应链和工艺重构，实现了快速反应和灵活生产。其供应链模式强调“快速、少量、多款”，ZARA 的产品从设计到上架仅需 2 ～ 3 周，最快仅需两天。设计团队与营销、采购专家紧密合作，快速捕捉时尚趋势并将产品推向市场。超过 50% 的产品由自有工厂生产，核心工序集中在欧洲，确保了灵活性和质量。小批量生产模式使生产可以根据需求快速调整，避免了库存积压。在西班牙拉科鲁尼亚（La Coruña）的物流中心，通过先进的光学读取工具，员工每小时可分拣 6 万件衣服，出错率仅 0.5%，ZARA 支持每周两次新品上架，营造了“限时抢购”氛围，激发了消费欲望。这种整合型供应链和灵活生产模式，使 ZARA 能够快速响应市场变化，降低库存成本，提升产品吸引力。

用市场反应型供应链提供功能型产品，或者用实物效率型供应链提供创新型产品都是不合适的。现实中后者更容易发生，例如越来越多的企业为了竞争的需要，不断从功能型产品的生产转向创新型产品的生产，但是其供应链管理依旧将重点放在降低成本上，没有及时向市场反应型供应链转变。

对于提供功能型产品的实物效率型供应链，可采用的改进策略有：

- 削减各成员企业内部成本；
- 不断加强联盟成员之间的协作，降低总体成本；
- 在降低成本的基础上，降低销售价格。

用市场反应型供应链来提供创新型产品时，可采用如下策略：

- 通过增加不同产品拥有的通用件数量来增强某些模块的可预测性，从而减少需求的不确定性；
- 缩短提前期以增加供应链的柔性；
- 当需求不确定性降低后，用安全库存或充足的生产能力来规避其他的不确定性，需求旺盛时，减少缺货损失。

3.3.4　产品生命周期对供应链战略的影响

对于一种特定的产品来说，其生命周期从它开始被投放到市场到过时被淘汰，要经历导入、增长、成熟、衰退等几个阶段。在每个阶段，产品特性会发生变化，对供应链有不同的要求（见表3-7）。

表 3-7　生命周期各阶段的供应链战略

阶段	特点	供应链战略
导入期	·无法预测需求量 ·大量促销活动 ·订货批量小而不稳定 ·缺货成本高 ·零售商有额外要求	·供应商参与产品的开发设计 ·投放到市场前制订完善的供应链支持计划 ·小批量采购原材料、零部件 ·高频率小批量发货 ·安全追踪，及时消除安全隐患或召回 ·信息共享
增长期	·需求稳定增长 ·营销渠道简单明确 ·竞争产品开始进入	·批量生产、发货 ·提高服务，区分客户 ·增强协作
成熟期	·竞争加剧 ·销量增长放缓 ·需求稳定、可预测	·建立配送中心 ·利用第三方服务降低成本、为客户增加价值 ·减少成品库存
衰退期	·需求下降 ·价格下降	·对配送支持力度进行评价 ·调整供应商、分销商、零售商等的数量及关系

知识解析

3.4　供应链数字化转型的技术战略

◐ 资料 3-3　安踏集团的数字化供应链战略

近年来，随着市场竞争加剧和消费者需求的快速变化，传统零售企业面临着诸多挑战，如库存管理复杂、渠道效率低下、消费者体验不足等。安踏集团作为国内领先的体育用品企业，通过制定和实施数字化供应链战略，成功解决了这些问题，成为行业的标杆。

安踏集团的数字化转型始于 2012 年,当时企业通过变革订货会模式,将一年四季改为"4+2"模式,并推动经销商导入 ERP 系统,在库存处理、产品设计、新货补充等方面拥有了更强的主动权。此后,安踏集团持续推动信息化建设,逐步提升企业的数字化水平。2020年 8 月,安踏集团正式启动数字化转型战略,从"批发型零售"向"直营型零售"转型,致力于实现"人、货、场"的全面打通。

在数字化战略的制定过程中,安踏集团首先明确了转型目标,即通过数字化手段提升企业的运营效率和消费者体验。具体实施框架包括以下几个方面。

(1)构建全渠道模式:安踏集团通过整合线上线下资源,打造了品牌私域流量中心,重构了全渠道模式。企业利用大数据精准洞察消费者需求,加强与消费者的互动,实现了线上线下多触点互相引流。

(2)优化供应链管理:安踏集团投资兴建了"一体化物流园",实现了总仓向门店直配铺货、补货及调拨,推动了线上线下业务的无缝衔接。通过数字化技术,企业提升了销售排单、发货过账、盘点等关键环节的效率,系统效率提升了 80% 以上。

(3)推动生产制造智能化:安踏集团的服装数字化智能工厂在行业内率先实现了从原材料到成品再到包装的全流程的贯通,实现了智能制造。这一举措不仅提高了生产效率,还降低了生产成本。

(4)开展数字化教育:安踏集团秉持"文化先行,技能在后"的理念,针对全员开展了数字化知识普及工作,并通过开发数字化平台、推出数字化词条大赛等,让员工在实践中掌握数字化技能。

以上举措使安踏集团成功实现了从传统零售向数字化零售的转型,不仅提升了企业的运营效率,还增强了消费者的购物体验,为企业的持续增长奠定了坚实的基础。

问题:

(1)安踏集团数字化供应链战略的实施框架主要包括哪些方面?

(2)传统零售企业在供应链管理方面存在哪些主要问题?

(3)安踏集团的数字化转型对消费者体验有何影响?

(4)安踏集团的数字化供应链战略对其他零售企业有何启示?

资料来源:
布马网络,《营收超 500 亿:安踏集团的数字化转型之路》,2023-04-15。

3.4.1　供应链的战略性技术趋势

技术创新推动供应链数字化转型,一些战略性数字技术将颠覆传统供应链,增强企业未来 5 ~ 10 年的竞争优势并提升企业绩效。Gartner 公司每年发布八大供应链战略性技术趋势报告,表 3-8 是 2019—2024 年的顶级供应链技术趋势。

阿米特·辛哈等(2023)指出有 8 种主要的使能技术支持供应链向数字化供应链转变,通过利用每种新技术的独特优势和能力,数字化供应链可以更快地适应以数字化为核心的动态基础设施。下面我们对主要的战略性技术进行介绍。

表 3-8 Gartner 公司发布的 2019—2024 年的顶级供应链技术趋势

发布年份	八大技术趋势						
2024	下一代人形工作机器人	复合人工智能	网络勘索	增强互联的劳动力	供应链数据治理	人工智能的视觉系统	端到端的可持续供应链
2023	可操作的人工智能	移动资产优化	行业云平台	员工敬业度	组合应用架构	网络弹性供应链	供应链整合服务
2022	超级自动化 2.0	自主事物	数字供应链孪生	无处不在的分析	安全网络	生态系统合作	可持续发展工具
2021	超级自动化	数字供应链孪生应用	边缘生态系统	供应链安全	环境社会治理（environmental, social, and governance, ESG）	嵌入式人工智能和分析	增强数据智能
2020	超级自动化	持续智能	供应链治理与安全	边缘计算和分析	人工智能	5G 网络	沉浸式体验
2019	人工智能	物联网	机器人过程自动化	自主事物	数字供应链孪生	沉浸式体验	供应链中的区块链

资料来源：根据 Gartner 公司发布的顶级供应链技术趋势资料整理。

1. 物联网

物联网（IoT）技术通过将传感器、网络连接和数据处理能力集成到物理设备中，使设备能够收集、交换和处理数据。物联网也被称为万物互联的网络或工业互联网，是一种新的技术范式，被设想为一个全球性的、由交互的机器设备构成的网络。

由于供应链运作各阶段的复杂性不断增加，企业为了降低成本、改善客户服务和提高投资回报，必须使供应链变得更加智能。近年来，物联网在供应链管理尤其是在供应链创新方面的应用潜力越来越大。传统的供应链面临不确定性、复杂性和脆弱性等问题，而物联网技术可以通过构建智能安全的供应链管理系统，实现数据、信息、产品以及所有流程的融合，让供应商和管理者获得完整的产品全生命周期信息，从而实现供应链管理的透明化。

物联网技术在供应链管理中的作用主要体现在提升自动化水平、实现数据实时自动采集共享以及决策的自动执行。

比如，海澜之家为解决库存管理难题，2014 年开始引入了 RFID 技术，搭建了 RFID 流水化读取系统。通过将 RFID 标签缝制或绑定到服装上，实现了服装信息的批量扫描、实时上传和自动比对。在仓库，RFID 扫描通道机每 8s 可读取一个标准箱的服装信息，单次扫描件数最高可达 300 件，极大提高了扫描速度和准确性。借助 RFID 技术，海澜之家物流园年周转量达 5 亿件，每天可为 1000 多家门店配送服装，每周为 5000 家门店自动化配送两次，同时海澜之家将仓库人员数量从 600 人减少到 100 人，显著降低了用工成本。在智慧零售门店，工作人员使用手持 RFID 读写器，可在几米外一次性读取数百件服装的信息，快速完成清点和盘点。此外，门店工作人员使用 RFID 手持 PDA（personal digital assistant，掌上电脑）扫描商品信息，可查看商品数量、款式、颜色、尺寸等信息，实现精准管理。RFID 技术不仅提升了库存管理效率，还为海澜之家的新零售布局如自动记录客户试穿信息、帮助门店优化商品布局提供了有力支持。

以中兴通讯为例，它在南京滨江基地成功打造了全球首个五星 5G 智能分拣中心。该中心深度融合了物联网技术和 5G 通信模块，实现了成品从转运到入库、存储以及出库的全流程自动化与智能化。在物联网技术的助力下，智能分拣中心利用传感器和智能设备实时收集业务、设备以及仓储资源等多维度数据。通过数字孪生技术关联物流设备数据与仓储业务数据，构建出一个虚拟工厂模型。这种强大的数据采集和分析能力，使得分拣中心能够优化作业流程，显著提升整体效率。此外，中兴通讯利用 5G 技术实现了跨楼栋、超长距离的成品转运，有效解决了包装类型复杂、尺寸不一等问题，大幅提升了作业效率。

2. 人工智能物联网

人工智能物联网（AIoT）是物联网与人工智能的深度融合。通过嵌入 AI 技术，IoT 设备能够实现更高效的数据处理和智能化应用。人工智能物联网的核心在于将传感器和执行器所收集的数据与 AI 技术相结合，从而提升系统的智能化水平。人工智能物联网的核心价值在于通过智能化手段提升物联网系统的效率、响应速度和数据处理能力，它不仅优化了数据传输和处理流程，还增强了系统的实时性和自主决策能力。

人工智能物联网技术在供应链管理中发挥着越来越重要的作用，该技术的应用正逐步改变传统模式，带来显著效益。例如，在智能仓储管理中，AIoT 通过部署传感器和智能设备，实现了库存的实时监控与自动化管理。亚马逊智能仓库就是典型代表，它利用机器人、传感器和自动化货架系统，根据库存水平和订单需求自动调整货物位置和补货计划，极大地提高了运营效率和库存准确性。在物流与运输优化方面，AIoT技术通过实时监控运输车辆的位置、状态和环境条件，优化运输路线并预测交通拥堵。DHL在其物流系统中引入了AIoT技术，通过GPS（global positioning system，全球定位系统）和传感器实时监控车辆和货物状态，通过AI算法自动调整运输路径，有效降低了运输时间和成本。在供应链可视化与透明度方面，AIoT通过在供应链各环节部署传感器和智能设备，实现了对供应链的实时监控和可视化管理。施耐德电气在其供应链中引入了AIoT技术，通过传感器实时收集数据并将数据传输到中央系统，通过AI算法生成实时可视化报告，帮助企业及时发现和解决问题。

3. 大数据分析

在供应链运营中，如果说物联网技术为供应链提供了可量化、可采集的直接数据源，那么大数据分析和人工智能技术则为供应链运营中数据的采集赋予了智能。

（1）大数据的定义。麦肯锡将大数据定义为一种超出传统数据库软件工具处理能力的规模庞大的数据集合。它具有以下四大特征：数据规模巨大、数据流转快速、数据类型多样以及价值密度低。与此同时，IBM提出了大数据的5V特点，即大量（volume）、高速（velocity）、多样（variety）、低价值密度（value）以及真实性（veracity）。这表明大数据数据量巨大，不仅超出了人类常规处理能力，而且超出了普通软件工具的有效应对范围。

（2）大数据分析。大数据技术主要针对海量数据进行处理，其处理过程涵盖数据采集、数据处理、数据存储以及数据挖掘等环节。由于数据量庞大，大数据能够揭示事物之间的相关性，从而通过数据洞察挖掘出潜在的规律。

大数据分析（big data analytics，BDA）是一种基于海量数据的知识提取方法，它推动了数据驱动的决策模式的发展。在实际生产中，记录的数据越多，利用BDA对这些海量数据进行评估就越关键。然而，传统的ERP系统往往难以实现这一目标，因为智能网络内外的数据通常是非结构化的。因此，要让不同形态和来源的数据对供应链运营产生价值，就需要借助描述性、诊断性、预测性和规范性的数据分析工具来重新格式化和分析这些数据。描述性分析用于记录产品或业务的条件、环境和功能；诊断性分析用于剖析业务成功或失败的原因；预测性分析用于识别未来可能发生的情况；规范性分析则用于找到解决问题或提升绩效的方法。

例如，百威英博近年来积极推进数字化转型，通过大数据和技术创新提升运营效率和市场竞争力。它在印度班加罗尔建立增长分析中心，利用AI和机器学习分析数据，精准匹配消费者偏好与产品；同时，成立"颠覆性增长事业部"，投资电商、物联网、机器人等领域，布局全渠道数字化；此外，通过Azure物联网服务实时获取销售数据，优化库存管理；在硅谷设立"Beer Garage"创新中心，研发技术驱动型解决方案。百威英博还与腾讯、阿里巴巴深度合作，通过微信小程序"百威空间站"细分消费者并推送个性化内容，实现了较高的复购率，利用大数据挖掘优化产品设计，实现了全链路数字化升级。

4. 区块链技术

传统的供应链由于信息难以被共享、易被篡改，容易产生牛鞭效应，交易纠纷很难处理，所以交易各方难以建立互信，信任成本非常高。而区块链技术由于其分布式、不可篡改、可溯源的特性，天然地适用于供应链，能解决数据真实性、交易合法性的问题，让信任成本大幅降低，在供应链管理中正逐渐成为提升供应链效率和信任的关键工具。这种技术通过在供应链各环节之间建立一个安全、可靠的信息共享平台，为供应链信息流管理带来了深远的变革。

（1）区块链技术的概念。区块链是一种分布式数据库技术，最初是为比特币而开发的，现已广泛应用于多个领域。它通过去中心化的方式，让多个参与者共同维护一个不可篡改的数据记录。区块链的核心包括区块（包含交易记录的基本数据单位）、链（按时间顺序连接的区块）、分布式账本（数据存储在网络多个节点上）、共识机制（确保账本一致性）、加密技术（保护数据安全）和智能合约（自动执行合同条款）。这些特性增强了系统的抗攻击能力和可靠性，提高了业务效率并降低了成本。

区块链技术的优势在于它具有透明性、安全性、不可篡改性和去中心化特性，这些特性使得它在需要高度信任和数据完整性的应用场景中具有巨大的潜力。

（2）区块链在供应链的应用。首先，区块链技术提高了供应链的透明度。在传统的供应链中，信息往往在不同的参与者之间传递，容易出现信息滞后或失真。区块链技术通过创建一个共享的、不可更改的交易记录，使得供应链中的每一步操作都能被实时追踪和验证。这种透明度不仅增强了消费者对产品来源和质量的信心，也使得供应链中的每个环节都能够清晰地了解产品的状态，从而做出更加精准的决策。比如，中欧－普洛斯供应链与服务创新中心与京东数科联合发布的《2020 区块链溯源服务创新及应用报告》就显示应用区块链溯源后，海产生鲜复购率提升了 47.5%，营养保健品销量增长了 29.4%，母婴奶粉访问量增加了 16.4%，营养保健品退货率下降了 4.5%，结合视频功能的生鲜商品销量提升了 77.6%。这种透明的信息流有助于及时发现问题并提升供应链效率，为企业带来显著的经济效益。

其次，区块链技术提高了供应链的安全性。供应链涉及大量的数据交换，包括订单信息、运输记录、支付信息等，这些数据的安全至关重要。区块链的加密特性确保了数据在传输过程中的安全性，防止了数据被篡改或泄露。此外，区块链的去中心化特性降低了单点故障的风险，即使某个节点出现问题，整个供应链系统仍然能够稳定运行。比如，TradeLens 通过整合全球供应链生态系统中货主、港口运营商、多式联运运营商、海关和航运公司等各方的数据，实现了对集装箱端到端的可视化跟踪。

最后，区块链技术还有助于简化供应链的流程。在供应链中，多个环节都需要确认和验证，这不仅耗时而且成本高昂。区块链技术通过智能合约自动执行合同条款，减少了人工干预，提高了效率。例如，当货物到达目的地后，智能合约可以自动验证运输条件，一旦满足合同规定，支付就会自动完成，大大缩短了结算周期。

区块链技术在供应链金融中的应用日益受到关注。供应链金融是解决中小企业融资难问题的重要途径。区块链技术可以提供实时的、不可篡改的交易记录，为金融机构提供更加可靠的信用评估依据。这使得金融机构更愿意为供应链中的中小企业提供融资支持，从而缓解了资金周转压力，促进了整个供应链的健康发展。

在供应链的可持续性管理方面，区块链技术同样发挥着重要作用。企业越来越重视产品的社会责任和环境影响。区块链技术可以帮助企业追踪产品从原材料采购到最终消费的全生命周期，确保产品符合可持续性和伦理标准。这不仅有助于企业提升品牌形象，也满足了消费者对可持续产品的需求。

从商业角度看，区块链技术可以帮助供应链更方便地管理共享的流程规则和数据，使供应链网络中的各个参与主体更好地进行共享、互信以及价值交换。从法律角度来看，其交易可溯源、难以篡改、不可抵赖、不可伪造的特性，能使人、企业、物彼此之间因"连接"而信任，从而带来前所未有的组织形态和商业模式。当监管部门以联盟节点的身份获得审阅权限介入的时候，由于联盟内相关节点的可见性，监管部门可以非常方便地实施柔性监管。通过在供应链网络中引入区块链技术，核心企业内（从设计、生产、销售、服务到回收的上下游的数据共享价值链）、核心企业间（生产运维经验分享的价值链）可以实现互信共享和价值交换，从而全面提高企业在网络化生产时代的设计、生产、服务和销售的水平。比如，"链橙"通过区块链技术为赣南脐橙赋予了可溯源的"身份证"，让消费者能够清晰追踪它从生长到消费的全过程，有效辨别真伪，从而在电商平台上受到热捧，半小时内 2.5 万 kg"链橙"被抢购一空。

5. 人工智能技术

全球供应链近年来复杂度激增，生成和接收的数据量十分庞大，已超过人类的处理能力。为了提高处理速度，消除延迟和减少浪费，企业必须实现决策自动化，整合数据，并进行深入的洞察。新兴的技术，特别是人工智能也迎来了划时代的创新。人工智能正成为重塑数字化供应链的战略性武器。它将实现供应链信息流的自主采集和处理，引领供应链走向认知和自主，并且具有自适应和自愈能力的更高级阶段。

（1）人工智能技术的概念。人工智能（AI）是一种机器能力，它能模仿人类能力，并与人类进行沟通交互。因此，AI 能够更精确、更高速、更大投入地解决供应链运营中存在的问题，例如，库存控制与规划、运输网络设计、采购与供应管理、需求规划与预测、订单选择、客户关系管理以及电子协同供应链运营。

（2）AI 在供应链中的应用。在 AI 时代，人们可以在 AI 的辅助下做出各种决策，AI 甚至可以自动决策。AI 能够通过分析数据来自主决定完成任务所需的行动，而非按照明确的指令、以预先定义的方法行事，这正是 AI 与其他形式自动化的区别。在大数据基础上的 AI 之所以不靠分析因果关系，而靠分析数据之间的相关性提供解决问题的新方法，是因为数据量大、多维且具有完备性，海量数据消除了不确定性，所以 AI 显得比人更聪明，这是大数据使然。

具体讲，AI 技术在供应链运营中能够至少起到如下作用。

首先，从传感器采集的数据中转换获取所需信息。例如，从物流运载车辆的物联网传感器所采集的视频图像中，通过 AI 图像识别技术识别车辆驾驶人员的身份信息。又如，产品通过安全检测后，检测人员通过语音确认检测结果。随后，AI 语音识别系统核实该语音指令，并将检测人员的电子签名附加到产品信息中，最终将相关信息写入数据库。

其次，对传感器数据进行实时监控分析，借助 AI 对产品或供应链运营实现预判或预测，从而及时发现产品或供应链运行中的质量问题，优化运营管理。例如，钢材成品可能存在内部气泡，也就是缺陷，超声波探伤技术是探测钢材内部气泡的有效途径之一，通过分析超声波穿透钢材成品过程中震动传感器返回的震动图像的形态，AI 能够对存在潜在缺陷的钢材成品实时报警，提高质检效率。再如，通过运用神经网络等 AI 技术分析实时收集到的运输、物流、市场信息，企业可以及时发现供应链运行中的薄弱环节，优化调整生产规划、库存和供应链，保证供应链高质量运行。

再次，实现人机交互并收集交互信息。例如，在驾驶过程中车辆驾驶人员可实时通过语音识别系统与 AI 交互，了解冷链运输的实时温度和湿度。

最后，将物理世界中的资产实体与数字化之后存于参与方的信息进行自动识别和映射，从而实现反馈触发，更新物理世界资产在参与方账本中的数字投影。例如，货运车辆入库时，AI 图像识别技术会根据车辆图像识别车辆唯一 ID（例如车牌号），并按流程触发对货运车辆入库后的一系列货品进行验收。这些图像、视频、音频的识别分析，根据其响应时间的要求，往往会在边缘侧进行实时计算，而大量的数据训练的建模往往会依赖云计算来进行。AI 在供应链中应用趋势的图谱如图 3-11 所示。

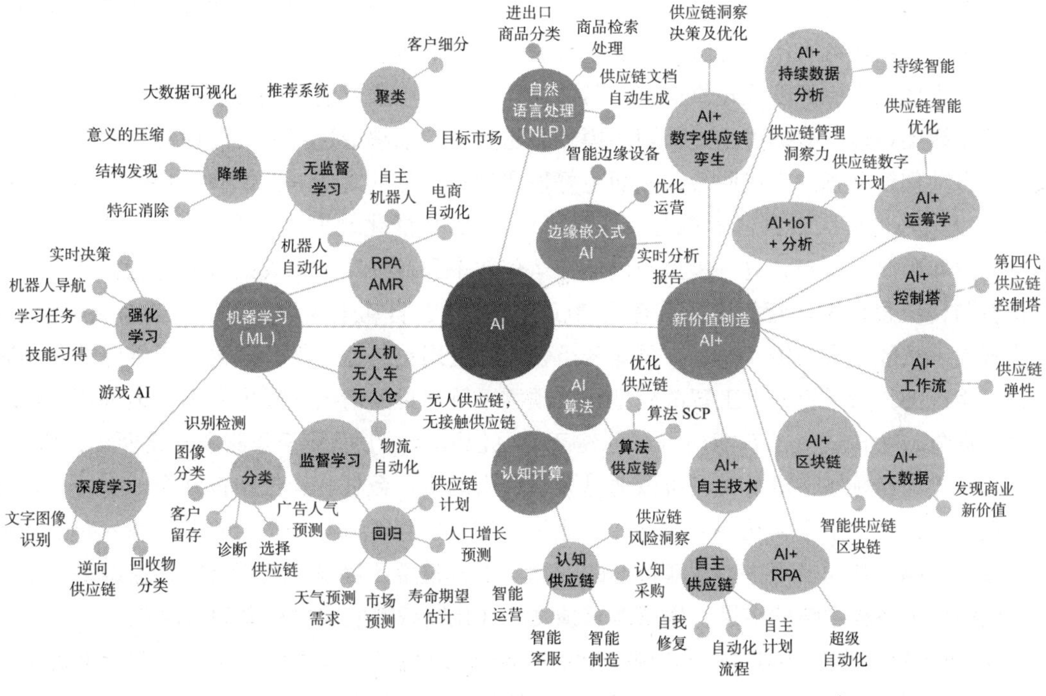

图 3-11　AI 在供应链中应用趋势的图谱

资料来源：唐隆基；潘永刚，余少雯.人工智能重塑数字化供应链 [J].供应链管理，2021（8）：32-50.

AI 在供应链中应用趋势的图谱描绘了 AI 的主要技术：机器学习（machine learning，ML）、自然语言处理（natural language processing，NLP）、认知计算（cognitive computing）和新近发展起来的边缘嵌入式 AI，及它们在供应链管理和物流中的应用趋势，同时指出"AI + 其他数字技术"所带来的新价值创造。以可口可乐为例，它作为全球最大的饮料公司，通过 AI 和大数据技术来优化商业策略。公司利用海量数据（如社交媒体、移动应用、销售反馈等）分析消费者偏好，指导产品研发和市场推广。例如，通过自助饮料吧台收集口味偏好数据，推出樱桃味雪碧；研发 AI 虚拟助手，为自动售货机提供个性化服务；结合天气、农作物产量等数据优化橙汁产品；利用社交媒体数据分析消费者行为，提升广告效果。

6. 生成式人工智能技术

（1）生成式人工智能的概念。生成式人工智能（AI generated content，AIGC）是人工智能（AI）的一个分支，它专注于创建或生成新的数据样本，这些样本可以是文本、图像、音频、视频，也可以是其他类型的数据。与判别式人工智能（如分类和回归模型）不同，生成式人工智能的目标不仅仅是从给定的数据中学习模式并做出预测，而是学习数据的分布，并能够生成与训练数据集相似的新数据。比如，目前一些常用的生成式人工智能工具有能够生成文本进行对话的 ChatGPT、DeepSeek，生成图画和图形领域的 Midjourney、智谱清言，视频创作领域的工具 Synthesia、可灵 AI，等等。

生成式人工智能可以分析巨大的数据集、发现模式并产生见解和解决方案，它最近引起了广泛的关注。生成式人工智能可用于供应链运营，通过简化程序和增强决策来提高效率。比如，目前常见的可口可乐计划利用生成式人工智能技术创建广告，实现内容创作的自动化。公司认为生成式人工智能技术可用于广告配乐、剧本撰写、社交媒体发布及广告媒介购买等，未来这些任务有望由机器人完成，从而推动营销智能化发展。

（2）生成式人工智能优化供应链。与分析输入以产生预定输出的传统人工智能不同，生成式人工智能可以在数据中创建新颖的模式和趋势。它能够通过对前文的理解和对话双方的交互，自动理解问题并生成回答，从而更好地实现智能化的对话。在供应链物流领域，这种技术可以很好地解决语言理解难题，并且可以让 AI 智能化地完成与客户沟通、数据处理、信息抓取和预测等任务，进一步提升供应链运作效率和准确性。生成式人工智能驱动的供应链运营与传统供应链运营相比，具有主动、动态优化、自动生成洞察力、定制策略的优势。生成式人工智能之大型语言模型在预测分析领域的应用更具变革性。通过利用供应链和物流运营中生成的大量数据，人工智能模型可以预测不可预见的情况并提出尚未明确编程的解决方案。此外，生成式人工智能还可以创建新的原创内容，生成基于预测和数据驱动的策略。例如，在供应链领域，语言模型可以通过分析过去的货运数据、天气预报和全球事件，来预测可能的延误并给出重新规划运输路线的建议。这种预测能力使公司能够在问题升级之前预测并解决问题，从而实现主动而非被动的管理。语言模型还可以仿真复杂的物流网络，以预测不同条件下各种策略的结果，生成需求预测、优化路线并实现库存管理自动化。

Gartner 公司的杰出副总裁分析师 Noha Tohamy 总结了五大类生成式人工智能可用于不同行业的通用能力（见表 3-9），并指出了它们如何影响管理供应链战略。

表 3-9　影响到管理供应链战略的生成式人工智能支持的通用能力

通用能力	管理供应链策略
书面内容的增强与创作	创建或增强用户所需长度、风格和预期的现有书面内容
问题回答、聊天机器人和信息发现	根据数据和提示信息输出用户查询的答案
摘要	提供对话、文章、电子邮件和网页的简短摘要
用于特定案例的内容分类	将内容按情感或主体分类，这些情感或主体并不是特定编辑的
软件编码	生成代码，包括翻译、解释和验证

资料来源：Noha Tohamy，《开始供应链中的生成式人工智能之旅》，Gartner Webinar，2023。

生成式人工智能在供应链领域展现出多方面的潜力：在沟通方面，它能够帮助全球贸易伙伴进行翻译，通过聊天机器人阅读、总结文档并编写消息以促进协同工作；在数据质量方面，它利用模式识别标记数据集中的异常情况，生成数据填补空白，丰富产品信息，并在共享数据前检查纠正错误；在库存管理方面，它创建不同供需场景的模型，基于历史数据推荐订单和库存水平；在弹性方面，它通过创建供应链的数字孪生，模拟应对中断或变化的能力，预测未来事件，助力风险评估和应急计划制订；在履约方面，它优化物流路线，根据反馈动态调整，并通过历史数据和偏好提高填充率；在可持续发展方面，它帮助设计新材料或重新设计包装以减少资源使用，优化供应链以降低环境影响；在个性化和客户体验方面，它通过用户反馈学习和迭代，提供高度个性化的体验，如根据客户偏好提供产品推荐，并根据反馈调整未来交互。

也有企业自研了产业大模型，以京东自研产业大模型"言犀"为例，该大模型于 2023 年 7 月发布，预训练参数达千亿级，融合了 70% 的通用数据和 30% 的数智供应链原生数据，专注于零售、物流、金融、健康、政务等知识密集型产业场景，解决实际问题。在 2023 年世界互联网大会上，京东集团 CEO 许冉表示，"言犀"已在消费导购、商家经营、客服售后、医疗问诊等多个场景试点应用。例如，在内部经营管理中，应用大模型辅助编写系统代码，使效率提升超 20%，测试了 AIGC 自动生成商品营销图文的能力，并将它推广至 2000 多个零售品类。此外，"言犀"AI 开发计算平台为客户的大模型开发和行业应用提供定制化解决方案，具备行业知识库和 100 多种优化工具，可快速将通用模型转化为专业模型。

7. 云计算技术

随着复杂性的增加，数字化供应链有必要拥有能够从多个节点实时收集数据并集中存储数据的系统。云计算技术应运而生，它作为一种基于网络的先进技术，允许用户访问可配置的系统资源和服务共享池，这些资源和服务能够以极低的成本实现快速供应。云计算技术通过优化数字基础设施，为访问在线数据提供了更高的灵活性和更快的速度，从而成为数字化供应链中不可或缺的工具，助力企业提升运营效率和竞争力。随着规划变得更加动态，云计算技术通过提供实时可视性的性能，实现了快速和准确的决策制定。

以某大型制造企业为例，它通过引入云计算技术优化其供应链管理，显著提升了运营效率和成本效益。该企业通过云平台整合了分散的生产数据，实现了实时监控和分析，从而优化了生产流程，减少了浪费。通过云平台，企业还实现了供应链上下游的高效协同，不同环节的合作伙伴可以实时共享订单状态、库存水平和物流信息，提高了供应链的透明度和响应速度。云计算的应用还降低了企业的 IT 基础设施成本，企业无须投资昂贵的硬件和软件即可获得所需的计算资源和存储空间，企业只需要为实际使用的服务付费。这种按需付费模式显著降低了企业的操作成本，尤其是对于拥有复杂供应链的大型企业来说，成本节约尤为显著。同时，云计算的快速部署能力意味着企业可以迅速实现供应链解决方案的上线，加速投资回报率的实现。

云计算技术的关键能力和优势如表 3-10 所示。

表 3-10　云计算技术的关键能力和优势

关键能力	优势
• 计算能力和速度 • 提高端到端的能力 • 在重新谈判和优化设计时提供系统灵活性和协同供应商管理 • 能够根据特定需求与所需的安全性和透明度结合使用本地存储	• 简化了 IT 布局，并提供了 IT 拥有的总成本 • 提高可伸缩性，以支持增长和转移需求 • 访问云中的最新软件更新 • 增强分析驱动的洞察力，支持改进的决定制定 • 更高效的业务流程 • 通过提高制订计划的能力减少库存 • 更高的客户满意度得益于整体供应链的改进 • 加速企业转型，以满足不断发展的业务需求

8. 增材制造技术

增材制造技术，即 3D 打印，能够将计算机设计的三维模型转化为现实中的物理对象。这一技术通过数字化手段，在设计、制造和供应链管理中创造了新的价值。基于模型的设计方式显著提升了制造的灵活性，因为数字信息可以即时与全球协作者共享，不受地理位置限制。此外，增材制造技术允许在制造实体原型之前进行虚拟测试，从而提高产品首次制造的成功率，降低整体成本，并增加原型成功的概率。

借助增材制造技术，企业能够突破传统供应链中制造环节的僵化与不灵活性，创建更高效的生产模式。比如，某汽车制造企业引入增材制造技术，优化了供应链管理和生产流程。该企业利用 3D 打印技术制造汽车零部件，如发动机缸体和节温器盖。通过增材制造技术，企业能够在设计阶段进行虚拟测试，优化零部件的结构和性能，减少材料浪费并缩短研发周期。在生产环节，3D 打印技术实现了零部件的小批量定制化生产，降低了模具成本，减少了生产时间。此外，企业还利用增材制造技术快速修复磨损的发动机零件，提高了设备的可用性和生产效率。这种技术的应用不仅提升了企业的生产灵活性和响应速度，还通过减少库存和提高供应链的弹性，降低了运营成本。增材制造技术使企业能够更高效地管理复杂零部件的生产，提升了整体供应链的效率和竞争力。

图 3-12 进一步说明了增材制造技术对产品和供应链的影响。

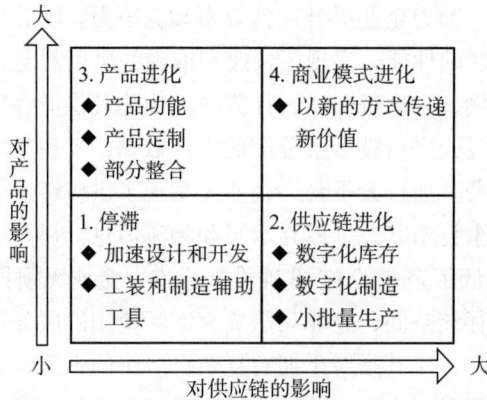

图 3-12　增材制造技术对产品和供应链的影响

9. 增强和虚拟现实

增强和虚拟现实作为一种实现技术，是增强现实（augmented reality，AR）技术、虚拟现实（virtual reality，VR）技术、360°视频技术和沉浸式技术的融合；而增强现实技术和虚拟现实技术合在一起称为混合现实（mixed reality，MR）技术。利用增强和虚拟现实技术可以采集一个数据（来自传感器、摄像机等），并基于传入的数据创建一个虚拟环境。用户可以通过手势语音指令及凝视数字体验与新现实互动。虽然所有这些数字现实技术都在同个主题上发挥作用，但它们都有各自的特点，因此又各具特色。数字现实类型如表 3-11 所示。

表 3-11 数字现实类型

技术	描述
增强现实技术	将数字创建的内容覆盖到用户的现实环境中
虚拟现实技术	创建一个完全不同的环境，替代用户的真实环境
混合现实技术	将数字内容融入现实世界，创造一个两者共存并相互反应的环境
360°视频技术	提供了一个新的视角，允许用户看向各个方向
沉浸式技术	创造了一种多感官的数字体验，并通过这些技术中的任何一种来传递

AR 和 VR 技术在供应链管理中的应用显著提升了效率、透明度和准确性。比如，DHL 引入 AR 和 VR 技术优化供应链管理。仓库操作员佩戴 AR 眼镜，实时查看货物信息，提高拣货效率和准确性；AR 系统分析库存数据，推送补货建议，避免断货或过度存储。VR 技术为新员工提供沉浸式培训，减少操作失误；远程专家通过 AR 眼镜协助现场人员解决问题。管理人员利用 AR 设备实时查看数据，做出决策。这些技术提升了效率、透明度和安全性，助力了企业数字化转型。

10. 工业机器人、协同机器人和无人机

目前，商业领域主要应用了三种机器人技术。第一种是工业机器人，它们能够自主或半自主地完成特定任务，例如在装配线上密封瓶子的"挑选和放置机器人"。第二种是协同机器人（collaborative robot，Cobot），这类机器人能够在工作环境中与人类进行肢体上的互动，比如在质量保证环节，协同机器人结合先进的机器人技术与人类协作，快速、高效地完成装配车间的部件质量检查。第三种是无人机，它在供应链领域的应用相对较新。在亚马逊推出 Prime Air 服务后，无人机配送的概念逐渐流行起来。这些无人驾驶的飞行器能够进行不同程度的自主操作。

比如，美团无人机在深圳龙华区北站中心公园开通了新的配送航线，为游客提供便捷的外卖取餐服务。这一应用不仅提升了配送效率，还减少了交通拥堵和碳排放，显著改善了供应链的环保性和客户体验。顺丰速运已经在部分偏远地区利用无人机进行快递配送，实现了最后一公里的高效物流服务。无人机能够快速穿越复杂地形，将包裹直接送到客户手中，大大缩短了配送时间，提高了供应链的响应速度。这些机器人技术的应用，不仅提升了供应链的效率和灵活性，还降低了人力成本和错误率，增强了供应链的整体韧性。在仓库管理中，无人机与无人车的协同盘点成为一种创新的解决方案。"空地协同盘点系统"采用无人车与无人机的组合方式对货物进行盘点，无人车负责扫描地面及低层货架，无人机则专注于高层货架的盘点工作。通过中央控制系统对两者进行协同调度，实现了库存盘点的高效与精准。这种模式不仅显著提升了盘点效率，还大幅降低了人为失误，推动了仓库管理向智能化、自

动化方向发展。

机器人技术提供的技能和潜在的好处如表 3-12 所示，这些技能可以为企业节省大量的时间和资金。

表 3-12　机器人技术提供的技能和潜在的好处

机器人技术提供的技能	机器人技术潜在的好处
·收集、整理和验证信息 ·综合分析结构化和非结构化数据 ·记录和运输信息和数据 ·计算（位置或价值）和 / 或决定（做什么） ·协调和管理活动（基于机器人和人的） ·与用户、客户和消费者进行沟通和协同 ·管理、监测或报告操作性能 ·学习、评估和预测（行为或结果）	·提高效率和生产率 ·减少错误，降低返工率和风险率 ·提高员工在高风险作业环境下的安全性 ·执行低价值、普通的任务，这样人们就可以专注于战略 ·通过提高订单完成率、交付速度和客户满意度来提高收入

3.4.2　供应链数字化转型的战略

数字化供应链战略应与组织的总体商业战略及战略目标保持一致。在制定商业战略时，需要考虑五个层级：组织愿景、客户与产品定位、价值主张与核心竞争力、业务模式构建以及优先举措的执行。

除了第一个层级，后续层级都应纳入数字化供应链战略，以确保商业战略的成功实施。如图 3-13 所示，数字化供应链团队根据客户、产品、地理位置和渠道信息，设计网络并细分市场，确保各细分市场的规划与执行一致。数字化供应链通过提供客户服务、速度、灵活性、成本、质量和创新等能力，增强组织竞争力。先进技术的发展使企业能够同步优化多个因素，实现端到端透明和流程自动化。

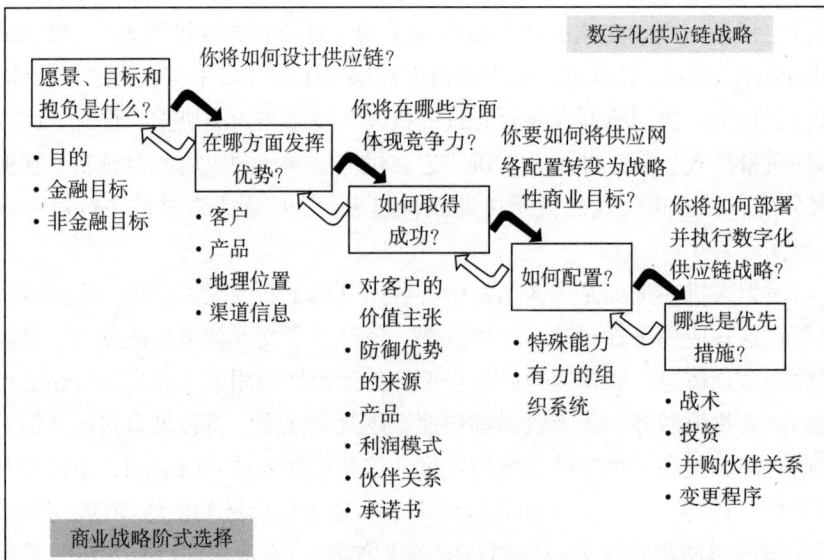

图 3-13　商业战略与数字化供应链战略

资料来源：唐隆基，潘永刚 . 数字化供应链：转型升级路线与价值再造实践 [M]. 北京：人民邮电出版社，2021.

数字化供应链的配置取决于人员、流程和技术，同时提供客户服务、制造和产品移动的特殊能力。重构后的流程和网络结构可增强组织的竞争力。数字化供应链须部署和执行优先举措，以最大化价值。这些举措应以提高供应链总价值为前提，并可并行或协作实施。这一过程是迭代的，确保战略制定和执行的持续优化。

3.4.3　供应链数字化转型的执行框架

在当前充满不确定性的环境下，供应链加速变革，数字技术迅猛发展。企业要实现供应链的数字化转型，就必须制定灵活、敏捷的技术战略。传统的、依赖固定计划的方法已经不适应数字时代的需求。企业需要的是一种能够快速响应变化的动态规划。唐隆基等（2021）提出了一个基于假设 – 探索框架的供应链数字化转型战略框架，帮助企业制定切实可行的数字化转型规划和行动路线图（见图 3-14）。

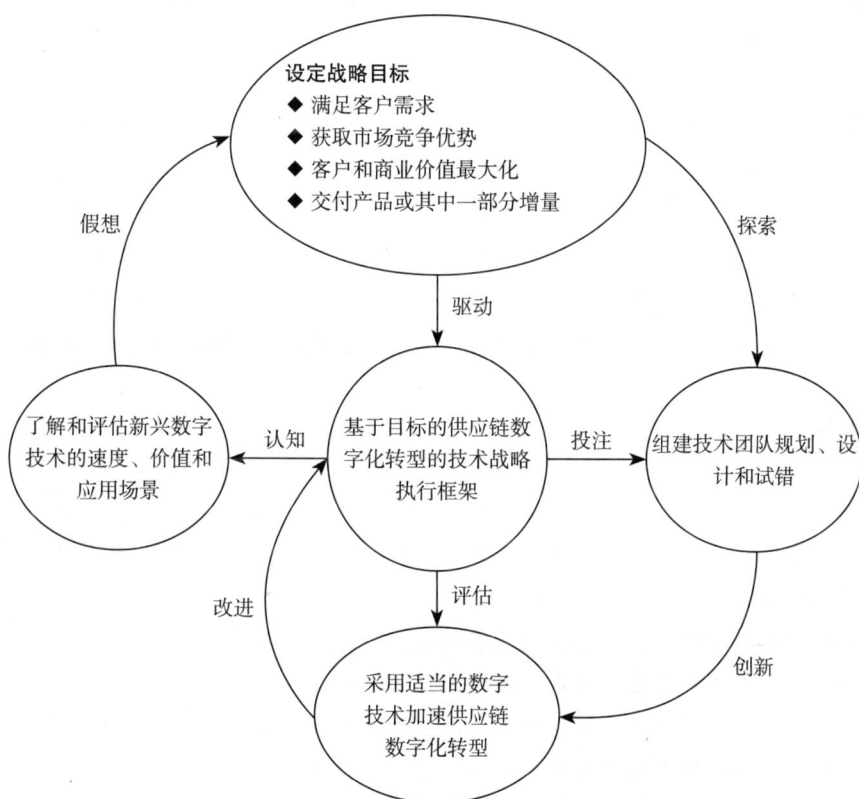

图 3-14　供应链数字化转型战略框架

资料来源：唐隆基，潘永刚，余少雯 . 人工智能重塑数字化供应链 [J]. 供应链管理，2021（8）：32-50.

这个环形框架以战略为核心，连接四大步骤，形成一个五步闭环。首先，要了解和评估新兴数字技术的速度、价值和应用场景，基于这些认知来规划战略目标。其次，设定战略目标，包括满足客户需求、提升竞争力、实现价值最大化等，以此驱动战略执行。再次，技术团队根据规划进行探索和创新，快速迭代并试错，同时根据优先级分配资源。从此，将探索成果用于加速供应链数字化转型。最后，评估技术创新的价值，找出差距并制订改进计划，通过不断学习、假想、探索和创新，实现持续改进和加速转型。

3.4.4　构建数字化供应链的方法

阿米特·辛哈等（2023）提出了一种构建数字化供应链项目的方法，强调了四个关键驱动因素：问题聚焦、数据驱动、平台支持和科学指导。

问题聚焦是指在寻找数字化供应链的机遇时，要关注传统供应链中的问题和潜在价值。跨职能团队会分析市场动态、客户体验、服务成本和制造效率等因素，从而确定需要解决的关键问题。数据驱动则强调利用大数据来识别问题和优化供应链。企业可以通过收集客户偏好、制造工艺偏差、合作伙伴能力等各类数据，为供应链增值提供智能分析支持。

平台支持方面，采用先进的 ERP、客户服务、数据处理和可视化工具，能够为企业带来新的思路和灵感，助力数字化转型。科学指导则侧重于通过分析数字化技术的科学内涵，探索实现供应链流程（如计划、采购、生产、运输等）智能自动化的创新方法。商业用户和技术专家合作，利用科学原理开发技术解决方案，为商业利益相关者创造更多价值。

以美的集团的数字化转型战略为例，该集团自 2012 年开始数字化转型，将核心战略从追求规模增长转向提升增长质量，提出"产品领先、效率驱动、全球经营"三大策略，并启动"632 数字化转型"战略，涵盖 6 个运营系统、3 个管理平台、2 个门户及集成技术平台。美的集团在数字化转型上累计投入超 100 亿元，致力于实现"全面数字化、全面智能化"的战略目标。美的集团董事长强调，数字化转型是美的集团的核心战略，美的集团未来将通过智能化、自动化、数字化重构价值链，从数据出发，实时指导生产，打造数字化美的。

美的集团从战略层面将数字化战略与企业愿景及业务战略紧密结合，提出"一个美的、一个体系、一个标准"的构想，成为家电行业内率先从战略高度推动数字化转型的企业。

◉ 尝试应用

1. 模拟任务

2 ～ 3 个同学组成一组。每个小组选择一条现实的供应链，通过实地调研和网络调研，完成以下模拟任务。

（1）分析行业的时钟速度，分析供应链组织战略是否合适，如何改进。

（2）分析该供应链的推拉边界点应该设在哪个环节，以及为什么。

（3）分析该推拉边界点可否向上游或下游移动，以及移动后对供应链目标有何影响。

（4）分析该供应链的产品是功能型产品还是创新型产品，并说明原因。

（5）分析该供应链应该是实物效率型供应链还是市场反应型供应链，以及如何对目前的供应链进行改进。

（6）分析该供应链采用了哪些战略性新兴技术。

（7）分析该供应链有没有开展供应链数字化转型。请为该供应链制定数字化转型的战略与实施框架。

2. 思考分析题

（1）以你熟悉的一个供应链为例，分析该供应链按照物理结构和供应链动力因素来分类分别是何种供应链。

（2）分析手机（或矿泉水、衣服）行业的时钟速度属于快速、中速还是慢速，并分析其供应链结构的特点。

（3）分析手机（或矿泉水、衣服）产品的生命周期演变过程，并分析其供应链在相应阶段的特征。

（4）分析手机（或矿泉水、衣服）产品是功能型产品还是创新型产品，以及其供应链应该是实物效率型供应链还是市场反应型供应链。

（5）综合考虑以上因素，全面分析手机（或矿泉水、衣服）产品的供应链特征。

（6）供应链数字化转型有百利而无一弊。你是否同意这一观点，为什么？

（7）查找供应链数字化转型成功和失败的案例，分析其成功或失败的关键因素。

融会贯通

1. 尝试用本章所学的知识和技能分析学校所在的供应链应如何制定发展战略。

2. 思考个人的哪些行为是拉式的，哪些是推式的，各有什么优劣势。

3. 思考个人的哪些行为是效率型的，哪些是反应型的，各有什么优劣势。

4. 结合基于驱动因素的供应链战略、基于产品特性的供应链战略，讨论以下问题。

（1）实物效率型供应链可以是推式或拉式的吗？

（2）市场反应型供应链可以是推式或拉式的吗？

5. 推式供应链、拉式供应链在实现供应链目标（客户价值、成本、响应速度等三个维度）方面有何区别？

6. 实物效率型供应链、市场反应型供应链在实现供应链目标（客户价值、成本、响应速度等三个维度）方面有何区别？

7. 实验：供应链战略设计仿真实验。

结合多智能体理论，使用 Anylogic 软件建立供应链战略决策与竞争仿真模型，进行参数分析实验和优化分析实验。

供应链战略设计仿真实验　　　　　　　　数字化学习成果

Anylogic 软件 PLE 版官网免费下载地址：https://www.anylogic.com/。

本实验建立的一个仿真模型在 Anylogic 云平台的网址如下：https://cloud.anylogic.com/model/96ed4f77-8ea4-4e92-a9a0-8f312445c3d5?mode=SETTINGS&tab=GENERAL。

参考文献

[1]　辛哈，贝尔纳德斯，卡顿，等 . 数字化供应网络：技术突破和过程重构共同推动供应链重塑、增强企业竞争力 [M]. 王柏村，彭晨，彭涛，译 . 北京：电子工业出版社，2023.

[2]　陈剑，黄朔，刘运辉 . 从赋能到使能：数字化环境下的企业运营管理 [J]. 管理世界，

2020，36（2）：117-128.

[3] 陈金晓. 人工智能驱动供应链变革：平台重构、生态重塑与优势重建 [J]. 当代经济管理，2023，45（5）：50-63.

[4] 代四广，曹玉姣，申红艳，等. 供应链大数据：理论、方法与应用 [M]. 北京：机械工业出版社，2023.

[5] 邓明荣，葛洪磊. 供应链管理：战略与实务 [M]. 北京：机械工业出版社，2012.

[6] 付永贵. 基于区块链的供应链信息共享机制与管理模式研究 [M]. 北京：人民邮电出版社，2020.

[7] 宫迅伟，等. 供应链 2035：智能时代供应链管理 [M]. 北京：机械工业出版社，2023.

[8] 李勇建，陈婷. 区块链赋能供应链：挑战、实施路径与展望 [J]. 南开管理评论，2021，24（5）：192-201.

[9] 桑德斯. 大数据供应链：构建工业 4.0 时代智能物流新模式 [M]. 丁晓松，译. 北京：中国人民大学出版社，2015.

[10] 施先亮. 智慧物流与现代供应链 [M]. 北京：机械工业出版社，2020.

[11] 宋华. 智慧供应链金融 [M]. 北京：中国人民大学出版社，2019.

[12] 乔普拉. 供应链管理 [M]. 杨依依，译. 北京：中国人民大学出版社，2021.

[13] 唐隆基，潘永刚. 数字化供应链：转型升级路线与价值再造实践 [M]. 北京：人民邮电出版社，2021.

[14] 唐隆基，潘永刚，余少雯. 人工智能重塑数字化供应链 [J]. 供应链管理，2021（8）：32-50.

[15] 唐隆基，潘永刚，余少雯. 数字供应链孪生及其商业价值 [J]. 供应链管理，2022，3（2）：15-37.

[16] BARYANNIS G, VALIDI S, DANI S, et al. Supply chain risk management and artificial intelligence: state of the art and future research directions[J]. International journal of production research, 2019, 57(7): 2179-2202.

[17] CHAKRAVORTI B, BHALLA A, CHATURVEDI R S. Which countries are leading the data economy?[J]. Harvard business review, 2019(3): 2-8.

[18] CHEN F R. Information sharing and supply chain coordination[J].Handbooks in operations research and management science, 2003, 11: 341-421.

[19] CHOI T M, WALLACE S W, WANG Y L. Big data analytics in operations management[J]. Production and operations management, 2018, 27 (10): 1868-1883.

[20] CHOI T M, CHAN H K, YUE X H. Recent development in big data analytics for business operations and risk management[J]. IEEE transactions on cybernetics, 2017, 47 (1): 81-92.

[21] DUTTA P, CHOI T M, SOMANI S, et al. Blockchain technology in supply chain operations: applications, challenges and research opportunities[J]. Transportation research part e-logistics and transportation review, 2020, 142: 102067.

[22] FORRESTER J W. Market growth as influenced by capital investment[J]. Industrial

management review, 1968, 9(2):83-105.

[23]　KPMG. Generative AI: from buzz to business value[R]. 2023.

[24]　STEINBERG G A, BURTON M. How supply chains benefit from using generative AI[R]. EY, 2024.

[25]　MIN H. Artificial intelligence in supply chain management: theory and applications[J]. International journal of logistics research and applications, 2010, 13(1): 13-39.

[26]　HOEK RI V. The rediscovery of postponement a literature review and directions for research[J]. Journal of operations management, 2001, 19(2): 161-184.

第4章　数字化供应链管理策略

◐ **聚焦任务**

1. 选择并实施精益策略。　　　3. 选择并实施有效客户反应策略。
2. 选择并实施快速响应策略。　　4. 选择并实施众包策略。

▲ **知识点**

精益供应链、浪费及其类型、浪费识别、浪费消除、快速响应、快速响应工程、响应时间压缩方法、有效客户反应、ECR 的基础架构、众包、供应链众包模块、众包供应链一体化运营模式

▲ **知识图谱**

4.1 精益策略

⊙ 资料 4-1 浦林成山（山东）轮胎有限公司

浦林成山（山东）轮胎有限公司（以下简称"浦林成山"）是一家以轮胎研发、制造、销售为主导的大型企业集团。公司目前拥有七大系列、2300 多个规格品种的半钢子午胎和 1300 多个规格品种的全钢载重子午胎产品，采用的是典型的"多品种、小批量"生产模式。由于经常出现紧急插单、反复试模等情况，正常的生产秩序容易被打乱，进而影响交货期。此外，制造过程中，生产状况、设备资源负荷以及状态缺乏及时有效的监控，导致生产过程和状态不够透明。物流自动化程度较低，货品主要依靠人工搬运。研发过程则依赖个人经验，信息链尚未打通，无法实现协同研发。公司意识到精益管理方法是解决这些问题的有效工具。

近年来，浦林成山积极推进基于智能制造的精益管理模式。通过大力推进智能制造体系建设，实现了"研发、供应、生产"全业务的集成。通过对业务流、信息流、实物流的梳理，将自动化存储输送系统、RGV（rail guided vehicle，有轨制导车辆）、AGV、EMS 小车、立体仓库、堆垛机、全自动龙门机器人等先进自动化设备，以及 ERP、MES、PLM（product lifecycle management，产品生命周期管理）等系统进行深度有机整合集成，构建了企业设计、工艺、制造、管理、物流等集成优化的全面质量管理体系。这一模式推动了公司在数字化设计、装备智能化升级、工艺流程优化、精益生产、可视化管理、质量控制与追溯、智能物流等方面的快速提升，实现了企业活动的可知、可视和可控，促进了企业与市场的深度融合，提高了生产效率和灵活性。

全生命周期管理，创新质量管控模式

公司创新质量管控模式，应用智能技术对产品设计、制造实行全生命周期管理和全过程质量控制。在研发方面，首次在行业内提出多尺度全生命周期轮胎概念，形成了以研发创新助推质量提升的核心竞争力。在制造环节，积极运用行业先进的自动化设备及防错装置，采用机器视觉识别技术等控制方式，通过对制品早期质量控制及质量趋势的分析，提高生产过程的稳定性，有效保证了产品质量的一致性和可靠性。

深入实施研发，创新助推质量提升

公司建设了多尺度轮胎 PLM 平台，建立了以物料为核心的产品数据库，实现了国内外工厂、青岛及荣成研发平台之间的数据传递和变更协同。这一举措有效管控了设计过程，使研发效率提高了 40% 以上，产品设计开发周期缩短了 60%，降低了产品设计风险。

智能制造助推精益生产模式，提升精益六西格玛水平

公司全力打造"智能制造、绿色制造、智慧管理"的发展模式，以信息化引领生产运营，构建了企业设计、工艺、制造、管理、物流等集成优化的全面质量管理体系，具体包括以下举措。

a）通过 MES、PLM、ERP 等系统支持 APS（advanced planning and scheduling，高级计

划与排程）辅助排产，监控生产计划完成率指标并及时调整，尽可能实现拉动式生产。

b）在国内外新工厂规划项目中，引入虚拟仿真技术进行工厂设计、物流、布局规划。这一措施减少了 4 条生产线的投入，使 AGV 投入减少 20%，库存量降低 30%，工序平衡率提高 18%，打造了全流程的精益生产模式。

c）智能仓储管理系统、来料自动化检测设备和智能物流配送系统的协同运作，实现了物料的实时数据采集以及设备资源的合理调度，减少了出错概率，提升了信息可追溯性。

d）运用智能设备对时间、温度、重量进行控制，提高过程稳定性，确保原材料自动投料的一致性和产品的可靠性。例如，霍尼韦尔自动测厚系统可实时测量压延帘布厚度，使厚度变异降低了 32%；全息无损检测技术能够检测肉眼及其他检测手段无法发现的成品层间气泡，降低了漏检风险。

e）统计技术与大数据相结合，助推精准管理。MES 系统关联检测数据，建立大数据库，构建数据分析模型，对成型过程中的设备、工艺生产数据之间的相关性展开探索，实现了生产的可追溯和可预测。

在智能制造模式下实施精益六西格玛管理，使产品生产流程得到改善，生产效率大幅提高，产品质量不断提升。公司凭借这一创新管理模式，荣获第 6 届山东省企业管理创新成果奖。

问题：

（1）浦林成山为什么要采用精益策略？

（2）浦林成山的精益策略减少了哪些浪费，创造了哪些价值？

（3）浦林成山为什么要采用基于智能制造的精益管理模式？

（4）智能制造的数字化技术如何助力精益管理的实施？

资料来源：

1. 浦林成山（山东）轮胎有限公司 . 基于智能制造的精益六西格玛管理创新模式（上）[J]. 中国橡胶，2021，37（10）：33-36.

2. 浦林成山（山东）轮胎有限公司 . 基于智能制造的精益六西格玛管理创新模式（下）[J]. 中国橡胶，2021，37（11）：38-43.

精益供应链（lean supply chain）就是把精益管理（lean management，LM）的思想和分析方法应用到供应链整个流程的优化中，其核心就是有效地识别、消除供应链价值流中不必要的浪费和没有价值的活动，缩短产品的交付时间，通过精密的流程管理减少库存以及不良品来达成目标，提高供应链的绩效。

知识解析

4.1.1　供应链中的浪费

1. 业务活动的增值性

门田安弘（Yasuhiro Monden）认为，可以将供应链业务活动分为 3 种类型，它们分别是：

- 非增值业务活动；
- 必需的非增值业务活动；
- 增值业务活动。

第 1 种类型的活动完全是浪费，这些活动应被消除，如等待、半成品库存、重复处理等。

第 2 种活动可能是无用的，但是对于现有的操作程序而言又是必需的，如长距离步行以获取部件、拆开交付的货物、将工具从一只手放到另一只手中等。为了消除这种类型的浪费，有必要对业务系统进行重大的改革，比如启用新的工厂布局或者安排供应商交付未包装的货物。这种改革不太可能立即进行。

第 3 种活动为增值活动，是指通过劳动对原材料或半成品进行转化和加工等，如部件的装配、锻造以及车体喷漆等。

2. 丰田生产体系（TPS）中的 7 种浪费

在丰田生产体系（TPS）中有 7 种广泛认同的浪费，表 4-1 介绍了 7 种浪费及其特征。

表 4-1　丰田生产体系中的 7 种浪费及其特征

浪费的类型	特征	浪费的类型	特征
过量生产	货物的顺利流动存在困难 在制品的堆积 目标和成果不明确 交付周期和存储时间过长	不必要的库存	超出规定的库存量 原料变质 原料过期 在制品容器的库存 复杂的储存系统 难以获得部件和控制器
等待	操作员等待 操作员的速度比生产线速度慢 操作员照看设备	不必要的移动	重复处理 布局不标准 设备的间隔很大 操作员的偏差
运输	部件的堆积和卸垛 传送者 很多忙碌的叉车 设备的间隔很大	瑕疵	原料生产不足 在废料库中的工作 检查等级高 组装困难 返工范围大 客户的投诉多 工作没有规律
不当加工	操作员的方法之间存在差异 标准加工和实际加工之间存在差异 不能统计加工		

过量生产被认为是浪费中最严重的一种，因为它会阻碍产品或服务的顺畅流动，并可能对质量和生产效率产生负面影响。过量生产还会延长交付周期和储存时间，使得产品瑕疵难以被及时发现，进而导致产品质量下降。此外，过量生产可能在生产效率上给员工带来压力，增加在制品库存，引发混乱和沟通不畅。而奖金制度往往会加剧这一问题，因为它可能促使企业生产不必要的产品。丰田公司采用的拉式系统或看板系统，是解决这一问题的有效方法。

当生产效率低下时，等待这种浪费就会产生。在工厂中，当产品既不在移动又不在加工时，生产就会出现等待。这种浪费不仅影响产品，也会浪费工人的工作时间。理想的状态是产品能够快速流动，没有等待时间。实际上，等待的时间可以用于培训工人、进行设备维护或开展改善活动，从而避免过量生产。

运输是第 3 种浪费，它指的是物品在不同位置之间的移动。从极端角度看，工厂内的所有运输活动都可以被视为浪费。因此，人们通常追求的是将运输量降至最低，而不是完全消除运输。此外，重复处理和多余的活动可能会导致产品损坏。

当工序本身简单，但解决方案过于复杂时，不当加工就会出现。例如，使用一台灵活性差的大型设备，而不是多台灵活性更高的小型设备来生产产品。这种复杂性往往会促使员工过度生产，以收回在复杂设备上的投资。这种方法可能导致工厂布局不合理，出现过度运输和沟通不畅。因此，理想的做法是选择能够满足质量要求的最小设备，并将它放在最接近生产作业的位置。此外，机器缺乏维护时，也会导致不当加工。

不必要的库存会增加交货时间，占用空间，并掩盖问题，阻碍企业快速发现问题。只有通过减少库存，企业才能发现问题并加以解决。此外，不必要的库存还会产生可观的保管费用，从而削弱组织或价值流的竞争力。

不必要的移动涉及生产中的人体工程学问题。例如，操作者在工作中频繁伸手、弯腰或捡拾物品，这些动作都属于浪费。这种浪费容易导致员工疲劳，降低生产效率，并引发质量问题。通过优化人体工程学设计，企业可以有效避免这种浪费。

最后一种浪费是瑕疵，它直接构成了成本的一部分。丰田公司认为，瑕疵不应被视为糟糕管理的代价，而应被视为改善的机会。因此，发现瑕疵就意味着找到了改善的机会。

3. 供应链中的 14 种浪费

综合相关研究成果，供应链中主要存在以下 14 种浪费，如表 4-2 所示，包括丰田生产体系（TPS）中的 7 种浪费与另外 7 种新浪费。

表 4-2　存在于供应链中的 14 种浪费

1. 过量生产	2. 等待	3. 运输
4. 不当加工	5. 不必要的库存	6. 不必要的移动
7. 瑕疵	8. 热量和能源的浪费	9. 人员潜力的浪费
10. 环境污染	11. 不必要的管理费用（包括培训费用）	12. 不适当的设计
13. 部门文化	14. 不适当的信息	

新浪费中的第 1 种是热量和能源的浪费。让机器保持空转就是这样的一个例子。人们发现车间或办公室中常常存在这种浪费，电、气和水的服务成本随着工厂的机械化程度和办公室中计算机数量的增加而增加。

第 2 种浪费是人员潜力的浪费。具体的例子有，人员的潜力在日常工作中没有得到充分的利用或他们的全部潜力没有得到认识，例如没有向他们请教其工作环境中何处存在着改善潜力。

第 3 种浪费是环境污染。这与规章制度中所规定的需要公司承担的责任有关，这种浪费包括化学排放物、包装、噪声、健康和安全问题等。

第 4 种浪费是不必要的管理费用，包括对需要的产出进行过度的投资、过多的间接人员或管理层次等。另外，进行不必要的培训或不正确执行任务也可以归于此类。

第 5 种浪费是不适当的设计，包括产品功能缺陷、产品功能冗余等，与产品本身（产品的功能、特色或重量）或制造过程有关。

第 6 种是部门文化，部门的独立政策、小圈子文化会形成过于复杂的系统，进而减缓组织的速度。

第 7 种是不适当的信息，包括供应链中的信息不足、信息冗余、信息不对称、信息失真（如需求变异放大效应）等。

4.1.2　打造精益供应链

将目前的供应链转化成精益供应链是一个非常复杂的过程，需要采用并行增量转换策略，不断地识别并消除供应链中存在的浪费。并行增量转换策略是一种持续改进供应链的方法，从 6 个不同的方向同时开始转换工作，项目一旦开始，改进人员将同时开始行动，共同打造精益供应链。这 6 个并行的方向如下。

- 行动 1：教育和培训。
- 行动 2：浪费分析。
- 行动 3：创建组织结构。
- 行动 4：价值流分析。
- 行动 5：逐步改进。
- 行动 6：供应链战略的发展。

行动 1：教育和培训。培训活动的第一个目标是明确以下两个关键的基础问题：供应链管理的范围和目标，精益思想和价值流管理的基本原理。培训活动的第二个目标是，受训人员应将这些理念应用到供应链改进的过程中，只有这样，培训活动才不会仅仅停留在理论研讨的层面。

行动 2：浪费分析。浪费分析的目标是帮助管理人员确定价值流中存在的浪费，并提供消除浪费或至少降低浪费的方法。从价值流的不同领域中挑选一定数量的人员，召开"浪费讨论会"。在供应链中，这些人员来自物流、采购、生产、维护、人力资源、仓储和销售等部门。被选中的人员首先要了解供应链系统中的 14 种浪费，并为每一种与公司有关的浪费打分。每一种浪费的最高分是 10 分，最低分是 0 分，根据每个人的打分得到总分。总分越高，说明这种浪费越大。

行动 3：创建组织结构。精益供应链的建设需要组织和 / 或供应链内的 3 组不同人员的理解和共同努力。这 3 组人员分别是高层管理团队、精益领导者、公司内部及跨公司（供应链）的精益变革小组。因此需要创建 3 个不同的团队并分别赋予他们不同的职责，如图 4-1 所示。

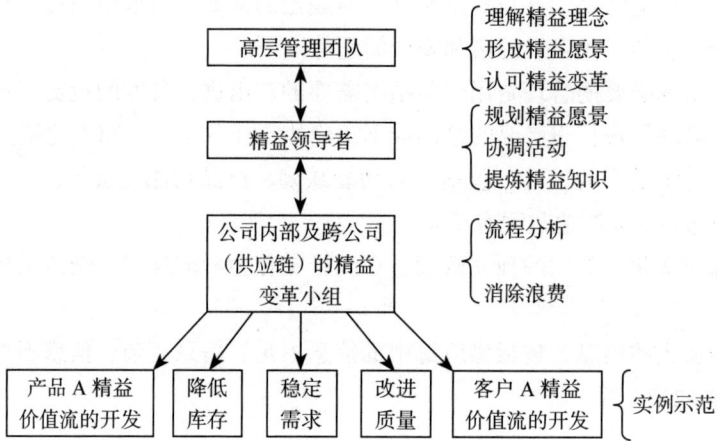

图 4-1　精益供应链建设的组织结构

资料来源：TAYLOR D, BRUNT D. 生产运营与供应链管理：精益方法 [M]. 丁立言，孙江，阮笑雷，译. 北京：清华大学出版社，2004.

行动 4：价值流分析。有 7 种常见的价值流分析工具，它们与供应链中各种浪费的相关性和分析的有效性如表 4-3 所示。

表 4-3　常见的价值流分析工具及它们与供应链中各种浪费的相关性和分析的有效性

浪费 / 结构	价值流分析工具						
	流程活动图	供应链反应矩阵	产品多样性漏斗图	质量过滤图	需求放大图	决策点分析	实体结构图
过量生产	L	M		L	M	M	
等待	H	H	L		M	M	
运输	H						L
不当加工	H		M	L		L	
不必要的库存	M	H	M		H	M	L
不必要的移动	H	L					
瑕疵	L			H			
整体结构	L	L	M	L	H	M	H

注：H= 相关性和有效性高；

　　M= 相关性和有效性中等；

　　L= 相关性和有效性低。

资料来源：TAYLOR D, BRUNT D. 生产运营与供应链管理：精益方法 [M]. 丁立言，孙江，阮笑雷，译. 北京：清华大学出版社，2004.

行动 5：逐步改进。数据采集过程和价值流图的分析结果总是能暴露出许多供应链中存在浪费和不协调的流程，这就为小范围的或局部的改进活动提供了机遇。参与员工通常会根据现在已经掌握的相关浪费目标数据，自发地采取消除这些浪费的行动。除了自发地改进之外，精益改进活动的领导者应立即与不同执行小组的代表集合在一起，对目前的整体改进情况进行分析，并建成一个效率不断提高的样板价值流，让它成为运行中的示范模型。

制订改进方案可以使用各种相关的改善工具，如 5 步管理（seiri，seiton，seiso，seiketsu，shitsuke，5S）、统计过程控制、视觉控制、质量环、故障树分析等。近年来，数字化技术在企业和供应链的精益管理中扮演的角色越来越重要。

行动 6：供应链战略的发展。当应用于样板价值流（关键客户的关键产品）的精益方案表现出良好的性能后，企业就可以在其他客户或客户群以及其他产品或产品族的价值流中推广精益方案。从长远来看，精益供应链仍处于不断的发展之中，供应链的改进战略将在发展中不断得到完善，最终精益模型将被分阶段地应用到全部的服务和产品中。了解整个供应链发展进程的高层管理人员将直接参与战略的规划、授权和资源的分配。并行增量转换策略的一个重要特点是：整个战略需要一个价值流接着一个价值流逐步完成。因此，该方法能够对运营环境和商业环境的变化做出快速响应，在实践中比较容易修正。

4.1.3　精益策略与数字化管理

1. 精益策略与数字化管理的关系

智能制造和数字化供应链管理无法建立在低效的生产模式之上，精益生产是企业必须迈出的第一步，也是投资回报率最高的路径。企业通过工业工程（industrial engineering，IE）和精益管理（LM）构筑数字化、规范化的管理基础，才能在此基础上实现数字化和智能化。盲目追求超前的数字化并不会带来效益，反而会导致浪费，削弱企业的竞争力。例如，特斯拉公司在 Model 3 项目中因过度追求生产自动化而陷入"产能地狱"，差点破产，直到将总装环节转移到"帐篷工厂"，采用半自动化与人工装配相结合的模式，才重新恢复竞争力。2019 年，特斯拉公司将这种模式复制到上海生产基地，进一步验证了其可行性。

精益管理为数字化转型提供了坚实的基础，而物联网、大数据、人工智能、5G、区块链、云计算、数字孪生等新技术则为精益管理提供了新的工具和方法，助力企业实现持续改善。

（1）订单驱动的精益生产模式升级为数据驱动的智慧精益模式，通过数据赋能提升生产效率和精准性。

（2）在管理方面，构建智能绩效指标衡量系统，实时监控生产大数据，实现全面综合的信息化管理。

（3）在产品设计环节，用三维计算机模型替代二维投影视图，直接呈现产品的真实形态。传统二维图纸设计及数据传递过程中，三维思维与二维图纸之间的转换容易导致大量脑力浪费和理解错误，甚至引发二次或多重浪费，而三维设计有效消除了这类浪费。

（4）在工程设计和使用维修阶段，应用产品模拟技术，将原本需要实物验证的过程转移到计算机虚拟环境中完成，消灭虚拟工程阶段的浪费，为消除产品生命周期各领域的实体浪费提供了新基础。

（5）在生产制程改善方面，推动制造工艺制程能力的提升，将生产线从工艺导向转变为产品或模块导向，建立简单高效的流水线布局，使用智能、稳固的生产设备并实现设备互联，形成综合生产布局。通过改善布局，提高生产线平衡和人机比，并建立人机联动装置。

（6）在生产现场管控方面，建立简单智能的控制设备或系统，稳定作业流程，提高生产效率。

（7）在机器维护方面，建立设备全生命周期的维护保养系统，确保设备高效运行。

（8）在仓库管理方面，结合仓库管理系统和精益生产方法，设计低成本的精益包装流水线，实现防呆功能。

（9）在厂务和EHS（环境、健康与安全）管理方面，建立有效的数据维护和点检管理系统，通过大数据实现从预防性管理到预见性管理的转变，提高工作效率。

（10）在能源管理方面，利用大数据监控设备生产利用情况，实时优化生产过程中的能源消耗。建立能源综合监测系统，实现对主要能源消耗领域和重点耗能设备的实时可视化管理。

（11）在资产管理方面，采用有源射频识别（RFID）等物联网技术，实现对资产在流动过程中的定位、跟踪和控制，提升资产管理效率。

2. 数字化智能精益供应链

智能制造与数字化管理已成为未来发展的必然趋势。在供应链向智能制造和数字化管理转型的过程中，无论是实施前的管理基础构建、实施过程的规划，还是运行阶段的管理优化与控制，都离不开工业工程（IE）和精益管理（LM）的全面支持。IE/LM是信息化的基础，而IE/LM与信息技术（IT）的结合则是智能制造的基石。在不同阶段，开放的IE/LM不仅为企业提供管理思想与技术支持，还不断融合新技术，催生出新的"IE/LM+新技术"复合管理模式与技术。例如，订单驱动的精益生产模式正逐步升级为数据驱动的智慧精益模式，这一趋势正在成为行业发展的新方向。在基础IE/LM技术、数字化IE/LM技术以及智能制造管理技术的共同作用下，企业能够实现高质量、低成本以及快速柔性响应的目标。数字化智能精益管理体系架构如图4-2所示。

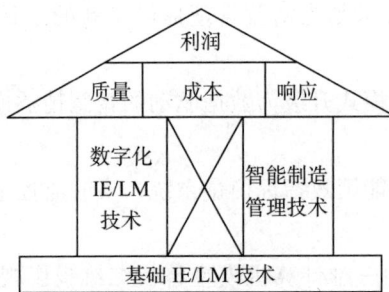

图 4-2　数字化智能精益管理体系架构

资料来源：齐二石，霍艳芳，刘洪伟. 面向智能制造的工业工程和精益管理 [J]. 中国机械工程，2022，33（21）：2521-2530.

在数字化智能精益供应链的新模式下，精益管理为智能制造和数字化管理提供了成熟的管理思想、体系以及方法工具。它强调全过程的持续改善，通过采用自动化和准时制等方法，消除各种形式的浪费，从而不断提升价值流动的效率。同时，新的数字化和智能化技术为精益管理提供了强有力的数字化手段，推动精益管理的升级与创新。二者相互促进，共同推动企业打破物理因素的限制，实现对市场变化的及时响应和实时优化，加速企业目标的实现。数字化智能精益供应链运行图如图 4-3 所示。

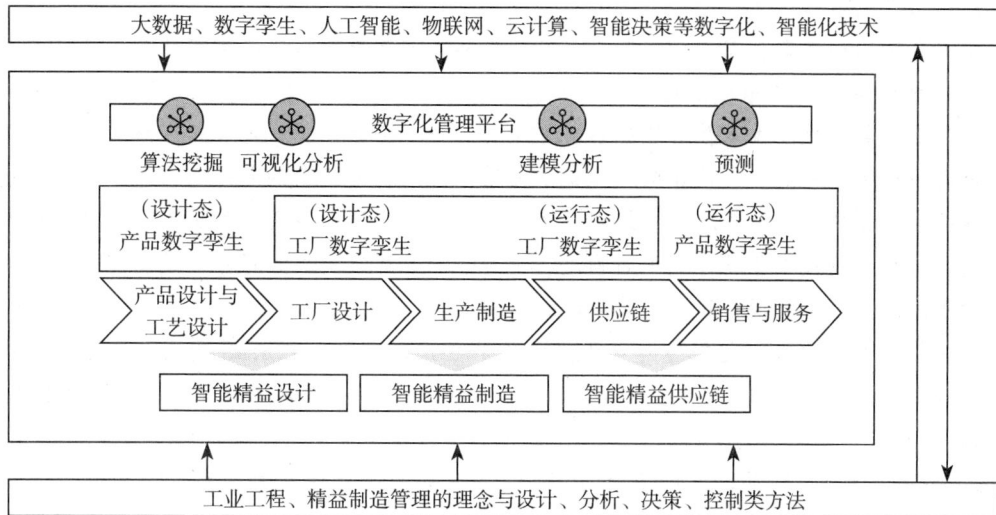

图 4-3　数字化智能精益供应链运行图

资料来源：齐二石，霍艳芳，刘洪伟.面向智能制造的工业工程和精益管理 [J].中国机械工程，2022，33（21）：2521-2530.

4.2　快速响应

资料 4-2　犀牛智造的快速响应

数字化时代，企业需求发生了深刻变化。数字原住民逐渐成为消费主力军，其需求呈现出个性化、场景化、实时化、内容化和互动化的特点。数字化重构了客户的决策链路和决策体系，消费者的表达权、参与权和选择权不断崛起。传统的供给体系已难以满足市场需求。以服装行业为例，国际品牌的当季产品售罄率可达 90%，而国内企业平均仅为 30%；国际品牌库存周转天数平均为 87 天，而国内企业则为 191 天。过去 10 年，服装行业库存增长了 8 倍，中国服装行业每年库存积压约 9000 亿元，占销售额的 30%～50%。大批量刚性生产和"期货制"长周期交付模式，正逐渐给品牌方带来库存风险。一旦对市场研判失误，企业将面临产品滞销、库存积压、资金短缺等经营风险，盈利能力将被大幅削弱，同时将会造成社会资源的巨大浪费。高库存的本质是企业供给能力无法满足市场的快速变化。

面对传统制造业的挑战，阿里巴巴的新制造平台——犀牛智造，通过构建端到端的数字化解决方案，实现了供需精准匹配和高质量发展。犀牛智造专注于服务中小商家的数字化转型，通过产业全链路的数字化改造和云化升级，构建了需求实时响应、极小化库存以及"100 件起订、7 天交付"的小单快反新模式。这一模式不仅实现了供需的精准匹配和动态平衡，还推动了传统产业的高质量发展。目前，犀牛智造已在浙江杭州、海宁以及安徽宿州等地自建 3 个产业园和 8 家自营工厂，赋能多家中小厂家，为超过 70% 的服装类目（包括针织、梭织、羽绒、牛仔等）提供一站式柔性快反供给服务，帮助服装品牌商家大幅减少库存，提升竞争力。2020年9月，犀牛智造作为服装行业数字化转型的探索者之一，入选世界经济论坛"灯塔工厂"。

犀牛智造的探索重点在于推动中小工厂从孤岛走向协作、从封闭走向开放、从混乱走向专注。通过重构软件体系，依托工业互联网、工业软件和智能算法，犀牛智造打造了多样化、高质量、数字化的供需精准匹配解决方案。它是一个云端算法定义的在线工厂，在实现制造设备、产线、物料、人员等生产要素全面数字化及云端汇聚的基础上，犀牛智造构建了端到端的生产指挥大脑系统。该系统实现了从需求分析、产品定义、加工工艺设计、排产计划到制造执行、设备工艺设计、车间物流、中央仓储等环节的决策指令和数据流的云端生成与自动下发，探索了数据端到端自动流动的新模式。

犀牛智造开发的数字化供应链管理技术体系由五大自研应用SaaS构成，为服装行业提供了完整的云原生工业软件集合。这五大SaaS应用包括：需求大脑［对应传统CRM+BI（business intelligence，商业智能）功能］、数字化工艺地图［对应传统CAX（computer aided technologies，计算机辅助技术）+PLM功能］、全链路统筹计划（对应传统APS功能）、集群式供应网络（对应传统ERP+WMS功能）和柔性制造系统（对应传统MES功能）。通过云端深度集成，全链路的每一次运营动作都能获得精准及时的数据，并应用行业最先进的机理模型完成决策优化。

截至目前，犀牛智造已为超过200个品牌企业提供了一站式柔性生产供应链服务。例如，2019年棉仓与犀牛智造合作，通过小批量、快反应的柔性供应链，大幅降低了试错成本。基于消费数据，双方合作推出的"威化牛仔"产品，凭借突出的卖点和稳定的品质，成为店铺的"镇店之宝"。

在供给侧，犀牛智造通过数字化赋能帮助山东鲁泰建立了小单快反产能。2021年11月，山东鲁泰一期4条智能生产线正式投产，基本实现了从接单、计划排产、设计工艺方案、生产管理、质量控制到发货的全流程数字化交付。这一变革使山东鲁泰的供给能力扩展到瑜伽裤、T恤、卫衣、防晒服等十几个新品类，平均交货期缩短超过50%，仅为7~10天。

问题：

（1）数字化时代的需求有哪些特征？

（2）传统的服装供应链存在哪些问题？

（3）犀牛智造是否采用了快速响应策略？

（4）犀牛制造的服装供应链在哪些环节实现快速响应？

（5）数字化技术如何助力犀牛智造实现快速响应？

（6）服装企业要想成功是否都需要采用快速响应策略？

（7）犀牛制造的快速响应策略是否可以复制到其他企业，如何复制？

资料来源：

搜狐网，安筱鹏、李于江、杨晓刚、徐华敏，《犀牛智造：探索未来制造之路》，2022-03-10。

4.2.1　供应链总响应时间

快速响应（quick response，QR），又叫快速反应，其核心是时基竞争，即将时间视为提升企业竞争力的关键战略资源。通过缩短企业各运作环节的提前期或响应时间，企业能够快速满足瞬息万变的市场需求。从供应链的构成环节来看，供应链总响应时间可细分为订单处理时间、产品设计时间、采购/供应时间、生产加工时间和产品分销时间。其中，订单处理时间涵盖订单汇聚与传递、订单预处理和后处理三个时间阶段；产品设计时间是指开发新产品或改进现有产品所需的全部时间，包括市场分析、产品定义、设计、模具开发、功能确认和工艺流程设计等时间；采购/供应时间则由原材料和零部件的采购、发运、检验和入库等时间组成；生产加工时间包括生产准备时间、生产制造时间和成品入库时间等；产品分销时间是产品从装车到通过分销网络最终送达客户的时间。

根据供应链总响应时间的构成特点，可将它划分为增值时间和非增值时间。增值时间在供应链总响应时间中的占比，可以用来衡量供应链的时间产出效率。时间产出效率若低于 10%，则表明供应链运作中大部分时间是非增值时间。增值时间是指那些为客户创造价值（客户愿意为此付费）的活动所消耗的时间，例如生产加工、订单处理和运输配送时间等；而非增值时间则是指那些对客户无价值却增加成本的活动所消耗的时间，如库存时间等。以价值增值时间为纵坐标、成本增加时间为横坐标的坐标图，可以直观地表示订单总响应时间的构成特点，并确定响应时间的压缩目标，如图 4-4 所示。

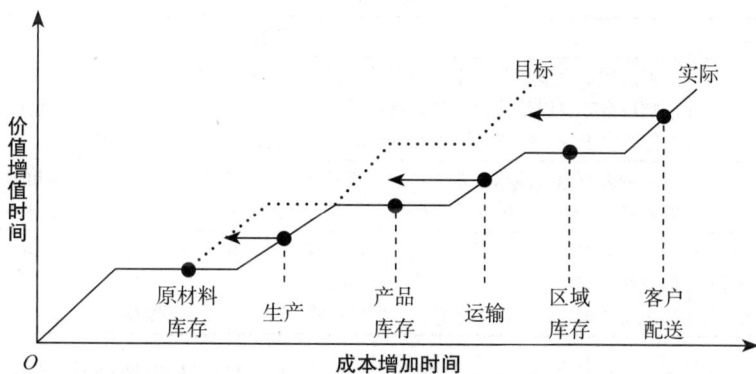

图 4-4　成本增加时间、价值增值时间与压缩目标

资料来源：张相斌，林萍，张冲 . 供应链管理：设计、运作与改进：微课版 [M]. 2 版 . 北京：人民邮电出版社，2020.

为了更有效地管理供应链总响应时间，可以根据物流在订单拣选或生产到订单交付过程中的状态，将总响应时间分为过程时间和静止时间。过程时间是指物流在运动过程中所消耗的时间，包括在途时间、制造时间、装配时间和生产计划时间等；静止时间则是指物流在静止状态下所消耗的时间，主要涵盖库存时间和等待时间。通过以纵坐标表示静止时间、横坐标表示过程时间，供应链的响应时间图可以清晰地展示出缓慢移动过程和过量库存所占用的时间，从而为压缩总响应时间提供机会。

在某家具供应链中，物流运动过程所花费的时间为 40 天，而物流静止时间则为 100 天，如图 4-5 所示。

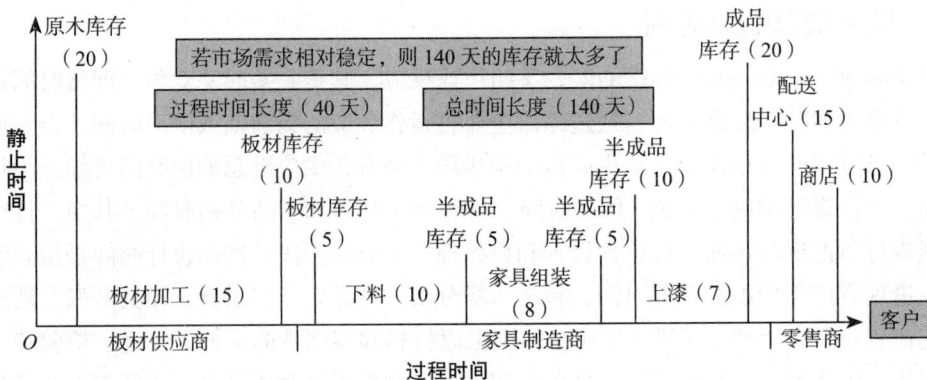

图 4-5　某家具供应链的过程时间和静止时间

资料来源：张相斌，林萍，张冲.供应链管理：设计、运作与改进：微课版 [M]. 2 版 . 北京：人民邮电出版社，2020.

4.2.2　快速响应的定义

不同研究者从各自的研究角度对快速响应（或快速反应）进行了不同的定义，如表 4-4 所示。

表 4-4　快速响应的定义

研究机构或学者	定义
James P. （1994）	追求减少企业运作各个方面提前期的一种战略，可以从两个方面定义：①客户方面，快速响应意味着以快速设计和制造产品快速响应不同客户的需求；②在企业运作方面，快速响应集中于减少所有运作任务的提前期，进而改进质量、降低成本
Lowson B. （1995，1996）	一种客户服务战略，首先应用先进技术改造生产线使它具有高柔性和高效率，然后分销商才能以更快的速度及时补充客户所需的合适数量、颜色、尺寸大小以及种类的商品
《中华人民共和国 国家标准：物流术语》 （GB/T 18354—2021）	供应链成员企业之间建立战略合作伙伴关系，利用电子数据交换（EDI）等信息技术进行信息交换与信息共享，用高频率小批量配送方式补货，以实现缩短交货周期，减少库存，提高顾客服务水平和企业竞争力为目的的一种供应链管理策略

不管快速响应策略的定义如何，它都强调以下几个方面：①快速响应策略要求企业以快速满足动态的市场和客户需求为目的，以追求企业运作各个方面提前期的减少为核心；②快速响应强调的不仅仅是供应链上各个独立节点——供应商、制造商以及分销商响应速度的提高，而是供应链整体响应速度的提高；③快速响应不仅关注时间的减少，同时也注重产品质量的改进、库存成本和运作成本的降低以及快速、高质量的业务流程；④快速响应强调生产系统的响应速度和柔性，通过快速设计和制造产品，满足不同客户在产品种类和数量方面的要求；⑤快速响应可以通过管理变革和先进技术的应用，依托快速的信息传递以及信息和利益的共享，集成企业及其供应链伙伴。

快速响应策略在供应链管理中的应用有两条相对独立的路径：一条是快速响应在供应链工程领域的应用，即快速响应工程，主要包括快速响应设计、快速响应制造技术、敏捷物流等；另一条是快速响应在供应链管理领域的应用，主要是通过管理模式创新实现供应链快速响应。下面分别对这两条路径进行介绍。

4.2.3　快速响应工程

快速响应策略在供应链工程中的具体应用被称为快速响应工程。实施快速响应工程可以使企业具备从捕捉产品信息到及时投放到市场的全面快速响应能力，主要内容包括以下几个模块：

- 建立快速捕捉市场动态需求信息的决策机制；
- 实现产品的快速设计；
- 追求新产品的快速试制定型；
- 推行快速响应制造的生产体系；
- 建立敏捷物流系统。

为了提高快速响应能力，企业首先应能迅速捕捉复杂多变的市场动态信息，并及时做出正确的预测和决策，以决定新产品的功能特征和上市时间。明确了新产品的开发项目以后，实现快速设计就成为重要的一环。现代产品由于用户的要求越来越高，产品结构日益复杂，科技含量越来越高，所以产品的开发周期日趋延长。如何解决产品市场寿命缩短和新产品开发周期延长的尖锐矛盾，已经成为决定企业成败兴衰的生死攸关问题。产品开发周期包括设计、试制、试验和修改等一系列环节，除了设计以外的后几个环节可以统称为试制定型。快速响应设计是先进制造技术的产物，它以现代设计理论为基础，涉及并行工程技术、产品数据管理（product data management，PDM）技术、专家系统、集成建模、优化技术、网络技术以及价值工程和生产工程技术等。加快产品的试制、试验和定型，以快速形成生产力，需要尽量利用制造自动化的各种新技术，如快速成型（rapid prototyping，RP）和虚拟制造（virtual manufacturing，VM）。推行产品的快速响应制造，必然导致企业从组织形式到技术路线的一系列变革。企业应从供应链全局的视野出发，以产品为纽带，以效益为中心，不分企业内外、地域差异，实行动态联盟，有效地组织产品的设计、制造和营销。

1. 快速响应设计

快速响应设计也被称为快速设计（rapid design，RD）、敏捷设计（agile design，AD），是快速响应策略在产品开发环节的具体体现，它在计算机集成制造（computer integrated manufacturing，CIM）、精益生产（lean production，LP）、并行工程（concurrent engineering，CE）和敏捷制造（agile manufacturing，AM）的基础上，将解决问题的范围集中在缩短产品的设计开发周期，尤其是总体方案设计阶段，以提高设计开发质量及对市场的快速响应能力。

快速响应设计的理论和方法主要有数字化设计、网络化协同设计、模块化设计、智能化设计等。目前，国际上针对快速响应设计的并行设计技术、快速原型技术、系列化模块化技术、虚拟制造技术、数字孪生技术等发展较为迅速。关于供应链产品设计的更多内容详见本书第 6 章。

2. 快速响应制造

快速响应制造（rapid response manufacturing，RRM），又被称为快速制造（rapid manufacturing，RM），是快速响应策略在产品制造环节的具体体现。快速响应制造的目的是针对市场和客户的需求，以最快的速度拿出新产品的方案设计及详细设计，在直接获取所有的制造资源信息的基础上，迅速设计出相应的加工工艺并付诸实施，以最快的速度将产品投入市场。

以计算机数字控制为代表的数字化技术广泛运用于制造业，形成"数字一代"创新产品和以计算机集成系统（computer integrated manufacturing system，CIMS）为标志的集成解决方案。集成快速制造系统（integrated rapid manufacturing system，IRMS）主要包括 4 个子系统。21 世纪以来，移动互联、超级计算、大数据、云计算、物联网、人工智能等新一代信息技术日新月异，被应用到制造领域，形成新一代智能制造系统，实现了从以产品为中心向以用户为中心的根本性转变。有关智能制造系统的详细内容见本书第 6 章。

3. 敏捷物流

敏捷物流是指在敏捷供应链中，利用信息技术，敏捷地配置和重组内外部一切可利用的物流资源和能力，针对持续变化、不确定而又不可预测的物流需求，能够快速度、低成本、个性化地实现客户所需要的定制物流服务，具有敏捷竞争优势的物流。

敏捷物流中的敏捷性主要以缩短物流响应时间作为关键点。缩短物流响应时间的方法主要包括：采用第三方物流服务；以响应时间最小为目标建立运筹优化模型，对运输、配送、仓储等物流活动进行优化；采用自动化和信息技术提升物流的透明度和效率。供应链整体物流时间的压缩不仅有利于实现对客户需求的快速响应，还有利于实现响应成本的降低、服务质量的提高和服务灵活性的改善。不过，所有这些目标的实现都有赖于把供应链的物流过程作为一个整体进行管理，努力缩短供应链的长度并加快供应链内物品流动的速度。敏捷不仅仅是速度问题，更重要的是对有效客户需求反应的可靠性承诺能力，它要求企业能够在承诺的时间窗口内完整地实现客户的可得性。

目前，移动互联、大数据、云计算、物联网、人工智能等新一代信息技术被应用到制造领域，形成了智慧物流系统，智慧物流系统在节约物流成本和缩短物流响应时间等方面具有显著作用。有关智慧物流的详细内容见本书第 7 章。

4.2.4　快速响应的管理手段

实现供应链快速响应的管理手段包括：建立基于时间目标的供应链合作关系，签订激励时间压缩的供应链契约；实施精益策略，减少等待、不必要的移动等时间浪费；应用延迟策略，快速满足客户差异化需求；应用 CPFR（collaborative planning, forecasting and replenishment，协作计划、预测和补货）模型，实现上下游企业的多维度、全流程合作；采用计划评审技术和调整作业活动压缩时间；在产品设计阶段采用并行工程，减少产品开发时间；在采购阶段应用 JIT 采购；对于库存管理，采用 VMI（vendor managed inventory，供应商管理库存）或 JMI（jointly managed inventory，联合库存管理）；在运输与配送环节优化物流网络，采用物流外包，优化运输和配送路线，开展小批量多频次配送或越库配送等。其中一些管理手段在本书其他部分已有介绍，这里不再赘述。

1. 基于时间目标的供应链合作关系

供应链企业间的合作关系对快速响应的绩效具有重要影响。相比单个企业为实现快速客户响应做出努力，供应链企业间在业务上"无缝"对接更为关键。这种对接并非依靠核心企业进行职能控制或占有，而是强调企业间基于信息共享的紧密合作。

为了实现对客户需求的快速响应，供应链各节点企业和环节需要共同努力。供应链合作过程中的主要工作如下。

（1）以快速响应最终客户需求为目标，各企业须从供应链整体角度出发，明确自身应承担的责任。

（2）重新分配与组合资源，将客户需求转化为实际的业务流程。

（3）从客户响应的角度对供应链企业的运作绩效进行评估，并及时改进存在的问题。

（4）识别和挖掘客户响应过程中的核心价值增值活动，并对这些活动进行优化。

（5）在明确双方利益共同点——快速响应客户需求的基础上，开展更高层次的战略合作。

（6）建立一套完整的措施和方法，对供应链关系进行管理，并持续改进企业间的关系。

2. 基于作业的响应时间压缩方法

采用计划评审技术（program evaluation and review technique，PERT）对供应链总响应时间的构成项目进行分析，能够为制订时间压缩方案提供基础。供应链总响应时间主要由从原材料采购到产品交付的整个运作流程所消耗的时间决定，而这些流程的活动内容及关系是由产品结构、工艺过程和物流活动要求所决定的。因此，运用计划评审技术分析供应链总响应时间的步骤主要包括：绘制项目网络图、估计活动时间、确定活动时间安排和识别关键路径。其中，关键路径是指作业活动时间最长的路径，由松弛时间为零的作业活动构成，它决定了供应链总响应时间的长短。

当识别出可压缩时间的作业活动时，企业须采用管理方法或工程技术来提高其生产效率。关键路径上任何作业活动的时间变化都会影响整个路径的时间，且这些作业活动之间存在输入/输出关系，即某项作业活动的输入是前一项作业活动的输出，而其输出又是后一项作业活动的输入，因此，压缩关键路径的时间不仅要采取技术或管理手段压缩具体作业活动的时间，还要改善整个关键路径和协同作业活动之间的关系。

压缩关键路径的时间应以最大限度为目标，即压缩幅度不应超过关键路径与次关键路径的时差，并确保压缩后的关键路径仍然是关键路径。采取压缩措施后，须重新计算供应链作业流程的时间，以评估措施是否达到预期目标。若未达到预期目标，应反复调整直至目标达成。关键路径上作业活动时间的减少可能导致一条或多条非关键路径变为关键路径，因此在压缩过程中，应优先选择那些对几条关键路径均有影响且无增值作用或时间较长的作业活动作为压缩对象。

每项作业活动都是由操作者利用工具或设备按程序作用于对象的过程。作业对象的数量、人与设备之间的关系、人数或设备能力与作业对象的比例以及作业过程是由人主导还是由设备主导，都会影响作业活动时间。因此，可通过改变作业活动的工作范围、运行方式、内部关系、所需的资源、作业活动之间的关系来实现时间压缩目标。

（1）改变作业活动的工作范围。这主要是通过流程再造技术，重新划分相邻作业活动的边界或合并相邻作业活动的内容来改变工作范围。例如，可将订单录入和订单汇总两项作业活动合并。改变作业活动范围须着眼于整个关键路径上各项作业活动的内容及其关系。

（2）改变作业活动的运行方式。这是指通过对作业活动的构成要素进行信息化改造，将作业方式从由人主导转变为由信息系统或数控设备主导，从而压缩时间。例如，生产计划由人工编制改为由 ERP 系统编制。

（3）改变作业活动的内部关系。这是指通过对作业活动的程序进行调整，改变作业对象与设备的结合方式，从而压缩时间。例如，通过作业调度规则和排序方法调整不同作业活动的顺序。

（4）改变作业活动所需的资源。对于流程时间较长的作业活动，可通过增加人力资源或设备能力来加快进程。这些资源可从当前有正时差的作业活动中转移到流程时间较长的作业活动中。对于复杂的作业活动，可按照瓶颈管理思想寻找瓶颈资源，并通过增加相应资源来加快进程。

（5）改变作业活动之间的关系。这是指按照并行工程思想，通过充分利用现有设备或专有技术，将原来顺序进行的作业活动改为并行作业，从而压缩时间。例如，采用并行开发程序开发由两个部件组成的产品，可大幅压缩开发周期。

3. 连续补货计划

连续补货计划（continuous replenishment program，CRP）指的是利用 POS 所形成的销售数据，结合分销企业或零售企业的库存情况，根据预先确定的库存补充程序，以小批量多频次的补货代替大批量少频次的补货，以提高货物周转率，有效降低货物库存数量。

知识解析

4.3 有效客户反应

资料 4-3 "AI 赋能品牌 DTC 场景下的快速补货决策价值链"项目

1. 案例背景

联合利华的电商业务增长迅猛，为更直接地满足消费者订单，实现快速、敏捷的端到端履约，联合利华建立了直面消费者（direct to consumer，DTC）的供应链模式。然而，新模式也带来了诸多挑战。

（1）线上平台活动营销计划管理效率低下：线上平台的活动营销策略需要根据平台计划调整和消费者需求变化不断更新。企业基于数据表格和邮件的形式做记录，导致修改难追踪、版本难管理，对供应链敏捷化管理提出了更高要求。

（2）消费者需求预测准确性和稳定性不足：线上平台消费者需求波动大，人工预测难以在促销营销计划变动时快速、准确预测需求。

（3）传统供应链方式难以以低成本履约：实现高效履约的同时，传统供应链方式难以满足敏捷、低成本的要求。

2. 解决方案简述

为应对上述挑战，联合利华与观远数据合作，通过经营方式、流程梳理和数据整理，提出了一套端到端的解决方案，涵盖从促销经营计划到智能补货的全过程。

（1）DTC 促销管理系统：基于联合利华端到端流程设计，从销售侧促销计划到供应链执行，通过观远数据的业务计划助手，实现线上促销管理。该系统包括促销日历建立、计划录入与调整、库存实时联动等功能，能提升多部门全流程协作效率。

（2）AI DTC 需求预测：结合电商平台后台玩法和品牌方调整机动性，搭建"促销与非促销"需求预测模型。通过引入商品分类、活动与月份分级、促销与流量计划等信息，实现AI 模型在不同活动环境下的稳定、准确预测，为供应链提供稳定需求信号。

（3）快速智能补货推荐：针对电商促销活动频繁、刺激显著、存在相似性的特点，建立基于联合误差分布的安全库存计算体系，实现快速、高频、精确补货。

（4）供应链指标仿真模拟与上线准入机制：通过预测和补货与指标的关联，搭建仿真模拟体系，为运营人员提供操作方案，确保智能补货决策能提升供应链业务指标，实现人机结合。

3. 应用效果评估

（1）准确性与稳定性提升：相较于以往的人工需求预测，AI 模型预测准确率提升 43%，为生产与发运提供更合理信号。

（2）仓库库存天数降低：在维持高订单满足率的同时，成功降低月均仓库库存。

（3）跨仓率下降：精准预测与智能补货辅助分仓计划，降低跨仓。

（4）时间与沟通成本降低：全流程线上化使周度会议时间缩短至 30min 内，提升效率。

（5）可扩展性提升：该解决方案可快速复制到联合利华 DTC 及 B2C 电商其他场景，优化全盘供应链业务指标，同时可扩展至线下场景，实现科技赋能决策。

问题：

（1）该项目解决了供应链的哪些问题？
（2）该项目中采取了哪些优化措施？
（3）该项目中应用了哪些数字化技术？
（4）快速响应与有效客户反应有何区别？

资料来源：

搜狐网，《联合利华 × 观远数据合作项目获 ECR 最佳实践奖，AI 赋能数字化供应链降本增效提质》，2023-06-08。

4.3.1 有效客户反应的定义

有效客户反应（efficient consumer response，ECR），也称有效消费者响应。欧洲执行董事会对 ECR 的定义是："ECR 是一种通过整合制造商、批发商和零售商各自的经济活动，以最低的成本，最快、最好地实现消费者需求的流通模式。"

按照《中华人民共和国国家标准：物流术语》（GB/T 18354—2021）的规定，ECR 指的是"以满足顾客要求和最大限度降低物流过程费用为原则，能及时做出准确反应，使提供的物品供应或服务流程最佳化的一种供应链管理策略。"

ECR 是一种观念，不是一种新技术。它重新审查上、中、下游企业间生产、物流、销售的流程，其主要目的在于消除整个供应链运作流程中没有为消费者增值的成本，将供给推动的推式系统，转变成更有效率的需求拉动的拉式系统，并将这些效率化的成果回馈给消费者，期望能以更快、更好、更经济的方式把商品送到消费者的手中，满足消费者的需求。ECR 强调供应商和零售商的合作，尤其在企业间竞争加剧和需求多样化发展的今天，产销之间迫切需要建立相互信赖、相互促进的协作关系，通过现代化的信息和手段，协调彼此的生产、经营和物流管理活动，进而在最短的时间内应对客户需求变化。

4.3.2　有效客户反应的基础架构

目前 ECR 的主要基础架构分为四大领域 14 个项目，如图 4-6 所示，包括：供应面管理、需求面管理、驱动 ECR 付诸实践的促成力和整合力。据此形成的 ECR 全球评估量表，可评估 ECR 导入的程度与能力。此外，ECR 可鼓励供应链相关者在下列 4 个领域中不断地做改善。

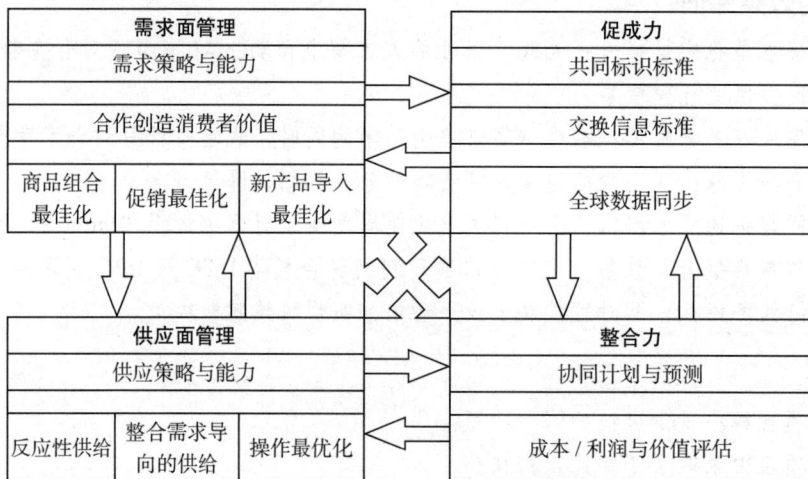

图 4-6　ECR 的主要基础架构

资料来源：邓明荣，葛洪磊. 供应链管理：战略与实务 [M]. 北京：机械工业出版社，2012.

1. 需求面管理

需求面管理（demand management）涉及有关商品与服务需求方面的认知与管理，并直接影响到消费者的满意度、销售额（量）以及市场占有率等。其内容如下。

（1）需求策略与能力（demand strategy and capability）。需求策略与能力是指企业组织执行需求面管理的能力，包含人员、系统、策略的配合与准备，以更有效率地销售并及时响应消费者需求。

（2）商品组合最佳化（optimize assortment）。商品组合最佳化确保供货商与零售商充分地协同合作，评估符合市场需求的商品组合策略并执行。即在最佳时间将最适当的商品数量展示在消费者面前，并以合理的价格吸引消费者购买和改善库存问题。

（3）促销最佳化（optimize promotion）。促销最佳化是指拟定符合市场目标的商品促销策略，规划促销策略执行计划与评估成本效益，并随时审视促销的模式以及频率是否刺激到消费者的购买欲望。

（4）新产品导入最佳化（optimize new product introduction）。产品开发之前不易评估商品成功率，交易伙伴间存在旧有障碍与缺乏信任感，商品仿冒问题等，使得新商品导入最佳化是 ECR 中最难执行的部分。因此，ECR 的目标是希望通过供应链伙伴间的策略合作，有效地了解消费者的需求与欲望，降低新商品的研发失败率，缩短新商品上市时间。

（5）合作创造消费者价值（collaborative shopper value creation）。合作创造消费者价值这一概念是 2004 年 5 月新添加的，它除了延伸之前消费者价值创造（consumer value creation）的想法，还结合了协同式客户关系管理的观念。合作创造消费者价值来自供应链上交易伙伴的协同过程，以锁定目标消费群与建立提升消费者价值差异化解决方案为目标。它包含 3 个主要要素：①协同式情报管理（collaborative information management），一种收集消费者商品购买决策与使用商品信息的流程；②锁定目标消费者（shopper targeting），一种零售商应该吸引何种客户上门购买商品与安排商品类别的程序；③差异化方案（differentiated solution），整合商品、信息与服务使它们符合目标消费者需求的完整解决方案。

2. 供应面管理

供应面管理涉及 ECR 的供给端，其焦点主要集中在以下 4 个改善供应链上商品流动的概念，这 4 个概念从不同方向说明了如何满足整个供应链快速及有效商品补货模式的需求。

（1）供应策略与能力（supply strategy and capability）。供应策略与能力主要检视商品流在整条供给链中从原料、组成、生产、包装到配销以及仓储等的效率，企业需有明确的策略，改良现有组织架构，配合信息科技，针对整个供应链服务做绩效衡量。

（2）反应性供给（responsive supply）。反应性供给是通过供应端补货管理来改善配销方法，简化商品从生产端配送至零售点货架上的补货作业，响应实际客户需求，平衡管理成本及存货水平。其关键要素包含自动订货（automated store ordering）、连续补货计划（continuous replenishment program，CRP）等技术，而进阶要素则有合理运输规划与有效仓储。

（3）整合需求导向的供给（integrated demand driven supply）。整合需求导向的供给是指依照供应链上原料、包装、成分与商品供给频率及数量的实际状况做出调整的供给。它主要包含两个方面：同步化生产（synchronized production）、供应商的整合（integrated suppliers）。所谓同步化生产是指商品生产规划依据消费者需求，避免不必要的成本与存货，进而不断改善生产周期的天数。供应商的整合则强调供应商的角色是不容忽视的，原料与包装的成本占整体供应链总成本的 30% ～ 50%，会影响到下游厂商的服务水平，因此企业须切实执行 ECR，以应付新品导入、季节因素等变动情况。

（4）操作最优化（operational excellence）。采用最优化的操作方法可以增加运营的信赖度，如缺货管理、瑕疵货品延迟交货处理。

3. 促成力

商品识别与数据管理能力的支持是真正落实需求面管理和供应面管理的主要促成力（enabler），例如交易伙伴间的商品交易流程，只有具备标准格式或信息，才能保证正确和实时的信息响应。促成力包含三个领域：共同标识标准、交换信息标准、全球数据同步。

4. 整合力

整合力（integrator）是指需求面与供应面管理的策略能力必须结合移动互联、超级计算、大数据、云计算、物联网、人工智能等新一代信息技术，改变原有的商业模式，形成协同式电子商务并持续增加与交易伙伴的互动。它包含两个领域：协同计划与预测（collaborative planning and forecasting，CPF）、成本/利润与价值评估。

4.3.3　有效客户反应的新发展

2016年9月，ECR共同体取代ECR欧洲，成为零售和消费品行业全球性的ECR协会。它提供了一个全球中立平台，将制造商、零售商、服务提供商、行业协会以及19个国家的ECR组织聚集在一起。该平台致力于在供应链、品类管理、可持续发展和数字转型等领域分享最佳实践。中国物品编码中心于2001年发起成立了中国ECR委员会（以下简称"中国ECR"），中国ECR于同年加入ECR亚太组织。虽然中国提出ECR概念的时间比该概念最早提出的时间晚了将近10年，且加入ECR国际组织的时间也相对较晚，但凭借国际、国内零供企业的大力支持以及具有中国特色的协作模式，中国建立了一整套相对成熟且适合中国市场的ECR运营模式。

在近30年的发展过程中，ECR经过行业专家和实施企业的不断探索，涉及的范围也从原有的四部分不断扩大。目前，ECR共同体以及欧洲国家的ECR组织主要关注货架有货率（on shelf availability，OSA）、循环经济、数字化、品类管理、食物浪费、供应链等话题。而在中国，由于经济和社会环境的不同，ECR的侧重点也有所不同。在中国ECR的协调、组织、引领下，中国的ECR实施企业将品类管理、联合预测与补货、托盘运输管理、线上线下融合、数字化供应链等应用到实践中，运用ECR的创新理念和成熟模式，不仅促进了业务效益的提升，还从实践应用中发现了不足并及时进行了革新和完善。

（1）协作计划、预测和补货。协作计划、预测和补货（collaborative planning, forecasting and replenishment，CPFR）一直是ECR的关注重点。该模式是一种多层次、多角度、跨公司的合作理念，它应用一系列技术模型，提供覆盖整个供应链的合作过程。通过共同管理业务过程和公共信息，CPFR模式能够改善零售商和制造商的伙伴关系，最终达到提高供应链效率、减少库存和提高消费者满意度的目的。关于CPFR模型的具体介绍将在后续章节中展开。

（2）带板运输及其优势。近年来，零售商和制造商运用带板运输成为ECR研究的一个方向。带板运输是以标准化的循环共用托盘为载体，将供应链中的货物从发货地开始整合为标准化的货物单元进行作业的操作模式。作为托盘应用的新趋势，带板运输具有诸多优势：

有效降低转运次数及搬运次数，使装卸货效率提高 75% ～ 80%，在经济距离内使卡车周转率提高 1 倍，加快入仓速度，大幅降低断货率，大幅降低货物损坏率，等等。在带板运输的基础上对资源进行整合和创新，更是当前的一大趋势。以某个定制化带板运输项目为例，零供双方根据零售商店内促销、货架陈列的计划，以门店带板堆头陈列数量的商业计划为基础，匹配订单需求以及定制化的带板运输，制定端到端的供应链解决方案。这一方案优化了端到端供应链的响应速度、成本和库存，实现了从订单到客户端仓库收货、发货、门店收货、陈列的端到端无缝连接。通过优化端到端的供应链，客户端商品流转速度加快，商品促销效率提升。反馈数据显示，端到端物流效率增长超过 100%，其中客户物流中心到门店物流效率提高约 200%，同时在库存天数减少的情况下，销量提升了 100%。

（3）线上线下的融合发展与全渠道模式。线上线下融合的全渠道模式是 ECR 新引入的研究范畴。随着消费市场和消费行为的升级，单一渠道已无法满足消费者不断变化的需求，线上线下消费的边界逐渐变得模糊。零供企业积极跨越各自边界，共同探索全渠道融合发展模式，以随时随地满足消费者的个性化需求，为消费者提供丰富多元的场景体验。这种模式将实体渠道、电商及移动电商进行高度整合，为客户提供优质而完善的购物服务。其涉及内容广泛，模式多样。以某个全渠道环境下的新业务模式项目为例，该制造商通过整合电商零售平台和自身的经销商体系资源，借助供应链和大数据的深度对接，提高在门店的深度分销，对消费者习惯、分仓品销量进行精准预测，计划排产并快速补货。这不仅促进了销量增长，还降低了双方库存，实现了信息共享和资源共创。全新的渠道深度覆盖模式，帮助该制造商业务实现了几何级数增长。快速响应的供应链和协同式分销开创了线上 B2B 消费端商业模式发展和品牌建设的新途径，最终使消费者能够获得更多的资源，享受到更快的送货速度，推动销量增长，提升客户整体满意度。

知识解析

4.4　众包策略

● 资料 4-4　海尔的众包供应链模式

海尔作为全球第四大白色家电制造商，在网络家电和数字化智能家居等领域处于世界领先水平。海尔通过众包供应链创新模式，实现了"无尺度供应链""无边界企业"和"无领导管理"的颠覆性变革，采用按需设计、按需制造、按需配送的精益型众包模式，推动了企业的持续创新和市场竞争力的提升。

1. 海尔众包供应链的设计创新与生产环节

海尔众包供应链的设计创新环节涉及四类参与者：海尔员工、供应链企业成员、消费者以及所有感兴趣的相关人员。海尔通过"员工创客平台"为员工提供自主创业孵化的资源，鼓励员工以创客身份参与创新。此外，海尔还搭建了"海立方"和"海极网"两个开放平台。"海立方"整合项目发起者、供应商、分销商和用户资源，提供孵化基金、制造资源和销售渠道；"海极网"则是一个智能消费品讨论社区，通过发布热门话题吸引科学家、IT 人才等极客群体，为海尔研发部门提供信息和消费者数据支持。

2014 年，海尔上线了 HOPE 2.0 创新生态平台（http://hope.haier.com/），吸纳全球高精尖技术，推动创新技术的实践和落地。在 HOPE 平台的支持下，海尔研发团队创造了众多颠覆性产品，如 MSA 控氧保鲜冰箱、净水洗洗衣机、水洗空调等。其中，"天樽"空调凭借用户交互设计、研发和命名，成为市场上的明星产品。这一创新模式不仅提升了产品的市场竞争力，还满足了用户的个性化需求。

2. 海尔众包供应链的销售环节

海尔在销售环节积极引入众包模式，让消费者参与供应链全过程。2008 年，海尔试水淘宝销售平台，通过淘宝聚划算与用户网络投票，推出定制化产品。例如，海尔通过用户投票选出 3 款定制彩电，它们在短时间内售罄。海尔商城则通过电商众包平台征集用户创意，购买优质知识产权，构建了"产销合一"的新型交互关系。2016 年，海尔在天猫旗舰店收到超过 10 万条用户评价，DSR（detailed seller rating，卖家服务评级）评分领先行业平均值 37%。海尔通过与用户深度交互，推动产品设计和服务优化，形成了自主经营、平台型经营和采销型经营的全网销售态势。

3. 海尔众包供应链的物流配送环节

物流配送是众包供应链的重要环节，也是打造良好用户体验的关键环节。海尔拥有 9 万多辆小微车，依托"日日顺"物流服务平台，每年为 2 亿用户提供高质量的配送和安装服务。截至 2016 年，该平台覆盖全国 2886 个区县，支持乡镇村送货上门、送装一体，1000 多个区县实现了货物 24h 限时送达。海尔的物流配送覆盖范围和送装一体化服务在行业中处于领先地位。

为提升用户体验，海尔推出"全流程信息可视化"项目，整合网站客服、物流和服务等多个部门的信息，实现用户订单、物流配送和货品评价的快速识别与反馈。此外，海尔在青岛市试点"满意后付款"服务，进一步提升用户满意度。通过这些措施，海尔将众包定制化产品设计、生产、销售、物流与服务深度融合，打造了全流程体验的众包供应链新模式。

问题：

（1）海尔在哪些环节开展了众包？

（2）海尔的众包与外包有什么区别？

（3）海尔的众包供应链模式有哪些优势？

（4）供应链采取众包策略可能存在哪些隐患？

资料来源：

黎继子，刘春玲，张念."互联网 +"下众包供应链运作模式分析：以海尔和苏宁为案例 [J]. 科技进步与对策，2016，33（21）：24-31.

4.4.1 众包的定义

20 世纪 90 年代开始，信息化和网络化的发展不仅带动了电子商务、业务外包等新型产业的发展，而且影响了传统产业的设计、生产和销售，以及供应链运作模式，企业的经营和商业模式呈现多样化趋势。如果说业务外包（outsourcing）模式使供应链企业得以集中发展核心业务，扩大生产与销售，创新管理模式，那么近几年发展起来的众包（crowdsourcing）则反映了互联网时代的一种创新和实践，呈现出大众的参与性和体验性，使供应链企业生产从大规模生产转向个性化的长尾窄众产品生产。随着互联网的普及，大众与消费者的创新创造能力彰显出巨大能量和商业价值，以众包为基础发展而来的众包供应链及其创新也日益受到关注。目前，国内的海尔、苏宁、小米和京东等企业纷纷进入众包领域，将众包嵌入自己的供应链环节，运用众包供应链来提升创新幅度，降低产品研发成本，增强客户黏性和提高市场响应速度，以此打造企业供应链核心竞争力。

众包的概念由杰夫·豪（Jeff Howe）首次在计算机杂志《连线》上提出，这是一种将传统上按习惯本来分派给指定对象（通常是雇员）的工作任务，通过互联网进行发布，外包给众多不确定参与者的做法。达伦·C. 布拉汉姆（Daren C. Brabham，2008）将众包描述为这样一种形式：企业在线发布问题，大众群体（专业或非专业）为它提供解决方案，最终获胜者能够得到事先约定的酬金，并且他的知识成果的所有权归于企业的一种在线、分布式问题解决模式和生产模式。Chanal（2008）认为众包是企业的一种开放式创新生产方式，它利用网络设备，将组织外的众多离散的资源汇聚起来。这些资源既包括个体资源（如创意人员、科学家或者工程师），同时也包括团队资源（如开源软件群体）。倪楠（2010）将众包理解为一种大众承包模式，即众包就是组织把特定的工作任务，交由指定的网站向外部受众公示，并向按要求完成组织任务的毛遂自荐者支付约定酬金。

黎继子等（2016）从供应链的角度定义了众包，认为众包是供应链企业通过悬赏和互联网络方式，将产品或服务研发设计要求通过网络发布出来，让大众群体自主参与，并与供应链其他各个环节互联互通，形成对产品或服务的设计研发、采购、生产、销售和配送一体化运作，让消费者获得完美过程体验的管理模式。

4.4.2 供应链众包的特点

供应链众包的特点有以下几个。

（1）借力互联网的互联互通性。众包供应链充分利用互联网的开放性，一方面，它将研发设计信息或技术难题通过网络发布，吸引大众参与；另一方面，它强调信息在供应链各环节的共享。作为供应链的外部嵌入环节，众包需要高效的信息交互，以确保下游信息能及时传递至众包环节，并将众包结果反馈至下游进行评定与组织实施。

（2）大众参与性。与外包和分包模式不同，众包供应链不指定特定组织或个人完成任务，而是通过平台吸引供应链外部的组织和大众自愿参与。参与者不受地域和国别的限制，只要有相关专业能力和素质均可加入。这种模式为供应链提供了外部创新的来源。

（3）突出两端性。在强调供应链整体协同的同时，众包供应链更注重两端环节：最上游的设计研发和最下游的终端消费。终端需求数量庞大且个性化，以及具有时效性，因此供应链组织需要借助众包方式，利用外部资源弥补内部资源的不足，以实现两端的有效匹配。

（4）强调供应链的连接性。尽管众包供应链突出两端性，但中间环节的支撑同样重要。例如，宝洁、星巴克和百思买等企业通过供应链网络平台吸引专业人员和爱好者参与解决技术难题、设计新产品和提供创意，并借助自身供应链系统实现这些创新。这些企业的发展证明，众包的优势和最终消费者的体验离不开中间环节的支撑。

4.4.3　供应链众包和外包的比较

供应链众包和外包既存在区别，也存在联系。供应链众包和外包的区别如表 4-5 所示。

表 4-5　供应链众包和外包的区别

内容	众包	外包
互联网	必要条件	不是必要条件
合作关系	自愿参与的非契约关系	契约关系
实施合作环节	供应链上游的设计和研发环节为主	供应链任何环节
参与对象数量	众多	少数几家
合作对象的稳定性	不固定	相对固定
合作复杂程度	相对简单	相对复杂
产品或服务的主要生产者	消费者、潜在用户、专业人士	各类企业
对合作结果的要求	结果要求	既有结果要求，也有实现形式要求
主要适合的供应链类型	响应型供应链	各类供应链
外部对象参与动机	自愿、偏好、功利性弱	积极、功利性强

另外，供应链众包和外包也有相似的方面。首先，它们都是竞争激烈的市场经济产物，是企业在竞争中不断寻找新模式和变革的方法；其次，它们都延伸了组织边界，使创新不再局限于企业内部，而开始向外部寻求创新资源，这是对传统创新模式的最大突破；最后，两者都是网络时代的产物，都是信息交互和专业化不断增强的结果。

4.4.4　供应链众包模块

供应链众包模块构成与分布如图 4-7 所示。

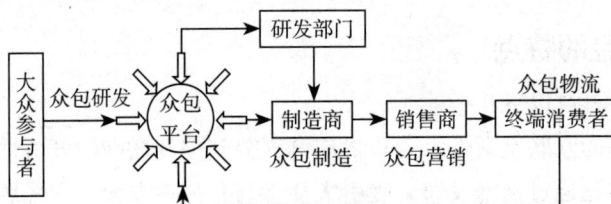

图 4-7　供应链众包模块构成与分布

资料来源：周兴建，袁佳音，黎继子.众包供应链一体化运营模式与管理成熟度 [J].中国流通经济，2020，34（11）：57-67.

1. 众包研发

众包研发主要有两种形式。第一种，众包研发作为独立环节，由大众参与者（如创客、专业设计者、爱好者等）通过众包平台为终端消费者提供设计方案。例如，加拿大精品图库公司通过平台让摄影师提供定制化拍摄方案和照片修改服务，并直接交付给消费者。第二种，众包研发与制造相结合，平台采纳大众参与者的产品设计或改进建议后进行批量生产。众包研发效果依托平台的开放程度，平台越开放，信息共享与合作互动能力越强，大众参与越积极，创新资源获取能力越高，越能激励企业加大研发投入，获得更高产出价值。

2. 众包制造

众包制造通常与研发相结合。大众参与者的创意被平台采纳后，交由制造商的研发部门开发，并由生产车间进行量产。例如，凯翼公司通过众包平台收集用户和爱好者的创意与意见，采用菱形开发流程进行定制化生产。众包制造面向终端消费者的个性化需求，需要具备创新应用开发能力和制造资源配置能力以实现柔性生产，同时还需要具备强大的产品质量控制能力和制造资源配置能力，以实现延迟、准时制（JIT）和精益生产。

3. 众包营销

众包营销也有两种形式。第一种，作为独立环节，通过众包平台吸纳大众（主要是社会销售人员）的营销创意，帮助企业进行营销方案策划和实施。例如，销售家公司通过平台实现社会销售人员与有产品需求的企业的对接，提升企业的营销管理水平。第二种，众包营销与研发、制造相结合，消费者（通常是产品爱好者）的创意被销售商收集、制造商采纳后生产出升级版产品，再售卖给这些消费者，从而改善消费体验并增加消费者黏性。在众包营销中，社会销售人员的参与积极性越高，市场营销策划与整合传播能力越强；消费者参与积极性越高，客户体验实现能力和客户关系管理能力越强，消费者黏性也越强。

4. 众包物流

众包物流是一种与终端消费者直接接触的开放式物流模式。它借助众包平台，让企业充分挖掘大众参与者（主要是终端消费者）这一人力资源。企业的物流配送需求通过平台以订单形式推送至目标区域，附近的大众参与者通过抢单接受任务，提供门到门的物流服务。例如，达达、闪送等众包物流公司受到市场认可。众包物流强调时效性和精准性，物品能否快速送达取决于物流订单处理能力和配送送达能力，而能否精准送达则取决于订单信息处理能力和配置调度能力。

4.4.5　众包供应链一体化运营模式

研发、制造、营销和物流等众包模块之间常以不同方式结合，形成面向不同产品类型和市场竞争的众包供应链一体化运营模式。以下为三种主要类型。

1. 众包研发与制造一体化模式

众包研发与制造一体化模式通常由制造商作为众包研发发起人。通过众包平台，制造商征集大众参与者中的专业设计师、创客等的创新创意，并交由研发部门进行产品或服务开发。开发完成后，由工厂进行量产，最终通过销售商销往终端消费者。该模式强调研发与制造的紧密结合，主要适用于服装、汽车、手机等个性化、时尚化产品，这些产品市场竞争激烈，对创新和快速响应市场需求的要求较高。众包研发与制造一体化模式如图 4-8 所示。

2. 众包研发、制造与营销一体化模式

当制造商作为众包研发发起人时，众包研发、制造与营销一体化模式的运营过程与前一

模式相似。然而，该模式的独特之处在于它对营销与大众消费者互动的强调。销售商可同时作为众包营销的发起人，通过众包平台发布信息，吸引社会销售人员参与，同时利用众包平台聚集愿意参与众包的大众消费者，尤其是产品"发烧友"和资深用户，收集他们的创新创意。这些创意随后由制造商的研发和生产部门进行开发和定制，并最终销售给这些消费者。该模式强调以众包营销为驱动，实现研发、制造与营销的有机结合。它主要适用于玩具、零食、饮料等快速消费品和创意产品。这些产品市场竞争激烈，同类产品同质化现象较为普遍。众包研发、制造与营销一体化模式如图 4-9 所示。

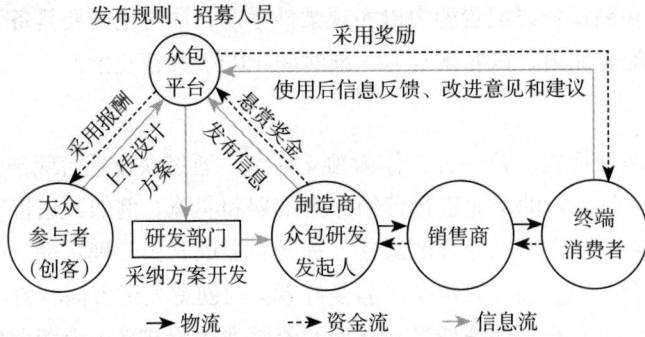

图 4-8　众包研发与制造一体化模式

资料来源：周兴建，袁佳音，黎继子．众包供应链一体化运营模式与管理成熟度 [J]．中国流通经济，2020，34（11）：57-67.

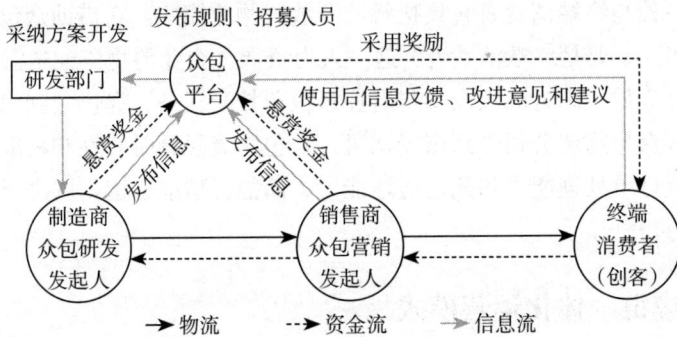

图 4-9　众包研发、制造与营销一体化模式

资料来源：周兴建，袁佳音，黎继子．众包供应链一体化运营模式与管理成熟度 [J]．中国流通经济，2020，34（11）：57-67.

3. 众包物流与消费者一体化模式

众包物流与消费者一体化模式通常由制造商、销售商、物流企业等物流配送需求方担任众包物流的发起人。发起人首先通过众包平台发布配送订单，订单经平台推送后，由众包物流配送人员进行抢单。众包物流配送人员按照要求将物品配送至终端消费者手中。该模式充分整合与优化了时间与人力资源，强调以众包物流为驱动，实现物流与消费者的一体化运作。它主要应用于快递、同城配送、外卖等行业，这些行业的市场发育相对成熟。众包物流与消费者一体化模式如图 4-10 所示。

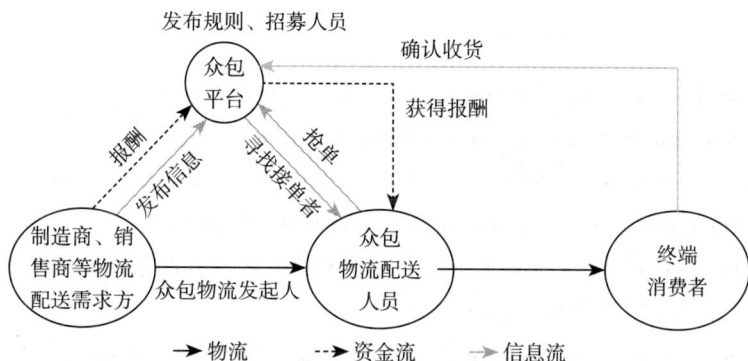

图 4-10　众包物流与消费者一体化模式

资料来源：周兴建，袁佳音，黎继子．众包供应链一体化运营模式与管理成熟度 [J]．中国流通经济，2020，34（11）：57-67．

◉ 尝试应用

1. 模拟任务

2 ～ 3 个同学组成一组。每个小组选择一条现实的供应链，通过实地调研和网络调研，完成以下模拟任务。

（1）分析精益策略、快速响应策略、有效客户反应策略、众包策略等四种策略中哪些策略适合该供应链，并说明原因（论述这些策略是如何支持供应链战略和目标的）。

（2）分析该供应链目前采取了哪些供应链策略，或者还可以采取哪些供应链策略。

2. 思考分析题

（1）供应链上的浪费除了本章列出的 14 种浪费外，还有没有其他形式的浪费？

（2）查找相关资料，了解精益策略中绘制价值流图的 9 种工具。

（3）查找相关资料，了解精益策略中的 33 种改善工具。

（4）供应链实施快速响应策略时，是不是越快越好？

（5）发挥你的想象力，想象一下未来的快速响应设计和快速响应制造技术是什么样的。

（6）到一家超市，调查该超市是否实施了 ECR，并说明哪些因素影响了 ECR 的推进。

（7）登录中国 ECR 委员会官方网站 http://www.ecrchina.org/，查看最近的活动进展。

（8）在网络上查找历年的中国和亚洲 ECR 优秀案例，归纳相关企业在 ECR 方面的最佳实践。

（9）众包供应链存在哪些风险，如何防范？

◉ 融会贯通

1. 试分析在你的生活、学习或工作过程中存在哪些浪费，以及如何消除这些浪费。

2. 在你的学习、生活和工作任务中，如何应用精益策略、快速响应策略、有效客户反应策略、众包策略等四种策略？

3. 第 2 题中的四种策略分别适用于哪类供应链（推式、拉式；实物效率型、市场反应型）？

⊙ 参考文献

[1] BRABHAM D C. Crowdsourcing as a model for problem solving[J].The international journal of research into new media technologies, 2008,14(1),75-90.

[2] CHANAL V, CARON FASAN M L.How to invent a new business model based on crowdsourcing: the crowdspirit ®case [C]. Paris: AIMS, 2008.

[3] TAYLOR D, BRUNT D. 生产运营与供应链管理：精益方法 [M]. 丁立言，孙江，阮笑雷，译 . 北京：清华大学出版社，2004.

[4] HOWE J.The rise of crowdsourcing[J]. Wired magazine, 2006, 14(6): 1-5.

[5] 邓明荣，葛洪磊 . 供应链管理：战略与实务 [M]. 北京：机械工业出版社，2012.

[6] 黎继子，刘春玲，张念 ."互联网 +"下众包供应链运作模式分析：以海尔和苏宁为案例 [J]. 科技进步与对策，2016，33（21）：24-31.

[7] 黎继子，周兴建，刘春玲，等 . 众包供应链创新发展路径分析 [J]. 科技进步与对策，2016，33（6）：14-19.

[8] 齐二石，霍艳芳，刘洪伟 . 面向智能制造的工业工程和精益管理 [J]. 中国机械工程，2022，33（21）：2521-2530.

[9] 滕刚 . 基于大数据的智能精益制造模式分析 [J]. 集成电路应用，2019，36（9）：44-45.

[10] 张相斌，林萍，张冲 . 供应链管理：设计、运作与改进：微课版 [M]. 2 版 . 北京：人民邮电出版社，2020.

[11] 周兴建，袁佳音，黎继子 . 众包供应链一体化运营模式与管理成熟度 [J]. 中国流通经济，2020，34（11）：57-67.

第 5 章　数字化供应链信息流管理

聚焦任务

1. 分析信息流系统管理现状与问题。
2. 分析并弱化牛鞭效应。
3. 优化供应链信息流管理。

4. 了解数字化技术在供应链中的应用。
5. 构建供应链数字平台。

▲ 知识点

牛鞭效应、短缺博弈、供应链大数据、数字化供应链、数字供应链孪生、供应链后台管理系统、供应链中台管理系统、供应链前台服务系统、供应链控制塔

▲ 知识图谱

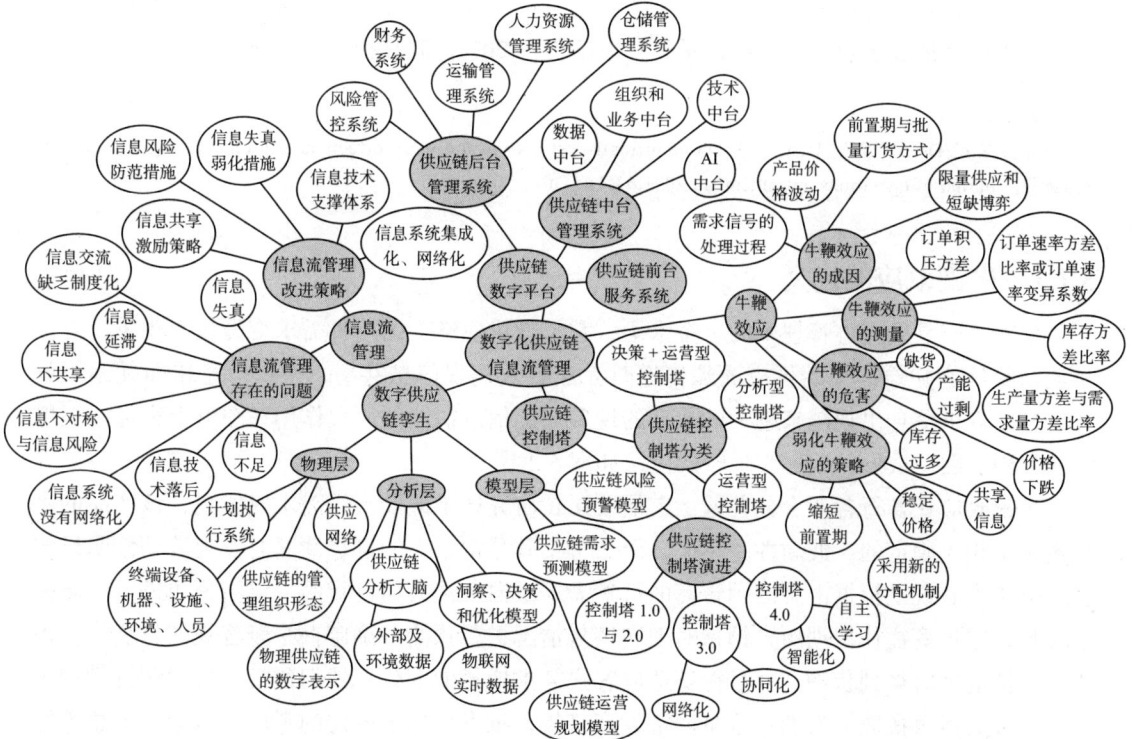

5.1   供应链中的牛鞭效应

◉ 资料 5-1   某电子产品供应链中的牛鞭效应

某中国大型制造企业主要从事消费电子产品的生产和销售。该企业的供应链涵盖了多个环节，包括零售、分销、制造和供应。该供应链供应商和分销商分布在全球多个国家和地区，供应链层级较多，包括多个分销商和零售商，产品种类繁多，需求波动较大。

该供应链中多个环节 3 年的历史订单和销售数据如下。

（1）零售商数据：零售商的销售数据，包括每日 / 每周的销售量、库存水平和订单量；零售商的促销活动和价格变化数据。

（2）分销商数据：分销商的订单数据，包括订单量、交货时间和库存水平；分销商的物流数据，包括运输时间和成本。

（3）制造商数据：制造商的生产数据，包括生产计划、生产能力和库存水平；制造商的采购数据，包括原材料订单量和供应商交货时间。

（4）供应商数据：供应商的生产和交货数据，包括原材料生产周期和交货可靠性。

使用波动率分解、统计分析和回归分析方法分析以上数据，有如下发现。

（1）牛鞭效应在供应链中的聚合并非线性，而是呈现出指数级放大的趋势。

（2）供应链的长度和复杂性是牛鞭效应聚合的主要驱动因素，即供应链越长，牛鞭效应越显著。例如，零售商的需求波动可能在制造商环节被放大 3～5 倍。

（3）牛鞭效应显著增加了供应链的库存水平和运营成本。研究发现，牛鞭效应每增加 10%，库存水平平均上升 15%，成本增加 8%。

（4）牛鞭效应还降低了供应链的服务水平，导致订单履行率下降和客户满意度降低。例如，在牛鞭效应最显著的环节，订单履行率下降了 20%，客户投诉率上升了 15%。

资料来源：

YAO Y L, DUAN Y R, HUO J Z. On empirically estimating bullwhip effects:measurement, aggregation and impact[J]. Journal of operations management, 2021,67(1):5-30.

5.1.1   牛鞭效应的定义

牛鞭效应是供应链管理中的一个术语，它是指供应链上的一种需求变异放大现象，是信息流从最终客户端向原始供应商端传递时无法有效实现信息共享，使得信息扭曲并逐级放大，导致需求信息出现越来越大的波动的现象。此信息扭曲的放大作用在图形上很像一根甩起的牛鞭，因此被形象地称为牛鞭效应，如图 5-1 所示。

牛鞭效应在各行各业十分普遍。宝洁公司在研究尿不湿的市场需求时发现，该产品的零售数量是相当稳定的，波动性并不大，但在考察其分销中心的订货情况时发现波动性明显增大。分销中心说是根据汇总的销售商的订货需求量向宝洁公司订货的。宝洁公司进一步研究后发现，零售商往往根据历史销量对现实销售情况进行预测，确定一个较客观的订货量，但为了保证能及时得到货物，并且能够适应客户需求增量的变化，他们通常会将预测订货量进行一定放大后再按放大后的订货量向批发商订货，批发商出于同样的考虑，也会在汇总零售商订货量的基础上对订货量再进行一定的放大，然后再向销售中心订货。这样，虽然客户需求量并没有大的波动，但经过零售商和批发商的订货放大后，订货量就一级一级地放大了。

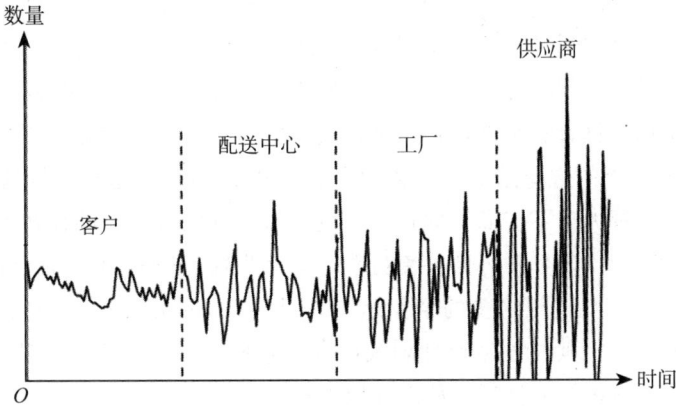

图 5-1　牛鞭效应示意

牛鞭效应所导致的一个直接结果便是供应链中产生过多的库存。有关研究表明，在整个供应链中，从产品离开制造商的生产线至它到达零售商的货架，产品的平均库存时间超过 100 天。被扭曲的需求信息使供应链中的每个个体都相应地增加了库存。据估计，美国有 300 多亿美元沉积在食品供应链中，其他行业的情况也与之类似。牛鞭效应还导致企业生产预测不准确。无法及时处理积压订单增加了生产计划的不确定性，如过多地修订计划将增加补救措施的费用、加班费用和加快运输费用等。

根据牛鞭效应的定义，牛鞭效应可以使用供应链上下游节点企业的订单速率方差比率或订单速率变异系数比率来测量。其他测量指标主要包括库存方差比率、订单积压方差、订单满足率、生产量方差与需求量方差比率等。

5.1.2　牛鞭效应的成因

1997 年美国斯坦福大学的李效良教授（Hau Leung Lee）对牛鞭效应进行了深入的研究，把牛鞭效应产生的原因归纳为 4 个方面：需求信号的处理过程、前置期与批量订货方式、产品价格波动、限量供应和短缺博弈。这一研究结果被广泛接受，下面具体进行说明。

1. 需求信号的处理过程

每个供方都是依据需方的需求和订货确定生产量或供应量的，因此，当下游需方发现市场需求突然增加时，会认为这是需求提高的标志，从而增加自己的订货量。上游供应商同样会利用自己的预测系统，将已经放大的需求进一步加工放大，然后传递给自己的上游供应商。依此类推，当到达产品源头时，需求会被放大很多倍。这表明在渠道上传递时需求信息会被放大，从而产生牛鞭效应。

2. 前置期与批量订货方式

在供应链中，每个零售商都会向上游企业订货，并且会对库存进行一定程度的监控。入库的物料在耗尽以后，零售商不能马上从其供应商那里获得及时补给，因此会采用批量订购方式，保持一定的安全库存。供应商也经常用"给一定的折扣"的方法鼓励零售商进行批量订货。同时，零售商向供应商订货时，也会倾向于大批量订货，以降低单位运输成本。通常供应商处理这些不定期的频繁订货所消耗的时间与成本都相当大。用于处理订单、结算和运送的人手很多，宝洁公司估计每笔订货的处理成本大约在 35 ～ 75 美元。李效良考察了由订货周期和订货的交易成本引起的零售商经济订货批量方式，将不同零售商的订货周期分布划分为随机订货、正相关订货和平衡订货三种情况。他发现这三种情况的订货期望值相同，但方差不同：正相关订货的方差最大，平衡订货的方差最小，而随机订货的方差介于两者之间。但这三者的方差都大于零售商所面临的市场需求变动的方差，即存在牛鞭效应现象。如果所有顾客的订货周期均匀分布，即平衡订货，那么牛鞭效应的影响就会最小。然而，这种理想状态极少存在。相反，相当多的企业运用 DRP（distribution requirements planning，分销资源计划）系统来确定其月度生产计划及库存，它们几乎同时确认订货，需求高度集中，产生了最坏的情况——正相关订货，从而导致牛鞭效应高峰的出现。

3. 产品价格波动

生产商通常会进行周期性促销，如推出价格折扣、数量折扣、优惠券等，这些优惠实质上是一种间接的价格优惠，会使一定时期的价格产生波动。生产商的价格波动会促使其分销商提前购买日后所需的产品，而提前购买行为导致了市场购买模式无法反映实际的消费模式。李效良假设零售商每一期都面对独立且具有相同分布密度函数的需求，而生产商的产品价格则在一定范围内随机波动。零售商的最优订货决策是面临低价格时扩大订货，而面临高价格时就减少订货，从而产生牛鞭效应。

4. 限量供应和短缺博弈

当潜在需求超过生产商生产能力时，制造商常根据零售商订货数量按照一定的分配制度进行限量供应。无疑，零售商会被激励在订货时夸大实际需求量而避免缺货。当供不应求情况得到缓解时，大批零售商会取消大部分订单，销售量会远远小于订货量，这样便产生了牛鞭效应。这是零售商在考虑自身利益的前提下多方博弈的结果。这种情况下，供应商无法区分这些增长中有多少是由于市场真实需求增加而增加的，有多少是由于零售商害怕限量供给而增加的，因而不能从零售商的订单中得到有关产品需求的真实信息。此外，只要零售商认为可能会有短缺现象发生，这种现象就会产生。

5.1.3   弱化牛鞭效应的策略

针对上述每一种问题，李效良讨论了可能的解决策略：共享信息、缩短前置期、稳定价格以及采用新的分配机制等。

1. 共享信息，避免多次预测需求

避免重复处理供应链上的有关最终市场需求信息的一个方法是使上游企业可以获得其下游企业的需求信息。给予生产商获取零售商需求信息的权利，来建立一个由生产商中央集权的多层库存控制系统，如供应商存货管理和连续补货计划等。这样，供应链上的企业都可以根据相同的原始资料来更新它们的预测。例如，计算机制造商会要求分销商反馈零售商中央

仓库里产品的出库情况。虽然这些数据没有零售商销售点的数据那么全面，但这总比把货物发送出去以后就失去对货物的信息要好得多。现在 IBM、惠普和苹果等公司在合同中都会要求其零售商反馈这些数据。

另一种办法是减少供应链环节，简化供应链，建立直接属于制造商的市场渠道。例如，戴尔计算机就放弃传统的分销渠道，直接面向消费者销售其计算机，可以直接了解其产品的最终市场需求模式。

2. 缩短前置期，减少订货批量

订货批量是由订货周期和采购成本决定的。零售商因订货周期造成的需求信息放大可以通过与制造商共享全部销售信息来减少。制造商可以依据获得的销售信息而不是依据订单来安排生产计划。另一个减少订货批量的方法是减少交易成本（源自经济订货批量的模型）。制造商可以利用 EDI 系统来减少订单成本和批量，制造商还可以借助专业化的第三方物流企业来降低小批量运输时的高额运输成本。在运输领域，由于规模经济的影响，整车运费与零担运费差异巨大，专业公司可以将多个货主的货物集中运输，因此可以争取到较为低廉的整车运费。企业庞大的销售系统、富有经验的车辆调度也有助于合理安排运量和运输路线，减少空驶成本。所以，货物运输虽然对货主来讲还是小规模运输，但利用专业运输公司可以使平均运费水平大幅度降低。为减少订货批量，有的企业也尝试鼓励经销商订购一揽子商品，而不是一份订单只订购一种商品。这样虽然交货频率、运输效率没变，但是每种货物的交货次数增加了，相应的每次订货量就少了。例如，宝洁公司给予愿意进行混合采购的顾客优惠。

3. 稳定价格

弱化由提前购买行为引起的牛鞭效应的最好方法是生产商减少产品折扣频率和幅度，通过制定稳定的价格策略来减少对提前购买的激励。基于活动的成本核算系统能精确计算库存、特殊处理和运输等成本，因此，这种系统能帮助企业实行"天天低价"的价格策略。近年来，沃尔玛的天天低价使得消费者囤积商品现象减少，企业获得真实的消费情况，有助于进行正确决策。

4. 采用新的分配机制，消除短缺时的博弈行为

面临供应不足时，供应商可以根据以往的销售记录或其他形式的分配机制来进行限额供应，而不应根据订货数量的多少进行供应。这样就可以防止零售商为获得更多的供应而大量订货。同时，零售商与制造商可以共享生产能力和库存状况等信息，减少激励扩大订货的博弈行为。通用汽车长期以来就是这样做的，惠普等公司也开始采用这种方法。同时，零售商的自我保护意识，会人为造成短缺现象，因此，供应商应公开生产能力。另一个有效的解决办法是用契约的形式来约束买方在购买量、回款以及随意取消订单上的柔性，即生产商和零售商同利益共风险。

知识解析

5.2　供应链中的信息流管理

◎ 资料 5-2　京东智能供应链解决家电供应链之痛

2010 年，美的集团产值突破千亿元，订单虽多，但企业没赚到钱，甚至还亏损了。这是企业盲目追求规模的结果。美的集团的困境并非个例，当时许多家电企业都面临类似难题，这个困境背后是中国供应链的效率和成本问题。

家电企业普遍面临两大问题：一是供应链效率低，信息化水平不足，无法满足个性化需求，导致恶性竞争；二是成本上升，土地、房租等成本增加，给企业带来压力。

1. 供应链难题的"数智化"破局

2017 年，国务院提出打造智慧供应链体系。同年，京东开启"技术元年"。京东于 2016 年成立"X"与"Y"两大技术军团，分别聚焦智能物流和智能供应链。2016 年及之后的 5 年时间里，"X"研发出全自动物流中心、无人机、仓储机器人等项目；"Y"开发出销量预测、智能补货、仓网优化等系统。

2020 年起，"Y"业务部开始尝试与厂商合作，推动供应链数智化改造。京东与办公文具品牌得力的合作是一个成功案例。得力运营 5000 多个 SKU（stock keeping unit，存货单位）商品，过去其业务规划依赖人工 Excel 表格，工作量大。京东通过智能供应链系统，实现自动化拆单和数据交换，根据不同厂商的 IT 能力提供定制化方案。得力与京东合作后，工作效率提升 1 倍，2020 年"双 11"期间，京东的库存周转天数优化 13%，销售额同比增长 53%。

2. 智能供应链的复杂挑战

京东作为全品类电商，品类扩展给供应链带来巨大挑战。生鲜保质期短，需要高频次送货；服饰是季节性商品，需要提前预测需求；快消品进货周期短，预测算法须精准；家电生产计划按月安排，不同品类特性差异巨大。此外，季节天气、节日促销等因素还会使销量剧烈波动，仓储网络布局会增加库存管理的复杂性。这些因素交织，使智能供应链面临的技术挑战呈几何级数增长。

3. 京东的智能化解决方案

经过 10 余年的探索，京东形成了一整套智能化解决方案，将供应链智能决策自动化分为五个阶段：第一阶段，系统生成补货建议，人工审核下单；第二阶段，系统可自动下单；第三阶段，系统几乎无须人工干预；第四阶段，系统学习专家经验优化补货模型；第五阶段，实现全流程智能运营。

美的集团与京东合作后，借助采购分仓工具、自动预约、内配优化等手段，使库存周转天数降至 28 天，解决了滞销和偏仓问题。2020 年 11 月 1 日，美的冰箱在京东的销售额达 1.2 亿元，同比增长 96%，2021 年新增效益近亿元。京东智能供应链成功破解了家电企业的"痛苦之问"。

问题：

（1）美的集团和得力的供应链信息流存在什么问题？

（2）京东在对企业进行数智化改造过程中，对信息流做了什么优化？

（3）京东通过哪些技术来构建智能供应链？

资料来源：

砺石商业评论，《京东智变：智能供应链的 10 年马拉松》，2021-09-23。

5.2.1　供应链信息流与信息类型

1. 供应链信息流

所谓信息流，即为信息从信源经过信道到达信宿的传递过程。简言之，信息流便是信息的传递过程。显而易见，信息流的主体为信息，而信源、信道、信宿则是决定信息流畅通与否的三大要素。供应链信息流即为供应链各类信息从信源经过信道到达信宿的传递过程。

信源是信息的来源，其质量影响信息的准确性和可靠性。信源按受控制程度可分为公开信源和非公开信源。来自公开信源的信息可靠性较高，但时效性较差，且容易被竞争对手获取，难以带来竞争优势。来自非公开信源的信息可靠性较低，获取难度大，但如果能及时获取这些信息并验证其正确性，这些信息会对企业决策有较高参考价值。因此，供应链企业应根据需求合理选择信源。

信道是信息传播的途径和通道，信息流通畅与否取决于信道设计是否合理。供应链内部的信道主要有面对面交流（如生产商召开供应商会议）、传统通信手段（信函、电话、传真）和计算机网络（企业外网、EDI）。信息传播主要有大众媒体传播、人际传播和网络传播三种方式。

大众媒体传播通过电视、报纸等媒介向大众传播信息，传播速度快、范围广，但反馈不及时，无法控制传播效果。人际传播依赖口头、书信或电话等方式，反馈及时，但传播范围小。网络传播通过通信网络传输信息，以互联网为代表，具有速度快、容量大、可多媒体传输的特点。

信宿是信息的接受者。不同知识结构的人对信息的接受方式不同。例如，科技人员更喜欢原始信息，因为他们善于从中总结规律；而基层管理人员更倾向于深加工的信息。因此，供应链企业应根据信宿的特点，选择他们易于接受的信息提供方式。

2. 供应链信息类型

供应链中的信息流可以分为内部信息流和外部信息流。内部信息流是指企业内部各部门和员工之间的信息传递，它反映了企业内部的供应链运作。内部信息流包括纵向和横向两种流动方式：纵向信息流是自上而下或自下而上的信息传递，而横向信息流则是企业各功能部门之间的信息传递。内部信息流是外部信息流的基础，是企业开展供应链管理的首要环节。

外部信息流则是企业与供应商、分销商、制造商及最终客户因业务往来而形成的信息交换。企业通过多种方式收集外部信息，如市场动态、政策法规、消费者需求等，并对这些信息进行分析、归纳和整理，以制定整体战略。企业的生产制造过程本质上是一个与外部企业和个体不断交换信息、达成交易的过程。

无论内部信息还是外部信息，它们对供应链起作用的前提是能被企业有效捕获。如果企业内部信息流不畅，信息在传递过程中出现阻塞，其价值和效用就无法被充分发挥。信息在流动中出现偏差，可能会导致企业经营活动出现重大失误，影响供应链的整体效益。因此，信息在供应链中的流动，是衡量供应链管理水平的重要指标，对企业的生产经营活动有着至关重要的作用。从供应链环节的角度划分，供应链包括供应、生产、配送、销售等众多环节，每个环节包含了不同的信息。

（1）供应信息：能在多长的订货供货期内，以什么样的价格，购买到什么产品，产品能被送到何处，等等。

（2）生产信息：能生产什么样的产品，数量多少，在哪些工厂进行生产，需要多长的供货期，成本多少，批量订货规模多大，等等。

（3）配送和销售信息：哪些货物需要运送到什么地方，数量多少，采用什么方式，价格如何，在每一个地点的库存是多少，供货期有多长，等等。

（4）需求信息：哪些人将购买什么货物，在哪里购买，数量多少，价格多少，等等。

（5）其他信息，如产品质量信息等。

从信息持有者的层次结构角度划分，供应链信息可以分为个人信息、工作组信息、企业信息和供应链信息。个人信息是企业中个人所拥有的信息。工作组信息是一个部门、一个团队或一个项目组所拥有的信息。企业信息是供应链成员企业所拥有的信息。供应链信息是供应链上企业以及企业之间所有的信息。

5.2.2　供应链大数据

随着智慧供应链的快速发展，大量设备产生的传感器数据呈爆发式增长。然而，将这些海量数据转化为有价值的信息需要消耗大量资源。因此，企业必须关注信息的效率和效果，明确供应链合作运营需要哪些信息，以及企业能向合作伙伴提供哪些有用信息。如果信息未被清晰定义和定位，供应链中的信息传递将难以实现，智能设备和传感设施积压的数据也就无法转化为有价值的信息资源。

目前，学术界尚未对供应链大数据形成统一定义。代四广（2023）认为，供应链大数据是指从采购到销售的整个供应链环节中产生的海量、高增长率和多样化的信息数据。这些数据需要新的处理模式，以增强决策力、洞察力和流程优化能力。

供应链大数据主要分为以下几种类型。

（1）采购大数据。采购环节是供应链的起点，涉及从供应商处购买商品和服务。采购成本在制造企业中通常占总成本的50%～90%，因此合理规划采购过程对企业至关重要。采购大数据能够分析客户的偏好和购买行为，为企业与供应商的谈判提供依据，优化采购渠道，整合供应商数据。例如，亚马逊通过大数据分析优化采购策略，管理物流体系，实现货物高效配送。

（2）生产制造大数据。生产制造环节将企业的投入转化为最终产品和服务。企业广泛应用大数据分析以改进生产各个方面，包括库存管理、设备维护、生产力评价等。生产制造大数据能够实时监控生产力和质量，优化人力资源配置，降低生产成本。例如，零售商可以通过分析收银台的交易数据优化劳动力安排。

（3）物流大数据。物流是供应链中产品流动和存储的关键环节。物流大数据用于优化仓储、补充库存、规划配送路线等。通过大数据分析，企业可以提高燃料效率，优化驾驶员行为和行车路线。例如，UPS 公司通过大数据优化路线和库存管理，提升物流效率。

（4）销售大数据。销售环节通过市场营销将企业与消费者联系起来，满足消费者需求，发现市场机遇。销售大数据用于市场微分段、消费者行为预测和定价优化。例如，尼曼·马库斯通过精细化分析提升高端消费者购买量，马里奥特利用大数据为客房定价。

（5）供应链金融大数据。供应链金融为供应链企业提供金融服务，以真实交易为前提。供应链金融大数据通过云计算、机器学习等技术，提升金融服务效率和精准度。其应用包括：需求预测，通过分析终端消费量的变动，预测上游各环节的需求；资信评估，全面分析客户财务数据、生产数据等，提高资信评估和放贷速度；风险分析与预警，利用行情分析和价格波动分析，尽早提出预警，降低行业风险；精准服务，分析企业经营状况，提供精准的金融服务与物流服务。

以京东为例，它于 2023 年发布数智地图"与图"的升级版，推出位域大数据服务，该平台基于京东物流每天处理数千万订单、数十亿位置轨迹，该服务整合时空多源数据，提供实时、稳定的数据支持，助力企业数字化转型，以"LABS"——L（location）是位置智能，A（AI）是智能算法，B（big data）是海量数据闭环，S（supply chain）是供应链——为核心，面向供应链场景解决问题。该平台通过全域网格化智控和分钟级数据更新，将商业活动精确到楼宇内部，并整合 POI（point of interest，兴趣点）数据，识别高价值客户，为企业的选址、广告投放和品牌招商提供决策依据。例如，某连锁超市利用"与图"进行精准广告投放，显著提升了客流和转化率。

5.2.3　数字化供应链的信息流特点

信息流是供应链管理的核心，贯穿端到端供应链中的所有节点和相关流程。在数字化时代，越来越多的信息管理工作，已经或即将被系统所取代。比如，生产计划从需要手工排产，计算采购需求量的传统模式，演变成为高度集成的业务计划模式。在制造环节，企业通过物联网技术可以收集每台智能制造设备的实时数据，并且与企业 ERP 系统、智能物流系统、产品生命周期管理和现场控制系统对接，完成传统生产向信息化生产的转型。数字化供应链下的信息流具有一系列显著特点，这些特点共同塑造了供应链管理的新范式，提高了供应链的效率、透明度和响应能力。以下是数字化供应链信息流的主要特点。

（1）实时性与透明性：通过实时数据传输和物联网技术，供应链各环节能够即时获取最新信息，实现从原材料到消费者的端到端透明化。这不仅提高了供应链的响应速度，还增强了供应链的可追溯性和信任度。

（2）集成性与自动化：借助云计算和 API，不同系统实现了无缝集成，消除了信息孤岛。同时，供应链支持自动化决策和执行，如智能合约和自动补货，减少了人工干预，提高了效率和准确性。

（3）灵活性与协作性：数字化供应链具有高度的灵活性和可扩展性，能够适应业务需求和技术发展的变化。此外，它还能通过共享平台促进供应链各方的协作，实现整体优化。

这些特点不仅提升了供应链的运营效率，还为企业创造了新的商业机会和价值，推动了供应链管理向更高水平发展。

5.2.4 传统供应链信息流管理存在的问题

传统供应链信息流管理除了存在牛鞭效应之外，还存在以下问题。

1. 信息系统没有网络化

供应链信息流采用了原始运作模式——直链式信息传递。这种链状物理结构使得信息交换主要发生在相邻的节点上，即信息呈直链式传递，如图 5-2 所示。

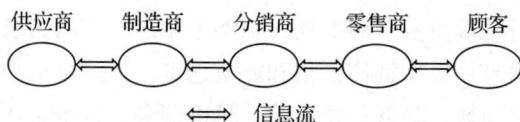

图 5-2　供应链直链式信息传递

这种直链式的信息传递模式存在许多缺陷，直接导致了下面的一系列问题：①信息滞后严重，各节点反应不同步，信息传递效率低；②信息传递的准确性受影响，出现牛鞭效应；③非相邻节点间的信息沟通难以进行，整体协调性差。

2. 信息交流缺乏制度化

信息交流在供应链管理中至关重要，但目前的信息交流方式存在明显缺陷。它过度依赖人与人之间的信任和单独联系，缺乏制度化的保障。供应链管理理论普遍强调高层管理人员的支持与参与，要求通过高层建立信任关系，进而将这种理念逐级传递至中下层管理人员和操作人员，营造出相互信任与合作的氛围。然而，这种交流方式存在以下问题。

首先，这种依赖高层管理人员的交流方式，仅适用于少数企业间的合作，难以广泛推广。其次，当供应链过于复杂时，高层管理人员需要与众多企业的高层建立信任关系，这不仅耗时耗力，甚至可能超出其可控范围。最后，这种交流方式缺乏可操作规程，难以形成标准化的解决方案。

3. 信息不足与信息不共享

传统供应链中，信息不足与信息不共享是影响供应链运作效率的重要问题。一方面，许多企业自身的信息化进程缓慢，生产、成本、销售和会计等信息无法及时处理；另一方面，许多企业不愿与其他企业共享信息，仅公开部分采购信息。这种现象的根源在于企业认为信息是商业秘密，不愿共享。此外，有的企业存在一些不规范行为，这也阻碍了信息共享的推进。

除了观念问题，企业在实施信息共享时还面临实际操作的困难。例如，企业不清楚如何定位自己、共享哪些内容以及如何确定信息共享的最优范围和程度。缺乏标准化技术也是障碍之一，数据和资料本身也阻碍了企业间的信息共享。从供应链整体来看，成员企业追求自身利益最大化，并不一定能实现供应链整体效益的最大化。信息孤岛造成的"内耗"严重影响了供应链的运作水平和竞争力。

4. 信息延滞与信息失真

在传统供应链中，信息流的传递存在信息延滞与信息失真问题。零售商将顾客购买信息分析处理后反馈给批发商，批发商再处理后反馈给代理商，代理商进一步处理后反馈给企业市场部门，市场部门汇总后反馈给采购部门，采购部门再反馈给供货商。信息经过逐级反馈和层层加工，不仅会产生错误，还会导致信息流的极大延滞。时间差较大，最终信息与初始信息往往大相径庭。

信息延滞的后果是企业无法及时获取市场反馈的第一手信息，无法根据市场需求调整市场战略，从而导致产品竞争力下降、客户流失、市场份额减少和利润降低。

信息在组织内部传递时也会出现失真问题。供应链中的失真分为两类：自然失真和人为失真。人为失真在上面信息延滞中已经进行了分析。自然失真由人们的感知范围、心理能力和信息接收时的环境、心理、生理状态决定。例如，如果上级传递的信息与下属或其部门利益冲突，或者由于组织规模扩大，信息传递渠道过长，高层决策者不熟悉基层情况，决策环境与基层不同，就会使信息在传递过程中被歪曲，以符合个人或部门利益。信息失真在供应链中最明显的表现是牛鞭效应。

5. 信息不对称与信息风险

信息风险是供应链风险的重要组成部分，主要源于信息的不对称或不完全。企业为追求自身利益，不愿共享信息，导致供应链信息流通不畅，信息不对称和信息阻塞客观存在，进而产生风险。信息风险主要来源于两个方面：一是基于委托－代理关系的逆向选择风险；二是成员企业自利行为引发的道德风险。

在供应链中，供应商与采购商之间存在委托－代理关系。由于信息不对称，采购商处于不利地位。供应商可能利用自身信息优势，与采购商签订对自己有利的合同，导致采购商受损。这种信息不对称的决策会导致逆向选择，即采购商误选了不适合自己的供应商。逆向选择不仅会减少企业利润，还会抑制企业竞争力的提升，增加供应链运行成本。

道德风险也广泛存在于供应链企业之间。供应商可能为降低成本而使用劣质原材料，或因不愿加班而延迟交货，甚至在供不应求时故意隐瞒技术和质量水平。这些行为会使下游企业遭遇损失。道德风险的根源在于信息或行为的不对称，成员企业只顾自身利益，忽视合作伙伴利益，最终导致供应链各节点企业之间互不信任，严重影响供应链的运行效率。

6. 信息技术落后

传统供应链中，许多企业尚未具备运用现代信息技术管理供应链的能力，主要体现在以下几个方面。

首先，储运单元、货运单元及其位置的条形码标识应用水平较低，直接影响了供应链系统的运作效率。

其次，许多供应链企业尚未开展真正意义上的 EDI 应用，主要原因在于其成本过高，超出了中小企业可承受的范围。目前，新的数据传输技术如物联网和 XML 正在普及，它们具有标准化、网络化和低成本的特点，符合技术发展趋势。

最后，供应链系统集成软件，如企业资源计划（ERP）和供应链管理（SCM）软件，在传统供应链中的应用水平参差不齐。

5.2.5　供应链信息流管理的改进策略

1. 信息系统集成化、网络化

供应链由直链式信息传递模式升级到网状信息传递模式和集成化、网络化信息流运作模式。

（1）网状信息传递模式。日益激烈的市场竞争要求供应链上的每一节点具有灵活的反应性，为此，供应链中的节点不仅希望能够及时了解前后相邻节点的生产情况，还希望能够了解链中非相邻节点的生产情况。通信技术的快速发展，尤其是互联网的普及和基于互联网的电子商务技术的运用，使节点间可以方便地建立起信息通道。这时，供应链中的信息传递模式演变成一种网状模式（见图5-3）。

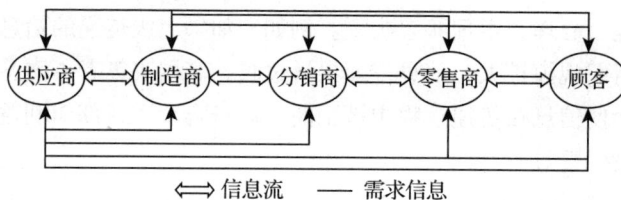

图 5-3　网状信息传递模式

这种网状模式基本上克服了直链模式的缺点，但它也引发了新的问题：每个节点要面对如此多的信息通道，信息处理成本明显增加；同时信息交流还是以两个节点为基本单位，整体协调性没有得到根本改善。

（2）集成化、网络化信息流运作模式。集成化、网络化信息流运作模式是一种与传统信息流模式完全不同的新模式（见图5-4）。在这种模式下，一个独立于供应链之外的新的功能节点被建立，我们称之为信息集成中心。信息集成中心的主要功能有信息存储、信息处理、信息收集与发送。供应链中各节点的主要信息包括需求信息、库存信息、生产计划、促销计划、需求预测和运输计划等被收集于此，

图 5-4　集成化、网络化信息流运作模式

形成信息共享源。同时信息集成中心还负责对收集到的信息进行加工，并把加工后的信息发送到需要这些信息的节点企业。此外，供应链中的所有节点与信息集成中心建立了高速的信息通道，这个信息通道可以保证各节点与信息集成中心的信息实时互通，实现所有信息在整个供应链上的实时共享。可以说集成化、网络化信息流运作模式是一种"瘦客户端"的信息处理模式（这里的客户是指供应链上的节点企业），它把节点的大部分信息处理任务独立出来，交由信息集成中心集中处理。

集成化、网络化信息流运作模式具有以下优点：实现信息实时共享，提高快速反应能力，增强整体协调能力，保障信息透明度和稳定性，提升开放性和伸缩性，便于信息外包。

2. 供应链信息共享的激励策略

（1）对供应商实行价格激励。在供应商与制造商实现信息共享的初期，供应商可能缺乏

参与意愿，因为信息共享的成本与正常经营活动的努力成本相互替代。制造商可以通过价格激励，促使供应商加入信息共享系统。供应商获得的价格补贴可以抵销加入系统的成本。同时，信息共享能够降低制造商的材料搜索成本、库存费用和交易费用，维持甚至提高其利润水平。当信息共享程度达到一定水平时，供应链的不确定性将显著降低，整体效益得到提升，形成双赢局面。

（2）建立利益再分配机制。信息共享后，供应链成员企业的效益可能会有不同程度的变化。如果不能妥善处理利益再分配问题，信息共享的积极性将受到影响。市场参与者总是追求自身利益最大化，因此只有当参与信息共享的收益不低于不参与时的收益时，信息共享才能实现。

3. 建立信息失真的弱化措施

（1）采用滤波方法。输入信息在传递过程中往往充满噪声，需要经过科学转换和分析加工。弱化信息失真可以通过对无序信息进行"滤波"来实现，例如在供应链系统中，将平衡的需求信号视为重要信息，而将需求波动较大的信号视为"噪声"并予以过滤。

（2）加强企业间信息共享。供应链各环节独立使用自身信息进行预测是信息失真的原因之一。通过加强信息共享，各企业共用相同的需求信息和预测结果，并将可能影响其他企业决策的信息传递给所有成员，可以显著弱化信息失真问题，同时支持供应链的快速反应和整体协调。

（3）增加供应链稳定性。信息处理的级数越多，信息失真越显著。减少供应链的级数和运作时滞能够弱化信息失真效应。此外，提高供应链成员企业的稳定性也是增强供应链整体稳定性和弱化信息失真的重要手段。

4. 建立信息风险防范措施

（1）预防逆向选择风险。一是采购商可以通过中间商或经纪人对供应商进行信息鉴别，利用其商业信誉扭转信息不对称的状况；二是采购商可以对供应商进行设备、流程设计、人员培训和技术更新方面的投资，将供应商利益与自身利益绑定，增加其转换成本。

（2）防范道德风险。一是与供应商建立长期、互利的合作关系，增加它们实施道德风险的机会成本；二是当额外订货需要供应商加班时，给予适当的价格补偿；三是引导供应商在提供专门产品方面进行投资，增加其转换成本。

5. 开发信息技术支撑体系

信息技术对供应链的支持可分为两个层面。第一个层面由标识代码技术、自动识别与数据采集技术、电子数据交换技术、互联网技术、GIS 技术和 GPS 技术等基础信息技术构成。第二个层面是基于信息技术而开发的支持供应链管理的集成系统。在具体集成和应用这些系统时，不应仅仅将它们视为是一种技术解决方案，而应深刻理解它们所折射的管理思想。供应链管理的集成系统包括 POS 系统、电子自动订货系统（electronic ordering system, EOS）、计算机辅助设计（computer aided design, CAD）、计算机辅助工艺规划（computer aided process planning, CAPP）、计算机辅助工程（computer aided engineering, CAE）和计算机辅助制造（computer aided manufacturing, CAM）、企业资源计划（ERP）、制造资源计划（MRP Ⅱ）、准时制（JIT）、客户关系管理（CRM）、物流信息系统（logistics information system，LIS）、供应链管理（SCM）系统等。

5.3   数字供应链孪生与供应链数字平台

◐ 资料 5-3   华为基于数字孪生的数字供应链平台

华为经过五年多的数字化转型，成功构建了基于数字供应链孪生的数字供应链平台。这一转型过程分为两个阶段：前三年主要聚焦于将物理供应链的全员全网要素进行数字化，将物理世界映射到数字世界；后两年则重点建设物理世界中的灵蜂运作体系，实现节点内高效作业和节点间无缝衔接。通过这一转型，华为构建了业务数字化、流程 IT 服务化和算法的数字化基础能力，打造了基于数字孪生的灵蜂自动物流中心和灵鲲数智云脑，重构了作业模式和运营模式，实现了需求实时感知、资源实时可视和过程实时可控。最终，华为构建了一个基于数字孪生的数字供应链平台（见图 5-5），该平台具备态势感知、模拟仿真、预案生成和作战指挥四大智能功能，实现了物理世界与数字世界的无尽优化闭环。

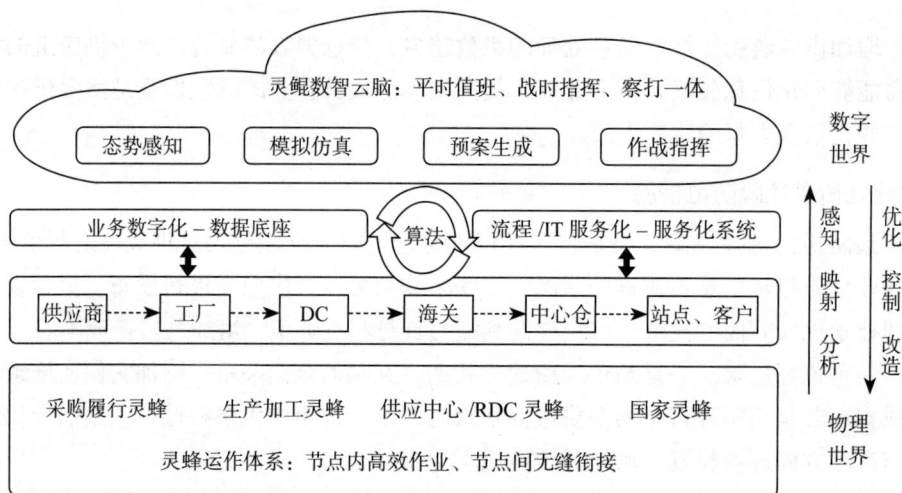

图 5-5   华为数字供应链平台

华为的供应链极为复杂，服务于 170 多个国家和地区，拥有超过 10 万的 2B 客户、100 多个工厂、14 000 多家供应商、360 多家物流服务提供商（LSP）和 5000 多条运输路径。传统人工管理方式几乎无法完成对如此庞大的数据量的管理。此外，中美贸易摩擦和科技战给华为的全球化供应链网络带来了极大的不确定性。在这种背景下，华为通过构建基于数字孪生框架的供应链数字平台，实现了对复杂性和不确定性的有效管理。

华为供应链数字化转型有三大实践经验。

首先，构建一张自愈、自优、自适应的数字孪生网络，将生态系统中的全维度、全视野、全要素数据集成起来，形成一张管理沙盘。

其次，通过算法建模和业务场景设计，实现业务仿真、模拟和推演，提升运营智能化水平，找到系统最优解，提高复杂系统管理的能力和效益。

最后，数字化转型需要聚焦全局、体系化推进，避免陷入局部优化的误区。它不仅是某一职能、部门或流程的任务，还是一个企业的事情，甚至需要形成跨组织、跨流程、跨企业的价值创造理念。

华为的实践为供应链管理提供了重要启示。数字供应链孪生的原理和框架催生了全新的"活"供应链管理模式，使供应链具备智慧、动态、弹性、可编排和价值创造能力。华为的数字化转型取得了显著成效：尽管受到新冠疫情和中美贸易摩擦的影响，公司收入仍增长了1 倍多，供应链人员几乎没有增加；供货周期平均缩短了 2 ～ 3 倍；企业全流程 ITO 从每年周转不到两次提升至 4 ～ 5 次；供应成本率下降到原来的 1/2 以下。华为的数字化转型实践证明，通过数字孪生技术和全局优化理念，企业可以在复杂多变的环境中保持稳定发展，实现"任凭风吹浪打，胜似闲庭信步"的韧性与灵活性。

资料来源：

唐隆基，潘永刚，余少雯 . 数字供应链孪生及其商业价值 [J]. 供应链管理，2022，3（2）：15-37.

5.3.1　数字供应链孪生

1. 数字供应链孪生的概念

数字孪生是现实世界中实体或系统的数字表示。数字供应链孪生则是物理供应链（通常是多企业的）的数字映射。它通过动态、实时和分段的时间序列数据，呈现物理供应链的运作方式，是供应链本地和端到端决策的基础，能确保决策在供应链的水平和垂直两个维度上保持一致。数字供应链孪生整合了整个供应链及其运营环境中的所有相关数据，涵盖了产品、客户、市场、配送中心、工厂等实体之间的关系。

在横向维度上，端到端的供应链包括从所有供应商到所有客户的信息流、物流（正向和反向）以及资金流，覆盖供应链中所有的产品细节和时间周期（具体取决于行业特点）。它不仅是一个物流网络，还具有时间周期属性，例如滚动的供应链计划周期。

在纵向维度上，供应链管理跨越组织内部的所有管理层级，从顶层战略到中层战术，再到底层执行。例如，供应链计划包括顶层的集成业务计划（integrated business planning，IBP）、中层的销售与运营计划（sales and operations planning，S&OP）以及底层的主生产计划（master production schedule，MPS）。

2. 数字供应链孪生的结构层次

数字供应链孪生可以分为两个世界和三个层次。

（1）现实世界，即物理供应链孪生，包含物理层。这一层包括供应网络、计划执行系统、终端设备、机器、设施、环境和人员，以及供应链管理的组织形态。它涵盖了整个供应链及其运营环境的所有数据源。

（2）虚拟世界，即数字供应链孪生，包括两个层次：分析层，包含物理供应链的数字表示、外部及环境数据、物联网实时数据等，这些数据经过分析后，产生洞察、决策和优化模型，用于指导和优化物理供应链；模型层，包含用于物理供应链优化的各种模型，如供应链风险预警模型、需求预测模型和运营规划模型等。

数字供应链孪生的层次结构模型如图 5-6 所示。

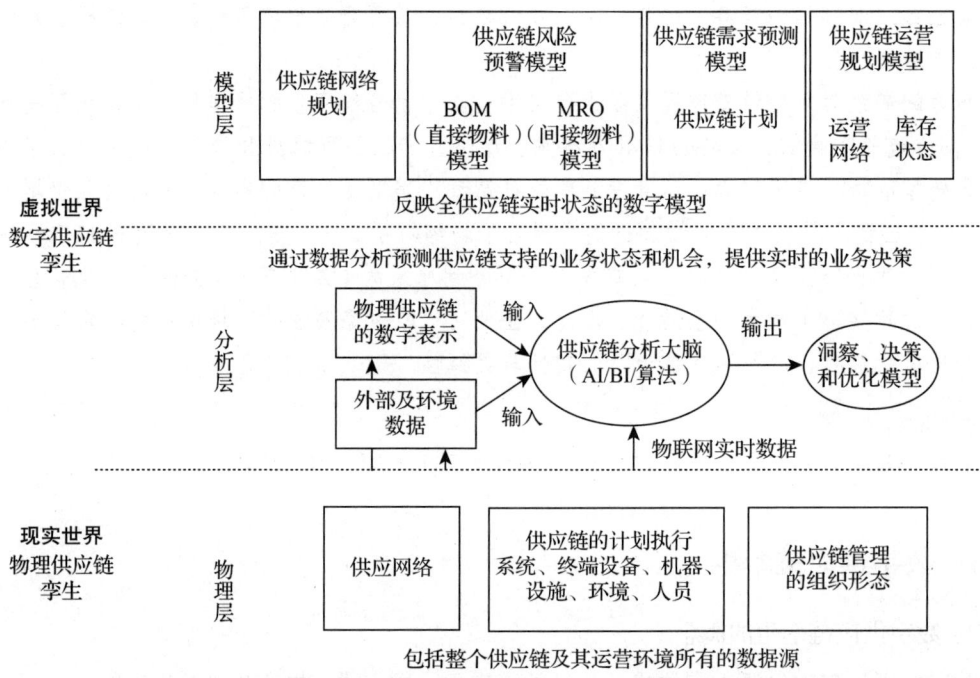

图 5-6　数字供应链孪生的层次结构模型

资料来源：唐隆基，潘永刚，余少雯.数字供应链孪生及其商业价值 [J].供应链管理，2022，3（2）：15-37.

数字孪生技术通过创建物理实体的虚拟副本，模拟、分析和优化其性能，正在引发供应链管理的深刻变革。它通过提供实时数据、增强决策支持和优化资源配置，极大地提高了供应链的透明度、效率和响应能力。以吉利为例，它在 2023 年发布了行业首个数字孪生座舱系统云化应用技术，通过车端和云端算力协同，突破了座舱本地算力瓶颈，实现了应用部署云端化。该技术不仅支持 3A 级游戏、流媒体视频等高算力需求内容的即点即用，还通过云端标准化运行平台，实现了 app 的秒级更新和无限生态应用，极大地缩短了座舱升级周期。数字孪生技术的应用，显著提升了供应链管理和智能座舱体验的效率与竞争力。吉利构建了数据与模型双驱动的数字孪生工厂，实现了生产瓶颈的快速识别与优化，推动了工厂仿真工业软件的国产化，显著提升了生产效率和质量。在成都领克汽车工厂，数字孪生技术的应用使生产过程质量提升了 10%，综合效率提高了 7.5%，同时降低了能耗和人力成本。

3. 数字供应链孪生的特征

数字供应链孪生并非简单的数字孪生或计算机模型，它具有以下六个重要特征。

（1）智能性：数字供应链孪生是一个动态的、能够自我更新的模型，而非静态的副本。它能够精准地反映供应链的实际情况，并随着外部环境的变化自动保持最新状态，支持实时决策。这种能力源于其学习认知和自适应机制。

（2）可扩展性：从技术角度看，数字供应链孪生需要依托一个可扩展的数字平台。该平台为整个价值链（包括供应商和客户）提供全面且一致的数据模型，支持企业与外部多个交易系统进行数据交互，确保数字孪生的持续更新和健康运行。

（3）预测性：数字供应链孪生不仅能够反映当前供应链的状态，还能预测未来趋势。它能够全面评估供应链的战略和战术选择，例如网络设计、战略采购、运输规划、季节性生产计划等，为企业提供前瞻性决策支持。

（4）业务流程表示：数字供应链孪生能够维护业务规则和运营决策参数，如目标服务水平、预测准确性、补货频率、运输优先级等，确保业务流程的透明化和标准化。

（5）决策横向一致性：数字供应链孪生能够实现需求、库存、供应、采购、制造、履行和运输等环节决策的水平对齐。它结合财务指标（如总成本、总着陆成本、利润等），评估需求变化对生产、运输等方面的影响，确保各环节决策的一致性。

（6）决策纵向一致性：数字供应链孪生支持从战略到战术再到运营决策的纵向一致性。它能够在多个时间范围内保持策略和计划的协调，当即时策略或计划策略发生变化时，执行计划也会相应调整，确保整个供应链的协同运作。

5.3.2　供应链数字平台

1. 供应链数字平台的技术架构

在供应链运营与管理中，各类数字技术虽然发挥着重要作用，但要实现协同效应并创造数字信用，必须依靠综合性的供应链数字平台。

供应链数字平台并非简单的业务模块化或局部应用先进技术，而是支持供应链多边互动的综合服务和信息体系结构。以犀牛智造为例，作为阿里巴巴旗下的新制造平台，它凭借在数字化供应链领域的创新实践，成为全球灯塔工厂中唯一的科技公司。犀牛智造以服装行业为切入点，通过大数据分析预测时尚趋势，采用准时制生产模式，将传统的大批量、长周期生产转变为小批量、快速交付的柔性生产，满足了中小企业对小订单、多批次生产的需求。它基于云端算法，实现了从需求分析到生产执行的全流程数字化和自动化，通过五大自研 SaaS 应用（需求大脑、数字化工艺地图、全链路统筹计划、集群式供应网络和柔性制造系统），为服装行业提供了完整的云原生工业软件解决方案，确保了全链路运营的精准优化。

犀牛智造通过物联网、工业软件、边缘计算、人工智能和云平台等先进技术，构建了按需制造和实时响应的新技术架构，实现了供需动态平衡。在供给侧，犀牛智造帮助山东鲁泰等传统服装制造商建立了小单快反产能，实现了全流程数字化交付，使山东鲁泰的供给能力扩展到多个新品类，平均交货期缩短超过 50%，仅为 7 ～ 10 天。这一合作不仅提升了企业的生产效率和市场响应能力，也为传统制造业的数字化转型提供了范例。

供应链数字平台通过模块化服务和互补接口，实现信息共享、协作和集体行动。其技术架构主要由前中后台相衔接的数字化体系构成，其中各类中台作为中坚力量发挥着关键作用，如图 5-7 所示。

2. 供应链后台管理系统

供应链后台管理系统是企业核心资源管理的重要组成部分，涵盖多个关键子系统，包括制造执行系统、仓储管理系统、运输管理系统等。该系统不仅负责对企业内部各类资源的管控，还承担着从外部整合资源的重任，以构建产业资源生态和金融资源生态。

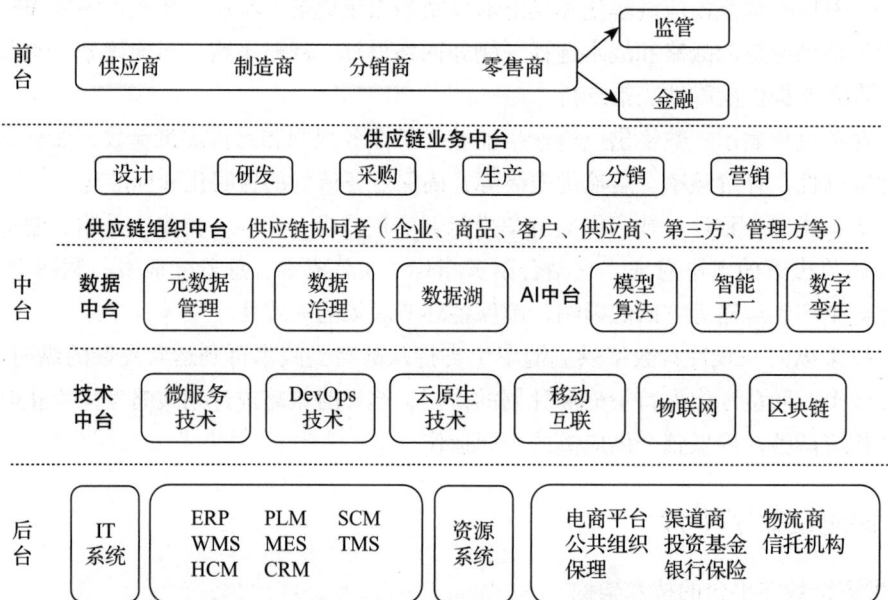

图 5-7　供应链数字平台的技术架构

资料来源：唐隆基，潘永刚，余少雯.数字供应链孪生及其商业价值 [J].供应链管理，2022，3（2）：15-37.

产业资源生态是供应链运营的核心支撑，它整合了供应链运营所需的各类资源，这些资源通过互补和一体化集成，能够满足供应链运营的需求，从而产生价值流。金融资源生态同样至关重要，保持良好的现金流、优化产业资金整合以及维持良性、持续的资金流是供应链运营的关键，因此，不同金融机构和金融产品需要协同配合，共同服务于供应链业务。例如，制造业供应链除了需要金融机构提供融资支持以保障企业的生产运营外，还需要通过供应链金融等创新金融工具来优化资金流动，确保供应链的高效运转。

3. 供应链中台管理系统

供应链中台管理系统是供应链数字化平台的核心架构，涵盖技术中台、数据中台、AI中台以及组织和业务中台等关键组成部分。

技术中台是供应链数字平台中台化建设的技术基石，它由两部分构成：一是支撑中台化的信息技术，二是支撑供应链运营的数字技术。支撑中台化的信息技术主要包括微服务技术，用于构建标准化服务接口（例如 REST 风格的 API 和消息队列通信）、服务治理（如服务框架、API 网关和 APM 等）以及敏捷开发，还包括实现微服务和自助式部署的 DevOps 技术，以及支持底层基础设施灵活编程的云原生技术。而支撑供应链运营的数字技术则包括移动互联、物联网和区块链等，这些技术能够显著提升供应链的运营效率。

数据中台是数字平台架构的核心，当供应链各参与企业的资源实现数据化且数据孤岛被打通后，资源供给、业务需求和协作等信息将变得清晰透明。建设数据中台首先需要进行元数据管理，即对数据来源或原生数据进行管理。若无法有效管理元数据，数据质量将无法得到保证，数字资产也无法得到有效管理。除了元数据管理，数据治理也是数据中台建设的关键，数据治理包括数据指标管理、数据服务系统、数据质量管理体系和数据安全管理系统等。此外，建立结构化与非结构化相结合、全周期管理的数据湖也是数据中台的重要内容。数据湖是一个存储企业各种原始数据的大型仓库，具备处理所有类型数据的能力、强大的计算能力以及丰富的信息存储能力，能够为企业挖掘新的运营需求。

AI 中台（也称为智能化中台）是应对海量数据处理需求的重要工具。随着数据量的增加，辨识有价值信息、发现数据关系和洞察数据发展趋势变得越来越困难。AI 中台通过构建模型算法、智能工厂和数字孪生等，为供应链业务决策提供智能化服务，从而推动业务创新和发展。

组织中台的建设在供应链数字化中台的发展中至关重要。许多企业数字化转型或中台化建设失败的一个重要原因是缺乏强有力的组织和全局视野。供应链数字化平台的建设需要企业内部不同部门以及供应链参与企业之间的协同合作，因此建立跨越组织边界的组织中台非常关键。

业务中台则将供应链中各参与企业的核心能力以数字化形式沉淀为服务中心，其核心是构建供应链共享服务中心，通过业务微架构的链接和协同，提升业务创新效率，确保关键业务链路的稳定高效和经济性。

以阿里巴巴为例，阿里巴巴中台的变革始于其早期的"大中台、小前台"战略。2015年，淘宝天猫已成为中国最大的电商平台，业务体系庞大复杂，商品种类繁多，商家数量庞大，业务流程涉及多个系统，导致需求响应缓慢。为解决这一问题，阿里巴巴成立了"共享业务事业部"，开发通用功能以支持业务发展。2015 年年底，阿里巴巴正式启动"2018 年中台战略"，成立中台事业群，支持淘宝天猫、菜鸟、阿里云等业务，CTO 张建锋担任事业群总裁。此后三年，中台事业群建立了数据中台与业务中台，数据中台负责数据存储、计算与产品化，为前台业务提供数据支持；业务中台则整合业务核心能力，形成通用模块。在中台的支持下，1688 和速卖通等业务技术能力获得有效提升，成本显著降低，经营利润大幅增长。然而，随着业务多元化，中台的单一能力逐渐难以满足需求，效率问题凸显。2018 年，阿里巴巴开始讨论弱化技术中台，调整业务中台功能定位，使技术中台提供更底层的技术能力，各业务部门在此基础上自行开发软件。2020 年起，创新业务如淘特开始组建独立技术团队，以提升响应速度。2021 年年底，阿里巴巴提出多元化治理模式，取代"大中台、小前台"战略。在此模式下，各业务的人力资源和公关职能从集团层面下放至各业务总裁，人力资源部门推出薪酬总包制，招聘职能也下放至各业务。这一系列调整后，阿里巴巴各业务集团逐步实现独立运作，不再依赖集团层面的中台支持。随着阿里巴巴不再是一个高度集中的大集团，它对中台的需求也逐渐减少，最终导致中台体系的分拆。这一变革不仅反映了阿里巴巴业务发展的新阶段，也体现了企业架构调整对提升业务灵活性和竞争力的重要性。2023 年，阿里巴巴对其"大中台"体系进行了重大调整。阿里巴巴整体拆分为"1+6+N"架构，各业务集团设立了自己的 CEO 和独立董事会。此次调整，集团的技术与职能中台被下放至各业务集团，使业务集团的组织架构更加完整，标志着阿里巴巴"大中台"制度的终结。

4. 供应链前台服务系统

供应链前台服务系统是面向市场和客户需求的前端交互平台，其核心功能是快速响应市场变化和客户的价值需求，高效组织供应链的运营与服务。在产业供应链的实际运作中，客户会提出多样化的需求和价值期望，这就要求供应链的组织者和服务提供者能够精准把握这些需求，提供个性化的产品和服务。这种高度定制化和差异化的服务不仅涵盖产业运营服务，也包括产业金融服务；不仅涉及微观层面的生产与经营活动，还涉及宏观层面的监管。因此，构建一个能够满足客户和市场多元化需求的服务前台，是供应链数字化转型的重要目标。

5.4　供应链控制塔

◉ 资料 5-4　联合利华供应链控制塔

联合利华（Unilever）作为全球领先的快速消费品公司，拥有复杂的全球化供应链网络，涵盖数千家供应商、数百个生产基地和广泛的分销渠道。随着市场竞争加剧和消费者需求多样化，联合利华面临供应链透明度低、响应速度慢以及突发事件（如新冠疫情）带来的挑战。为了提高供应链的可见性和韧性，联合利华引入了供应链控制塔（supply chain control tower）解决方案。

供应链控制塔是一个集中化的数字平台，旨在通过实时数据监控和分析，优化供应链的运营效率。联合利华的供应链控制塔主要实现以下功能。

（1）端到端可视化：控制塔集成了供应链各环节的数据，包括供应商、工厂、仓库和物流信息，提供实时的可视化仪表盘。管理者可以通过仪表盘全面掌握订单状态、库存水平和运输进度。

（2）异常检测与预警：利用人工智能和机器学习技术，控制塔能够自动检测供应链中的异常情况（如延迟、库存短缺或生产中断），并及时发出预警。例如，在运输延迟或原材料短缺时，系统会立即通知相关团队采取行动。

（3）协同决策支持：控制塔通过数据分析和模拟，为管理者提供决策支持，帮助优化资源配置和应急响应。例如，在需求激增或供应链中断时，控制塔可以建议调整生产计划或重新规划运输路线。

实施过程如下。

（1）数据集成：联合利华将供应链各环节的数据［包括 ERP 系统、运输管理系统（TMS）和仓库管理系统（WMS）数据］集成到控制塔平台中。数据来源覆盖了从原材料采购到产品交付的整个供应链流程。

（2）技术部署：控制塔采用云计算和大数据技术，确保数据处理的实时性和可扩展性。通过人工智能算法，控制塔能够预测潜在风险并提出优化建议。

（3）组织协同：联合利华成立了专门的供应链控制塔团队，负责平台的运营和数据分析。通过定期培训和沟通，确保各业务部门能够充分利用控制塔的功能。

实施成果如下。

（1）供应链透明度提升：控制塔实现了供应链的端到端可视化，管理者可以实时监控订单状态、库存水平和运输进度。例如，在新冠疫情期间，控制塔帮助联合利华快速识别受影响的供应链环节，并采取应对措施。

（2）运营效率提高：通过异常检测和预警功能，联合利华能够快速响应供应链中断，减少生产延迟和库存积压。控制塔的决策支持功能帮助优化了运输路线和生产计划，降低了运营成本。

（3）客户满意度提升：供应链响应速度的提高使得产品能够更快到达市场，提升了客户满意度。例如，在需求激增的情况下，控制塔帮助联合利华快速调整生产计划，确保关键产品的供应。

资料来源：

Shefali Kapadia，"Maersk to Manage Unilever's Ocean and Air Transport via Control Tower"，Supply chain dive，2021-12-16.

1. 供应链控制塔的定义

信息系统是支撑现代供应链管理运营的核心工具。传统的供应链信息系统，如企业资源计划系统，主要用于对组织内部的信息流进行编码和结构化。ERP 系统在企业内部运行效果良好，因为其流程相对明确且稳定，业务需求在系统生命周期内变化较小。然而，随着供应链运营逐渐向网络化和协作化方向发展，企业需要集成更多不同的系统和服务，并采集、处理来自各种设备和传感器的数据流，以满足对供应链可见性的需求。

尽管供应链可见性的重要性已被讨论多年，但实现良好的可见性仍然面临挑战。问题的关键不在于数据的缺乏，而在于数据的质量以及企业基于数据进行决策的能力。在这种背景下，供应链控制塔（见图 5-8）应运而生，成为提升供应链可见性和决策能力的重要创新。借助人工智能技术，企业能够通过控制塔无缝地制定供应链和物流管理决策，实时监控和管理全球范围内的供应链活动。

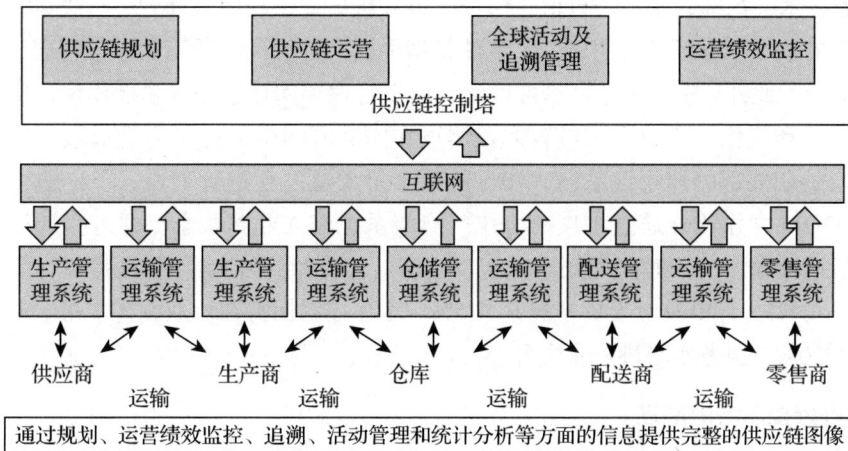

图 5-8　供应链控制塔

资料来源：曼纳斯－贝尔，菜.物流与供应链创新手册：颠覆性技术与新型商业模式 [M].张瀚文，译.北京：人民邮电出版社，2021.

供应链控制塔的概念最初由 Gartner、埃森哲、凯捷咨询等知名机构提出。它旨在实现供应链的端到端无缝整体可见性，提供实时数据分析、预测和决策支持，并能够及时解决供应链中出现的问题。这种控制塔强调供应链的协同性、一致性、敏捷性以及需求驱动的特性。通过智能控制塔，企业不仅能够清晰地掌握业务和资产的运行状态，还能通过异常判断和根源分析进行风险预警，同时监测供应链及其金融活动的合规性，确保供应链金融的安全性和有效性。

2. 供应链控制塔的分类

唐隆基（2019）把现代供应链控制塔依据不同的管理需求划分为三大类型：运营型控制塔、分析型控制塔、决策＋运营型控制塔。

运营型控制塔主要聚焦于物流环节，其数据来源局限于物流系统和设施，具备有限的物流管控能力，如订单处理、成本控制和异常处理等。然而，它与其他供应链流程隔离，无法支持物流的端到端可见性，缺乏业务流程协调能力。这种控制塔仅支持物流运营的可视化和描述性分析，不涉及供应链计划或风险管理，且不具备预测能力。

分析型控制塔则扩展到整个供应链，支持内部和外部端到端流程的可见性和可控性。它不仅涵盖运输，还涉及销售、采购、库存、制造等多个环节，支持企业与供应商和合作伙伴的全面协作。这种控制塔支持整个供应链的可视化和描述性分析，但不支持供应链计划或高级预测分析，其风险管理能力也仅限于供应链运营层面。

决策＋运营型控制塔是功能最为全面的类型，它结合了供应链分析、预测和决策支持功能，能够连接内部和外部的各种数据源，包括结构化和非结构化数据。这种控制塔支持整个供应链的运营管控、供应链执行和计划，并具备高级分析能力，如预测和规范性分析，涉及机器学习和人工智能技术。它不仅支持全面的供应链可见性，还支持风险分析、预测和决策，具备强大的洞察力和执行能力。联想的供应链智能控制塔就属于这种类型，它通过打破"信息孤岛"，实现供应链生态体系内业务运作信息的数字化和实时共享，构建了一个数据驱动的智能供应链生态体系。供应链智能（supply chain intelligence，SCI）利用机器学习和人工智能技术，挖掘数据资产价值，模拟决策分析场景，辅助管理者进行决策，并从事件和反应中自主学习和矫正。它还建立了事件管理中心，进行风险预测和异常管理，确保供应链的高效运行。此外，SCI 通过订单可视化、供需管理和库存管理等功能模块，实现了供应链的全面覆盖和优化。联想供应链智能控制塔在实际应用中取得了显著成效。目前，超过90% 的供应链职能部门使用该系统，40% 的员工每天通过它进行工作，75% 的主要供应商和 90% 的 ODM 合作伙伴通过供应商协作门户与系统建立业务联系。通过实现供应链端到端的全价值链覆盖，决策时间缩短了 50% ～ 60%，工作流程自动化程度提高，工作效率提升了 10% ～ 20%。订单及时交货率提升了 5%，库存控制保持在行业领先水平，制造和物流成本降低了 20%，服务水平进一步提升。

3. 供应链控制塔的演进

供应链控制塔的发展经历了多个阶段，它从最初的可视化工具逐步演进为智能化、网络化的平台。以下是它主要的演进历程。

（1）控制塔 1.0 与 2.0：传统模式的局限。控制塔 1.0 和 2.0 是早期的供应链控制塔形式，主要以单个企业为中心，贸易伙伴被视为外部实体，信息共享程度较低，能见度有限。控制塔 1.0 主要提供描述性的可视化功能，帮助企业实时监控供应链的关键节点，打破部门间的信息壁垒，但它缺乏深度分析和预测能力。控制塔 2.0 在此基础上引入了初步的数据处理和预测分析功能，能够结合历史数据对未来需求进行趋势性判断，并优化库存管理，但其决策过程仍依赖人工判断，且缺乏全局优化能力。

（2）控制塔 3.0：网络化与协同化。控制塔 3.0 是供应链控制塔的一次重大突破，它不再局限于单个企业内部，而是扩展到整个供应链网络。它通过集成供应链各环节的实时数据，实现了端到端的可视化和协同管理。控制塔 3.0 能够根据市场需求预测自动生成最佳产能策略，并将这些策略细化到采购、生产、仓储和配送等具体环节，形成闭环管理。这种模式不仅提高了供应链的透明度和协同效率，还实现了全局优化，提升了供应链的整体性能。

（3）控制塔 4.0：智能化与自主学习。控制塔 4.0 是基于人工智能和机器学习的下一代数字化供应链控制塔，代表了未来的发展方向。它具备自主反应与学习能力，能够实时监测供应链运行状态，并在环境变化时自动调整策略。控制塔 4.0 通过多智能体强化学习、区块链和数字孪生等技术，实现了供应链的自校正和认知分析。此外，它还支持与外部合作伙伴的无缝对接，通过开放的 API 体系，将供应链上下游的关键数据实时集成到统一的网络模型中，形成稳定的信息共享和业务协同闭环。这种模式不仅提高了供应链的敏捷性和韧性，还具备持续学习和自我进化的能力，能够随着时间推移不断优化自身的算法和模型。

4. 供应链控制塔的业务实现步骤

控制塔的指标体系设计是成功搭建控制塔的核心环节，它不仅是技术问题，更是专业能力的体现。许多企业认为自行设计指标体系并非难事，但实际上，这正是专业与非专业之间的显著分水岭。在分析问题时，思路的差异往往比数据本身更重要。相同的数据，通过不同的呈现和解读方式，可能会产生截然不同的效果。因此，控制塔的指标体系设计直接决定了其成败。

首先，需要明确控制塔的业务监控范围和需求。从字面上看，控制塔的业务范围极为广泛，几乎可以涵盖企业的所有业务。即使限定在供应链领域，其范围依然相当宽泛。它可以用于监控各部门的关键业务表现，也可以深入到具体的执行细节，时间颗粒度也极为灵活。因此，必须首先思考控制塔的最终目标是什么，这些指标将如何影响业务，是仅仅用于监控和评估，还是能够真正推动业务改进。

其次，监控指标和统计方法的设计至关重要。在明确了业务目标之后，需要设定具体的评估指标和详细的统计方法，包括统计的维度和颗粒度等。这项工作需要深厚的业务背景，并能够充分考虑各种业务场景，确保指标设计不仅可行且易于解释，还能为业务改进提供有价值的指导。指标体系可以根据不同的标准进行划分，并且有不同的层级结构。因此，在设计过程中，必须进行合理的取舍，否则就无法形成关键绩效指标（key performance indicator，KPI）。供应链管理评估指标的分类维度如图 5-9 所示。

最后，验证底层数据与确认模板。虽然这部分工作看似技术化，但实际上是对现有业务模式的梳理和确认。所有数据都反映了业务模式和行为。因此，需要对所有数据源，包括数据的获取方式、来源、映射关系、字段内容、更新频率以及数据责任部门等进行精确的定义和说明。完成上述三步后，即可构建一个控制塔的基本框架。通常情况下，控制塔会设计一个企业级的总塔以及部门级的子塔。对于一些特别关注的业务，如需求计划、库存管理、生产采购等，还会单独设置监控模块，甚至包括对价格变动的监控等，如图5-10所示。

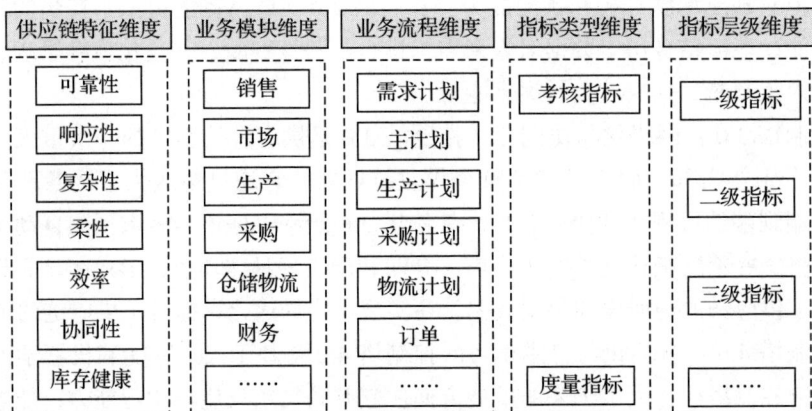

图 5-9   供应链管理评估指标的分类维度

资料来源：赵玲.卓越供应链计划：产销协同规划设计与实践 [M]. 北京：机械工业出版社，2023.

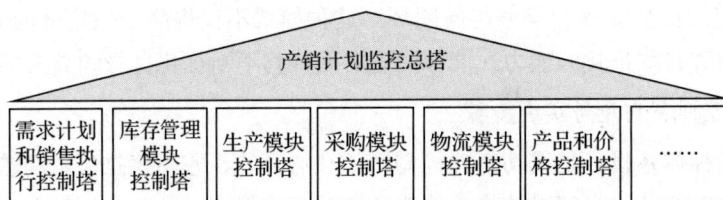

图 5-10   供应链控制塔的基本框架

资料来源：赵玲.卓越供应链计划：产销协同规划设计与实践 [M]. 北京：机械工业出版社，2023.

⊙ 尝试应用

1. 模拟任务

2～3个同学组成一组。每个小组选择一条现实的供应链，通过实地调研和网络调研，完成以下模拟任务。

（1）分析该供应链是否存在牛鞭效应，有何证据，造成了哪些危害，如何缓解这些危害。

（2）分析该供应链信息流管理存在哪些问题。

（3）分析该供应链开发或使用了哪些管理信息系统（management information system，MIS）。

（4）该供应链中有哪些类型的大数据？

（5）提出该供应链信息流管理的优化措施或方案。

（6）如果让你根据调查企业的实际情况，设计一个适合于该企业的数字化供应链的架构，你打算如何做？

2. 思考分析题

（1）当前很多商家组织此起彼伏的促销活动（如"双 11""双 12""618"等）对整个供应链有什么危害？如何降低这种危害？

（2）互联网、大数据、云计算、物联网、AI 给供应链信息流管理带来了哪些影响？请举例说明。

（3）从牛鞭效应的角度分析供给侧改革。

◎ 融会贯通

1. 在你的生活、学习和工作中，是否存在信息失真、信息不对称、信息孤岛等问题？如何解决这些问题？

2. 供应链信息流系统如何影响供应链目标的实现？

3. 实物效率型和市场反应型两类供应链信息流管理有什么区别？

4. 推式和拉式两类供应链信息流管理有什么区别？

5. 精益策略、快速响应策略、有效客户反应策略、众包策略等四种策略如何应用于供应链信息流管理？

6. 哪些行业或企业率先进行了较深度的供应链数字化转型？这些企业的信息流在供应链运营中遇到了什么问题？它们采取了哪些举措来改善信息流？

7. 实验：啤酒游戏实验。

啤酒游戏是 20 世纪 60 年代由麻省理工学院斯隆管理学院开发的一种角色扮演类的商业游戏。游戏角色包括供应链上下游的生产商、批发商、零售商。它之所以被称为"啤酒游戏"，是因为这一供应链供应一种"情人啤酒"。它在许多国家的教学和企业培训中被应用，有成千上万的学员做过此游戏。

啤酒游戏实验

8. 实验：供应链牛鞭效应的系统动力学仿真实验。

系统动力学是对供应链牛鞭效应进行仿真的有效方法。供应链中的库存系统往往是一个具有延迟的多阶负反馈系统，很有可能存在需求信息的震荡和放大现象。Forrester 教授是系统动力学的创立者，Forrester 教授（1968）最早构建了一个包含工厂、仓库、分销商和零售商的供应链仿真模型，他的研究表明供应链中存在时间延迟和牛鞭效应。他的开创性研究激励了大量的研究者投入牛鞭效应的仿真建模中。一些研究将李效良教授提出的牛鞭效应成因作为仿真建模的要素或参数，分析这些参数对牛鞭效应的定量影响。时至今日，使用系统动力学对牛鞭效应进行仿真的研究仍然不断涌现。

结合系统动力学理论，使用 Anylogic 软件建立供应链牛鞭效应的系统动力学仿真模型，进行参数分析实验和优化分析实验。

供应链牛鞭效应的系统动力学仿真实验

数字化学习成果

Anylogic 软件 PLE 版官网免费下载地址：https://www.anylogic.com/。

本实验建立的一个仿真模型在 Anylogic 云平台的网址如下：https://cloud.anylogic.com/model/adb6992c-c4c6-4986-b4a9-20ad377b714f?mode=SETTINGS&tab=GENERAL。

参考文献

[1] 陈剑，黄朔，刘运辉. 从赋能到使能：数字化环境下的企业运营管理 [J]. 管理世界，2020，36（2）：117-128.

[2] 代四广，曹玉姣，申红艳，等. 供应链大数据：理论、方法与应用 [M]. 北京：机械工业出版社，2023.

[3] 邓明荣，葛洪磊. 供应链管理：战略与实务 [M]. 北京：机械工业出版社，2012.

[4] 付永贵. 基于区块链的供应链信息共享机制与管理模式研究 [M]. 北京：人民邮电出版社，2020.

[5] 官迅伟，等. 供应链 2035：智能时代供应链管理 [M]. 北京：机械工业出版社，2023.

[6] 桑德斯. 大数据供应链：构建工业 4.0 时代智能物流新模式 [M]. 丁晓松，译. 北京：中国人民大学出版社，2015.

[7] 施先亮. 智慧物流与现代供应链 [M]. 北京：机械工业出版社，2020.

[8] 乔普拉. 供应链管理 [M]. 杨依依，译. 北京：中国人民大学出版社，2021.

[9] 唐隆基，潘永刚. 数字化供应链：转型升级路线与价值再造实践 [M]. 北京：人民邮电出版社，2021.

[10] 唐隆基，潘永刚，余少雯. 数字供应链孪生及其商业价值 [J]. 供应链管理，2022，3（2）：15-37.

[11] 曼纳斯－贝尔，莱. 物流与供应链创新手册：颠覆性技术与新型商业模式 [M]. 张瀚文，译. 北京：人民邮电出版社，2021.

[12] 赵玲. 卓越供应链计划：产销协同规划设计与实践 [M]. 北京：机械工业出版社，2023.

[13] BARYANNIS G, VALIDI S, DANI S, et al. Supply chain risk management and artificial intelligence: state of the art and future research directions[J]. International journal of production research，2019, 57(7): 2179-2202.

[14] CHAKRAVORTI B, BHALLA A , CHATURVEDI R S. Which countries are leading the data economy?[J]. Harvard business review, 2019.

[15] CHEN F R. Information sharing and supply chain coordination[J].Handbooks in operations research and management science, 2003, 11: 341-421.

[16] CHOI T M, WALLACE S W, WANG Y L. Big data analytics in operations management[J].

Production and operations management, 2018, 27 (10): 1868-1883.

[17]　CHOI T M, CHAN H K, YUE X H. Recent development in big data analytics for business operations and risk management[J]. IEEE transactions on cybernetics, 2017, 47 (1): 81–92.

[18]　DUTTA P, CHOI T M, SOMANI S, et al. Blockchain technology in supply chain operations: applications, challenges and research opportunities[J]. Transportation research part e-logistics and transportation review, 2020, 142: 102067.

[19]　FORRESTER J W. Market growth as influenced by capital investment[J]. Industrial management review, 1968, 9(2): 83-105.

[20]　KPMG. Generative AI: from buzz to business value[R]. 2023.

[21]　STEINBERG G A, BURTON M. How supply chains benefit from using generative AI[R]. EY, 2024.

[22]　MIN H. Artificial intelligence in supply chain management: theory and applications[J]. International journal of logistics research and applications, 2010, 13(1): 13-39.

第6章　数字化供应链产品流管理

● 聚焦任务

1. 分析供应链中产品开发与设计的阶段。

2. 分析客户与供应商如何参与产品设计。

3. 分析供应链如何采用面向 X 的设计和面向供应链管理的设计。

4. 分析供应链如何通过数字化实现产品开发的创新。

5. 分析供应链生产计划管理的内容与特点。

6. 分析供应链如何实现智能制造。

▲ 知识点

客户参与新产品开发、信息来源型客户参与、联合开发型客户参与、独立研发型客户参与、供应商参与新产品开发、供应商参与程度、面向制造和装配的设计、面向环境的设计、面向供应链管理的设计、便于包装和运输的产品设计、标准化的方法、数字化产品开发能力、产品生命周期管理、数字化设计团队、智能互联产品、产品服务系统、供应链生产计划与控制的特点、供应链生产计划管理、智能制造的定义、智能制造的功能、数字化供应链智能制造的实现方式、高级计划与排程、制造执行系统、制造运营管理

▲ 知识图谱

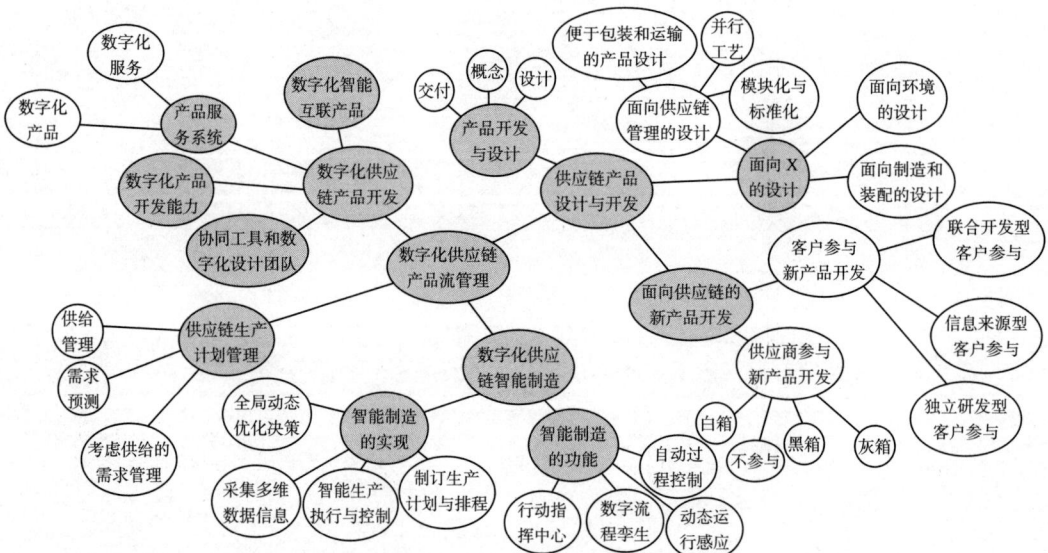

广义的供应链产品流从源头供应商到最终客户，涉及如何基于客户需求进行产品设计与开发以及工艺设计，通过生产制造过程形成半成品和产成品，并最终将产成品交付给最终客户的整个产品增值过程，涉及半成品、产成品的设计开发过程、生产制造过程和物流过程。产品流不仅仅包括物流，它还包括产品设计开发、生产制造等产品增值过程。其中产品设计开发过程和生产制造过程涉及产品形态、功能的变化，而物流过程基本不会改变产品的形态和功能。物流职能在产品流中独立出来，因此这里仅仅讨论产品设计和生产制造过程，即狭义的供应链产品流。

6.1　供应链产品设计与开发

◉ 资料 6-1　智能手机供应商参与研发

2024 年，智能手机的"定制化"特征越发显著。从核心旗舰芯片的优化到手机屏幕的精细化打磨，从通用大模型到端侧大模型的部署，产业链上下游的协同合作为手机产品的性能提升和应用场景创新开辟了新的道路。

2024 年 10 月，vivo 与高通联合实验室的成立是产业链协同合作的典型案例。根据双方的合作愿景，高通平台首次接入 vivo 蓝晶芯片技术栈。通过芯片底层调优，双方在芯片联合研发、性能优化提升、显示技术合作、存储技术优化、游戏体验优化以及 AI 技术融合等方面展开广泛合作，为用户带来更优质的日常使用体验。

芯片巨头联发科与 vivo 的合作也由来已久，双方在芯片调校方面的合作覆盖性能、功耗、AI、游戏、通信等多个关键领域。不仅是 vivo，小米、OPPO、荣耀、一加等手机厂商也结合各自的产品定位，在底层芯片调优等方面与芯片研发商展开深度合作。例如，小米 15 系列全球首发高通骁龙 8 Gen4，这是小米与高通三年前共同定义、深度研发的成果。其全新的桌面级微架构带来了超高主频、超强性能和超低功耗的性能体验。

定制屏幕也是 2024 年手机新品的一大亮点。2023 年 12 月，一加手机与 BOE 京东方首次合作，推出第一代"东方屏"，该屏幕具有高分辨率、高色域、高刷新率等特点。随着技术突破和产品迭代升级，2024 年以来，OPPO、一加、iQOO、荣耀等品牌结合各自新品与 BOE 京东方深度合作，为不同用户打造更贴近需求的日常应用体验。

资料来源：

上游新闻，杨昕华，《手机元器件深度"定制"，产业链携手推动行业创新》，2024-12-13。

6.1.1　产品开发与设计

福特、波音等企业普遍认为，尽管设计阶段的成本占比通常不超过 10%，但设计阶段决定了产品成本的 70% 以上。新产品开发过程通常以响应市场机会为起点，并以提供具有差异化的产品或服务为终点。这一过程不仅涉及产品本身的开发，还包括与之相关的新产品服务开发（new product service development，NPSD）。新产品与服务开发过程可被概括为三个阶段：概念、设计和交付，如图 6-1 所示。

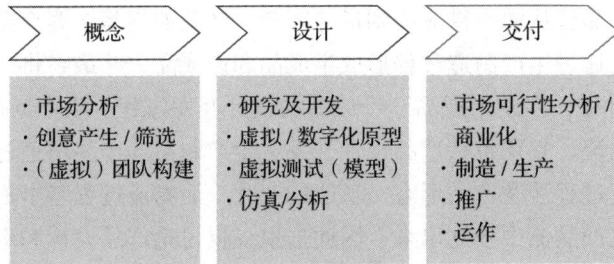

图 6-1　新产品与服务开发过程

资料来源：辛哈，贝尔纳德斯，卡顿，等.数字化供应网络：技术突破和过程重构共同推动供应链重塑、增强企业竞争力 [M]. 王柏村，彭晨，彭涛，译.北京：电子工业出版社，2023.

（1）概念：在概念阶段，首先需要深入了解市场、机遇、利益相关者以及需求，然后评估和选择不同的概念与想法，并推进团队建设与协作。只有大规模应用数字化技术，才可能更好地了解需求，催生产品开发和概念评估中的新概念，例如客户共同创造和生活实验室。

（2）设计：产品设计是新产品开发的核心阶段，涉及将指定功能映射到可实现的物理结构上。设计阶段具有较强的技术性，也更容易受到数字化技术的颠覆。随着物联网、人工智能和社交媒体的引入，需求驱动的自动化设计、数字化测试与仿真（模型）、虚拟 / 数字化原型、复杂的数据驱动分析以及自适应成本建模等方面都发生了巨大变革。

（3）交付：最后一个阶段是交付，涵盖所有商业化活动以及产品和服务的交付。在数字化供应链中，产品的利益相关者需要改变过去将产品交付给用户后便不再关注的习惯，使用数字化技术赋能，开展增值服务，如预防性维护，实现企业与用户的双赢。

6.1.2　面向供应链的新产品开发

供应链合作能够使企业根据自身需求获取异质性、互补性知识及整合技能和经验的机会，从而帮助企业高效整合内外部知识，提升新产品开发效率和灵活性。因此，新产品开发离不开供应商和客户的深度参与。

1. 客户参与新产品开发

客户参与新产品开发是指在企业新产品开发过程中，客户与企业共享资源，为开发过程提供有价值的知识和信息。根据客户在新产品开发过程中的参与程度，可将客户参与分为三种形式：信息来源型客户参与（customer involvement as an information source，CIS）、联合开发型客户参与（customer involvement as co-developers，CIC）和独立研发型客户参与（customer involvement as innovators，CIN）。

（1）信息来源型客户参与（CIS）。CIS 是企业从客户处获取需求信息的传统模式。新产品开发团队通过市场调研方法（如焦点小组法）收集客户需求信息，并将它与技术相结合，设计产品解决方案。在这种模式下，新产品开发主要在企业内部进行，客户作为信息提供者，不直接参与产品解决方案的生成。

（2）联合开发型客户参与（CIC）。在 CIC 模式下，客户直接参与将需求信息与技术相结合的过程，成为新产品开发团队的一员。客户不仅提供需求信息，还参与解决方案的设计，与企业员工密切互动，共同解决问题。新产品开发虽然仍发生在企业内部，但已成为一个协作过程。企业需要密切监控和管理与客户的互动，客户则需承担部分开发责任。例如，"凯翼众包"项目由凯翼汽车于 2015 年发起，它依托互联网思维，以客户需求为中心，通过互联网平台汇聚众智，实现新车的互动式共同研发制造。

（3）独立研发型客户参与（CIN）。CIN 模式将创新重心转移到客户身上，避免了客户知识向企业的直接转移。企业为客户提供创新平台和技术支持，客户成为产品设计的主要贡献者，负责将需求与技术结合，设计产品解决方案。企业则通过观察客户开发的创新产品及市场反应，间接获取客户知识。例如，美国芝加哥的无线（Threadless）公司允许客户设计 T 恤，并通过网站投票选择得分最高的设计投入生产。

表 6-1 总结了三种客户参与产品开发形式的特征。

表 6-1　三种客户参与产品开发形式的特征

特征	CIS	CIC	CIN
客户的角色	被动的信息提供者	新产品的共同开发人员	创新者
企业的角色	负责开发产品解决方案	在产品开发中管理与客户的合作	为客户提供技术知识和支持，并利用客户生成的产品设计
客户对创新的贡献	提供关于他们需求的信息	提供关于他们需求的信息和关于产品解决方案的输入	提供产品解决方案，而不是直接分享他们的需求信息
客户交互	客户与产品开发核心团队员工没有密切的互动	客户与产品开发核心团队员工密切互动，共同解决问题	客户开发新产品时不与产品开发核心团队员工互动
产品开发的责任	产品开发核心团队员工承担	产品开发核心团队员工与客户共同承担	客户承担
产品开发地点	企业内部	企业内部	企业外部
利用客户知识的方法	将客户知识传递给企业	拉近客户与新产品开发过程的距离	客户直接将他们的知识应用于产品设计，而不是直接将客户知识转移到企业

2. 供应商参与新产品开发

供应商参与新产品开发是指在企业新产品开发过程中，围绕零件、过程或服务的开发，供应商提供资源（包括能力投资、信息、知识、想法），执行任务并承担相应责任，以提升买方当前或未来产品开发项目的绩效。

（1）供应商参与的优势与不足。供应商参与新产品开发能够带来诸多益处。它可以降低采购成本、生产成本和研发成本，缩短新产品开发周期，提高研发效率，提升产品的技术水平，以及提高研发成功率。例如，比亚迪"e 平台"作为行业内首个针对电动汽车开放共享的研发、制造平台，其解决方案可使新能源整车研发成本降低 33%，核心零部件体积减小 30%，整车重量减轻 25%。克莱斯勒公司通过与供应商合作，将新车的平均研发时间从 234 周缩短至 166 周。丰田作为全球领先的传统车企，虽然在非插电式节能车和氢能源汽车领域布局较早，但在纯电动汽车领域存在技术短板。通过与比亚迪合作研发，丰田能够借助比亚迪的技术实力，提高纯电动汽车的研发成功率。

然而，供应商参与新产品开发也存在一些不足。例如，信息资料共享可能威胁企业信息安全，导致知识泄露。对于关键核心技术，相比自主研发，合作研发可能会泄露核心技术，甚至使当前的合作者在未来成为竞争对手，从而使企业丧失核心竞争力。企业可以通过内部治理、外部关系治理以及合同治理等方式，更好地防范研发外包中的知识泄露风险。

（2）供应商参与程度。供应商参与程度是指供应商在参与企业新产品开发过程中所承担的责任大小。根据供应商对新产品开发承担责任的大小，可将供应商参与程度分为以下四类。

1）不参与。供应商不参与产品设计，仅根据用户规格和设计提供原料及部件。此时，供应商是传统意义上的供货商，按照采购商的需求提供各类零部件。

2）白箱。采购商与供应商进行非正式的新产品开发合作。采购商与供应商进行会谈，并向供应商咨询新产品开发相关的信息，但整个新产品开发的决策、设计以及利益均由采购商独自承担。

3）灰箱。采购商与供应商进行正式的新产品开发合作。采购商与供应商的工程师组成合作小组，共同开发并共担风险。

4）黑箱。采购商仅向供应商提供接口要求，供应商独立设计和开发所需的零部件。

尽管黑箱是供应商参与程度的最高层次，但这并不意味着它在所有情况下都是最佳选择。如果产品的某些部件需要专门技术，且这些部件的开发可以与产品开发的其他阶段分开，则可采用黑箱方式；如果开发阶段不可分离，则灰箱方式更为合适；如果企业本身具备一定的专业技术能力，仅需确认供应商能够制造出这些部件，则可采用白箱方式。

6.1.3　面向 X 的设计

面向 X 的设计（design for X，DFX）最早出现在 1983 年的《设计工程的零件、形式、过程和材料手册》中。最初，DFX 旨在提高生产效率，减少时间、成本和错误。随后，DFX 技术从生产领域扩展到整个供应链，使设计能够综合考虑经济、生态、社会和企业健康等方面的影响。随着技术的发展，多种 DFX 技术被开发出来，重点关注的领域各有不同，例如有的 DFX 技术面向制造和装配，有的面向环境、面向供应链管理等。

1. 面向制造和装配的设计

面向制造和装配的设计（design for manufacturing and assembly，DFMA）的核心思想是设计易于装配的产品和易于制造的部件。DFMA 为设计人员提供了多种功能，包括最小化组件数量、简化生产作业、使用标准零件和材料、便于高效连接、易于制造和组装、便于包装、跨产品线使用通用部件、采用灵活部件和模块化设计，以及消除或减少修改。为了应对全球化和技术快速发展的挑战，制造企业需要将面向制造的设计（design for manufacturing，DFM）和面向装配的设计（design for assembly，DFA）相结合，从而为消费者提供更完整的解决方案。DFMA 已被众多公司应用于产品开发中，以优化制造和装配流程。例如，福特汽车公司在 Taurus 系列车型设计中应用 DFMA，每年节省了超过 1 亿美元的成本；麦克唐纳 – 道格拉斯公司应用 DFMA 后，平均零部件数量减少了 37%。

2. 面向环境的设计

面向环境的设计（design for environment，DFE）是指在新产品和新工艺开发过程中，系统性地考虑与产品生命周期相关的环境安全和健康问题。DFE 技术能够改进与产品、工艺和工厂相关的产品开发决策，且越早应用效果越显著。通过 DFE 开发的产品不仅对环境的影响更小，而且在资源消耗、成本控制和社会接受度方面更具优势。DFE 针对产品生命周期的各个阶段提出绿色设计需求，其相关内容可以通过系统开发过程整合为支持绿色设计的工具，并与现有的 CAD/CAM 等设计工具集成，实现产品设计过程中经济、技术和环境的综合协调与优化。减少环境影响的设计原则包括：考虑产品的可重复使用性，尽可能减少零件数量，减少材料种类，尽量避免使用金属、强化塑料、玻璃等复合材料。

3. 面向供应链管理的设计

（1）便于包装和运输的产品设计。便于包装和运输的产品设计旨在通过优化产品结构和包装方式，降低物流成本并提高运输效率。产品结构与包装设计直接影响物流成本，紧凑的包装和规范的尺寸有利于运输车辆的配载，提高装载利用率，减少存储空间，从而降低物流费用。以宜家为例，作为全球最大的家具零售商，宜家通过重组家具业务实现快速成长，其模块化家具设计思路使产品能够被紧凑包装，便于运输和仓储。此外，这种设计允许产品在少数工厂集中高效生产，并以较低的运输成本运往全球各地的商店。宜家拥有众多大规模门店，公司能够获得规模经济优势，以较低价格销售高质量家具。

在设计产品包装时，还需要考虑包装与散装对运输费用的影响。为了节约运输和装卸费用，供应链设计中可将最终包装工作放在靠近市场的物流中心或零售商处，从生产工厂到物流中心或零售商采用散装运输。例如，面粉、谷物等产品适合在销售市场根据需求进行包装。此外，随着多式联运的发展，产品包装设计需要考虑与集装箱、托盘、运输车辆尺寸相匹配，以提高装卸效率。

（2）并行工艺。供应链运营中的许多问题源于供应链提前期过长，例如生产提前期长导致预测不准确、库存积压和对市场需求反应迟缓等。供应链提前期长的原因之一是许多生产工艺由顺序执行的生产步骤组成。并行工艺通过充分利用现有设备或专有技术，将原本串联的工作并行处理，将顺序执行的生产步骤安排在不同地点同时进行，从而显著缩短产品生产周期。

实现生产工艺并行的关键在于分解产品。如果产品的部件在生产过程中可被分解或实体上可被分开，则并行制造这些部件是可行的。如果各个独立部件的生产制造时间较长，那么在并行设计后，生产制造步骤同步进行，提前期就可以被显著缩短。例如，某欧洲制造商与一家远东制造商建立战略联盟，共同面向欧洲市场生产网络打印机。打印机电路板在欧洲进行设计和装配，然后运往亚洲与打印机机架，包括电动机、打印头、机架等部件合成一体。整个供应链中生产和运输提前期过长，欧洲市场需要持有高额安全库存。为缩短提前期，公司重新设计了打印机生产工艺和产品，将电路板和其他部件分别放在欧洲和远东地区平行生产，并将总装工艺移至欧洲。这一改变不仅缩短了提前期，还提高了供应链的反应速度。顺序与并行工艺比较如图 6-2 所示。

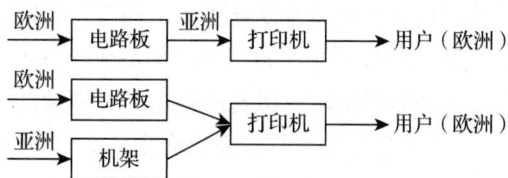

图 6-2　顺序与并行工艺比较

资料来源：刘助忠，周敏，龚何英.供应链管理[M].长沙：中南大学出版社，2016.

知识解析

（3）模块化与标准化。通常情况下，与各规格产品的单个需求预测相比，系列产品的总体需求预测更为精确。有效的模块化和标准化设计，能够使系列产品更多地采用相同的模块或标准化零部件，提高零部件需求的准确性，从而降低库存成本。例如，通用电气公司通过重新设计其断路开关箱，用 1275 个模块替换了原来的 28 000 个独立零件，形成了 40 000 种不同的配置，显著降低了库存成本并缩短了交货周期。

模块化设计是将产品结构划分为多个相互独立的模块，这些模块可以灵活组合成不同形式的产品。这种设计方式将产品的多样性与零部件的标准化相结合，充分利用了规模经济和范围经济效应。模块化产品是由一系列具有特定功能的模块组装而成的，典型的例子是个人计算机，它通过显卡、硬盘、内存条等组件的组合来实现个性化配置。

标准化包含四种方法。

1）部件标准化。部件标准化是指在多种产品中使用通用部件。这种方法可以通过风险分担降低安全库存，并通过规模效应降低部件成本。然而，过度的部件标准化可能会降低产品的差异化程度，进而影响个性化功能所带来的附加值。

2）流程标准化。流程标准化是将不同产品的生产流程尽可能统一，将产品的差异化尽可能推迟到生产过程的后期。在这种模式下，产品和流程的设计原则是：产品差异化可以在生产开始后进行。生产流程从制造通用部件开始，在不同的终端生产出多样化的产品。这种方法被称为产品延迟差异化或推迟差异化。通过延迟差异化，企业可以在总体预测的基础上开始生产，有效应对最终需求的波动。通常，实现延迟策略需要对产品进行重新设计，例如重新安排生产工艺，将产品差异化的操作后移。

部件标准化和流程标准化通常是相互关联的，部件标准化往往是实现流程标准化的重要因素之一。在某些情况下，重新排序和通用化允许将一些最后的生产步骤放在配送中心或仓库完成，而不是放在工厂中完成。这种方法的优势在于配送中心比工厂更接近需求端，产品可以更贴近市场需求进行差异化，从而增强企业对市场变化的快速响应能力。

有时，流程中需要差异化的步骤甚至可以推迟到零售商将商品售出之后。这种类型的产品通常需要在设计阶段就将各种功能模块设计得易于添加。例如，一些激光打印机或复印机在出厂时仅提供基本功能版本，而零售店则储存一些可选模块。这些模块可以为打印机或复印机添加高级功能（如更高级的纸张处理或装订功能）。显然，添加功能只需以模块形式储存，而非整机储存，因此库存需求大幅降低。

3）产品标准化。产品标准化是指向客户提供多样化的产品，但仅维持较低的库存水平。当客户订购的产品缺货时，可以用功能更丰富的现有产品来替代，这种方法被称为"向下替代"，在许多行业中都有应用。例如，在半导体行业，当低端芯片缺货时，可以用高端芯片替代销售；在汽车租赁和酒店行业，如果客户预订的低端车辆或房间缺货，可以用更高级的车辆或房间替代。此外，也可以通过重新设计产品，使其易于调整以满足不同客户的需求。

　　4）生产标准化。生产标准化是指在产品本身非标准化的情况下，对生产设备和方法进行标准化。这种策略通常适用于生产设备成本较高的情况。例如，在生产专用集成电路时，虽然用户对最终产品的个性化要求很高且难以预测，但生产设备是相同的。因此，需要对生产设备进行独立于最终需求的管理。

　　企业的标准化策略选择与它实现产品和流程模块化的能力密切相关，如图 6-3 所示。

		流程	
		非模块化	模块化
产品	模块化	部件标准化	流程标准化
	非模块化	产品标准化	生产标准化

图 6-3　标准化策略选择

资料来源：刘助忠，周敏，龚何英 . 供应链管理 [M]. 长沙：中南大学出版社，2016.

　　第一，如果流程和产品都是模块化的，采用流程标准化可以提高预测有效性，降低库存成本。

　　第二，如果产品是模块化的而流程不是，就不能采用延迟制造，但是可以使用部件标准化。

　　第三，如果流程是模块化的而产品不是，则生产标准化策略可以降低设备损耗。

　　第四，如果产品和流程都没有模块化，企业仍然可以尝试进行产品标准化。

6.2　数字化供应链产品开发

○ 资料 6-2　长征七号：中国航天全数字化研制第一箭

　　10 153 个零部件的数字化定义，56 个团队高效、并行、协同的工作——长征七号运载火箭（以下简称"长七火箭"）成为我国首个采用全数字化手段研制的火箭。长七火箭的成功发射揭开了我国载人航天工程空间实验室任务的序幕，而全寿命周期数字化对火箭的研制模式而言也是一次质的飞跃。

　　火箭的全寿命周期数字化意味着将数字化贯穿设计、试验、制造、管理的全过程，从全三维协同、全三维设计、全三维下厂、全三维生产到数字化仿真试验、数字化发射服务，完成全流程 IPT（integrated product team，集成产品开发团队）研制。生产一个数字火箭产品，不仅要在设计上实现数字化，更要打通制造环节，实现全三维下厂。只有打通产品研制全链路的数字化，生产出来的火箭才能真正称得上是一枚全数字化火箭。以长七火箭为例，它装配出现的问题减少了 70%，设计更改减少了 30%。

　　IPT 打破了各单位"单兵作战"的局面，各系统的设计师组成一个设计组，形成协同工作的团队。设计师通过网络在工作站之间及时传递进展情况和反馈意见，把原先按串行流程进行的许多工作尽可能同步甚至提前进行，直接在三维模型上进行设计、工艺制造以及协同。这大大缩短了数据传递的时间和传递距离。

在长七火箭关键环节的仿真验证和试验中，虚拟现实技术这种验证方法也被应用其中。设计人员还利用虚拟现实技术进行虚拟装配，通过在计算机上模拟装配，提前发现设计中互相矛盾的地方，即"干涉"问题，进而改进。到实物总装阶段时，"干涉"问题几乎消失，总装周期大大缩短。此外，虚拟现实技术还可以实现三维数字火箭的虚拟维修。这项技术还被应用在火箭发射场虚拟训练、发射场总装流程预演中，以确保火箭的可靠性。

资料来源：
李淑妲、王娟，《长征七号：中国航天全数字化研制第一箭》，《中国航天报》，2016-06-28。

实时数据、先进技术和敏捷创新正在重塑数字化供应链中的产品开发，形成一种以用户体验为导向的新型开发与管理模式。数字化产品开发与产品生命周期管理（product lifecycle management，PLM）紧密相连。在数字化供应链中，产品和服务开发方式的变革主要归因于三个相互关联的元素：①支持多样化、分布式设计的团队协作工具；②提供全生命周期洞察的智能互联产品；③基于数据及数据分析推动产品与服务的融合。

6.2.1　数字化产品开发能力

数字化产品开发流程不仅有助于企业与客户建立更个性化的连接，还显著缩短了产品上市时间。此外，数字化转型还带来了八种关键的数字化产品开发能力。

（1）基于模型的产品定义：不仅对产品外形的三维尺寸进行建模，还对产品的上下文进行建模，涵盖功能、制造和性能等方面。

（2）实时协作：针对新产品的每个零部件、每项工艺和技术实时地开展协同工作，能够消除整个价值链中的设计交接并减少迭代。

（3）快速设计优化：借助快速原型、虚拟测试和虚拟/增强现实技术评估设计迭代，更快地设计出更优质的产品。

（4）客户体验设计：利用传感器、虚拟现实和系统建模交付以客户为中心的产品，更好地捕获、评估和测试客户需求。

（5）基于模型的制造：在第一批产品生产之前，通过仿真验证制造过程，避免昂贵的工程变动和投资。

（6）实时产品智能：通过收集和处理"现场"产品数据，获取设计反馈并进行主动的产品改进，获得对实际操作环境和用例的见解。

（7）制造设计创新：通过选择优化的/可替代的几何形状、材料和生产方法，改善产品性能、降低成本并缩短交货期。

（8）互联的客户体验：通过将实体产品数字化，交付新的服务，预测支持性需求，优化当前和未来的产品性能。

6.2.2　协同工具和数字化设计团队

供应链利用分布在全球各地的开发团队进行协同开发具有以下优势：实现24/7的全天候工作、灵活纳入全球顶尖专家、融合不同文化，以及降低成本。然而，分布式团队协作也增加了管理复杂性，缺乏面对面互动可能导致误解和冲突，缺乏有效的数字化工具将难以实现高效协作。

在技术层面，数字化工具是高效协作的基础。如，PLM 系统不仅在设计阶段提供价值，还涵盖计算机辅助制造（CAM）、计算机辅助工艺规划（CAPP）、实体产品的数字孪生等功能。此外，虚拟测试和数字模型减少了对实体原型的需求，从而大大简化了整个创建过程，缩短了产品上市时间。如今的数字化评估、验证和测试工具非常精细，即使在需要大量认证的高度管控行业，也得到了广泛应用。

在沟通方面，数字化技术是实现大规模通信的基石。例如，云平台的功能包括支持数据交换、协同创建文档和实时视频会议。同时，虚拟现实、增强现实技术和全息图使远程协作更加高效。在虚拟环境中与同行的产品设计师、潜在客户及焦点群体互动的能力使客户共同创造的理论概念变得可行，并成为大规模创造定制化甚至个性化产品和服务的宝贵工具。

6.2.3 数字化智能互联产品

1. 智能互联产品

智能互联产品是能够"感知"环境并与环境交互，还能与其他系统（包括其他智能互联产品）进行无线通信的实体产品。在数字化供应链中，智能互联产品将客户关系和创新服务提升到新的水平，助力供应链进行差异化竞争进而获得持续竞争优势。智能互联产品使制造商能够持续与其客户（产品的使用者）接触、交互，并收集有价值的情报，如产品的实际使用情况、个体客户行为差异和增值服务的可行性。

智能互联产品的分类模型包含三个维度：智能水平、智能所处的位置、智能聚集水平。智能水平可分为三个层次：信息处理、问题通知和决策制定。智能所处的位置用于区分处理能力是位于产品本身还是网络（云 / 边缘）。智能聚集水平则考虑数据存储和处理能力是在智能物品本身还是在智能容器上。大多数情况下，智能互联产品在其生命周期中期或使用阶段会将智能集中在产品本身，只有少数情况下会集中在容器上，如用于心脏移植的监控容器。此外，在产品生命周期的初期，智能集中在容器上的情况更为常见，因为产品仍在制造过程中，如果智能集中在产品本身，可能会妨碍产品上传感器系统的正常工作。

在用户积极使用智能互联产品时，制造商及其他利益相关者能够对产品进行持续感知和管理。这为数据驱动服务、产品服务包和业务模式创新提供了丰富的新机会。

2. 数字化使能技术

许多新的数字化技术被引入市场，一些直接面向客户，用于收集和分析大量特定用户的信息，如社交媒体平台；另一些则更多地处于后台，用于提升设计、生产的自由度和灵活性，如增材制造（additive manufacturing，AM）技术。AM 技术是一种纯粹的数字化技术，不仅为设计者提供了前所未有的设计自由度，还提供了空前的生产灵活性。AM 技术能够以接近大规模生产的价格制造个性化产品。在引入这些数字化技术之前，开发和设计满足个性化客户需求的产品几乎是不可能的。

除了提升新产品的个性化水平之外，数字化技术（如 AM 技术）还可以在多个维度上为数字化供应链创造价值。例如，通用电气通过 AM 技术重新设计 CT-7 发动机机架，不仅大大提高了产品性能，还将以前约 300 个部件 17 次装配减少到 1 个部件 1 次装配。这在物料管理的复杂性、库存水平、供应层级和维护等方面对数字化供应链产生了巨大影响。

另一项关键技术是集成传感器系统，它将推动智能互联产品的发展。传感和通信是物联网的重要组成部分，也是大数据分析和人工智能的基础。传感器允许我们通过数字化技术改变产品的日常使用和交互方式。越来越多的智能互联产品为数字设计和开发过程提供快速增长的数据输入，实现了产品设计、制造和使用的闭环。

6.2.4　产品服务系统

在数字化产品开发过程中，数字化供应链中的产品开发与服务已密不可分。数字化技术和嵌入式传感器要求提供先进的服务，服务已成为产品本身的一个组成部分。

1. 数字化产品和数字化服务

传统的产品和服务之间有明显区别。产品是有形的，可以被生产、储存，生产和消费是分开的。以汽车为例，产品制造完毕后被运输到经销商处储存，直到被买家购买。传统服务则不同，它在被创建的同时就被使用掉。例如，理发服务在客户决定理发之前无法被创建和存储。然而，这种传统区别已不再适用。如今的汽车高度定制化，其实体部分已被嵌入各类型的服务中。例如，购买极氪新车时，客户可以配置多种不同的零部件，包括定制车身颜色和皮革材质。在这种情况下，企业难以通过库存提供这些定制化或个性化的汽车。其次，随着互联网、软件和数字化技术的引入，服务发生了巨大变化。应用商店中的应用程序虽然不是物理产品，但它是在消费之前创建好的，与实体产品有着截然不同的可扩展性。复制一份软件服务（程序 / 应用 /app）既不会降低其质量，也不会增加大量生产成本。在这种新的场景下，区分单一的产品和服务变得越来越困难。

2. 产品服务系统

产品服务系统（product service system，PSS）的概念于 1999 年首次被提出，它被定义为"由产品、服务、组织者网络和支持设施组成的系统，旨在保持竞争力，满足客户需求，同时降低环境影响"。其他类似术语包括"扩展产品""产品服务捆绑包""混合服务""集成服务"，在某些案例中还有"智能服务""解决方案"等。在工业 B2B 场景中，PSS 通常被称为工业产品服务系统（industrial product service system，IPSS）。

产品服务系统是有形产品和无形服务的有机结合，通过设计和集成来满足客户需求。可见，PSS 正向以客户需求和价值为中心的方向发展。PSS 通常在可持续发展的背景下被感知，包括社会、经济和环境三个维度。PSS 的核心价值主张是制造商保留产品所有权，并负责产品的功能设计、操作、维护、升级和处置。这种责任转移激励制造商开发和设计最佳产品，以满足包括性能 / 操作（更少的能源消耗）、功能和维护（更少的停机时间）需求在内的不同需求。与传统的产品解决方案相比，PSS 的主要好处在于它作为一种更节约资源、更有效、对环境影响更小的解决方案，为供应商和用户创造了双赢局面。此外，对竞争对手来说，由实体产品和相关服务组成的解决方案比单纯的产品或以流程为基础的制造更难复制。表 6-2 列出了数字化供应链中 PSS 的益处与挑战。

表 6-2　数字化供应链中 PSS 的益处与挑战

益处	挑战
贯穿整个生命周期的持续收入	管理的复杂性
更好地洞察产品 / 服务在实际中是如何被使用的	全面的 PSS 需要一个生态系统（如数字化供应链）
与用户 / 客户建立更紧密的联系	风险由供应商承担（如"按小时提供电力"）
在设计 / 制造领域有丰富的、可用的产品 / 服务知识	无法获得（有竞争力价格的）技术
经济绩效与物质消费脱钩（可持续性）	用户（特别是 B2C 领域）仍然专注于"产品的所有权"
个性化与定制	设计和开发的复杂性显著增加（例如，生命周期视角的反应、接口、技术集成等）
留住客户 / 抵挡竞争的机会（通过提供出众的价值）	PSS 的利益相关者之间的收益分享问题

6.3　供应链生产计划管理

资料 6-3　赛力斯超级工厂的"厂中厂"模式

赛力斯一直秉持开放心态，积极吸纳优秀供应商。一方面，赛力斯通过企业高端化发展，推动供应链不断升级，以满足自身高端产品的需求；另一方面，赛力斯在全国乃至全球范围内持续引进头部供应链企业，与它们携手实现共赢发展。

值得一提的是，赛力斯超级工厂创新性地采用"厂中厂"模式，将多家供应链企业集成到超级工厂内，实现了本地化同步生产和供应。在此模式下，从赛力斯下达生产指令到供应商产线调整，仅需不到 20min。遇到复杂问题时，各方技术人员能够实时现场沟通处理，有效提升了生产效率。"厂中厂"和"门对门"的生产协同方式，使供应商生产的零部件能够通过空中连廊直接运输到超级工厂主体车间，极大减少了中间物流环节。每天数千个零部件的供应能够当天周转完毕，确保了生产高效运转。

赛力斯的高效协同不仅在"厂中厂"模式中有所体现，还贯穿于整个供应链体系。随着汽车产业边界的模糊化，供应链正从传统的垂直模式向网状模式转变，对效率、质量和风险管控提出了更高要求。作为"链主"企业，赛力斯积极推进供应链的"集成化"和"集聚化"，与合作伙伴共同构建以智能电动汽车为核心、万物互联的汽车生态体系。

目前，赛力斯已构建了以与华为跨界合作为核心的涵盖众多头部供应链企业的"1+1+N"合作生态关系。通过这一模式，赛力斯实现了零部件的高度集成和供应商的本地集聚，推动了共同设计、共同研发和同步生产。赛力斯已将原有的 300 家一级供应商优化至 100 家，其中 20 家为世界级供应链企业。这种深度融合模式不仅降低了沟通成本和时间成本，还极大提升了供应链的协同效率和创新能力，真正实现了"你中有我，我中有你"的合作格局。

资料来源：

新华网，赵延心，《赛力斯超级工厂树立行业标杆 以智能制造加速发展新质生产力》，2024-12-18。

6.3.1　生产计划

企业的生产与运作计划由三部分构成。首先，综合计划（aggregate planning）基于企业的生产能力和需求预测，对企业产出的内容、数量、劳动力水平以及库存等问题进行决策性描述，旨在确定生产计划的基本指标。其次，主生产计划（master production schedule，MPS）明确每个具体产品在各个时间段内的生产数量，涉及商品生产进度的安排。最后，物料需求计划（material requirement planning，MRP）在主生产计划确定后，确保最终产品所需的全部物料及其他资源的及时供应。

生产计划体系分为三个层次：长期计划、中期计划和短期计划。长期计划（战略层）涉及产品及服务选择、设施规模与选址、设备决策以及设施布置等方面，其核心在于确定中期计划的生产能力限度。中期计划（战术层）关注员工、产出和库存的一般水平，是生产经营应达到的目标，并为短期生产能力决策提供边界。短期计划（作业层）则是在长期和中期决策限定的范围内，对日常生产经营活动进行安排，包括批量确定、任务分配和作业排序等。

生产计划三个层次的特点如表 6-3 所示。

表 6-3　生产计划三个层次的特点

项目	长期计划（战略层）	中期计划（战术层）	短期计划（作业层）
计划总任务	制定总目标获取资源	有效利用现有资源	适当配置资源、能力
管理层次	高层管理者	中层管理者	基层管理者
计划期	3 ~ 5 年	1 年左右	1 年以内
详细程度	高度综合	概略	详细、具体
不确定性	高	中	低
空间范围	公司	工厂	车间、班组
时间单位	年	季、月	周、日、班
决策变量	产品线、企业规模、设施选择、供应渠道	生产速率、库存水平、工作时间、外协量	生产品种、数量、质量、顺序、单位

6.3.2　供应链生产计划与控制的特点

1. 供应链生产计划的特点

（1）信息集成的纵向与横向特性。供应链生产计划涉及纵向和横向的信息集成。纵向集成指的是从供应链下游向上游的信息流动，而横向集成则指的是生产相同或类似产品的企业之间的信息共享。在生产计划中，上游企业的生产能力信息独立影响生产计划的能力分析。通过主生产计划和投入出产计划中的粗细能力平衡，上游企业的订单承接能力和意愿反映到下游企业的生产计划中。同时，上游和下游企业的生产进度信息共同作为滚动计划的依据，以保持生产活动的同步性。

外包决策和外包生产进度分析是供应链横向集成的集中体现。参与外包的企业通常生产相同或类似产品，或属于同一产品层级。企业在编制主生产计划时，可能因自身或上游企业生产能力不足，或外包利润高于自主生产利润，而选择外包。无论哪种情况，企业都需要获取外包企业的基本数据进行获利分析，并了解其生产进度信息以确保客户供应。

（2）能力平衡作用的拓展。在企业内部生产计划中，能力平衡主要用于分析生产任务与生产能力的差距，并据此修正计划。而在供应链生产计划中，能力平衡的作用更为丰富。

- 为主生产计划和投入出产计划的修正提供依据，支持外包决策和急件外购决策。
- 上游企业能力数据反映了它愿意承担的生产负荷，为供应链高效运作提供保障。
- 在信息技术支持下，实时更新本企业和上游企业的能力状态，提高生产计划的可行性。

（3）循环过程突破企业边界。在企业独立运行生产计划系统时，信息流的闭环一般有三个，而且都在企业内部：①主生产计划→粗能力平衡→主生产计划；②投入出产计划→能力需求分析（细能力平衡）→投入出产计划；③投入出产计划→车间作业计划→生产进度状态→投入出产计划。

而在供应链管理环境下生产计划的信息流跨越了企业，从而有了新的内容：①主生产计划→供应链企业粗能力平衡→主生产计划；②主生产计划→外包工程计划→外包工程进度→主生产计划；③外包工程计划→主生产计划→供应链企业生产能力平衡→外包工程计划；④投入出产计划→供应链企业能力需求分析（细能力平衡）→投入出产计划；⑤投入出产计划→上游企业生产进度分析→投入出产计划；⑥投入出产计划→车间作业计划→生产进度状态→投入出产计划。

2. 供应链生产控制的特点

（1）生产进度控制。生产进度控制的目的是依据生产作业计划，检查零部件的投入和出产数量、时间和配套性，确保产品准时装配出厂。在供应链环境下，许多产品涉及协作生产和外包业务，进度控制难度更大，因此企业需要建立有效的跟踪机制进行生产进度信息的跟踪和反馈。

（2）生产节奏控制。供应链的同步化计划需要解决企业之间的生产同步化问题。只有各企业之间以及企业内部各部门之间保持一致的节奏，供应链的同步化才能实现。供应链形成的准时制生产系统要求上游企业准时为下游企业提供零部件，任何一个企业不能准时交货，都会导致供应链不稳定或中断，进而降低供应链对用户需求的响应性。因此，严格控制生产节奏对提高供应链的敏捷性至关重要。

（3）提前期管理。提前期管理是实现快速响应用户需求的重要途径。缩短提前期、提高交货期的准时性是保证供应链柔性和敏捷性的关键。基于时间的竞争是现代企业的重要策略，企业可以通过提前期管理优化生产流程和供应链协作，从而减少订单交付的时间。

（4）库存控制和在制品管理。库存虽然可应对需求不确定性，但也是一种资源浪费。在供应链管理模式下，通过实施多级、多点、多方管理库存的策略，企业可有效提高库存管理水平、降低制造成本。基于准时制的供应与采购、供应商管理库存、联合库存管理等方法对降低库存成本具有重要作用。

6.3.3　供应链生产计划管理的基本内容

1. 需求预测

需求预测是供应链中所有战略性和规划性决策制定的基础。推式供应链基于对客户需求的预测运行,而拉式供应链则基于对客户订单的反应运行。对于推式供应链,管理者需要计划产品生产能力;对于拉式供应链,管理者需要提高产品供给的快速响应水平。无论是哪种模式,供应链管理者都需要预测客户的未来需求或根据订单更新需求信息。

公司应将需求预测与供应链中所有使用预测或影响需求的计划活动联系起来,如生产能力计划、生产计划、促销计划和采购等。供应链管理者对所有活动的计划都以预测客户购买行为的时间为基础。例如,英特尔为戴尔公司提供处理器,由于生产周期较长,英特尔需要提前预测处理器需求并安排生产。这种需求预测的传递关系也适用于英特尔的供应商,他们需要根据英特尔的需求预测安排生产。

许多产品因受可预测变量的影响,需求量在不同时期波动,导致供应链出现库存不足或积压等问题。这些问题增加了成本,降低了供应链的反应能力。公司可通过以下两种方法应对可预测变量带来的问题:一是利用生产能力、库存、外包和积压来影响供给;二是通过短期价格折扣和促销来影响需求。公司需要通过综合计划协调供给管理和需求管理,以实现利润最大化。

2. 供给管理:通过综合计划控制成本

(1)综合计划。综合计划是公司在一定时期内决定生产能力、生产安排、外包生产、库存水平、出清库存和定价等问题的过程。其目的是满足需求以实现利润最大化。综合计划是全局性决策,而非仅关注库存水平。例如,造纸厂面临季节性需求,管理者通过综合计划决定淡季的生产水平和库存水平,以应对旺季需求。

供应链综合计划的目标是满足客户需求并最大化供应链利润。供应链综合计划须解决的问题包括:预测计划期内每个时期的需求;确定生产水平、库存水平和生产能力水平,以最大化供应链利润。

(2)通过综合计划战略进行供给管理。在供给管理中,综合计划制订者可通过不同的生产能力、库存水平组合来控制成本。计划制订者需要在生产能力(规定时间、加班时间和外包时间)、库存成本和积压成本之间进行权衡。根据成本比率,可得到以下三种综合计划战略。

第一,追逐战略。追逐战略通过改变机器生产能力或劳动力数量,使生产率与需求率保持一致。实施这一战略的难度在于短期内难以改变生产能力和劳动力数量,且可能对工人士气产生负面影响。该战略适用于库存成本高而改变生产能力和劳动力数量成本低的情况。

第二,弹性时间战略。弹性时间战略适用于机器有剩余生产能力的情况。劳动力和生产能力保持不变,而工作小时数随时间变化,以适应需求。计划制订者可通过加班或弹性时间表实现生产与需求的一致性。该战略避免了追逐战略的问题,但生产设备的平均利用率较低。它适用于库存成本高或改变生产能力代价小的情况。

第三,水平战略。水平战略通过稳定机器生产能力和劳动力人数保持不变的产出率。产品短缺和过剩导致库存水平随时间变化。企业应根据未来需求预测提前建立库存或处理积压产品。该战略的优点是员工工作条件稳定,缺点是库存水平高、积压产品多。它适用于库存成本和积压产品成本相对较低的情况。

任何预测都存在误差。为提高综合计划的质量,企业可通过建立安全库存或安全生产能力为预测误差提供缓冲。例如，采用加班、弹性调配的工人、多能工、季节工、外包生产、增加仓库或从市场购买生产能力等方式对预测误差进行缓冲。这些方法虽可短期内改变生产能力，但须考虑成本问题。

3. 考虑供给的需求管理：通过定价和综合计划实现利润最大化

在大多数情况下，企业可通过定价和促销方法影响需求。销售部门通常制定促销和定价策略以实现利润最大化。但从供应链综合计划角度看，需求变化会导致供给成本（生产能力、库存成本和积压产品成本）的变化。单纯从收入角度出发的定价策略可能导致整体盈利水平下降。因此，计划制订者需要通过定价和综合计划（需求和供给管理）实现供应链利润最大化。

促销是企业通过价格进行需求管理的重要手段。通常，促销增加的需求来自未来需求，因此企业在旺季进行促销的意愿较低。在旺季进行促销会放大需求波动，使需求更不确定。而将原本属于淡季需求的产品转为旺季消费，代价更大。因此，定价决策完全由销售部门或零售商决定是不合适的，综合计划完全由运营部门或制造商决定也是不合适的。面对季节性需求，计划制订者需要将定价（需求管理）与生产和库存（供给管理）结合起来，以提高盈利水平。

6.4　数字化供应链智能制造

◉ 资料 6-4　犀牛智造：探索未来制造之路

犀牛智造基于服装制造业高质量柔性产能的巨大需求，通过构建端到端的数字化解决方案，打造云端智造，实现了供需精准匹配。不同服装生产模式的比较如表 6-4 所示。

表 6-4　不同服装生产模式的比较

关键指标	传统规模化工厂	传统中小工厂	犀牛智造
最短交付周期：首单	80 天	10 天	10 天
最短交付周期：翻单	15 天	7 天	7 天
换款爬产周期	>10 天	<1 天	<1 天
最小订单量	1000 件	100 件	100 件
产品质量	高	低	高
预定产能成本	高	无	无
交付确定性	高	低	高
预测模式及精度	基于数据，高精度	基于经验，低精度	基于大数据，高精度
品牌企业滞销库存	>20%	少量库存，接近为 0	少量库存，接近为 0
品牌企业资金压力	巨大资金压力	快速周转无压力	快速周转无压力

犀牛智造是一种基于云端算法定义的在线工厂。它实现了制造设备、产线、物料、人员等生产要素的全面数字化，并在此基础上完成了需求、设计、工艺、排产、经营、物流等管理运营系统的云端部署。犀牛智造构建了端到端的生产指挥大脑系统，实现了从需求分析到产品定义，再到加工工艺设计、排产计划、制造执行、设备工艺设计、车间物流以及中央仓

储等环节的数据流的云端生成与自动下发，探索出了一种端到端数据自动流动的新模式。

犀牛智造开发的这套技术体系由五大 SaaS 应用构成，如图 6-4 所示。

图 6-4　犀牛智造五大 SaaS 应用

1. 需求精准洞察（需求大脑）

解决高库存和供需精准匹配问题的关键在于对需求的精准洞察。服装商品具有很强的季节性，而传统需求管理往往缺乏对天气、社群、潮流等多维度数据的分析。商家在选款、订货和营销等决策过程中过度依赖经验，不仅可能导致滞销和高库存风险，还可能因畅销商品补货周期过长而错失市场机会。服装商家需要解决"卖什么、卖多少、什么时间卖"等问题。因此，犀牛智造以数据驱动的方式构建了趋势洞察、设计选款和快速翻单的全链路决策机制。

2. 工艺自动生成（数字工艺地图）

当客户需求确定后，规模化柔性供给的核心在于如何快速、精确地处理海量需求信息，并将它们转化为客户认可的样衣和生产现场可识别的工艺单。对于每天需要处理数百种款式需求的企业，传统依赖人工的方式已无法保证打样和工艺的效率与质量。因此，企业必须借助云端工艺图谱，快速高效地处理需求、推理设计意图、推荐设计选项，并沉淀实操经验。

在传统数字化解决方案中，CAD/CAM（纸样制作、程序生成）和 GSD/GST（分解工序、估算成本）等应用虽然实现了半自动化和无纸化，一定程度上提高了样衣制作效率，但由于各类软件信息不互通，它们仅提高了局部环节的操作效率，并未从根本上解决设计智能化问题。犀牛智造构建了智能化数字工艺解决方案，提升了小批量个性化设计的效率，其技术本质是实现工艺信息的全链路透明和多部门共享。

3. 全链路统筹计划

在传统服装制造企业中，计划的制订与跟踪主要依赖计划员的个人经验和简单的办公软件记录。传统的 APS 无法调度上百个不同形态、不同设备的车间，也无法适应成千上万个产业工人技能水平的动态变化。随着需求变得个性化、高频次、小批量，计划变更频率可能增长百倍左右。犀牛智造的"全链路计划运筹平台"从产能调度、物料调度和敏捷排产三个方面解决了这些问题。

4. 集群式供应链网络

剧烈的需求波动会导致资产利用极不平衡。犀牛智造的理念是将某一地区各工厂、各车间的物料管理从制造环节中分离出来，形成一个中央化的基础设施，以"中央厨房"的形式负责出入库、预加工和配送，从而快速形成该地区的产业互联网规模优势。

5. 柔性制造操作系统

犀牛智造对工厂的数字化升级，核心目标是实现高频换产和柔性制造。这些数字化技术能力包括：设备全面云化，通过设备上行和下行数据的云端汇聚，实现供应链端到端的全局优化；产业工人数字画像，赋予产业工人更多的自主权和选择权；智能高频换款，探索出基于"相似工序连续生产"的转款提效应用；生产实时调度，实时指挥产线走向，动态调整工人的工序任务分配，从而保持最高效的柔性生产效率。

问题：

（1）传统服装产业供应链转型升级面临哪些挑战？

（2）不同的服装生产模式各有什么优缺点？

（3）为什么犀牛智造是一个云端算法定义的在线工厂？

（4）犀牛智造的五大 SaaS 应用有什么功能，与传统的应用软件有什么区别？

资料来源：
阿里研究院，《犀牛智造：探索未来制造之路》，2022-03-11。

6.4.1　数字化供应链智能制造的内涵

1. 智能制造的定义

工业和信息化部、财政部联合制定的《智能制造发展规划（2016—2020 年）》对智能制造的定义为：基于新一代信息通信技术与先进制造技术深度融合，贯穿于设计、生产、管理、服务等制造活动的各个环节，具有自感知、自学习、自决策、自执行、自适应等功能的新型生产方式，它是工业 4.0 的核心目标。

2. 智能制造的功能

（1）动态运行感应。动态运行感应利用物联网技术，实现对物理世界中供应链各环节的设备、产品、物料、产线、订单、用户等多维数据的收集。通过专用采集设备、通用控制设备和智能设备，实现工厂内设备数据采集；通过数据采集网关，实现工厂外智能产品远程接入和数据采集；通过智能终端，采集用户交互数据。这些数据汇聚后，智能工厂就具备了全面的动态感知能力。数据结构连接机器、人员和流程，从而提升工厂运转效率和产品服务质量。

智能工厂的动态运行感应流程实现了万物互联。数字化系统整合企业资源信息至 ERP 平台，实现了物流、信息流、资金流的一体化。仓储系统集成了基础信息管理、货位管理、仓储管理和出库管理等功能模块，通过与 ERP、SCM 等系统结合，满足先进先出和精细化管理要求。生产现场系统面向制造企业车间执行层，包含排产、生产追溯、物流周转、品质管理和设备管理等模块。销售 – 客户系统则包含销售管理模块，支持广泛的销售模式，能实现客户分级管理、商机到出货的全过程管理，以及改善市场、研发与供应链之间的协同问题。

（2）数字流程孪生。数字孪生是一种通过模型和数据对现实世界实体或系统进行数字表示与仿真的过程，是实现数字流程孪生和物理工厂与虚拟工厂交互融合的最佳途径。数字流程孪生具有三大优势。

首先，它能够缩短生产周期。通过设计工具、仿真工具和物联网等手段，将物理设备属性映射到虚拟空间，形成可拆卸、可复制、可修改的数字图像，提升对物理实体的理解。

其次，它能够监控生产流程。在虚拟空间中完成映射，反映实体装备的全生命周期过程，实现对产品开发设计到生产的整个制造流程的监控。

最后，它能够优化生产过程。通过对数据的多维度分析，为产品链提供决策指导，优化整个生产过程。

（3）行动指挥中心。作为智能制造的执行中心，制造执行系统（MES）解决了车间生产任务的执行问题，为用户提供了快速反应、有弹性和精细化的制造环境，帮助企业降低了成本，实现了按期交货并提高了产品和服务质量。MES增强了物料需求计划的执行功能，将物料需求计划与车间作业现场控制相结合。现场控制设施包括可编程逻辑控制器（programmable logic controller，PLC）、数据采集器、条形码、计量及检测仪器和机械手等。MES从生产计划管理、生产过程控制、产品质量管理、车间库存管理和项目看板管理五个维度提升了企业制造执行能力。

（4）自动过程控制。智能制造通过可编程逻辑控制器（PLC）改变了传统自动化生产控制模式，建立了高度灵活、数字化的智能生产制造系统。该系统将生产制造体系与产品生命周期管理整合，形成了以产品全生命周期为核心的智能制造模式。一方面，该系统通过集成机器操作、生产计划、仓储、制造执行和物料移动等信息，利用机器人和AGV/UAV（unmanned aerial vehicle，无人机）实现了物料的自动移动、存储和运输。另一方面，该系统通过机器人流程自动化（RPA）实现了库存过账、交货和发票生成等交易流程的自动化。实时、科学的决策指令从这里发布，最优化的资源配置也从这里开始。

6.4.2　数字化供应链智能制造的优势

1. 快速响应用户需求

智能制造最显著的优势在于能够快速响应市场变化。这不仅体现在缩短常规产品交货期上，还体现在缩短根据用户个性化需求开发新产品和新服务的研发周期上。传统规模化工业生产模式通过大批量生产提高效率，但难以满足客户个性化、小批量的订单需求。数字化供应链中的智能制造生产线实现了模块组合功能，消费品、汽车、钢铁等行业内的企业可以基于用户数据挖掘用户的个性化需求，打造柔性生产体系；借助物联网技术，对生产模块中的个性化半成品与成品进行实时追踪、组合配置与调度；通过打通消费互联网与工业互联网，推广需求驱动、柔性制造和供应链协同等新模式，实现工厂的柔性化生产，解决大规模生产向定制化生产转型带来的不确定性、多样性和复杂性问题。

2. 高效组织生产流程

借助物联网技术，生产全过程的数据被打上批次烙印，从原材料供应、加工、生产到成品交付的每个环节均建立起关联，关键参数均有记录。当出现质量异常时，可精确追溯前段工艺环节，分析各环节参数，确定异常原因。利用大数据分析工具建立质量预测分析模型，主动分析原辅材料质量检验数据和设备工艺参数变化，企业能发现潜在质量问题并及时预警和解决，实现产品质量的同一化与优质化。

智能制造所应用的信息化系统基于缜密、精确、大规模的逻辑和算法，具备自主分析、推理、判断能力，能够自主诊断和修复故障。它能够优化生产流程中的设计、运行及决策能力，融合智能传感、先进控制、数字孪生、工业大数据和工业云等关键技术，从生产、管理到营销的全过程出发，实现制造流程高效化。

3. 大幅降低运营成本

成本管理是企业管理的核心环节，决定着企业的生存和发展。一方面，企业通过结合精益管理与成本管理思想，明确各层级岗位的可控成本范围和成本目标，结合生产计划和物料清单将成本目标分解到各产品规格，制定工序成本定额标准体系，最终完成岗位成本自我改善目标，获得竞争优势。另一方面，通过先进技术优势压缩各项业务成本，包括使用机器代替人工节省人力成本、精准预测需求降低库存成本、工业知识机理复用降低生产成本、预测性维护降低停工成本等。

6.4.3　数字化供应链智能制造的具体实现

1. 采集多维数据信息

智能工厂通过构建智能化生产系统和网络化分布生产设施，实现生产过程的智能化，成为智能制造的重要载体。智能制造连接人、机、法、料、环，实现数据多维度融合。

实现数字化供应链智能制造的第一步是采集多维数据，推进生产过程数字化和管理流程智能化。多维数据包括工厂内外部数据，内部数据涵盖原材料、设备、生产线、制造环境等数据，外部数据包括订单、用户、供应商等数据。例如，在现场作业层面，仓库通过采集货物条码防止管理中的实物漏错混问题；在生产层面，通过采集校验信息防止错用物料，通过关联物料与产品信息采集质量追溯的绑定信息，进行质量检测和控制生产进度；在生产设备层面，通过采集设备运行参数对设备进行维护保养；在运营管理层面，通过采集订单流转状态记录备料、生产、检验、发运等状态。

智能制造利用自动化采集设备（如传感器、视觉识别设备）和信息系统（如 ERP、CRM）整合的方式采集数据，利用工业互联网云平台存储海量数据，通过数据互联实现供应链所有节点的连接。在此基础上，云平台和各应用对连接后的数据进行分析与发掘，包括描述性、诊断性和预测性分析，帮助供应链各主体及时发现问题、迅速解决问题。

2. 制订生产计划与排程

完成多维数据采集后，第二步是制订生产计划与排程。计划部分主要考虑产能、工装、设备、人力、班次、工作日历、模具、委外资源、加工批次等的约束，解决"在有限产能条件下，交货期精确预测、工序生产与物料供应最优、详细计划制订"的问题。排程则实时考虑当前负荷、能力和材料供应等因素，合理安排车间订单生产工序。

APS（advanced planning and scheduling，高级计划与排程）具有多约束、多目标优化的特点，广泛应用于生产过程。APS 基于运筹学和约束理论构建模型与算法，考虑企业内外资源限制，输出满足"最短时间达到最有效目标"的具体生产计划。APS功能分为高级计划和高级排程，能够运用算法制订订单交货计划、采购需求计划、生产工单计划、生产工序计划、设备资源使用计划、工单投料计划等，自动排出订单交货日期，创建采购申请单，跳转工单开工和完工日期，进行生产派工，等等。

APS主要具备以下功能。

（1）自动化排程：通过遗传算法、模拟退火算法等先进算法，实现车间同步计算和端到端全流程同步计算，满足供应商、工厂、客户之间的全流程集中。

（2）制订详细计划：APS可以制订全面的车间计划，包括设备、工装及班组人员计划。

（3）制订投料计划：通过对工序物料需求汇总统计，设定精细化投料计划。

（4）满足紧急插单：APS实时监控计划排产进度，处理意外情况，迅速调整计划，智能调度，降低订单延迟率。

（5）实现滚动排程：APS对全工厂进行软件建模，实时掌握实际生产完成情况，综合考虑生产实际情况后进行计划更新。

（6）进行交货期评估：根据订单优先级或规则，考虑多种约束瓶颈进行倒排程和正排程，快速准确地答复交货期。

（7）计划可视化：APS提供资源、负载、订单、库存及项目甘特图等可视化展示，支持多维度自定义报表。

3. 智能生产执行与控制

在完成第二步制订生产计划与排程后，第三步是智能生产执行与控制。传统车间生产管理大多依赖车间作业管理系统（shop floor control，SFC），通过管理工作中心（work center，WC）的生产作业单元来改变物料形态或性质，主要依靠手工汇报进度、工时和损耗情况。然而，随着制造精益化和数字化的发展，智能制造时代的工厂开始广泛采用制造执行系统（manufacturing execution system，MES）。MES面向车间生产过程管理与实时信息管理，主要解决车间生产任务的执行问题，提升工厂的制造能力和生产管理能力。

MES系统包含11个主要模块：工序详细调度、作业人员管理、生产单元分配、资源状态管理、产品跟踪管理、质量管理、文档图样管理、设备维护管理、设备性能分析、车间数据采集和制造过程管理。在生产过程中，MES用于实时掌握各生产线的产量数据，班组成员可以随时获取当前生产任务的进度。通过电子看板、邮件等方式，对现场异常状况进行及时通报，管理人员能够快速了解产线实际情况并进行应对。在过程控制方面，制程防错可确保产品按设计流程流转，减少跳站、漏检等行为，保证生产过程的完整性。同时，MES可以对每个工序的操作步骤进行完整验证，防止操作员遗漏操作，并实时记录和控制质量检查点，提升质量水平。

随着下一代MES的发展，制造运营管理（manufacturing operations management，MOM）系统应运而生。MOM系统不仅涵盖了MES的功能，还将维护运营管理、质量运营管理和库存运营管理与生产运营联系起来，详细定义了各类运营管理的功能及其模块间的关系，以整体解决方案的方式被应用于制造过程，如图6-5所示。

在智能生产执行与控制过程中，除了智能制造生产系统外，机器人、3D打印和沉浸技术也越来越普遍地被应用于制造过程。如今，工业机器人的多关节机械手具有高自由度和大容纳性等特点，可匹配各种机械装置展开生产活动，基于智能机械加工辅助的智能制造生产线得以建立。3D 打印在产品制造中的应用提高了材料利用率，尤其对于结构复杂、精度要求高的产品，3D 打印能够实现较好的效果，满足客户个性化、定制化和高精度的需求。沉浸技术在不同制造场景中得到广泛应用，例如在航空发动机装配中，沉浸技术通过模拟发动机三维模型的虚拟装配，降低了装配失误率，减轻了工人的工作压力，帮助工人提高了装配熟练度，在降低成本的同时大幅提升了效率。

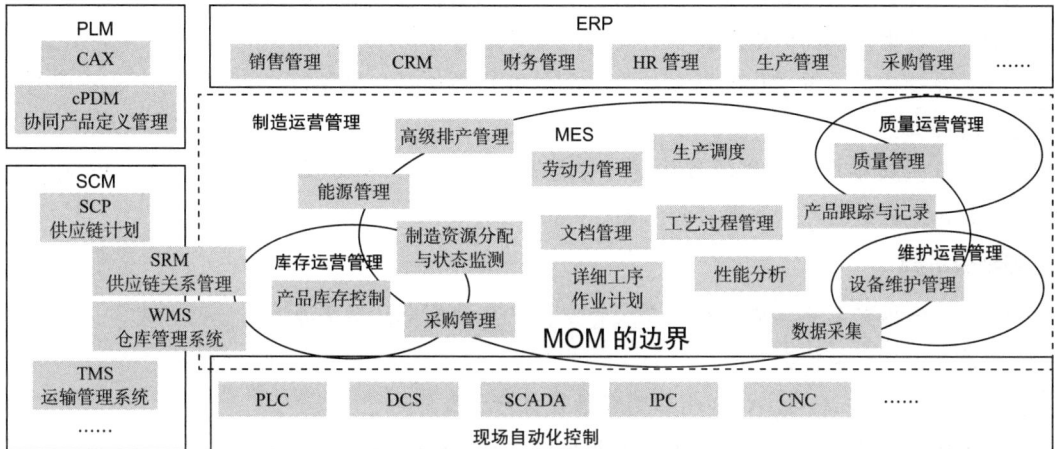

图 6-5　MOM 系统边界

资料来源：唐隆基，《制造业供应链数字化变革的若干发展趋势》，第十三届中国制造业供应链管理峰会报告，2021 年 10 月 27 日。

4. 全局动态优化决策

数字化供应链智能制造的最后一步是全局动态优化决策。在完成前几个步骤后，大量传感器已实现状态感知，智能工厂将采集的工业大数据通过工业互联网和物联网传输到云平台进行实时分析。随后，基于人脑与计算机相结合的人工智能对分析结果做出决策，并将决策反馈给一线执行层，实现精准执行。其中，数字孪生技术为这一流程提供了强大支持。

借助数字孪生技术，智能工厂能够实现实时感知、动态交互和全局优化决策。这些决策涵盖多个方面：在柔性生产中，智能工厂可根据用户需求的变化灵活调整产线，动态调度生产过程，实现快速响应；在预测性维护方面，工厂可以利用数字孪生技术实时监测设备状态，结合工业机理模型与 AI 算法预判故障可能性并及时维护，显著降低停机概率和停产损失；在低碳优化方面，工厂可根据实时碳排放监测进行动态能源管理。例如，西门子研发的 SiGreen 解决方案能够全面追溯产品碳足迹，涵盖生产制造过程中的碳排放以及供应链中所有原材料和零部件的碳排放。该方案实现了生产全生命周期碳足迹的可信精算和追溯，并已通过 ISO 质量体系认证。

⊙ 尝试应用

1. 模拟任务

2～3个同学组成一组。每个小组选择一条现实的供应链，通过实地调研和网络调研，完成以下模拟任务。

（1）分析该供应链中产品开发与设计的主要阶段和活动有哪些。

（2）分析该供应链中客户与供应商是否参与了产品设计，参与的方式有哪些。

（3）分析该供应链如何采用面向 X 的设计和面向供应链管理的设计。

（4）分析供应链如何通过数字化实现产品开发的创新。

（5）分析该供应链中生产计划如何实现供给管理与需求管理的结合，如何实现不同节点间生产的同步。

（6）分析该供应链在实现智能制造方面有哪些实践，同时结合"灯塔工厂"的最佳实践，分析该供应链还可以采取哪些措施。

2. 思考分析题

（1）功能性产品的供应链因为需求稳定，产品种类少，不需要进行产品开发与设计。这一说法是否正确，为什么？

（2）查找资料，分析 AI 如何影响产品设计与开发。

（3）智能互联产品如何影响客户关系和创新服务的提升？

（4）智能制造是供应链生产系统的发展趋势，因此所有企业都应该建立智能制造系统。你如何理解这一观点？

（5）查找资料，了解工业和信息化部近几年的工业互联网试点示范名单中有哪些 5G 工厂试点。

⊙ 融会贯通

1. 从供应链产品流管理的角度，分析如何提升自己的学习产出绩效。

2. 拉式和推式两类供应链中的供应链产品流有什么区别？

3. 实物效率型和市场反应型两类供应链中的供应链产品流有什么区别？

4. 精益策略、快速响应策略、有效客户反应策略、众包策略等四种策略如何应用于供应链产品流管理？

5. 供应链产品流管理如何促进供应链目标的实现？

6. 你能否使用 AI 视频生成工具制作一个智能工厂的视频？

⊙ 参考文献

[1] 辛哈，贝尔纳德斯，卡顿，等.数字化供应网络：技术突破和过程重构共同推动供应链重塑、增强企业竞争力 [M].王柏村，彭晨，彭涛，译.北京：电子工业出版社，2023.

[2] 刘助忠，周敏，龚荷英.供应链管理 [M].长沙：中南大学出版社，2016.

[3] 马潇宇，张玉利，叶琼伟.数字化供应链理论与实践 [M].北京：清华大学出版社，2023.

[4] 王能民，何奇东，张萌.供应链管理 [M].北京：机械工业出版社，2023.

第 7 章　数字化供应链物流管理

◐ **聚焦任务**

1. 识别供应链中的物流系统。
2. 勾画供应链物流网络图。
3. 优化供应链物流网络。

4. 打造供应链智慧物流系统。
5. 优化供应链库存系统。

▲ **知识点**

供应链物流系统、供应链物流网络、物流网络优化模型、供应链智慧物流、物流控制塔、供应商管理库存（VMI）、联合库存管理（JMI）、多级库存管理、全渠道一盘货

▲ **知识图谱**

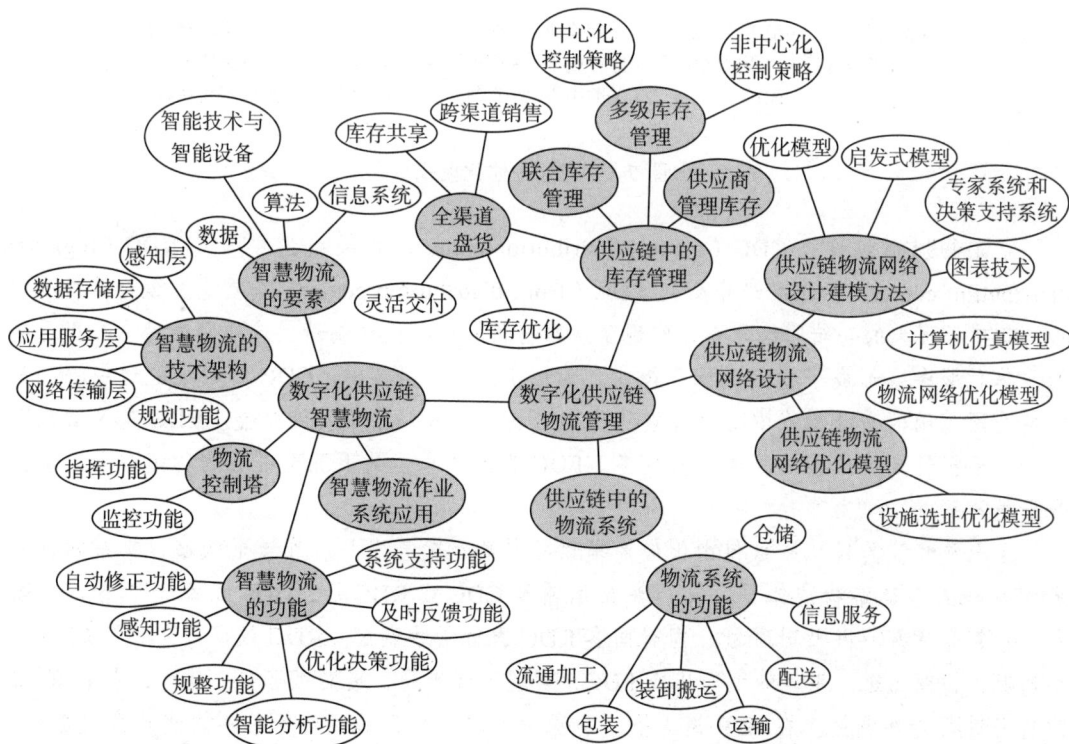

7.1　供应链中的物流系统

资料 7-1　京东物流一体化供应链运作模式

京东物流的供应链运作模式以物流企业为核心，采用纵向一体化的方式展开。其核心是围绕仓配环节进行纵向延伸，将采购、运输、仓储和配送等物流环节整合为一体。在数字技术的支持下，以数字化能力为发展目标，构建基于大数据分析的供应链规划、计划与实施一体化体系。通过数字技术推动一体化供应链向系统化、算法化和数字化方向发展，最终实现数字算法与物流活动的有效融合。京东物流一体化供应链运作模式分为两个阶段。

1. 从仓配一体化模式到物流一体化模式

仓配一体化是供应链一体化的起点。它连接了消费端和生产端的物流，推动供应链的纵向集成。仓储作为消费端和生产端的连接点，是影响全链条效率的关键环节。只有解决好仓储问题，才能实现一体化供应链的有效运行。如图 7-1 所示，京东物流的仓配一体化模式以仓储、配送为核心，向前渗透生产环节，连接供应商的采购与生产，向后延伸提供增值服务，为消费端用户提供售后增值服务。

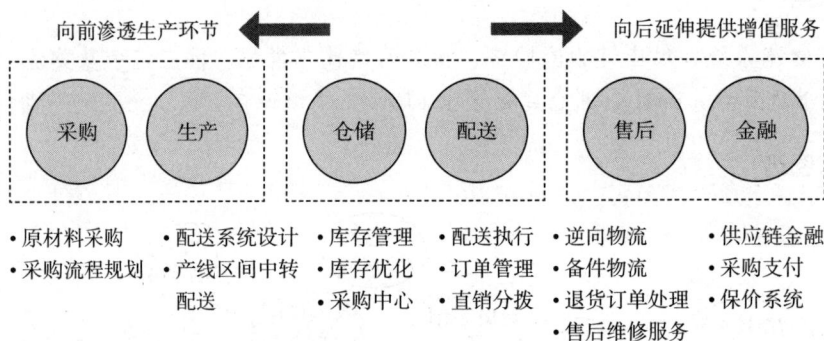

图 7-1　仓配一体化模式

京东物流通过设立 CDC（central distribution center，中央配送中心）、RDC（regional distribution center，区域配送中心）、FDC（front distribution center，前置仓）等仓储物流中心，构建了强大的仓储网络体系，实现了从原材料入厂、生产制造、流通到最后一公里送装的一体化服务，形成了物流一体化模式，如图 7-2 所示。其中，CDC 为中央配送中心，是支持全国范围的仓储物流中心，又被称为中心仓，具备一仓多发的功能。RDC 是区域配送中心，承担特定区域内的物流配送任务。FDC 为前置仓，是下沉至区县的物流中心，能提升配送效率。

在产前物流阶段，原材料由供应商提供并采购运输至工厂。在流通领域，京东物流形成端到端的全链路物流体系。工厂商品运输至 CDC 或 RDC 后，CDC 根据消费者订单需求，计算仓库库存并及时补货，同时向各 RDC 进行货物调配。RDC 依据门店和 FDC 的库存情况，将商品进一步运输至门店或 FDC，实现下沉布局，更贴近客户。此外，各 RDC 之间也可进行货物调拨。在 B2B 模式下，消费者下单后可选择到线下门店自提或配送服务；

在 B2C 模式下，商品可从 FDC 或 RDC 直接配送至客户手中，减少运输时间和路程。同时，京东物流提供维修、定制客服和逆向揽收等增值服务。

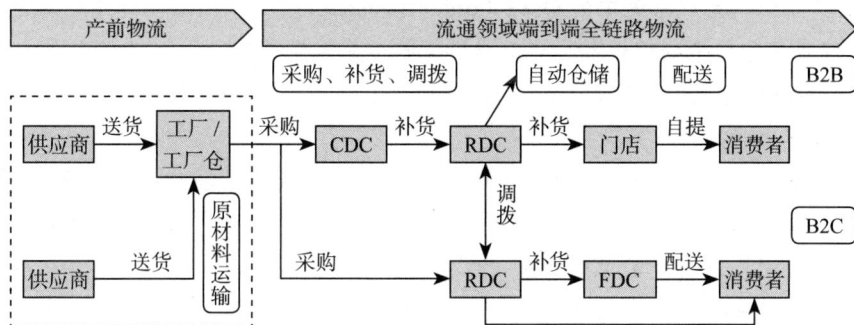

图 7-2　物流一体化模式

2. 一体化供应链运作模式

在物流服务一体化的基础上，京东物流利用数字化供应链技术，结合物理世界与数字世界，构建了集供应链规划、计划及执行为一体的运作模式，如图 7-3 所示。

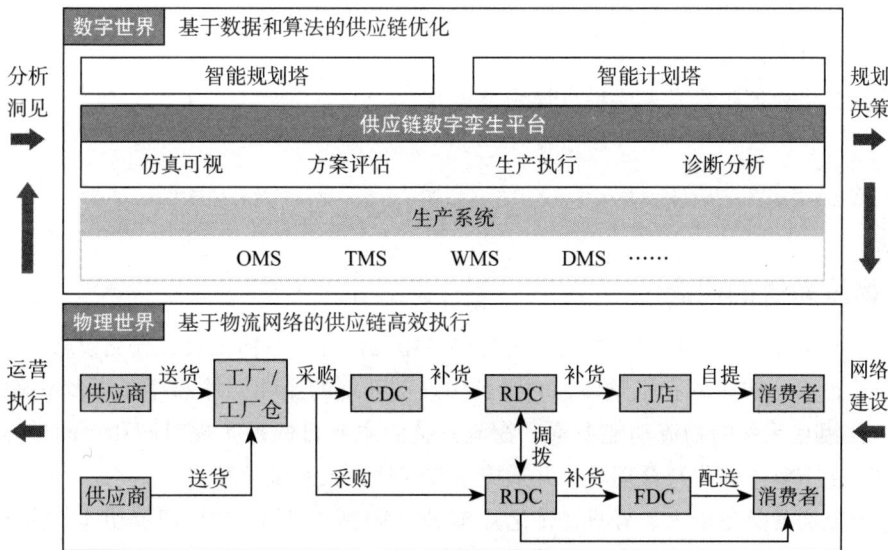

图 7-3　一体化供应链运作模式

一体化供应链运作模式的流程主要包括以下几个阶段。

（1）分析洞见。针对不同企业及其所在行业，首先开展战略调研，分析企业所在行业的特点，并深入了解企业拥有的领先技术。同时，对企业物流现状进行全面调研，将相关数据和情况转化为数字化信息，输入数字世界，为后续规划提供基础。

（2）规划决策。在数字世界中，基于数据和算法进行供应链的规划与计划。智能规划塔作为顶层规划工具，主要负责物流网络的构建，包括网络层级、节点数量、位置、覆盖范围及仓库规模等内容。智能计划塔则聚焦于销量预测和运营计划，涵盖需求预测、库存计划、供应计划及智慧运营等环节。需求预测以历史数据为基础，通过调整预测模型得出较为准确的结果；库存计划则根据每个 SKU 的属性特点，分析历史数据，制定合适的库存和补货数量，实现动态库存管理。供应链数字孪生平台对规划和计划结果进行仿真模拟与评估，优化后推送至生产系统。生产系统中的 OMS（order management system，订单管理系统）、TMS、WMS 等系统直接作用于物理世界，影响供应链的运营效果。

（3）网络建设。通过构建高效的物流网络体系，结合六大物流网络和仓网布局，确保供应链在物理世界中的高效执行。

（4）运营执行。执行层提供仓储、运输、配送（"仓运配"），正逆向物流及客户服务等一体化供应链物流服务。通过整合采购、仓储、运输、配送和售后等环节，实现物流活动的一体化。在此基础上，还提供正逆向物流一体化服务和增值服务。在物理世界中，通过融合线上线下渠道订单，统一 B2B 和 B2C 仓库的仓储配送服务，最终形成一体化供应链物流服务。

在仓配一体化的基础上，一体化供应链整合了上下游企业的物流资源，借助智能化供应链技术，构建了集规划、计划和执行于一体的运作模式。数字世界与物理世界相互协同，实现闭环运行。一体化供应链以解决方案的形式为客户提供全面的物流服务，解决客户问题，持续为客户创造价值。

问题：

（1）京东物流为供应链提供哪些物流服务？

（2）京东物流网络中包括哪些节点？

（3）数字化如何赋能京东的供应链物流系统？

资料来源：

杨竹. 京东物流公司一体化供应链运作模式案例研究 [D]. 北京：中国财政科学研究院，2023.

7.1.1　物流系统的概念

物流系统是在特定时间和空间内，由物料、相关设备、运输工具、仓储设施、人员及通信联系等动态要素构成的有机整体。它受到内外部环境的影响，外部存在诸多不确定因素，内部则包含相互关联的物流功能要素。物流系统的主要目标是实现时间和空间效益的最大化，其成功在于整体优化与合理化，并适应或改善社会大系统的环境。

物流系统通常具备输入、处理（转化）、输出、限制（制约）和反馈等功能。这些功能的具体内容会因物流系统的性质不同而有所差异，如图 7-4 所示。

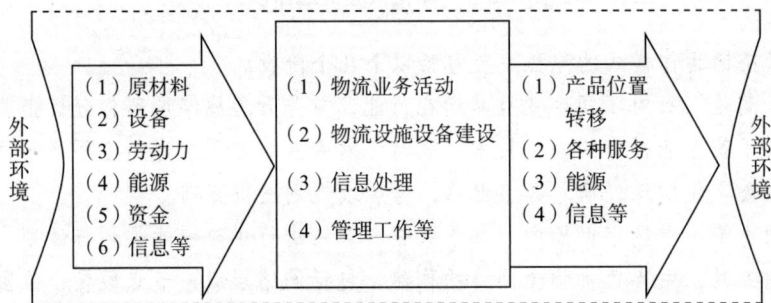

图 7-4　物流系统

资料来源：邓明荣，葛洪磊. 供应链管理：战略与实务 [M]. 北京：机械工业出版社，2012.

物流系统处于外部环境中，需从外部环境中获取原材料、设备、劳动力、能源、资金、信息等资源输入，并向外部环境输出产品位置转移、各种服务、能源和信息等。在输入与输出之间，物流系统通过生产、供应、销售和服务等活动完成物流业务的处理或转化，具体内容包括物流设施设备建设，以及运输、储存、包装、装卸、搬运等物流业务活动，同时还涉及信息处理与管理工作。在输入转化为输出的过程中，由于物流系统内部因素的限制，若转化无法按计划实现，则需将输出结果反馈至输入端进行调整；即使按计划实现，也需反馈信息以评估工作效果，这一过程称为信息反馈。信息反馈活动包括撰写物流活动分析报告、统计报告数据、开展典型调查以及整理国内外市场信息与动态等。

现代物流系统由半自动化、自动化乃至具有一定智能的物流设备和计算机物流管理控制系统组成。每一种物流设备都必须接受物流系统计算机的管理与控制，执行计算机发出的指令，完成规定动作，并反馈执行情况或当前状态。智能程度较高的物流设备具备一定的自主性，能够更好地识别路径和环境，且自身带有数据处理功能。现代物流设备是在计算机科学和电子技术基础上，结合传统机械学发展而来的机电一体化设备。

7.1.2　物流系统的功能

物流系统具备运输、仓储、包装、装卸搬运、流通加工、配送和信息服务等多个功能，以下是各功能的具体介绍。

1. 运输功能

运输是物流系统的核心业务之一，对物流效率起着关键作用。选择合适的运输方式需要综合考虑运输服务与成本之间的平衡。运输方式的选择受运费、运输时间、频次、运输能力、货物安全性、时间准确性、适用性、灵活性、网络覆盖面和信息透明度等因素的影响。

2. 仓储功能

仓储功能体现在货物的堆存、管理、保管、保养和维护等环节。其作用主要体现在两个方面：一是确保货物的使用价值和价值不受损；二是为物流中心的配送作业提供必要的存储支持。随着经济的发展，物流逐渐从少品种、大批量向多品种、小批量、多批次转变，仓储功能也从注重保管效率转向注重高效发货和配送。

3. 包装功能

包装是物流过程中保护货物、满足用户需求的重要环节。包装分为工业包装和商品包装。工业包装主要用于按单位分隔产品，便于运输和保护在途货物；商品包装则侧重于满足最终销售的需求。包装功能主要体现在保护商品、实现单位化、提供便利性以及展示商品广告等方面，其中前三项属于物流功能，最后一项属于营销功能。

4. 装卸搬运功能

装卸搬运是物流活动中必不可少的环节，它连接了运输、仓储、包装和流通加工等环节。装卸搬运活动包括货物的装上卸下、移送、拣选和分类等。其典型方式为集装箱化和托盘化，常用的设备有吊车、叉车、传送带和各种台车等。装卸搬运活动频繁发生，是产品损坏的重要原因之一，因此需要通过合理选择装卸搬运方式和设备，优化配置，减少装卸次数，以降低物流成本。

5. 流通加工功能

流通加工是在物品从生产领域向消费领域流动的过程中，为了促进销售、维护产品质量和提高物流效率而进行的辅助性加工。这种加工可以弥补生产环节加工程度的不足，更好地满足用户需求，衔接生产和消费环节。流通加工的内容包括装袋、定量化小包装、拴牌子、贴标签、配货、挑选、混装和刷标记等。其主要作用是进行初级加工，方便用户；提高原材料利用率；提升加工效率；充分发挥运输手段的效率，以及通过改变品质来提高收益。

6. 配送功能

配送功能体现在物流系统可以通过物流中心集中库存和共同配送的形式，帮助用户实现零库存或少量保险储备，降低物流成本。配送是现代物流的重要特征之一，准时配送可以减少用户对库存的依赖，提高供应链的灵活性。

7. 信息服务功能

信息服务是物流系统的中枢神经，对物流系统的正常运作起着关键作用。信息服务功能包括提供与物流各环节相关的计划、预测、动态数据（如运量、收发存数据）、费用信息、生产信息和市场信息等。信息服务管理需要建立完善的情报系统和渠道，确保信息的准确性和及时性。信息服务的主要作用是缩短从订货到发货的时间，实现库存适量化，提高搬运和运输效率，简化订货和发货流程，提高订单处理精度，避免发生发货和配送错误，调整供需关系，以及提供信息咨询服务。

7.2 供应链物流网络设计

◑ 资料 7-2 京东物流六大网络体系

京东物流的物流网络是一体化供应链的基础，也是解决方案执行的重要保障。其物流网络由六大部分组成：综合运输网络、最后一公里配送网络、冷链网络、大件网络、跨境网络和仓储网络。

1. 综合运输网络

综合运输网络由分拣中心、运营仓库及配送站等组成，采用自动化分拣和无人操作技术，显著提升了分拣中心的运营效率。截至 2021 年年末，京东物流运营的分拣中心约有200 个，自有运输车队拥有约 7500 辆卡车及其他车辆，航空货运航线约有 620 条，铁路路线约有 250 条。

2. 最后一公里配送网络

最后一公里配送网络是物流服务的终端环节，由自有配送团队、服务站点及自提柜构成。其目标是根据消费者需求，提供送货上门或自提服务。截至 2021 年年末，京东物流运营的配送站达 7280 个，覆盖中国 31 个省份及 444 个城市，配送人员超 20 万名。此外，京东物流还与达达集团合作，补充了最后一公里的配送运力。

3. 冷链网络

冷链网络由冷链仓储、冷链运输和冷链终端配送组成。京东物流已运营 100 个冷链仓库，为生鲜及需要冷冻冷藏的产品提供温控储存，同时为药品和医疗器械提供专用冷库。在配送环节，通过上千辆冷链专用货车，利用高效的配送网络，确保产品及时、安全地送达客户手中。

4. 大件网络

大件网络主要服务于大型家具家电行业。为满足家电企业快速履约需求，京东物流在网络中设置前置仓储，提供零配件运输、上门组装及售后等一体化服务。仓储阶段采用高度自动化系统进行搬运、仓储和包装，运输阶段减少了搬运次数，配送阶段提供送货上门、安装及优质售后增值服务，满足大件商品的市场需求。

5. 跨境网络

跨境网络是京东物流为实现全球化战略布局而构建的系统网络，旨在快速落实海外市场的供应链一体化。京东物流不断加强与美国、澳大利亚、欧洲等国家和地区的海运往来，提升跨境业务的服务时效。目前，京东物流管理的保税仓和海外仓库总面积超 70 万 m^2，仓库数量达 80 个，货物最快可实现 48h 送达。

6. 仓储网络

京东物流的仓储网络是中国规模最大的仓储网络之一，是其一体化供应链服务的核心。为扩大物流服务范围，京东物流设置了区域配送中心（RDC）、前置仓（FDC）及其他仓库。截至 2021 年年末，京东物流管理的仓库超 1300 个，云仓约有 1700 个，仓库总面积达 2400 万 m^2 以上。仓库内部采用高度自动化技术，如 AGV 和先进机器人技术，可实现 24h 不间断作业。此外，京东物流在全国 33 个城市设置了约 40 个"亚洲一号"智能仓库，通过后台技术抓取数据，预测销售趋势，并将商品调配至离潜在客户最近的仓库，实现高效运营。

资料来源：
杨竹 . 京东物流公司一体化供应链运作模式案例研究 [D]. 北京：中国财政科学研究院，2023.

现代物流通过统筹协调、合理规划和优化产品流动，旨在实现利益最大化或成本最小化。为满足用户不断变化的需求，物流服务内容已从传统的运输、仓储扩展到以现代科技、管理、信息技术为支撑的综合服务。服务范围也从地区性向全国性、国际性方向发展。这表明物流业正逐步形成一个网络化的综合服务体系。物流的网络化是信息化的必然结果。随着网络技术的迅速发展，物流服务提供商越来越关注信息和资源的共享。信息技术的应用使传统物流网络向增值型物流网络转变，增值型物流网络是通过资源共享，为客户创造高效服务的物流网络。

7.2.1 物流网络的概念

不同的学者对物流网络的含义有不同的理解，几种物流网络的定义如表 7-1 所示。

表 7-1 几种物流网络的定义

学者	定义
朱道立等（2001）	产品从供应地向销售地移动的流通渠道
王之泰（2011）	线路和节点相互关系、相互配置及其结构、组成、联系方式不同，形成了不同的物流网络
徐杰、鞠颂东（2005）	在网络经济和信息技术的条件下，适应物流系统化和社会化的要求发展起来的，由物流组织网络、物流基础设施网络和物流信息网络三者有机结合而形成的物流服务网络体系的总称
《中华人民共和国国家标准：物流术语》（GB/T 18354—2021）	通过交通运输线路连接分布在一定区域的不同物流节点所形成的系统

物流网络可以从不同的角度去划分。从物流服务功能的角度看，物流网络包括运输网络、仓储网络、配送网络等；从运作形态来看，有物流基础设施网络、物流信息网络和物流组织网络；从物流网络服务范围看，有企业内部物流网络、企业外部物流网络和综合物流网络。

7.2.2 供应链物流网络设计的原则与步骤

供应链物流网络设计与传统物流网络设计相比，更强调成员企业的全体参与性、网络整体性以及成员协作性，这些特点贯穿于设计的整个过程。除了遵循成本 – 服务原则外，供应链物流网络设计还遵循整体性、协作性和创新性原则，并且这三个原则尤为重要。基于这些原则，物流网络设计可以分为以下六个步骤：明确网络设计程序、评估现有网络的业绩水平、加入网络设计的创新选择、提出网点布局方案、做出网络设计决策以及制订实施计划。

1. 供应链物流网络设计的原则

（1）整体性原则。整体性原则是供应链物流网络设计的核心。它要求设计始终从物流网络的整体出发，综合考虑各种相关问题。在供应链环境中，一个物流网络包含多个成员企业，各企业情况各异。因此，在确定网络目标时，应从全局利益出发，以达成更广泛的共识。

（2）协作性原则。协作性是供应链物流网络与传统物流网络的重要区别之一。在网络设计阶段，可成立由各企业代表组成的专门业务小组，协调企业间的关系，了解各方期望，并制定有利于协作的合约与流程，如信息传递方式、共享范围等。

（3）创新性原则。供应链物流网络涉及范围广、问题复杂，设计中需充分发挥创新精神，突破传统思路与方法。例如，从单个企业扩展到整个供应链范围，可利用更多资源优化网络；结合返货、退货等环节，更好地组织物流活动。

（4）成本 – 服务原则。成本 – 服务原则是物流网络设计的永恒主题，分为两个方面：在成本一定时，追求最高服务水平；在服务水平一定时，追求最低成本。设计过程中需分析某项成本增加是否能带来相对收益，若局部成本增加小于整体利益增加，则方案可行。

2. 供应链物流网络设计的步骤

（1）第一步：明确网络设计程序。在开始设计时，需明确网络设计程序，主要工作包括以下几个方面。

1）成立网络设计小组，成员应包括各企业代表，或通过协商确保各方意见得到反映。

2）确定网络设计目标，权衡企业个体战略目标与网络整体目标，确保设计目标被成员企业接受。

3）决定是否使用第三方物流。如使用，需在设计小组中增加物流企业人员，提供专业建议。

（2）第二步：评估现有网络的业绩水平。重新设计前，需对现有网络设定比较基准。具体包括测量并记录现有网络中各网点的位置、运输成本、存货与仓储成本、设施成本，以及各活动的响应时间等。

（3）第三步：加入网络设计的创新选择。这是最具创新性和挑战性的一个步骤。供应链物流网络设计面临更多不确定性和复杂环境，需结合实际情况，大胆采用新方法。例如，为每类货物设计新的物流模式，如直接送货、越库操作、寄销货品、合并进出货等。

（4）第四步：提出网点布局方案。这是最耗时且难度最大的一步，具体包括以下内容。

1）设计和建立网络数据库，收集、分析数据并使由参数、成本计算和约束条件组成的数据库雏形合理化。

2）设计网络优化模型，根据目标和约束条件，用数学方法反映客观条件及期望结果。

3）选择网络设计工具，利用优化工具建立模型，制订各种设计方案。

（5）第五步：做出网络设计决策。对由第四步得到的备选方案，从成本、服务和资产使用率等多个方面进行比较分析。建模目的是让管理层看到物流成本与服务的权衡，综合各方面因素后做出决策。硬件设施要求包括供应商、运输服务、通信和仓储设施等；软件设施要求包括劳动力素质、流动性及市场接受程度等。最终筛选出最优设计方案，并确保与第一步设定的目标一致。

（6）第六步：制订实施计划。将设计决策转化为现实，需制订有效的实施计划。供应链物流网络的设计和实施离不开全体成员的合作，对网络整体性和协作性要求更高。实施过程会对现状产生较大冲击，需投入较多资源，因此需从一开始就做好充分准备，确保顺利、按时完成实施工作。

7.2.3　供应链物流网络设计建模方法

通常在供应链物流网络设计分析中，会使用以下 5 种模型。

1. 图表技术

图表技术是指借助相对简单的数学分析方法，通过直观的方式综合反映各种现实约束条件的技术。虽然这类技术不需要复杂的数学推导，但其分析结果并非低质量的。常见的方法包括图表统计法、加权评分法和电子表格等。结合分析人员的经验、洞察力和对网络设计的理解使用这些方法，通常能够得出令人满意的设计方案。

2. 计算机仿真模型

计算机仿真模型考虑了网络设计和网络性能的动态情况，能够处理随机性变量要素。它可以将成本、运输方式、运输批量、库存容量和周转率等要素及它们的关系合理地数量化后进行描述，并通过计算机程序模拟物流网络的运行。当设计的物流网络不需要详细优化的解决方案，或者问题不是特别关键时，计算机仿真模型是最合理的选择。

3. 优化模型

优化模型依赖精确的数学过程，用于评估各种可选方案，包括线性规划、非线性规划、整数规划、枚举模型和排序模型等。这些模型能够提供数学上的最优解，但它们处理的参数通常是静态的，如年需求量、平均需求量等，未能考虑这些参数在时间上的变化。

4. 启发式模型

启发式模型结合了计算机仿真模型和优化模型的优点，用于解决复杂的物流网络设计问题。它适用于需要大量决策的复杂问题，能够提供合理的网络配置解决方案，但不保证结果是最优的。该方法具有良好的可操作性。在物流网络规划中，启发式模型常遵循以下规则：

（1）仓库的最佳选址通常位于需求最密集的中心点附近；

（2）对于大批量（如整车批量）购买的客户，他们的货物可直接由供货点供应，无须经过仓储系统；

（3）若某产品的仓储成本低于出入库运输成本，则应将此产品存放在仓库中；

（4）增加新仓库的前提是能够最大化节约物流总成本；

（5）从配送角度看，成本最高的客户通常是小批量购买且位于配送网络末端的客户。

5. 专家系统和决策支持系统

物流网络设计者在实践中积累了丰富的经验，能够解决复杂问题。专家系统和决策支持系统通过整合数据、信息和技术，并借助计算机程序，为管理者提供决策支持。这些系统能够弥补当前规划方法的不足，帮助设计者更好地应对复杂的物流网络设计问题。

7.2.4　供应链物流网络优化模型

1. 设施选址优化模型

供应链物流网络中的设施是物流系统的关键节点，包括工厂、仓库和销售网点等。设施选址在物流网络规划中具有决定性作用，其决策内容包括确定设施的数量、地理位置和规模等。例如，在工厂和零售店位置已确定的情况下，如何选择仓库或物流配送中心的位置。其目标是在满足服务水平的前提下，使系统总成本（包括生产采购成本、库存成本、设施运营成本和运输成本等）最小化。

重心法可用于建立单设施选址优化模型。该方法以运输成本为唯一决策因素，是一种静态选址方法，旨在通过寻找重心位置来最小化运输总成本。单设施选址优化模型的优点是能够真实反映实际问题，从数学和实践角度看，这种简化假设是合理的。采用该模型时，需满足以下假设条件：

（1）假定多个分散消费点的需求量集中于某一点；

（2）不同地点选址的固定设施成本、劳动力成本和库存成本无差异；

（3）运输费用与运输距离呈现线性关系；

（4）节点间运输视为直线运输，实际中可通过修正系数调整直线距离与实际路线距离的差异；

（5）静态选址假设不考虑时间价值和未来收益与成本的变化。

在单设施选址优化模型的基础上，可进一步建立多设施选址优化模型。例如，考虑服务水平的多设施选址优化模型，其服务水平可被定义为距离指定仓库不超过给定值的顾客数量占总顾客数的百分比。例如，可要求 95% 的顾客位于仓储点周围 200km 范围内。

2. 物流网络优化模型

对于大多数供应链，物流网络优化不仅涉及设施选址，还需确定以下内容：供应商的原材料或零部件供应量、各工厂生产的产品类型和数量、不同节点的库存配置、工厂与配送中心之间的服务关系、配送中心与客户之间的服务关系，以及产品的运输方式和路径等。确定这些变量的最优值是物流网络优化的主要决策内容。

混合整数规划是解决供应链物流网络优化问题的常用数学方法。该模型的决策目标通常是供应链总成本最小化或利润最大化。其约束条件通常包括：

（1）各供货厂的产量不能超过其生产能力；

（2）必须满足所有市场需求；

（3）仓库的吞吐量不能超过其吞吐能力；

（4）仓库必须达到最低吞吐量才能运营；

（5）同一市场所需的各种产品必须由同一仓库供应。

在掌握相关数据信息后，通过建立和求解混合整数规划模型，通常可得到以下结果：

（1）供应商的原材料或零部件供应量；

（2）供应链物流网络中仓库的数量、地点和规模；

（3）工厂生产的各类产品分别运往哪些仓库；

（4）各级仓库分别为哪些客户服务；

（5）整个物流系统的运输流向和流量；

（6）物流网络的各项成本及总成本。

7.3　数字化供应链智慧物流

● 资料 7-3　京东物流的智能物流系统

多年来，京东物流一直在加强供应链相关技术的创新应用，形成了一套完善的智能供应链物流系统，实现了服务自动化、运营数字化、决策智能化。

1. 服务自动化

服务自动化是构建无人物流的关键，目前包括自动化存货搬运系统、存储系统、机器人分拣及包装系统等多种系统，以及自动导引车和移动机器人（AMR）、自动分拣系统和货到人拣选系统、最后一公里 AGV 及虚拟现实技术等辅助技术。

2. 运营数字化

运营管理系统主要由仓库管理系统（WMS）、运输管理系统（TMS）、订单管理系统

（OMS）及供应链控制塔等软件系统组成。物流运营及管理的数字化能够提高物流的准确性、效率及服务能力。

3. 决策智能化

决策智能化是指依托计算机及大数据等数字技术强大的分析能力，通过人工智能程序在业务节点做出智能决策。依据实时数据进行分析，快速优化资源做出合理的决策，能进一步提升客户服务体验，提高运营效益。

智能路线规划是指在考虑距离、天气变化等多种因素的基础上，运用算法技术设计出相关物品在物流网络中的最优路线。路线的规划预测技术可以优化装卸顺序、提高发货速度和发货数量，最大限度地提升运营效率、降低成本。

存货优化是指运用数据分析帮助客户算出不同区域中不同产品最佳的存货数量。根据公司历史销售数据或类似产品进行算法预测，可减少定量存货在履约区域以外发生配送的情况。随着销售数据不断增加，后台设备持续收集、汇总、分析数据，数字算法将不断完善，能更加准确地预测相关区域的存货需求，为相关区域提供有效的建议，减少不平衡存货导致的成本升高或效率下降的问题。

资料来源：
杨竹 . 京东物流公司一体化供应链运作模式案例研究 [D]. 北京：中国财政科学研究院，2023.

7.3.1　智慧物流的定义与特征

《中国智慧物流 2025 应用展望》将智慧物流定义为通过大数据、云计算、智能硬件等智慧化技术与手段，提高物流系统思维、感知、学习、分析决策和智能执行的能力，提升整个物流系统的智能化、自动化水平，从而推动中国物流的发展，降低社会物流成本，提高效率。

《中华人民共和国国家标准：物流术语》（GB/T 18354—2021）将智慧物流定义为以物联网技术为基础，综合运用大数据、云计算、区块链及相关信息技术，通过全面感知、识别、跟踪物流作业状态，实现实时应对、智能优化决策的物流服务系统。

智慧物流能够迅速、灵活、正确地理解物流问题，并运用科学的思路、方法和先进技术解决物流问题，从而创造更好的社会效益和经济效益。其核心在于通过智能硬件、物联网、大数据等技术，提升物流系统的分析决策和智能执行能力，强调信息流与物流的快速、高效、通畅运转，以实现降低社会成本、提高生产效率、整合社会资源的目标。

智慧物流具有以下特征。

1. 互联互通，数据驱动

所有物流要素实现互联互通，业务全面数字化，使物流系统全过程透明可追溯。数据业务化，以"数据"驱动决策与执行，为物流生态系统赋能。

2. 深度协同，高效执行

实现跨集团、跨企业、跨组织的深度协同，基于物流系统全局优化的智能算法，调度各参与方高效分工协作。

3. 自主决策，学习提升

通过软件定义物流，实现自主决策，推动物流系统的程控化和自动化发展。利用大数据、云计算与人工智能构建"物流大脑"，在感知中决策、在执行中学习、在学习中优化，不断提升物流运作水平。

7.3.2　智慧物流的要素

智慧物流系统的要素主要包括数据、算法、智能技术与智能设备、信息系统。

1. 数据

智慧物流在服务过程中记录涉及人、物、流程和环境的数据，并提供分类存储、处理和分析服务。大数据、云计算、物联网和人工智能等技术是实现物流系统智慧化的前提。通过集成化的智能技术和优化算法，物流系统能够实现状态感知、实时分析、科学决策和精准执行，从而提高物流效率。

2. 算法

智慧物流能够根据实际应用场景（如智慧运输、智慧仓储、智慧装卸搬运、智慧包装、智慧流通加工和智慧配送等），结合管理优化目标，设计相应的智能优化算法。智慧物流系统能够模仿人类智慧，在无人干预的情况下实现自动感知、自主学习和智慧决策，这是它与传统物流系统最重要的区别。

3. 智能技术与智能设备

智慧物流利用智能技术与智能设备处理多源数据并完成客户服务。智能技术包括物联网、大数据、无人驾驶、车联网、区块链和人工智能等；智能设备包括无人机、无人车、AGV（自动导引车）和 AR（增强现实）设备等。这些技术和设备能够实现物流的自动化、可视化、智能化和网络化，从而提高效率、降低成本。

4. 信息系统

智慧物流信息系统包括智慧仓储系统、智慧运输系统、智慧配送系统、智慧包装和装卸搬运作业系统等，支持数据的实时存储、加工、传输和可视化。这些系统通过整合信息资源，提升物流运作的透明度和协同效率。

7.3.3　智慧物流的技术架构

智慧物流的关键技术架构可以分为感知层、网络传输层、数据存储层和应用服务层。智慧物流的技术架构如图 7-5 所示。

1. 感知层

感知层是智慧物流系统的"神经末梢"，是实现对货物感知的基础，也是智慧物流的起点，其主要作用是识别物体和采集信息。感知层通过多种技术实现对物品的感知，常用技术包括条码自动识别、RFID 感知、GPS 移动感知、传感器感知、红外感知、语音感知、机器视觉感知和无线传感网技术等。所有可用于物品感知的技术均可应用于物流系统，但在具体应用中需平衡系统需求与技术成本。

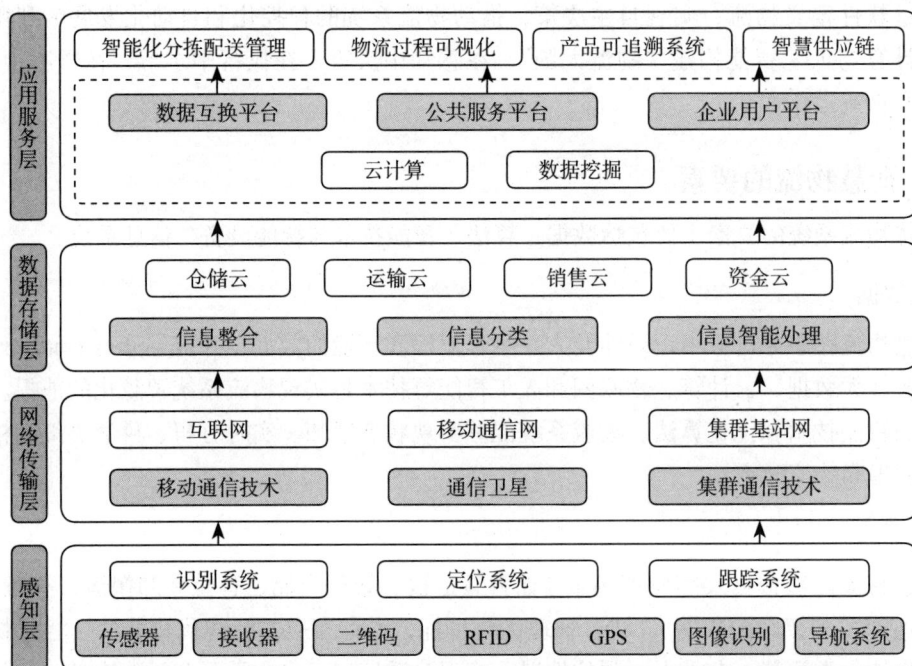

图 7-5　智慧物流的技术架构

资料来源：洪琼，张浩，章艳华.智慧物流与供应链基础 [M].北京：北京理工大学出版社，2022.

2. 网络传输层

网络传输层是智慧物流的"神经网络"与虚拟空间，由私有网络、互联网、有线和无线通信网、传感网等组成。其作用是连接感知层与数据存储层，并实现多个处理中心之间的信息交互。具体功能包括寻址与路由选择、连接的建立与维护等。通过大数据、云计算、人工智能等技术，该层能够分析感知信息，生成决策指令，并向执行系统下达指令。

3. 数据存储层

数据存储层位于应用服务层与网络传输层之间，负责处理和管理感知层获取的信息。它为各类对象（如客户、管理人员、司机等）提供信息服务，例如"仓储云""运输云""资金云"等。该层通过数据存储和管理，为智慧物流的高效运作提供支持。

4. 应用服务层

应用服务层是智慧物流系统的"神经中枢"，是用户（包括人、组织和其他系统）的接口。它充分利用数据存储层的信息，结合行业需求，实现物流的智能应用。其功能分为三个部分。

（1）物流作业。通过物流感知技术，实现物流自动化作业，如货物自动分拣、仓库自动通风等。

（2）物流管理与控制。结合物流感知与其他信息系统的互联，实现物流的可视化跟踪与预警，完成对物流全过程的有效管控。

（3）物流决策支持。通过数据集聚建立数据中心，运用大数据处理技术，对物流进行优化、预测、诊断、评价、分类、聚类、关联规则分析和回归分析等，为物流运营提供决策支持。

7.3.4　智慧物流的功能

除了具有物流系统的基本功能之外，智慧物流还具有以下功能。

1. 感知功能

感知功能通过各种先进技术获取运输、仓储、包装、装卸搬运、流通加工、配送和信息服务等环节的大量信息。它能够实时收集数据，使各方准确掌握货物、车辆和仓库等信息，初步实现感知智慧。

2. 规整功能

规整功能将采集的信息通过网络传输到数据中心，建立强大的数据库。通过数据分类和标准化，实现数据的关联性、开放性和动态性，推进跨网络的系统整合，实现规整智慧。

3. 智能分析功能

智能分析功能通过模拟器模型等手段分析物流问题，提出假设并在实践中验证。系统会调用原有经验数据，发现物流作业中的漏洞或薄弱环节，实现发现智慧。

4. 优化决策功能

优化决策功能结合特定需求，评估成本、时间、质量、服务、碳排放等标准，进行预测分析和协同决策，提出最优解决方案，实现创新智慧。

5. 系统支持功能

智慧物流的各个环节相互联系、共享数据、优化资源配置，为物流各环节提供强大的系统支持，实现协作与协同。

6. 自动修正功能

基于其他功能，系统自动遵循最优方案运行，并在发现问题后自动修正，记录问题以便日后查询。

7. 及时反馈功能

反馈是智慧物流系统的一个重要环节，贯穿于系统的每一个环节。它为物流作业者提供实时信息，帮助及时解决问题，保障系统运行。

7.3.5　智慧物流作业系统应用

1. 智慧物流运输

智慧物流运输集成多种运输方式，应用车辆识别与定位技术、信息技术和移动通信技术等，实现交通管理、车辆控制、营运货车管理、电子收费和紧急救援等，降低运输成本，缩短送达时间。

2. 智慧仓储

智慧仓储通过实时自动采集货品数量、位置和载体等信息，实现货物快速入库、准确出库、库存盘点、库区转移、数量调整、实时信息显示和温度检测报警等。

3. 智慧物流配送

智慧物流配送集成 GPS、配送路径优化模型和多目标决策技术，实现配送订单分配、电子化信息管理、智能化决策、实时路线显示、车辆导航跟踪和信息查询等。

4. 智慧包装

智慧包装通过电子信息和通信技术，记录包装物品的生命周期信息，反映物品特性、内在品质及运输、仓储和销售流程中的相关信息。

5. 智慧装卸搬运

智慧装卸搬运借助 AGV、传送设备、智能穿梭车、通信设备和计算机控制系统，实现物品空间位置和存放状态的改变，包括装上卸下、传送移动、分拣、堆垛和出入库等作业。

6. 智能信息处理

智能信息处理涵盖信息感知、传输、存储和处理等环节。它通过快速采集海量数据，实现物流信息的集成与整合，为物流运作和决策提供支持，保障物流作业的高效运行。

7.3.6　物流控制塔

1. 物流控制塔的构成与功能

物流控制塔是一个由物流管理逻辑、流程、数据算法和系统工具构成的综合平台，能够实现入厂物流、厂内物流、成品物流和逆向物流的全过程数字化管理。其建设基础是数字化和可视化技术，但核心职能不仅限于数据展示，更在于监控、指挥和规划功能的集成。

（1）监控功能。物流控制塔能够实时监控物流运作的各个环节，包括物流运作状态、关键指标、订单履行过程、运输过程、物流异常和货物追踪等。通过实时数据反馈，确保物流过程的透明化和可控性。

（2）指挥功能。物流控制塔与传统的物流规划和管理系统（如 TMS、WMS、MES、SRM、CRM 等）进行深度集成，能够直接生成物流计划和作业指令。它不仅能够主动防范风险和处理异常情况，还能制定应急物流方案，确保物流运作的高效性和稳定性。

（3）规划功能。物流控制塔借助新一代人工智能技术和数据引擎，与专业物流规划人员协同工作，提升物流规划的合理性和效率。其规划内容涵盖物流网络布局、线路规划、车辆配载、库存部署和仓库规划等。

物流控制塔致力于实现企业物流过程的端到端数字化管理，覆盖范围广泛，包括物流计划与执行、供应商生产、供应商库存、入厂物流、厂内物流、成品物流、物流网络、客户库存、订单交付、逆向物流、单据和资金流等。

2. 物流控制塔的层次

从应用场景来看，物流控制塔可分为两个层次。

（1）工厂层次的物流控制塔。工厂层次的物流控制塔以单个工厂为主体，主要帮助工厂实现入厂物流、生产物流和成品物流的精益化、数字化管理。其价值在于深入物流作业层面，对过程及指标进行精确监控和协同管理，实现工厂运营的可视化和风险预警。具体应用包括：

- 入厂物流的过程监控与到货准时率；
- 物料库存周转与物料齐套率；
- 工厂订单履行过程及完美订单履行率；
- 物流资源（人员、场地、设备等）的效率与利用率；
- 各环节物流计划与执行的差异率；
- 供应商的物流表现；
- 包装器具的流通过程监控等。

（2）企业层次的物流控制塔。企业层次的物流控制塔在供应链网络层面搭建，支撑企业对多工厂、多物流中心和多配送网点的合理规划与有效管理。其核心在于实现供应链网络运营的可视化和风险预警。具体功能包括：

- 各工厂经营状况监控（关键指标动态变化与风险预警）；
- 网点和库存分布情况监控；
- 货物移动的动态显示与监控；
- 端到端订单履行状态监控；
- 第三方物流供应商的管理等。

7.4　供应链中的库存管理

◐ 资料 7-4　美的 VMI 模式与一盘货战略

美的 VMI 模式

美的一直强调"宁可少卖，不多做库存"的理念，体现了它对库存控制的坚定决心。2002 年，美的开始引入供应商管理库存（VMI）模式。美的拥有 300 多家稳定的供应商，零配件种类超过 3 万种，其中 60% 的供应商集中在美的总部佛山市顺德区周边，另有部分供应商位于车程在 3 天以内的区域（如广东清远一带），仅有 15% 的供应商距离较远。

基于这一供应链布局，美的实施 VMI 的难度相对较小。对于 15% 的远程供应商，美的在顺德总部建立了多个仓库，并将它们划分为多个片区。运输距离较长（3～5 天）的外地供应商通常会在美的仓库租赁片区（仓库所有权归美的），并将零配件存储于此。当美的需要使用这些零配件时，会通知供应商进行资金划拨和取货操作，此时零配件的产权才从供应商转移到美的，此前的库存成本由供应商承担。

此外，美的基于 Oracle 的 ERP 系统与供应商建立了直接的交货平台。供应商可以在自己的办公地点通过网页登录美的系统，查看订单内容（包括品种、型号、数量和交货时间等）。美的通过简化采购流程，在每年年初与供应商签订一揽子协议，确定价格后通过网络发布采购信息，供应商确认信息后即完成采购流程。实施 VMI 后，供应商只需维持少量库存（满足 3 天需求），美的零部件库存水平也从原来的满足 5～7 天需求大幅降低至满足 3天左右的需求。

然而，美的的供应链仍有优化空间。部分长线材料和 10% 的进口材料（如集成电路）由于国际运输和订货周期较长，仍需美的自行备货，例如镀锌板需储备两个月的存货，部分材料甚至需要 6 个月的库存。

美的一盘货战略

2011 年左右，美的面临"中年危机"，其中包括传统渠道物流及供应链的诸多问题。首先，集团多个事业部独立运营物流，管理分散，标准化程度低，管理水平参差不齐；家电行业经销商层级多，传统的打款压货模式导致库存周转效率低，物流成本高；全国各地的仓库信息不透明、不连贯，重复度高，库存成本高，效率低下，造成资源浪费。其次，近年来消费市场的变化使企业面临小批量、多批次的需求，原材料成本上升，消费者要求增加，品牌商面临复杂的库存规划和多级库存管理需求，这些推动了物流及供应链的升级。

在美的转型过程中，旗下安得智联作为集团物流板块，实施了一系列物流与供应链变革。首先是角色转变，从 2015 年开始，安得智联从物流总包方转型为集团价值链的重要组成部分，打通端到端流程，向计划前端及渠道后端延伸；其次是缩减渠道层级，优化渠道链条，推行"直供模式"，减弱牛鞭效应，提升市场响应能力；再次是采用统仓共配模式，整合代理商仓库，实现从工厂到渠道网点和用户的直配，降低渠道成本；最后是推行线上线下一盘货战略，共享不同渠道的库存，在降低库存的同时提升交付效率。

简而言之，安得智联承接集团的一盘货战略，简化组织架构，作为"一个美的"对接集团各地营销中心、代理商和经销商，改变了传统低效的分拨模式，优化了渠道物流。一盘货战略实施后，安得智联通过统仓共配等措施对仓配资源进行了重组，显著提升了多个环节的效率。

（1）仓库数量和面积大幅减少。通过重新选址和整合，安得智联对美的原有的中心 / 销售及代理商两级仓库进行了优化，仅用 117 个仓库满足了原来 2244 个仓库的需求，仓库面积从 552 万 m^2 下降到 166 万 m^2，降幅达 70%。

（2）节省费用，控制风险。协同仓的出现改变了渠道物流交付模式，货物可从大仓直接运输至商超或消费者所在地，降低了经销商资金占用，节约了支线配送及两次装卸费用，缩短了基地到货时效。

（3）提升交付和周转效率。客户订单交付周期从 45 天缩短到 20 天，提升了 56%；美的存货周转天数从 51 天缩短到 35 天，提升了 31%；零散订单平均体积从 35m^3 下降至17.9m^3。

（4）实现库存共享与信息流整合。一盘货战略实现了信息流、产品流及线上线下物流的统一，使乡镇村级分销商获得了很多利益。

问题：

（1）美的采用何种方式来降低库存水平？降低库存水平与创造客户价值之间有无关系？

（2）VMI 的实施需要哪些条件？

（3）美的除了采取 VMI 这一库存管理方式，还可以采取哪些库存管理方式来降低供应链库存水平？

（4）美的一盘货战略是如何运作的？

资料来源：

1. 康健 . 美的零库存运动：VMI 双向挤压供应链成本 [N].21 世纪经济报道，2003-04-10.

2. 罗戈网，《一盘货 + 统仓共配，助力利润翻三倍的 T+3 最佳实践》，2019-09-24。

知识解析

7.4.1　传统供应链中的库存问题

供应链环境下的库存管理与传统企业库存管理存在显著差异，传统方法侧重于优化单一库存成本，从存储成本和订货成本出发确定经济订货批量和订货点。然而，从供应链整体角度看，这种单一企业的库存管理方法存在明显不足。当前，供应链管理环境下的库存控制主要面临以下几类问题。

1. 缺乏供应链整体观念

供应链的整体绩效取决于各节点的绩效，但各部门往往是独立单元，各自拥有独立的目标与使命。部分目标可能与供应链整体目标不一致甚至冲突，这种"山头主义"行为必然导致供应链整体效率低下。此外，大多数供应链系统缺乏针对全局的绩效评价指标，企业常以库存周转率作为评价指标，但未考虑用户反应时间和服务水平。用户满意度应成为供应链库存管理的重要指标。

2. 对用户服务的理解与定义不准确

供应链管理的绩效应由用户评价，但不同企业对用户服务的理解和定义不同，导致服务水平存在差异。许多企业以订货满足率作为用户服务水平的考核指标，但这一指标无法反映具体运作问题。例如，一家计算机制造商需要整合多家供应商的产品后一次性交货，此时仅以总满足率评价服务水平是不够的，因为无法识别是哪家供应商的交货延迟了。此外，传统的订货满足率指标也无法衡量订货延迟水平。两家具有相同的 90% 订货满足率的供应商，补给剩余 10% 订货的速度可能差异巨大。其他服务指标如总订货周转时间、平均回头订货时间、平均延迟时间等也常被忽视。

3. 交货状态数据不准确

客户下单后，通常希望了解交货时间，甚至在交货延迟时修改订单状态。然而，许多企业未能及时准确地向客户提供推迟交货的修改信息，引发客户不满。例如，某计算机公司花费一周时间通知客户交货日期，另一家公司 30% 的订单延迟交货，40% 的订单的实际交货日期与承诺日期相差达 10 天，且交货日期多次被修改。交货状态数据不准确的主要原因是信息传递系统低效。

4. 信息传递系统低效

在供应链中，需求预测、库存状态和生产计划等数据分布在不同节点企业之间。为快速响应客户需求，需要实时传递这些数据，对供应链信息系统进行集成。然而，许多企业的供应链信息系统集成度低，供应商获取需求信息时，得到的经常是延迟或不准确的数据。这不仅影响库存精度，也给短期生产计划的实施带来困难。例如，企业制订生产计划时，需要从不同节点企业的数据库中获取需求预测、库存状态、运输能力和生产能力等信息，数据调用工作量大，导致主生产计划和物料需求计划（MRP）的制订周期长，预测误差增大，制造商对最新订货信息的反应能力降低，最终导致库存积压和产品过时。

5. 忽视不确定性对库存的影响

供应链运作中存在诸多不确定因素，如订货提前期、货物运输状况、原材料质量、生产时间、运输时间和需求变化等。为减少不确定性的影响，企业需要了解其来源和程度。然而，许多公司未认真研究不确定性，错误估计物料流动时间，导致部分物品库存增加，部分物品库存不足。供应链库存与不确定性密切相关，库存的客观存在是为了应对不确定性，保持供应链的稳定性，但库存也可能掩盖管理中的问题。供应链不确定性有两种表现形式：①衔接不确定性，主要体现在企业间合作不足；②运作不确定性，源于组织内部缺乏有效控制机制。供应链不确定性的来源主要有三个方面：供应商不确定性、生产者不确定性和顾客不确定性。

6. 库存控制策略简单化

无论是生产性企业还是物流企业，库存控制的目的都是保证供应链运行的连续性和应对不确定需求。然而，许多公司采用统一的库存控制策略，未反映供应与需求中的不确定性。传统的库存控制策略多面向单一企业，信息来源单一，未体现供应链管理思想。因此，建立有效的库存控制方法并体现供应链管理思想是供应链库存管理的重要内容。

7. 缺乏合作与协调性

供应链是一个整体，需要各方协调以取得最佳效果。协调的目的是使信息在供应链中无缝传递，形成合理的供需关系，以适应市场变化。例如，当用户要求多种产品一次性交货时，企业需要协调不同供应商的交货期。缺乏协调与合作会导致交货延迟、服务水平下降和库存增加。为应对不确定性，各节点企业都设有安全库存，但在全球化供应链中，组织协调涉及更多利益群体，信息透明度低，企业不得不维持较高的安全库存，付出较高代价。此外，组织间的障碍（如不同目标、绩效评价尺度和仓库）使库存集中控制更加困难。有效的合作与协调需要建立有效的激励机制，但企业间激励机制的建立难度较大，信任风险和缺乏监督机制进一步加剧了合作的不稳定性。

在供应链中，库存不仅影响单个企业的综合成本，还制约着整条供应链的性能。在传统供应链中，各环节独立管理库存，追求自身利益最大化，导致需求扭曲和牛鞭效应，增加了总成本，降低了运行效率。因此，如何科学管理供应链库存，既减少成本又不影响生产和客户服务，成为企业实施供应链管理的首要问题。以下介绍 4 种库存管理方法：供应商管理库存、联合库存管理、多级库存管理、全渠道一盘货。

7.4.2　供应商管理库存

1. 供应商管理库存的概念

供应商管理库存（vendor managed inventory，VMI）是一种以供应商为中心的库存管理模式。其核心是在共同框架协议下，供应商代替下游企业行使库存决策权，以实现双方最低成本的目标，并通过持续监督和修改协议来不断改进合作效果。这种模式体现了供应链管理中的战略合作思想，旨在提升整个供应链的竞争力。

VMI 的实施主要有以下四种形式：第一，供应商在用户所在地直接代替用户执行库存决策，但用户保留存货所有权；第二，供应商在用户所在地执行库存决策，并拥有存货所有权；第三，供应商通过为用户提供管理软件间接执行库存决策，用户保留存货所有权；第四，供应商在自己的所在地，定期派人代替用户执行库存决策，并拥有存货所有权。无论采用哪种形式，VMI 都强调由供应商负责库存决策，将补货决策权从下游客户转移到上游供应商。在多数 VMI 应用中，库存归供应商所有，直至被制造商使用或被零售商售出。

VMI 要求上下游企业共享需求信息，这有助于将顾客需求信息快速传递给上游制造商或供应商。制造商可根据这些信息安排生产，提高预测精确度，更好地匹配产能与顾客需求。实施 VMI 能够降低供应链上的存货水平，加强合作伙伴关系，节约采购时间，同时减少采购订单、开具发票、付款、运输和收货等环节的交易成本。

2. VMI 的工作流程

以零售商和其供应商实施 VMI 为例，VMI 的整个具体工作流程如图 7-6 所示。

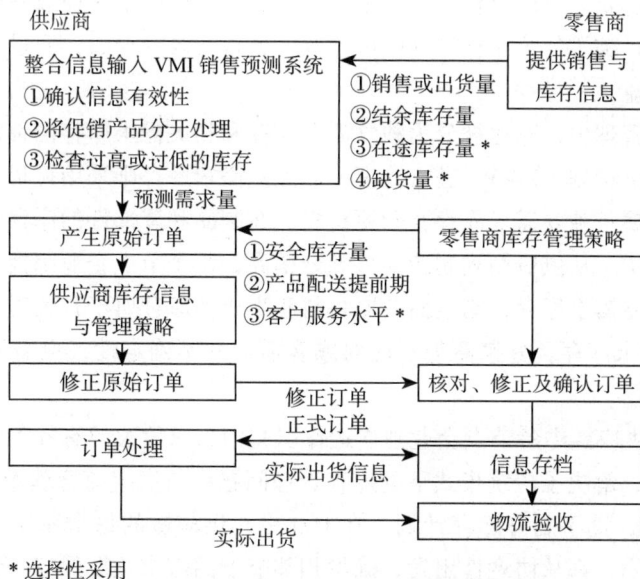

图 7-6　VMI 工作流程示意

资料来源：邓明荣，葛洪磊 . 供应链管理：战略与实务 [M]. 北京：机械工业出版社，2012.

（1）VMI的每日工作始于零售商物流中心。零售商首先向供应商传送结余库存量、出货量等信息，同时可选择性提供客户缺货量与在途库存量信息。

（2）供应商收到信息后，先确认信息的有效性，例如检查资料是否完整或是否存在重复情况。随后，将未约定进行VMI的产品信息分离，并将剩余信息整合至VMI销售预测系统中。

（3）供应商根据销售预测系统提供的需求量、零售商安全库存量、产品配送提前期和客户服务水平等参数，通过VMI系统计算出原始订单，明确需要配送的产品类别和数量。

（4）供应商查询库存管理系统，确认实际库存量后，对原始订单进行修正，生成实际可出货量的订单。此时，供应商可选择锁定库存，防止其他渠道或部门在VMI流程未完成前调用库存。修正后的订单将发送给零售商物流中心。

（5）零售商物流中心收到修正订单后，结合自身经验和相关信息进行核对与修改，确认无误后回复供应商。

（6）供应商收到零售商确认的正式订单后，按照订单要求进行配送作业，并将实际出货信息反馈给零售商，以便零售商进行物流验收和资金结算。

（7）零售商物流中心根据供应商提供的出货信息，通过电子扫描方式验收产品并入库。

7.4.3　联合库存管理

1. 联合库存管理的概念

联合库存管理（joint managed inventory，JMI）是在供应商管理库存（VMI）基础上发展而来的库存管理模式。它强调供应商与用户之间权利与责任的平衡以及风险的共担。在JMI模式下，供需双方共同参与库存的计划与管理，以消费者需求为导向，共享库存信息，并共同制订统一的生产与销售计划。这些计划被分解到各个制造和销售单元执行，充分体现了供应链集成化的理念。

近年来，供应链企业间的合作更加注重互利共赢，JMI正是这种战略供应商联盟新型合作关系的体现。它打破了传统库存管理中供需双方各自为政的局面，通过协同合作提升整个供应链的效率和效益。

在传统的库存管理中，库存被分为独立需求库存和相关需求库存两种模式。相关需求库存通常通过物料需求计划（MRP）进行管理，而独立需求库存则采用订货点法来处理。一般来说，产成品库存属于独立需求库存，而原材料、在制品和零部件的库存则属于相关需求库存。在传统供应链中，从供应商到制造商再到分销商，每个节点企业都拥有自己的库存。供应商的库存属于独立需求库存，制造商的原材料和半成品库存属于相关需求库存，而其产成品库存则为独立需求库存。分销商为了应对顾客需求的不确定性，也需要维持独立需求库存，如图7-7所示。

JMI是应对由供应链中各节点企业独立运作引起的需求放大的有效手段。它通过提高供应链的同步化程度，解决了传统模式下的库存管理问题。与供应商管理库存不同，JMI强调供需双方共同参与，携手制订库存计划。在JMI中，供应链的每个库存管理者，包括供应商、制造商和分销商，都从协调性出发，确保相邻节点的需求预期保持一致。这种模式消除了需求变异放大的现象，使库存管理不再是独立运作的过程，而是供需连接的纽带和协调中心。任何相邻节点需求的确定，都是供需双方协调的结果。

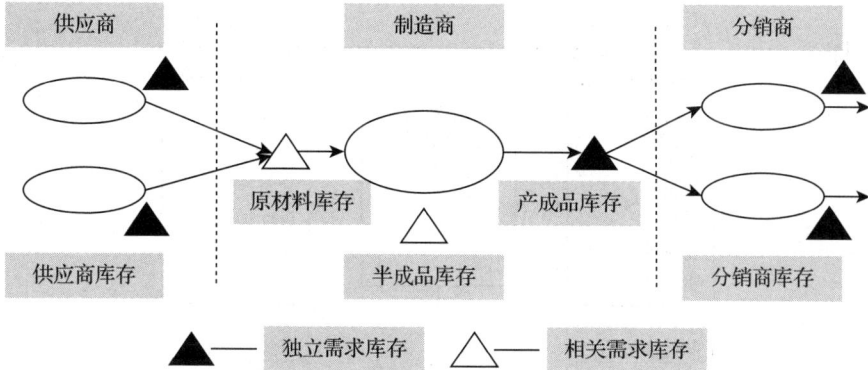

图 7-7 传统的供应链库存管理模式

资料来源：邓明荣，葛洪磊.供应链管理：战略与实务 [M].北京：机械工业出版社，2012.

基于协调中心的 JMI 模式如图 7-8 所示。

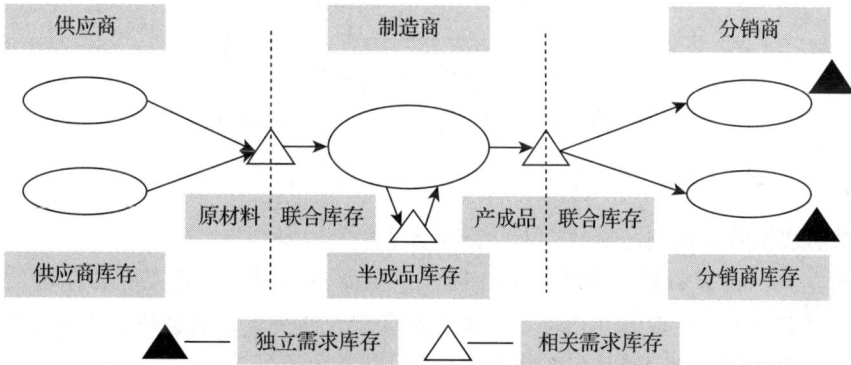

图 7-8 基于协调中心的 JMI 模式

资料来源：邓明荣，葛洪磊.供应链管理：战略与实务 [M].北京：机械工业出版社，2012.

基于协调中心的 JMI 模式与传统模式相比，具有多方面的优势。

（1）为供应链的同步化运作提供了条件和保障。

（2）有效减少了需求扭曲现象，降低了库存不确定性，增强了供应链的稳定性。

（3）库存成为供需双方信息交流与协调的纽带，能够暴露供应链管理中的问题，为改进管理水平提供依据。

（4）为实现零库存管理、准时采购和精细供应链管理创造了条件。

（5）进　步体现了供应链管理中资源共享与风险分担的原则。

JMI 系统将供应链管理集成为上游和下游两个协调管理中心，部分消除了因环节间不确定性和需求信息扭曲而导致的库存波动。通过协调管理中心，供需双方共享需求信息，从而提升了供应链运作的稳定性。

2.JMI 的供需协调管理机制

为充分发挥 JMI 的作用，供需双方应秉持合作精神，建立供需协调管理机制。明确各自的目标与责任，搭建合作沟通渠道，为供应链的 JMI 提供有效支持。制造商与分销商协调管理机制模型如图 7-9 所示。

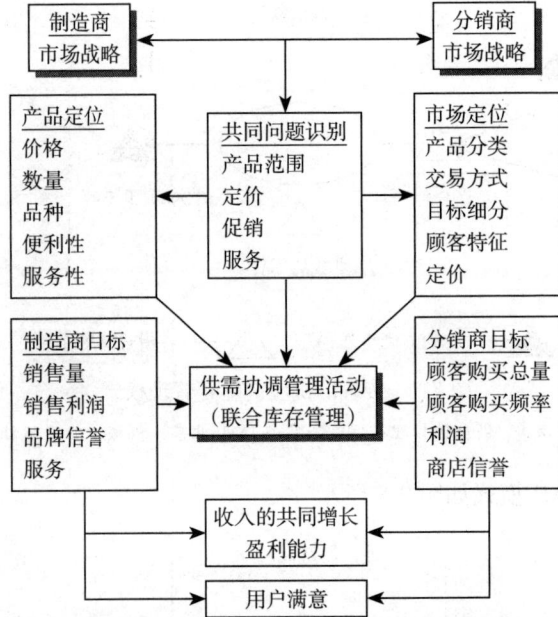

图 7-9　制造商与分销商协调管理机制模型

资料来源：邓明荣，葛洪磊.供应链管理：战略与实务 [M]. 北京：机械工业出版社，2012.

建立供需协调管理机制，需从以下几方面着手。

（1）建立共同合作目标。要实施 JMI 模式，供需双方应以互惠互利为原则，确立共同目标。为此，需深入分析双方在市场目标中的契合点与冲突点，通过协商达成共识，如提升用户满意度、实现利润共同增长以及降低风险等。

（2）建立联合库存的协调控制方法。JMI 中心承担着平衡供需双方利益的职责，是协调控制的核心。因此，必须明确库存优化的具体方法，包括库存如何在多个需求方之间进行调节与分配，如何确定库存的最大量与最低水平、安全库存如何设定以及需求如何预测等。

（3）建立信息沟通渠道或系统。信息共享是供应链管理的重要特征。为提升供应链需求信息的一致性和稳定性，减少因多重预测导致的信息扭曲，需增强供应链各方对需求信息获取的及时性和透明度。为此，应构建信息沟通渠道或系统，确保需求信息在供应链中的流畅传递与准确性。可将条码技术、扫描技术、POS 系统和 EDI 进行集成，并充分利用互联网的优势，搭建供需双方的信息沟通桥梁和联系纽带。

（4）建立利益分配与激励机制。为有效运行基于协调中心的 JMI，需建立公平的利益分配制度，并对参与协调库存管理中心的企业（如供应商、制造商、分销商或批发商）进行有效激励。这有助于防止机会主义行为，增强企业的协作性和协调性。

7.4.4　多级库存管理

1. 多级库存优化与控制

基于协调中心的 JMI 是一种联邦式供应链库存管理策略，属于供应链的局部优化控制。

然而，若要实现供应链的全局性优化与控制，则需采用多级库存优化与控制方法。因此，多级库存优化与控制是供应链资源的全局性优化。

多级库存优化与控制是在单级库存控制的基础上发展而来的。根据不同的配置方式，多级库存系统可分为串行系统、并行系统、纯组装系统、树形系统、无回路系统和一般系统。供应链多级库存优化的主要目标是使整个供应链各阶段的库存最小化。然而，传统的企业库存管理模式大多从单一企业内部角度出发，无法实现供应链整体的最优配置。

多级库存控制的方法主要有两种：非中心化（分布式）策略和中心化（集中式）策略。非中心化策略是指各个库存点独立制定各自的库存策略。这种策略管理相对简单，但无法保证供应链的整体优化。在信息共享度较低的情况下，非中心化策略通常会导致次优结果。因此，非中心化策略需要更高的信息共享程度。相比之下，中心化策略是同时确定所有库存点的控制参数，考虑了各库存点之间的相互关系，并通过协调实现库存优化。然而，中心化策略在管理协调上难度较大，尤其是当供应链层次较多、长度增加时，协调控制的难度会进一步上升。

供应链的多级库存控制应考虑以下几个问题。

（1）库存优化的目标。传统的库存优化主要关注库存成本优化，适用于实物效率型供应链。然而，对于响应型供应链，库存优化还需考虑时间目标，如库存周转时间等。

（2）明确库存优化的边界。供应链库存管理的边界即供应链的范围。在库存优化时，必须明确所优化的库存范围。供应链的结构形式多样，包括全局供应链（涵盖供应商、制造商、分销商和零售商等环节）和局部供应链（分为上游和下游供应链）。

（3）多级库存优化的效率问题。理论上，如果所有相关信息都可获得，并将所有管理策略纳入目标函数，中心化策略会优于基于单级库存优化的非中心化策略。然而，在实际中，组织与管理问题常常导致管理控制权下放至各个供应链部门，从而可能抵消多级库存控制策略的优势。因此，单纯的多级库存优化并不能真正实现优化效果，还需对供应链的组织和管理进行优化。

（4）明确采用的库存控制策略。单库存点的控制通常采用周期性检查策略和连续性检查策略。周期性检查策略主要包括 (S, R)、(s, S, R) 等；连续性检查策略主要包括 (s, Q) 和 (s, S) 两种。

(S, R) 策略：事先确定盘点周期 R，每次盘点后补货一次，补货数量为目标库存量 S 与实际库存量之差。该策略适用于库存资金占用少、种类多的非重点货物，可减少盘点作业费用。

(s, S, R) 策略：事先确定盘点周期 R，盘点后通过比较实际库存量与补货点 s 决定是否补货。当实际库存量低于补货点 s 时，补货数量为目标库存量 S 与实际库存量之差。该策略适用于库存资金占用介于重点与非重点货物之间且缺货损失较大的物品。

(s, Q) 策略：事先确定补货点 s 和补货数量 Q，当实际库存量低于补货点 s 时，做出补货决策。该策略适用于库存资金占用多且需求稳定的重点物品。

(s, S) 策略：事先确定补货点 s 和目标库存量 S，当实际库存量低于补货点 s 时，补货数量为目标库存量 S 与实际库存量之差。该策略适用于需求不确定性大且库存资金占用多的物品。

这些库存控制策略同样适用于多级库存控制。目前，多级库存控制大多基于无限能力假设的单一产品模型。有限能力的多产品库存控制，仍是供应链多级库存控制的难点。

2. 基于成本优化的多级库存控制

基于成本优化的多级库存控制实际上就是确定库存控制的有关参数：库存检查期、订货点、订货量。传统的多级库存优化主要考虑的供应链模式是生产与分销模式，也就是供应链的下游部分。整个供应链的一般性情形，参考图 7-7，在库存控制中，考虑中心化和非中心化两种库存控制策略情形。在分析库存控制之前，首先确定库存成本结构。

（1）库存维持费用 C_h。在供应链的每个阶段都要维持一定的库存，以保证生产、供应的连续性。这些库存维持费用（holding cost）包括资金成本、仓库和设备的折旧费用、税费、保险金等。如果 h_i 为单位周期内单位产品（零件）的库存维持费用，v_i 表示 i 级库存量，那么，整个供应链的库存维持费用为

$$C_h = \sum_{i=1}^{n} h_i v_i$$

对于上游供应链，库存维持费用是一个汇合的过程；对于下游供应链，则是一个分散的过程。

（2）交易成本 C_t。交易成本（transaction cost）是指在供应链企业交易合作过程中产生的各种费用，主要包括谈判、要价、准备订单、商品检验费用以及佣金等。随着交易量的增加，交易成本会逐渐降低。此外，交易成本还与供应链企业之间的合作关系密切相关。建立长期互惠合作关系，能够有效降低交易成本，而处于战略伙伴关系的供应链企业之间的交易成本通常最低。

（3）缺货损失成本 C_s。缺货损失成本（shortage cost）是指由于供不应求，即库存量小于零，导致的市场机会损失、用户罚款等费用。缺货损失成本与库存量密切相关：库存量越大，缺货损失成本越低；反之，缺货损失成本越高。为了减少缺货损失成本，维持一定量的库存是必要的，但过多的库存会增加维持库存的费用。在多级供应链中，提高信息共享程度，增强供需双方的协调与沟通，能够有效减少缺货带来的损失。

总的库存成本为

$$C = C_h + C_t + C_s$$

多级库存控制的目标就是优化库存量，使得总的库存成本 C 最小。

3. 多级库存控制策略

多级库存控制策略分为中心化控制策略和非中心化控制策略。

（1）中心化控制策略。中心化控制是将控制中心置于核心企业，由它对供应链系统的多级库存进行统一管理，并协调上下游企业的库存决策。核心企业在此过程中充当供应链的数据中心，负责数据的集成与协调。中心化库存优化与控制的目标是实现供应链整体库存成本的最小化。

（2）非中心化控制策略。非中心化控制是将供应链的库存管理中心划分为制造商成本中心、分销商成本中心和零售商成本中心，各成本中心根据自身的库存成本管理目标制定优化

策略。非中心化控制要实现供应链整体优化，需要提高信息共享程度，确保各部门共享统一的市场信息。这种策略允许企业根据自身实际情况独立做出快速决策，充分发挥企业的自主性和灵活性。然而，非中心化控制策略对企业的协调性要求较高，若协调性不足，可能导致各自为政的局面。

7.4.5　全渠道一盘货

电商经过多年发展，已从传统的渠道转变为一个综合平台，涵盖内容营销、线上线下服务以及技术与大数据支持等全方位服务。品牌商不再满足于将线上渠道视为简单的销售途径。在此背景下，构建以消费者为核心的全渠道供应链，并运用数据与技术进行管理，成为抢占"新零售"市场的关键。全渠道一盘货正是这一背景下的供应链库存管理与供应策略的最新实践。

1．全渠道一盘货的定义与特点

全渠道一盘货是指将线上线下所有渠道的商品库存进行整合，实现统一管理与调度。这一模式突破了传统零售的限制，让消费者能够随时随地通过任何渠道购买到心仪商品。其核心是集中管理企业所有库存资源，优化库存调配。例如，一家服装零售商在全国有众多门店和线上商城，通过全渠道一盘货策略，顾客在线上下单时，系统会自动选择最近的仓库或门店发货，甚至支持门店自提，从而提高库存效率和顾客体验。

全渠道一盘货具有以下核心特点。

（1）库存共享：所有销售渠道共享同一库存，确保库存数据实时更新和准确，顾客无论从哪个渠道下单，都能即时了解商品库存情况。

（2）跨渠道销售：商品可在任何渠道被销售，顾客可选择线上下单线下取货，或直接在实体店购买。

（3）库存优化：集中管理库存，有效分配资源，减少库存积压和缺货，利用数据分析动态调整库存水平。

（4）灵活交付：提供多种交付方式，如线上下单店内取货、到家配送、退货到店等，以满足顾客的多样化需求。

2．全渠道一盘货运营内容

（1）库存集中管理：将线上线下库存整合到共享库存池，实现统一管理和调配，避免库存积压与缺货。通过智能化系统实时监控库存状态，根据销售数据动态调整策略。

（2）订单路由优化：根据企业布局和模式，设置最优订单路由规则，利用大数据和算法优化订单处理流程，确保商品快速送达消费者。

（3）供应链协同：实现供应商、生产商、分销商、零售商等的紧密协同，通过数字化平台确保信息流通顺畅，提高供应链响应速度和灵活性。

（4）客户体验提升：全渠道一盘货为消费者提供便捷、高效的购物体验，统一商品信息、价格和服务。通过数据分析和个性化推荐，提升顾客满意度和忠诚度。

◉ 尝试应用

1. 模拟任务

2～3个同学组成一组。每个小组选择一条现实的供应链，通过实地调研和网络调研，完成以下模拟任务。

（1）画出该供应链的物流系统网络图。

（2）分析该供应链物流管理的现状和存在的问题，针对存在的问题，结合智慧物流的最新发展提出优化方案。

（3）分析该供应链采用的库存管理模式和存在的问题，针对存在的问题，结合供应链库存管理模式提出优化方案。

2. 思考分析题

（1）查找资料和文献，分析供应链环境下的库存决策优化模型与单一企业库存决策优化模型有何区别。

（2）供应链中的物流系统与单个企业的物流系统相比，有哪些特点？

（3）有哪些知名的物流控制塔？

（4）全渠道一盘货有哪些最佳实践案例？

◉ 融会贯通

1. 供应链物流管理是如何支持供应链实现目标的？

2. 推式供应链和拉式供应链中的物流系统有什么区别？

3. 实物效率型和市场反应型两类供应链对物流系统的要求有什么区别？

4. 精益策略、快速响应策略、有效客户反应策略、众包策略等如何应用于供应链物流管理？

5. 供应链的产品流、物流和信息流的关系如何？三者是如何互动的？

6. 分析学校所在的供应链有没有物流系统和库存系统，扩展开来分析服务供应链的物流系统和库存系统有何特点。

7. 人与人之间的供应链是否存在物流系统和库存系统？如果把知识、思想作为库存，应该如何管理？

8. 结合国际贸易和国际物流分析跨国供应链的物流系统和库存系统在哪些方面更加复杂。

9. 如何使用物流系统优化模型来优化你的生活、学习和工作？

10. 实验：供应链物流系统优化实验。

使用 anyLogistix 软件建立供应链选址优化模型和网络优化模型，求解供应链物流系统最优解决方案。

供应链物流系统优化实验

anyLogistix 软件 PLE 版官网免费下载地址：https://www.anylogistix.com/。

11. 实验：供应链数字孪生仿真实验。

使用 anyLogistix 软件，将供应链物流系统优化实验中供应链选址优化模型或网络优化模型的结果转换为仿真模型，进行仿真实验、参数分析实验和比较分析实验。

供应链数字孪生仿真实验

◉ 参考文献

[1]　辛哈，贝尔纳德斯，卡顿，等 . 数字化供应网络：技术突破和过程重构共同推动供应链重塑、增强企业竞争力 [M]. 王柏村，彭晨，彭涛，译 . 北京：电子工业出版社，2023.

[2]　邓明荣，葛洪磊 . 供应链管理：战略与实务 [M]. 北京：机械工业出版社，2012.

[3]　李志强 . 从物流控制塔到供应链控制塔 [EB/OL].（2023-09-14）[2024-03-06]. https://news.sohu.com/a/720411681_757817.

[4]　洪琼，张浩，章艳华 . 智慧物流与供应链基础 [M]. 北京：北京理工大学出版社，2022.

第 8 章　数字化供应链资金流管理

◑ 聚焦任务

1. 认识供应链管理活动与财务绩效之间的关系。

2. 分析供应链资金流管理现状与问题。

3. 设计应用供应链金融模式优化供应链资金流系统。

4. 使用新兴技术赋能供应链金融。

▲ **知识点**

供应链资金流管理、现金周期、协同现金周期、端到端的供应链金融、订单融资、融资租赁、存货融资、应收账款融资、预付账款融资、动态折扣、动态抵质押授信、静态抵质押授信、仓单质押授信、先票后货授信、担保提货（保兑仓）授信、新兴技术赋能供应链金融

▲ **知识图谱**

8.1　供应链的资金流管理

◐ 资料 8-1　"双 11" 活动中的 "拆流"

每年的 "双 11"，消费者都会提前几天将心仪的商品加入购物车，然后在 11 月 10 日晚上屏住呼吸，等待 11 日零点的到来，准时下单。下单完成后，消费者带着满足感进入梦乡，而第二天，办公室里又会响起关于购物的热烈讨论。这一天，上亿订单集中爆发，成为社交媒体和朋友圈的热门话题。

然而，这场消费者的狂欢背后，是无数信息流、物流和资金流的集中爆发。对于商家和物流企业来说，"双 11" 是一场巨大的挑战：订单量激增可能导致商家来不及备货，物流压力也可能导致货物积压，进而引发消费者的不满和投诉。面对这样的压力，商家和物流企业如何应对？

答案是 "拆流" 策略。拆流，就是将信息流、物流和资金流进行合理分配，提前规划，避免它们在 "双 11" 当天集中爆发。

首先，信息流不必等到 "双 11" 当天才开始处理。当消费者将商品加入购物车时，平台就可以提前收集和分析数据，了解消费者的购买意向。例如，平台可以统计出有多少人将某款商品加入购物车，这些商品的收货地址分布在哪里。以乌鲁木齐为例，平台可以提前知道有多少人将 iPhone X 加入购物车，数量是多少。这些信息可以帮助商家提前备货，合理安排库存。

其次，物流也不必等到 "双 11" 当天才开始运作。根据提前收集到的信息，平台可以提前将部分商品发往目的地。例如，如果乌鲁木齐有 1000 部 iPhone X 被加入购物车，平台可以在 "双 11" 之前先将 800 部手机发往乌鲁木齐。这样，当消费者下单后，商品已经在途中，大大缩短了配送时间。

最后，资金流则可以在 "双 11" 当天集中处理。当零点的钟声敲响时，订单 "下单成功"，资金流集中爆发，品牌商纷纷庆祝 "成交破亿"。

通过让信息流提前发生，物流持续发生，资金流集中发生，"双 11" 的压力得到了有效分散。这种 "拆流" 策略不仅提高了物流效率，减少了消费者的等待时间，也缓解了商家和物流企业的压力，实现了多方共赢。

问题：

（1）拆流的做法给企业解决了哪些问题？

（2）拆流的做法是否会加速供应链的资金流？

（3）结合自己参与 "双 11" 的活动体验，你认为这种拆流是否存在问题？

资料来源：
刘润，《当阿里取消 618 预售……》，2024-05-08。

8.1.1　供应链中的资金流

供应链资金流是指在供应链各个环节中，资金的流入与流出。资金流是供应链中资金运动的动态过程，不仅包括货币资金的直接转移，如支付、收款，还涵盖了与资金相关的所有财务活动，如融资、投资、分红。在供应链中，资金流始于原材料的采购，经过生产加工，再到产品的销售，最后实现资金的回收。

资金流的流入通常包括销售收入、融资收入（如银行贷款、发行债券或股票）以及可能的政府补贴等，而资金的流出则涉及原材料和生产成本的支付、员工工资、运营费用、税费、投资支出以及偿还债务等。

以下这个例子能更清楚地看到资金如何在供应链不同的经济主体之间流动，假设你是一位时尚服装品牌的创始人，你的品牌从设计到最终销售给消费者，涉及了多个供应链主体和资金流动环节。

（1）原材料供应商：你从棉花种植者那里购买原材料，支付货款，这是资金从你的品牌流向原材料供应商的过程。

（2）制造商：你将棉花送到纺织厂加工成布料，然后支付加工费用。布料随后被送到服装厂，你再次支付生产服装的费用。这些支付行为构成了资金流的一部分。

（3）物流服务提供商：为了将成品服装从工厂运输到仓库，你需要支付给物流公司运输费用。这是资金从你的品牌流向物流服务提供商的环节。

（4）分销商和零售商：你的品牌通过分销商将服装运送到各个零售店。分销商可能会采用预付款或赊销的方式，这意味着资金流可能在货物交付前后发生。

（5）消费者：最终，消费者在零售店购买服装，支付货款。

（6）零售商：将销售收入的一部分作为利润保留，剩余部分支付给你的品牌，整个资金流形成闭环。

可以看到，为了满足需求，这些物品被送到消费者手中的背后，每一条供应链在运行的各环节都会投入一些资金。如果能对资金流进行有效管理，就可以帮助你的品牌优化成本结构，提高资金使用效率，实现良好的财务绩效，从而增强整体的竞争力和盈利能力。

8.1.2   供应链中资金流管理的重要性

供应链资金流管理是确保供应链高效运作和企业财务稳健的关键。资金流贯穿于供应链的每一个环节，从原材料采购到产品制造，再到销售和分销，它是连接供应商、制造商、分销商和最终消费者的经济活动。有效的资金流管理能够确保企业在供应链的各个阶段都获得必要的资金支持，有足够的流动性来应对日常运营需求，从而维持生产和销售活动的连续性，避免因资金短缺而中断运营，比如供应链中资金流受阻会导致生产延迟、库存积压、订单履行困难，最终会影响到整个供应链的稳定性。

资金流管理对企业的财务绩效有直接的影响。良好的资金流管理可以使企业更好地了解和掌握资金流动的关键点，以采取相应的措施来降低成本、改善现金流并增加利润，有助于企业实现成本控制，优化库存水平，提高资金使用效率，从而增强盈利能力。同时，它还能够降低财务风险，提高企业的信用评级，为企业在融资时争取更优惠的条件，支持企业的扩张和长期发展。

此外，资金流管理对于供应链的整体协同和效率提升也起着至关重要的作用。在全球化的商业环境中，供应链的各个环节往往分布在不同的地理位置，资金流的高效管理能够促进信息流和物流的同步，实现供应链的无缝对接。这不仅能够提高供应链的响应速度，还能够降低整个供应链的成本，提升客户满意度，从而增强企业的市场竞争力。

所以，供应链资金流管理的重要性不仅体现在对企业内部运营的支持上，还体现在对整个供应链网络效率和企业外部市场表现的提升上。合理管理供应链资金流不仅可以促进企业现金流的稳定和增长，还可以帮助企业更好地应对风险、优化资源利用效率，并确保供应链中每个环节的稳定性。

图 8-1 展示了一个复杂供应链网络中资金流动的连锁反应。假设一家核心企业为了改善自身的运营资本状况，决定延长向其一级供应商支付账款的时间。这个决策会逐步传递到供应链的每一层：从一级供应商（S1）到二级供应商（S2），再到三级供应商（S3），最后到四级供应商（S4）。

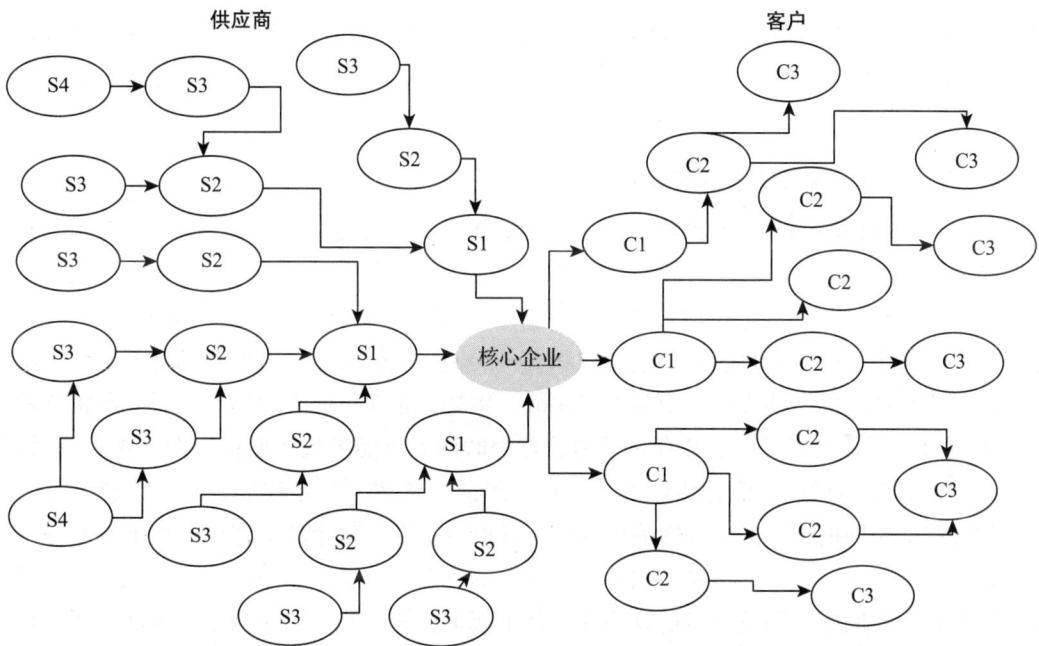

图 8-1　资金流动的连锁反应

然而，这种策略引发了连锁反应。核心企业的决策会让 S4 作为供应链提供独特部件的企业因为缺乏足够的流动资金而被迫停产。这导致 S4 生产的独特部件无法供应给 S3，S3 因此无法组装产品供应给 S2。S2 由于缺少 S3 提供的部件无法按时完成生产，进而无法将子组件供应给 S1。S1 也因无法获得必要的子组件而无法组装最终产品供应给核心企业。

最终，S4 的独特部件供应短缺会在整个供应链网络中引发多米诺骨牌效应，影响供应链的上游和下游，甚至波及核心企业的客户（C1）及其客户的客户（C2、C3）。

核心企业对供应商付款时间的最初决策，引发了供应链中所有环节企业的财务连锁反应，对整个供应链产生了负面影响。虽然这是一个假设的案例，但在现实生活中，类似的事件也屡见不鲜。例如，新冠疫情的暴发对供应链资金流造成了显著冲击。疫情期间，封锁和生产限制导致许多企业生产中断，直接影响了它们的销售收入和现金流。同时，疫情还波及了从原材料供应到产品分销的整个流程，造成订单减少和库存积压，进一步影响了资金流。

为了应对疫情，企业不得不增加额外的卫生和安全措施，同时还要应对运输成本的上升，这些都显著增加了企业的运营成本。此外，疫情引发的经济不确定性使得银行和金融机构变得更加谨慎，导致企业特别是中小企业面临信贷紧缩的问题，融资难度大幅增加。疫情还改变了消费者的行为，使得某些产品的需求激增，而其他产品的需求则下降。这种需求的剧烈波动给企业的库存管理和资金流带来了巨大的压力。

8.1.3 供应链资金流管理的目标和挑战

1. 供应链资金流管理的目标

供应链资金流管理的核心是通过金融服务优化供应链运营，提升各参与者的财务绩效，增强供应链整体竞争力。它旨在优化财务效率，帮助所有企业，尤其是中小企业，以最低的财务成本实现最佳运营绩效。其目标是提高资金使用效率，加速现金流，提升利润率和投资回报率等财务指标，同时通过有效手段降低整个供应链的资金成本，实现整体竞争力的提升。

2. 供应链资金流管理面临的挑战

资金流管理面临的挑战主要源于供应链的复杂性和市场的不确定性，此外还有技术和创新的挑战、风险管理挑战、可持续发展和社会责任压力。

（1）供应链的复杂性。供应链通常包含多个层级，如原材料供应商、制造商、分销商、零售商等。每个层级都有自己的资金需求和支付周期，这增加了资金流管理的复杂性。供应链中资金流与物流的不同步是一个常见的挑战。例如，企业可能在货物交付后立即将货款支付给供应商，而客户支付货款却存在延迟，这种时间差可能导致企业在短期内现金流紧张。供应链中的信息不对称，信息传递可能存在延迟或不透明，会导致资金流预测和决策的困难。供应链成员间的协同度也会影响供应链管理的复杂度。每个环节都依赖上下游的稳定运作，任何一环出现问题，都可能影响整个供应链的资金流。比如，不同国家和地区的支付习惯、银行处理时间以及跨境支付的复杂性，都可能加剧资金流与物流的不同步问题。这种不同步不仅增加了企业流动性管理的难度，还可能将资金压力传导给供应链中的其他成员，影响整个供应链的稳定性。

（2）市场的不确定性。市场需求的不确定性导致生产和销售计划难以被准确预测，进而影响资金的流入和流出。对于跨国供应链，汇率的波动可能会对成本和收入产生重大影响，增加资金流管理的风险。国际贸易政策、税收法规的变化可能会突然改变供应链的成本结构，对资金流产生影响。

（3）技术和创新的挑战。技术整合给供应链管理带来难度，供应链中的不同企业可能使用不同的信息系统，整合这些系统以实现资金流的高效管理是一个挑战。随着大数据和人工智能技术的发展，如何利用这些技术优化资金流管理，提高预测准确性，是供应链企业需要面对的问题。

（4）风险管理挑战。供应商和客户的信用状况变化可能影响资金的回收和支付。供应链中的操作失误，如订单处理错误、物流延误等，都可能导致资金流的中断。全球供应链需要遵守不同国家和地区的法规，合规风险可能导致额外的成本和资金损失。

（5）可持续发展和社会责任压力。可持续发展和社会责任给供应链中的企业带来了压力，这可能要求企业在资金流管理中考虑更多的非财务因素。推动绿色供应链的发展，如减少浪费、提高能效，可能需要额外的资金投入，这对资金流管理提出了新的要求。

8.2　供应链管理活动与财务绩效

⊙ 资料 8-2　京东供应链运营与库存周转天数

2006 年京东进入家电领域时，线下家电行业的库存周转天数为 87 天，这意味着一年内货物只能周转 4.4 次。为了减少资金占用，线下家电卖场通常向上游企业索取长达 180 天的账期。这种模式本质上是利用供应商的资金来维持运营。因此，线下家电卖场的净利润率高达 6%，而家电品牌企业的利润率却不到 1%。

相比之下，京东的库存周转天数仅为 31.2 天，一年内货物可周转 11.7 次。2019 年，京东向上游企业索取的账期平均为 54.5 天，2020 年进一步降至 47 天。与传统线下卖场相比，京东大大减少了对上游企业资金的占用。

京东是如何提高管理效率、缩短库存周转天数的呢？

（1）C2M 模式（customer to manufacturer）。京东通过大数据洞察消费者需求，反向指导生产。库存周转天数长的根本原因是产品无法满足消费者需求。基于真实购买数据指导生产的商品，理论上更受欢迎，库存周转天数自然更短。2013 年，京东通过 "JD Phone 计划"，联合品牌商推出 "阅读手机" 和 "长辈智能机" 等产品，受到市场欢迎。2019 年，京东正式建立 C2M 平台，系统化提升 C2M 产品的占比。

（2）智能预测。京东根据商品在全国各地的销量进行精准备货。例如，乌鲁木齐 1 月售出 100 台 iPhone X，2 月 110 台，3 月 90 台，4 月 100 台，平均销量为 100 台且波动较小。基于智能预测，"618" 期间销量至少会翻倍。因此，京东会在 "618" 之前将 200 台 iPhone X 提前送至乌鲁木齐仓库。这种做法不仅提高了订单完成速度，还加速了供应链的资金流动。

资料来源：
刘润，《京东的三板斧》，2024-06-13。

企业的实物供应链与资金供应链相互交织，换句话说，供应链的物流、信息流、资金流三者之间有着紧密的联系。供应链中任何供应链管理者所做出的战略、策略和运营上的决策不仅会对本企业资金流、财务费用和财务状况产生影响，同时也会对其他企业的资金流及财务产生影响，进而决定整个供应链端到端的资金效率。

8.2.1　供应链管理活动对财务绩效的影响

企业一个重要的财务目标就是创造令人满意的股东权益回报。现实生活中，企业的净资产回报率是一个公认的财务绩效指标，它通过比较净利润与净资产来评估企业的管理水平和业绩表现。

$$净资产回报率=销售净利率×总资产周转率×权益乘数$$

$$=\left(\frac{净利润}{销售收入}×100\%\right)×\frac{销售收入}{总资产}×权益乘数$$

$$=\frac{净利润}{总资产}×100\%×权益乘数$$

简单来说，净利润除以销售收入再乘以 100% 是销售净利率，这个指标衡量的是企业每单位销售收入中转化为净利润的比例，反映了企业的盈利能力；而销售收入除以总资产是总资产周转率，体现了企业的投资收益情况。如果这两个指标中的任何一个下降，净资产回报率也会随之下降。因此，对企业来说，提升盈利能力或改善投资收益是经营成功的核心，而提升这两个财务指标的关键都在于如何有效地实施经营和进行供应链管理。

图 8-2 展示了供应链管理与净资产回报率之间的关系。供应链服务的质量会影响企业的销售额，供应链流程的效率决定了企业的总成本，而供应链运营的管理水平则直接影响企业的资产状况。具体来说，优化供应链的网络结构、采购、库存、运输、生产计划与控制以及订单管理等环节，可以显著提高企业的净资产回报率。

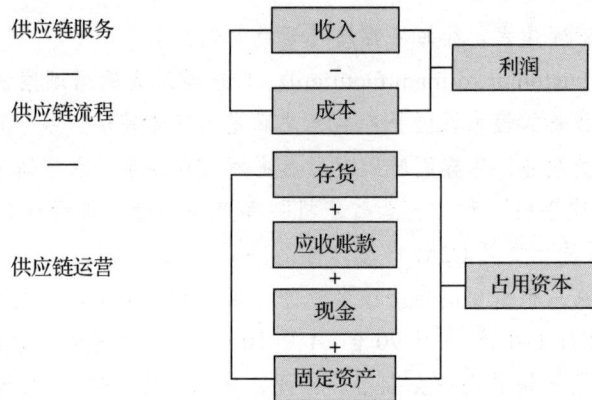

图 8-2   供应链管理影响净资产回报率

资料来源：宋华.智慧供应链金融[M].北京：中国人民大学出版社，2019.

（1）网络结构管理。网络结构管理主要是优化供应链中各个节点的布局和协同工作。通过合理布局采购和配送中心，企业可以减少运输距离和频率，从而降低物流成本并提高库存周转率。此外，整合外部资源、选择外包非核心业务以及设计高效的网络结构，能够减少企业的投资和运营成本，满足客户需求，增加销售收入，进而提高净资产回报率。

（2）库存管理。库存管理直接影响企业的现金流和资产利用率。有效的库存管理可以确保产品供应的连续性，同时避免过剩库存占用资金。通过采用精益库存策略、经济订货量（economic order quantity，EOQ）和实时监控，企业可以减少库存持有成本，提高库存周转率，改善现金流。优化库存管理还能减少缺货风险，提高客户满意度，间接增加销售收入。例如，供应商管理库存（VMI）可以简化资金流和信息流，减少资金结算复杂性，加速资金周转。

（3）订单管理。订单管理是确保供应链能够快速响应市场需求的关键。高效的订单处理流程可以缩短交货时间，提高客户满意度，从而增加销售量和市场份额。通过使用先进的订单管理系统，企业能够快速处理订单并准确预测需求，减少错误和延误，提高运营效率，降低成本。良好的订单管理还能帮助企业优化生产计划，减少生产波动，对财务绩效产生积极影响。

（4）运输管理。运输管理是连接生产和消费的重要环节。通过优化运输路线、选择合适的运输方式和提高运输效率，企业可以显著降低运输成本。例如，通过货物合并实现规模经济，或采用多式联运减少中转次数，企业能有效降低成本。优化运输管理不仅能直接降低运输成本，还能通过提高交付速度提升客户服务水平，增加客户忠诚度，间接提高销售收入和市场份额。此外，运输途中的在途库存会占用大量资金，降低净资产回报率，因此优化运输管理对财务绩效至关重要。

8.2.2　典型的供应链管理情境对财务绩效的影响

这一节将借助一个虚拟的 A 公司和象征性的财务指标在杜邦模型的分析框架下来分析供应链管理活动对财务绩效的影响，如图 8-3 所示：其中流动资产由库存、应收账款和现金组成；流动负债由应付账款和其他构成；营运资本等于流动资产减去流动负债；净利润等于销售收入减去销售成本和营业费用以及利息及所得税。假设 A 公司的净资产回报率为 25%，同时假设 A 公司的权益乘数为 1，我们来看两种典型的供应链管理情境——降低库存、延长应付账款期限对杜邦模型中的各比率所产生的影响。

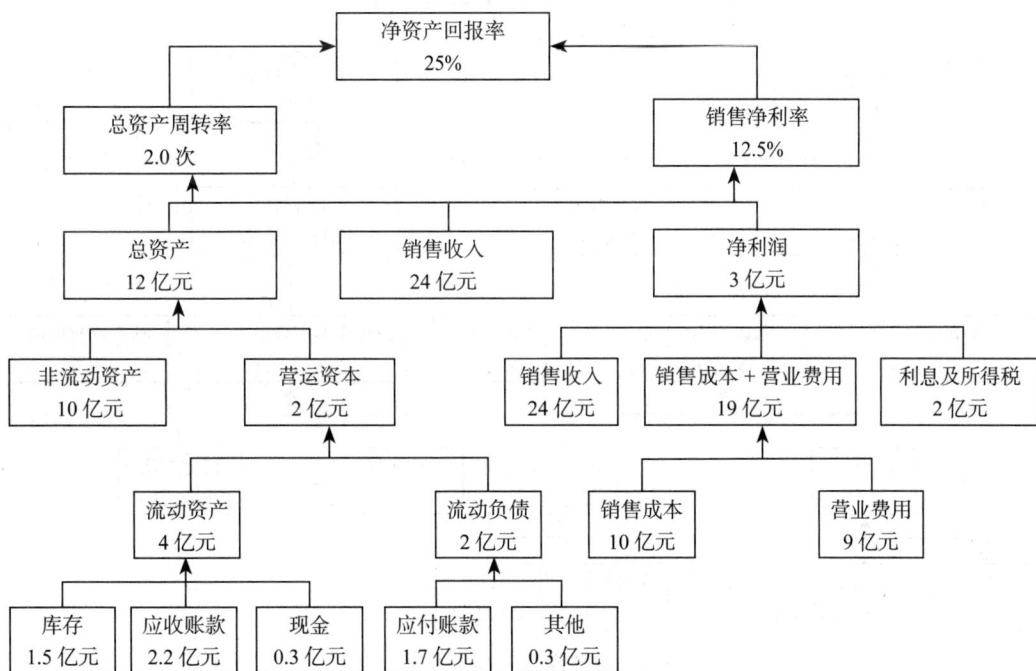

图 8-3　A 公司的净资产回报率

资料来源：坦普勒，霍夫曼，芬德利．供应链金融 [M]．胡海菊，陈红梅，译．北京：中国人民大学出版社，2020．

1. 降低库存

降低库存会对企业的财务状况产生多方面的影响。首先，库存的减少会直接降低流动资产的规模，同时减少与库存管理相关的营业费用，并增加现金流。这些变化对企业的利润有积极影响。此外，库存的减少还会使资产负债表上的总资产减少，降低库存还会影响现金周期的长度。

具体来说，比如为了实现库存的降低，A公司重新规划了采购策略。通过提高需求预测的准确性，公司能够减少从供应商处采购的原材料数量，从而降低库存水平。库存的减少不仅降低了库存持有成本，还提高了资金的使用效率。公司预测可以实现库存水平降低30%，因此，每年可以节省0.45亿元的资金占用，这些节省下来的资金可以用于偿还长期债务。A公司的库存持有成本通常占库存占用资金的25%，因此，库存的减少预计还可以节省0.1125亿元的营业费用，从而直接增加公司的利润。

随着库存管理的不断优化，A公司的销售净利率从原来的水平提高到了13%，总资产周转率提高到了2.08次。因此，净资产回报率从25%提高到了27%。这表明通过优化库存管理，A公司不仅提高了运营效率，还显著提升了整体财务绩效。

图8-4展示了降低库存对净资产回报率的影响。接下来，我们分析库存减少如何具体影响资产负债表和利润表的各个部分。库存的减少会直接导致总资产的下降；如果销售收入保持不变，总资产周转率将会上升。同时，库存持有成本的降低会使营业费用减少；在收入不变的情况下，这将提升公司的利润，进而提高销售净利率。

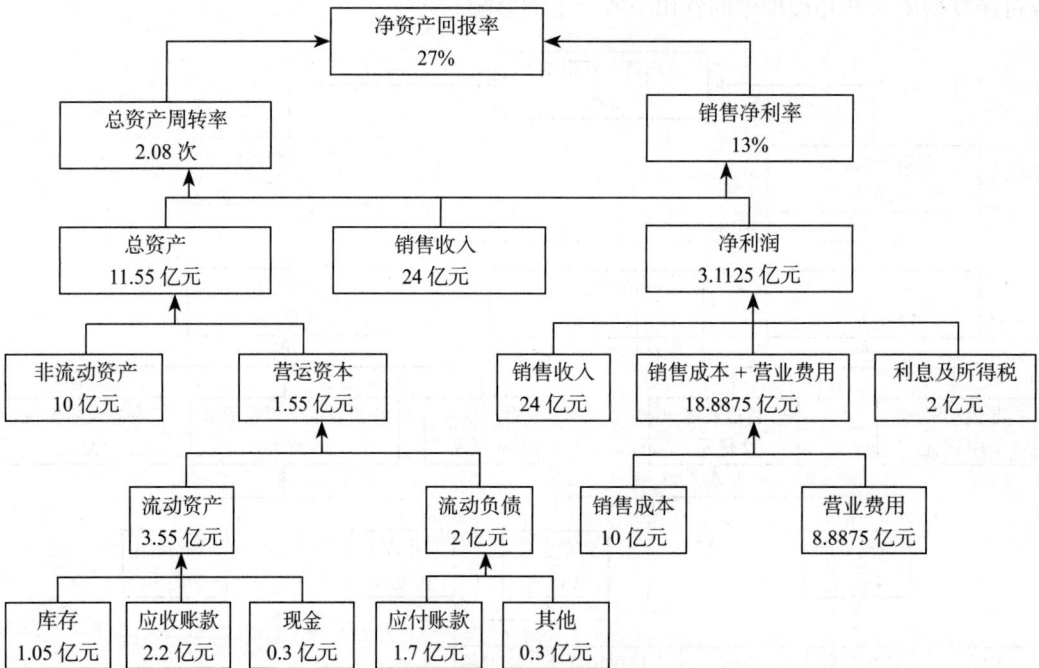

图8-4　降低库存和净资产回报率

资料来源：坦普勒，霍夫曼，芬德利.供应链金融[M].胡海菊，陈红梅，译.北京：中国人民大学出版社，2020.

总资产周转率和销售净利率的提升，会推动净资产回报率的增长。这一过程清晰地揭示了供应链管理决策与企业财务绩效提升之间的直接联系。

2. 延长应付账款期限

假设 A 公司决定延长向供应商支付货款的时间，或者为供应商提供供应链金融服务。假设这一金融服务不会给 A 公司带来额外成本，但会使 A 公司的应付账款在财务年度末从 1.7 亿元增加到 3.4 亿元。尽管这一决策可能会对资产流动性指标（如流动比率和速动比率）产生不利影响，但公司的现金循环周期将得到改善。因为延长供应商付款期限可以缩短现金周期（库存天数加上应收账款天数减去应付账款天数）。最终，延长应付账款期限使 A 公司的净资产回报率从 25% 提高到 29.13%，如图 8-5 所示。

应付账款的增加使 A 公司的流动负债从 2 亿元增加到 3.7 亿元，这不仅降低了公司的营运资本，也降低了总资产的价值，从而提高了总资产周转率和净资产回报率。

通过以上案例分析，我们可以看到供应链管理决策对企业财务绩效有显著影响。供应链管理者需要了解他们的决策对企业财务绩效的重要性，并能够清晰地说明这些决策对利润表、资产负债表以及关键财务比率（如净资产回报率、销售净利率和总资产周转率）的影响。

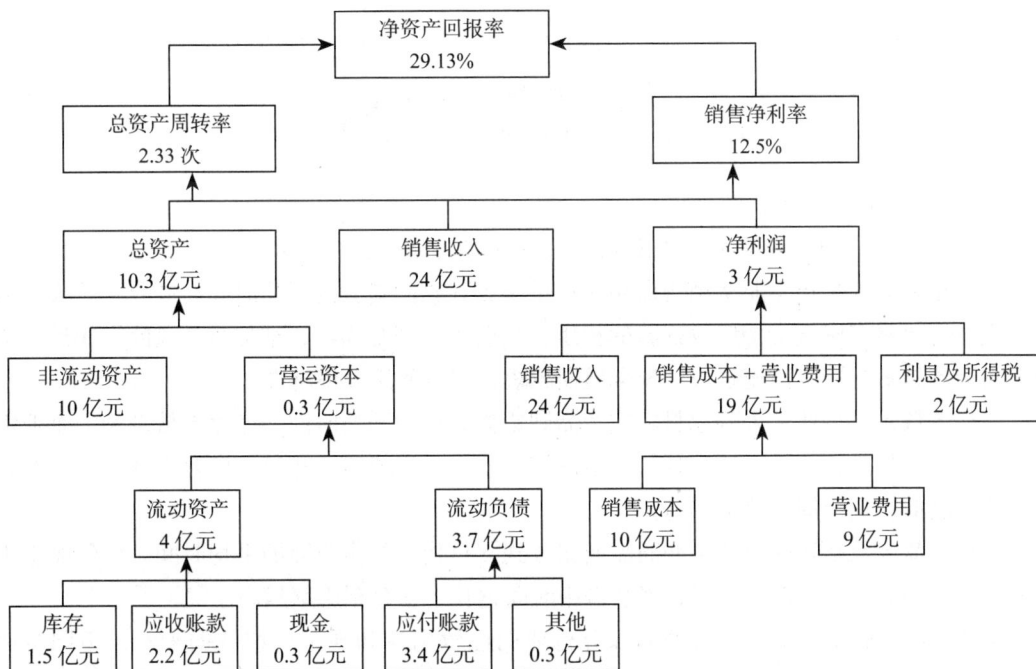

图 8-5　延长应付账款期限和净资产回报率

资料来源：坦普勒，霍夫曼，芬德利.供应链金融[M].胡海菊，陈红梅，译.北京：中国人民大学出版社，2020.

8.2.3　现金周期与供应链资金管理

1. 现金周期

现金周期又叫现金循环周期（cash conversion cycle，CCC），是衡量供应链资金流管理和优化的关键指标。全球许多优秀企业，如苹果和可口可乐能够取得卓越的绩效，很大程度上得益于它们高效的供应链管理。这包括有效的供应链风险管理、降低库存成本以及缩短现金周期（Sheridan，2000）。

现金周期是衡量企业从投入生产资金到最终通过销售收回货款的时间跨度。例如，假设一家公司从购买原材料到销售产品需要 45 天，从销售产品到收到客户付款需要 20 天。将这两个时间段相加，得到的 65 天被称为经营周期。然而，经营周期并不等同于公司实际垫资的时间。从购买原材料到支付货款还有一段时间，这段时间被称为应付账款天数。假设应付账款天数为 30 天，那么公司实际垫资的时间就是 65 天减去 30 天，即 35 天。这 35 天被称为现金周期。现金周期衡量的是公司实际需要垫付运营资金的时间长度，其示意图如图 8-6 所示。

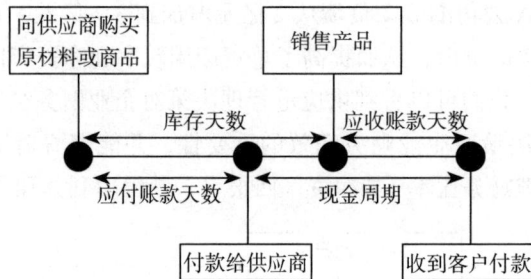

图 8-6   现金周期示意图

资料来源：宋华 . 智慧供应链金融 [M]. 北京：中国人民大学出版社，2019.

由图 8-6 也可以看到：

$$现金周期 = 应收账款天数 + 库存天数 - 应付账款天数$$

应收账款天数是指企业从销售商品或提供服务到收回货款的平均时间。应收账款天数越长，企业需要越多资金支持应收账款的积压，这会延长现金周期，增加财务风险。相反，应收账款天数越短，资金回笼越快，现金周期越短，资金使用效率越高。

库存天数是指企业从采购原材料或商品到销售完成的平均时间。库存天数越长，企业需要越多资金支持库存积压，这会延长现金周期，增加运营成本。相反，库存天数越短，企业运营成本越低，现金周期效率越高。

应付账款天数是指企业从采购商品或服务到支付货款给供应商的平均时间。应付账款天数越长，说明企业采购能力越强，资金占用时间越长，资金利用率越高。

从 2019 年 A 股上市公司所处的部分行业的经营周期和现金周期数据来看，不同行业的现金周期存在显著差异。例如，房地产行业的现金周期最长，达到 1106.3 天。其库存天数为 1251.9 天，应收账款天数为 26.8 天，两者的总和即经营周期为 1278.7 天。库存天数较长，这与房地产行业营运资本的特点一致。扣除应付账款周期 172.4 天后，现金周期为 1106.3 天。这意味着在房地产行业 1278.7 天的经营周期中，企业需要自行垫付资金的时间长达 1106.3 天，这也反映出该行业的资金压力较大。

相比之下，家用电器行业的经营周期为 92.7 天，但现金周期仅为 18.8 天。这主要是由于应付账款周期较长，平均为 73.9 天，企业能够将存货和应收账款占用的资金大部分转嫁给供应商。汽车行业的情况与家电行业相似。航空运输业的库存天数为 5.7 天，应收账款天数为 11.3 天，均较短。然而，应付账款天数为 45.4 天，超过了经营周期的 17 天，导致现金周期为负数。负数的现金周期表明航空运输业主要依赖供应商的资金来运营。零售业的库存天数为 64 天，应付账款天数为 62.3 天，两者基本持平，说明存货主要通过供应商融资。而应收账款天数仅为 5.6 天，较短，这主要是因为零售业主要面向消费者，几乎没有赊账情况。

为了缩短现金周期，企业一般常用的方式有以下 3 种。

（1）延长应付账款天数：企业可以在最后时刻支付原材料、库存费用和薪金等，或者对供应商进行部分支付而不是全额支付（Farris and Hutchison，2003）。此外，减少对外支付的频率，充分利用无息信用卡或信用额度进行支付，或者在应付账款实现后再对上游进行销售承诺，这些方法都可以有效缩短现金周期（Walz，1999）。

（2）缩短生产周期，减少库存天数：库存是反映生产效率的指标。企业需要采用有效的生产和库存战略控制过量库存。过量库存可以分为战略性的"好"库存（如防止价格上涨）和对企业系统产生负担的"不好"库存（Farris，1996）。

（3）缩短应收账款天数：应收账款的管理是现金周期管理的重要部分。企业可以通过鼓励快速支付、提供折扣或奖励加快应收账款的回收来降低应收账款天数（Boardman and Ricci，1985）。研究表明，较低的销售业绩容易导致拖欠账款（Stewart，1995）。此外，企业对拖欠账款应索取利息，并要求客户立即付款。接受电子支付和提供便利的支付手段也可以加速资金回收（Walz，1999）。

以上调整可能会对企业的财务表现产生正面或负面的影响，也可能波及供应链的上下游。企业在调整现金周期的各个要素时，需要仔细权衡它们可能带来的影响。比如，缩短客户的应收账款天数，可能会使客户将订单转投给竞争对手；延长对供应商的应付账款天数，可能会导致采购业务被拒；减少库存天数、降低库存水平而不考虑生产流程，可能会降低企业运营效率，增加额外成本，还可能影响产品供应，进而对客户服务水平产生负面影响。此外，企业在减少应收账款天数或延长应付账款天数方面的能力，往往取决于它与供应链上下游的关系，尤其是与强势一方的协商结果。

2. 运营资金

现金周期直接影响企业的运营资金需求。现金周期越长，企业需要的运营资金就越多。现金周期和运营资金的关系如下（Farris and Hutchison，2003）。

$$运营资金 = 现金周期 \times \frac{年销售额}{365天}$$

例如，假设一家公司的年销售额为 1.825 亿元，平均每天销售额为 50 万元。如果能够将现金周期缩短 1 天，就可以减少 50 万元的资金占用。假设企业的资金成本为每年 10%，那么减少 50 万元的资金占用，相当于节省了 50 万元 ×10%=5 万元的财务费用。

8.2.4　协同现金周期

优化现金周期可以提升个别企业的运营效率，但从整个供应链的角度来看，优化现金周期并不能改善所有参与者的资金状况。这是因为一个企业应收账款的减少，往往意味着其交易对手应付账款的增加。比如，一些大型电商平台为了优化自身的资金周转，延长了对中小卖家的付款周期。这使得中小卖家需要更长时间才能收到货款，增加了它们的资金压力，甚至可能影响其后续的生产和供货能力。

同样，一个企业的库存天数减少了，可能是因为其交易对手的库存或成本增加了。例如，汽车制造企业为了降低自身的库存成本，可能会要求零部件供应商更频繁地送货，甚至将库存管理的责任推给供应商。在这种情况下，汽车制造企业的库存成本和资金占用减少了，但零部件供应商需要承担更多的库存风险（如库存持有成本的增加）和资金周转的压力。

因此，企业的现金周期与其他供应链参与者的周期是相互关联的。企业在调整自身现金周期时，不能只考虑自身利益，还需要考虑对整个供应链的影响。为了实现各方利益最大化，企业不仅要优化自身的现金周期，还要通过协同合作优化整个供应链的现金周期，通过合理的供应链金融策略来平衡各个环节的现金流量风险，确保供应链的稳定性和可持续性。

协同现金周期（collaborative cash-to-cash cycle，CCCC）的概念由 Hofmann 和 Kotzab 在 2010 年提出。它并不是由多个企业的现金周期相加而得到的，而是从系统角度出发，综合考虑整个供应链的现金周期后得出的。

从供应链运营的角度来看，其业务活动涵盖了供应端的初始供应源、销售端的最终消费客户，以及供应链体系内的多级企业（见图 8-7）。只从单个企业的角度管理现金周期，很难实现整体现金流的加速。因此，计算协同现金周期（CCCC）不是简单地计算每个企业的应收账款天数、应付账款天数和库存天数，而需要从整个供应链系统的角度来衡量这些指标。具体来说，协同现金周期可以表示为供应链各阶段的库存天数之和加上最后一个环节的应收账款天数，再减去第一个环节的应付账款天数。

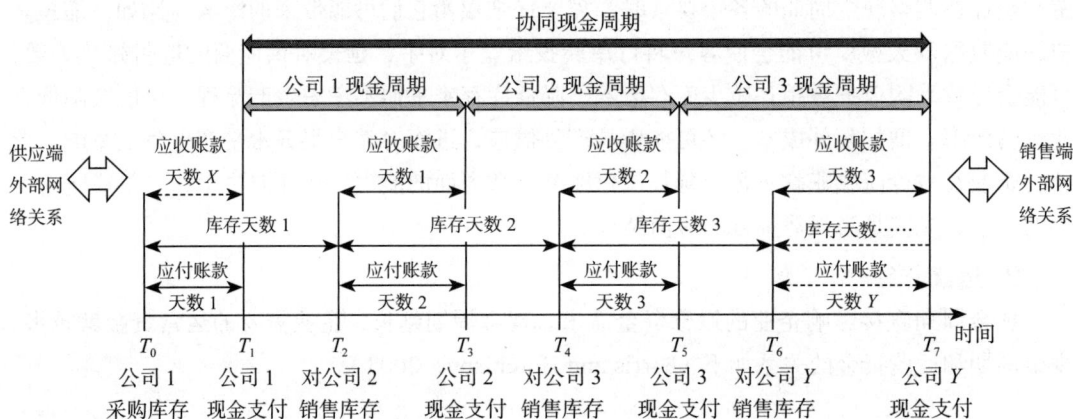

图 8-7 协同现金周期

资料来源：宋华 . 智慧供应链金融 [M]. 北京：中国人民大学出版社，2019.

要缩短协同现金周期，关键在于降低供应链中企业的加权平均资金成本（weighted average cost of capital，WACC），从而实现最大的经济增加值或股东价值增长。加权平均资金成本是指企业根据各种资本在总资本中的占比，计算出的综合资金成本。

降低加权平均资金成本的方法主要有两种：一是降低资产成本，二是降低债务成本。这需要供应链中的成员企业充分发挥各自的优势，实现系统上的有效产出。此外，建立有效的补偿机制也是降低资金成本的关键。补偿机制是指供应链成员在为其他成员提供有效资产管理服务时，能够获得相应的利益补偿（窦亚芹等，2013）。例如，当客户的资金成本低于供应商时，客户可以提前付款给供应商，从而降低整个供应链的资金成本。然而，客户提前付款会增加自身的资金成本和费用，导致利润减少。此时，就需要设计一种补偿机制，让客户在不减少利润的情况下提前支付资金。其中一种典型的方式是动态折扣。

8.3 端到端的供应链金融

端到端的供应链金融是一种结合金融工具和技术的综合性服务，目的是支持和优化整个供应链的运行。它覆盖了供应链的各个阶段，通过整合不同环节的金融需求，为供应链从起点到终点提供全程的金融支持。

从时间顺序来看，端到端的供应链金融业务可以分为采购阶段融资、生产阶段融资、物流阶段融资和销售阶段融资（见图 8-8）。采购阶段融资主要是为了满足企业在采购原材料或产品时的运营资金需求，这一阶段的主要金融业务有订单融资和预付账款融资；生产阶段融资是为了给企业提供资金支持，比如购买生产设备等，这一阶段的主要金融业务是融资租赁；物流阶段融资用于满足企业在运输、仓储和配送等环节的资金需求，这一阶段的主要金融业务是存货融资；销售阶段融资则用于帮助企业解决应收账款等销售环节的资金问题，这一阶段的主要金融业务是动态折扣和应收账款融资。

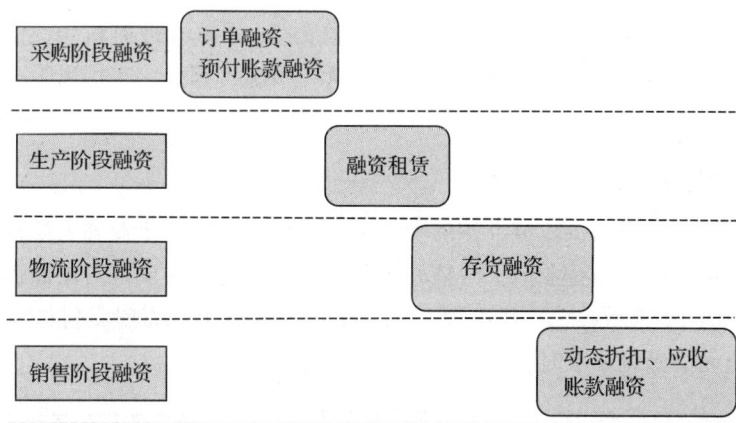

图 8-8 按时间顺序划分的端到端供应链金融

8.3.1 采购阶段融资

这一阶段的主要金融业务有订单融资和预付账款融资。

1. 订单融资

订单融资是指购销双方签署订单合同后，金融机构应订单接收方的申请，依据其真实有效的订单合同，以订单项下的预期销货款作为主要还款来源，向订单接收方提供用于满足订单项下原材料采购、组织生产、施工和货物运输等资金需求的短期融资。

中小企业可以凭借和核心企业的交易意向以及尚未履行的交易合同提前向银行申请短期融资贷款。提前获取的融资有助于缓解生产和采购环节的资金压力，帮助中小企业扩大生产规模，实现规模化效益（见图 8-9）。

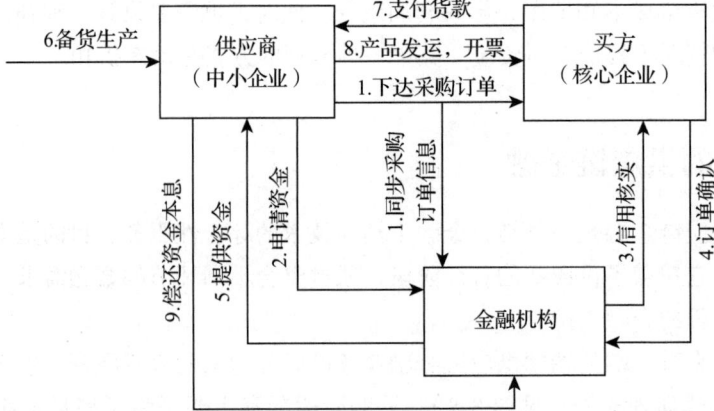

图 8-9　订单融资业务流程

订单融资的基础是交易意向和尚未履行的交易合同,因此,未来交易的不确定性以及道德风险下的重复质押是这项业务的主要风险。订单融资以未来可能发生的应收账款为融资基础,市场的不断变化以及交易双方合作关系的变动都可能会影响交易的发生。交易双方没有正常履行订单合同会给银行开展业务带来很大风险。此外,订单融资相较于已经履行的订单业务产生的真实应收账款,没有实际的担保物做支撑,中小企业有机会凭借同一潜在的应收账款向多家银行申请融资,而银行又很难发现这一情况,因此,道德风险也会增加银行的风险。

2. 预付账款融资

预付账款融资主要面向供应链下游的中小企业,以下游中小企业和上游核心企业的真实交易为基础,是以下游中小企业向上游核心企业支付的预付款为质押对象而提供融资的融资服务模式,如图 8-10 所示。它一般出现在企业接到大额订单,需要支付供应商预付款或定金,但自有资金无法满足要求时。

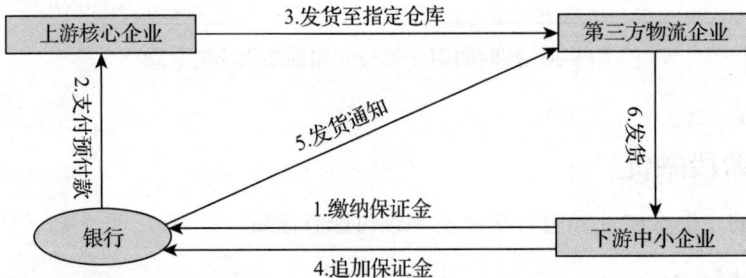

图 8-10　预付账款融资业务流程

预付账款融资模式有先票后货授信、担保提货(保兑仓)授信、进口信用证项下未来货权质押授信等形式。预付款融资的担保基础是预付款项下客户对供应商的提货权。

(1)先票后货授信是指客户(买方)从银行取得授信,在缴纳一定比例保证金的前提下,向卖方支付全额货款;卖方按照购销合同以及合作协议书的约定发运货物,货物到达后设定抵质押,作为银行授信的担保。

风险要点：上游客户的发货、退款和回购等履约能力的考察；在途风险的防范和损失责任的认定；到货后的交接入库。

（2）担保提货（保兑仓）授信是先票后货方式的变种，它是指在客户（买方）缴纳一定比例保证金的前提下，银行将全额货款提供给客户，卖方出具全额提单作为授信的抵质押物，随后，客户分次向银行提交提货保证金，银行再分次通知卖方向客户发货。卖方承担因发货不足向银行退款的责任。担保提货（保兑仓）授信业务流程如图 8-11 所示。

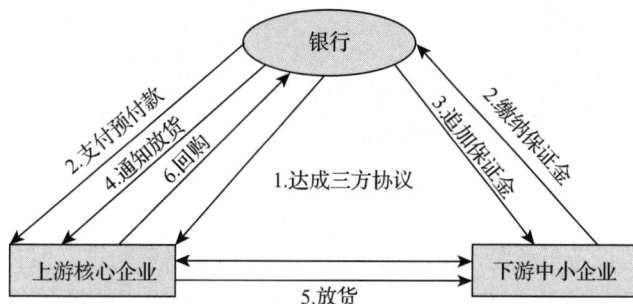

图 8-11 担保提货（保兑仓）授信业务流程

风险要点：核心企业的资信和实力的评估；防止核心企业过度占用客户的预付款并挪作他用；银行与核心企业之间操作的有效对接。

（3）进口信用证项下未来货权质押授信是指银行根据进口商（客户）的申请，在进口商根据授信审批规定缴纳一定比例的保证金后，为进口商开出信用证，并通过控制信用证项下单据所代表的货权来控制还款来源的一种授信方式，如图 8-12 所示。货物到港后可以转换为存货抵质押授信。

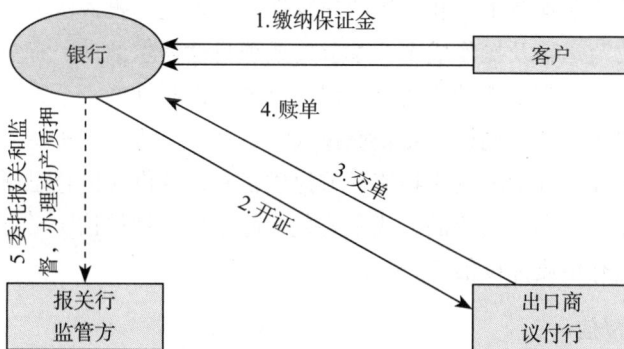

图 8-12 进口信用证项下未来货权质押授信业务流程

风险要点：关注不同类型的单证对货权控制的有效性；根据不同情况，为在途运输购买以银行为受益人的保险；办理押汇的情况下，关注到货到入仓监管之间衔接环节的货权控制；做好客户弃货的应急预案。

8.3.2 生产阶段融资

这一阶段的主要金融业务是融资租赁，它是指企业在生产阶段获得所需的设备时，不是向金融机构直接申请贷款来购入，而是委托租赁公司根据企业的要求和选择代为购入所需的设备；企业以租赁的方式从租赁公司手里租赁设备来使用，分期向出租人支付租金，从而使企业达到融通资金的目的，租期届满，租金支付完毕后，按照约定对租赁物进行留购、续租、退租等处理，如图8-13所示。在实践中，诸如船舶、农机、医疗器械、飞机等大型设备一般采用融资租赁的模式。

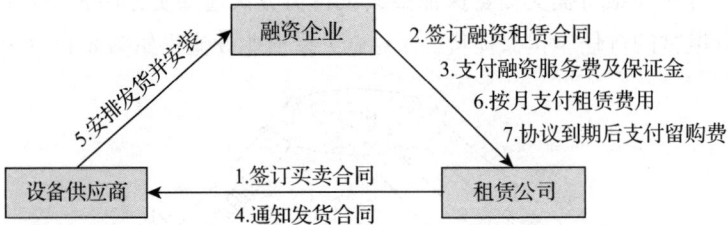

图 8-13   融资租赁业务流程

在融资租赁中，设备虽然是承租人指定的，由出租人出资购进，但在约定租期内，设备的所有权属于出租人。承租人获得的是设备使用权，并对租用的设备负有维修、保养以使之处于良好状态的义务。期满后，承租人可享有留购、续租、退租或签订另外租约的多种选择。

风险要点：对承租人资信和实力的评估；租赁物取回的难易程度；租赁标的物权属清晰；租赁物的出售人必要时提供回购担保。

8.3.3   物流阶段融资

在供应链的物流环节，企业常常面临多方面资金占压的挑战。这些资金占压主要来源于库存持有成本，企业为了保持生产和配送的连续性，必须先行投入资金以维持一定水平的库存量；货物在途的物流运输及操作成本、季节性或项目性需求波动、存货跌价风险以及供应链中的不确定性因素，如需求波动或物流延误，也会带来额外的资金占压。国际贸易中的信用证开立、关税支付等环节，同样需要企业投入大量资金。这些因素共同构成了物流环节企业资金占压的常见情况，存货融资为物流环节提供了有效的供应链金融解决方案，能够帮助企业缓解这些资金压力。存货融资的形式主要包括静态抵质押授信、动态抵质押授信、标准仓单质押授信和普通仓单质押授信等。

1. 静态抵质押授信

静态抵质押授信是指以自有或第三人合法拥有的动产为抵质押的授信业务，是"特定化库存模式"，抵质押物不允许以货易货，客户必须打款赎货。静态抵质押授信业务流程如图8-14所示。

风险要点：抵质押商品的市场容量和流动性；抵质押商品的产权是否清晰；抵质押商品的价格变动情况；抵质押手续是否完善。

2. 动态抵质押授信

动态抵质押授信是指客户以自有或第三人合法拥有的动产为抵质押的授信业务，是"核定化库存模式"，银行对抵质押的商品价值设定最低限额，允许限额以上的商品出库，可以以货易货。动态抵质押授信业务流程如图 8-15 所示。

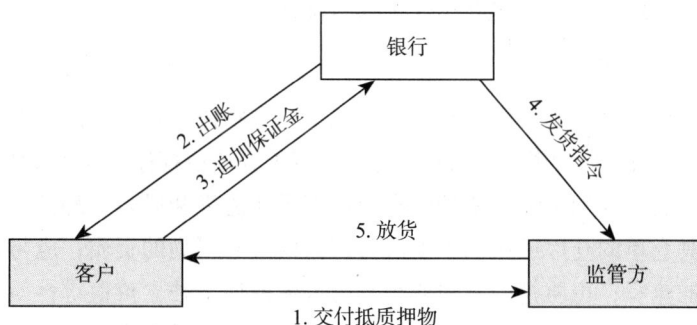

图 8-14　静态抵质押授信业务流程

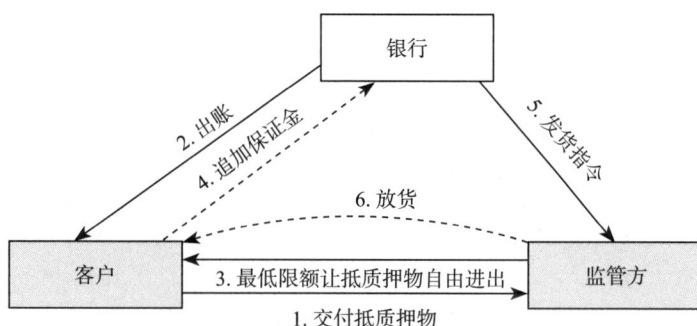

图 8-15　动态抵质押授信业务流程

　　风险要点：除了包括静态抵质押授信的相关要点外，还包括货物价值必须易于核定；以货易货过程中防止滞销货物的换入；根据价格波动，随时调整最低库存临界线。

3. 标准仓单质押授信

　　标准仓单质押授信是指客户以自有或第三人合法拥有的标准仓单为质押的授信业务。标准仓单是指符合交易所统一要求，由指定交割仓库在完成入库商品验收，确认合格并签发《货物存储证明》后，按统一格式制定并经交易所注册可以在交易所流通的实物所有权凭证。

　　标准仓单质押授信适用于通过期货交易市场进行采购或销售的客户，以及通过期货交易市场套期保值、规避经营风险的客户。标准仓单质押授信业务流程如图 8-16 所示。

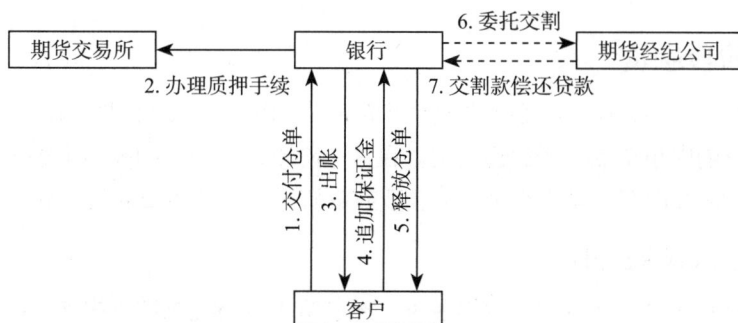

图 8-16　标准仓单质押授信业务流程

风险要点：防止客户将授信资金用于投机炒作；关注不同期货交易所对质押流程的要求；设计有效的跌价补偿机制；预先了解质押解除的流程。

4. 普通仓单质押授信

普通仓单质押授信是指客户以由仓库或其他第三方物流公司提供的非期货交割用仓单作为质押物，并对仓单做出质背书，银行提供融资。普通仓单质押授信业务流程如图 8-17 所示。

风险要点：应建立区别于动产质押的仓单质押操作流程和风险管理体系；鉴于仓单的有价证券性质，出具仓单的仓库或第三方物流公司需要具有很高的资质；应与仓单出具方约定挂失和补办仓单的流程；可质押的仓单必须具有可流通性、独立价值等性质，不宜接受以出货单、存货单等类似凭证进行的质押；必须在仓单上设置出质背书；与仓储企业签订协议中约定，仓储企业对贷款企业留置权的行使，不应优先于质权。

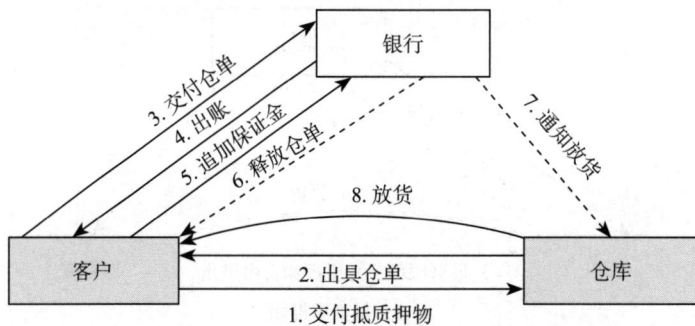

图 8-17　普通仓单质押授信业务流程

以标准仓单质押为例说明存货融资在期货交易中的应用威力，比如有一家玉米收储企业面临资金周转困难，持有 2 万 t 玉米库存，且预计玉米价格后续会上涨。如果此时出售玉米，企业可能会错过价格上涨带来的利润。于是，企业决定通过质押玉米存货向银行融资。但银行担心货权风险，建议企业将玉米注册为期货标准仓单，并通过大连商品交易所的仓单转让系统转给银行。银行收到仓单后，当天为企业放款。5 月 4 日，双方签订标准仓单质押融资合同。银行按照大连商品交易所玉米期货 1701 合约当日结算价 1526 元 /t 的 80% 为企业融资，融资额为 2441.6 万元。为保障银行权益，合同约定：玉米市场价格每下跌 5%（以5 月 4 日价格为基准），企业须在 1 个工作日内支付融资额的 5%，或额外提供相应金额的玉米仓单作为保证金。合同到期后，企业归还银行资金及利息，银行将仓单转让回企业。

8.3.4　销售阶段融资

在销售阶段，中小企业向核心企业销售产品时会面临由于赊销而带来的应收账款期过长的情况，这会影响中小企业生产的连续性。在这一阶段，动态折扣和为中小企业供应商开展债权融资的应收账款融资，是中小供应商企业破解资金困境的重要融资方式。

1. 动态折扣（现金折扣）

折扣管理是企业改善现金流的常用手段，通过给予价格优惠鼓励提前付款。它分为静态折扣和动态折扣。静态折扣是在折扣期内提前支付，享受固定折扣率，如图 8-18 所示。这种方式能改善企业现金流，也能让下游企业受益，但存在折扣率和期限固定、缺乏灵活性以及规则由供方单方面确定等问题。

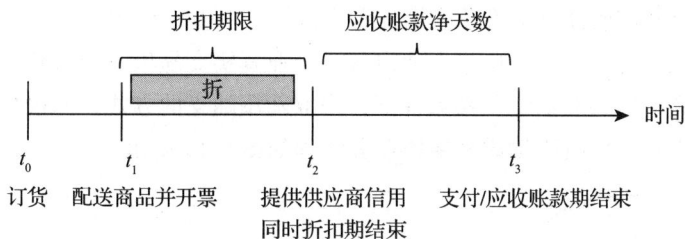

图 8-18 静态折扣支付业务流程

动态折扣则更灵活，允许买家根据自身情况选择付款时间和方式以换取折扣。它通过实时调整折扣率，考虑供应商信用、付款日期等因素，实现价格与账期的平衡。动态折扣让供应商和采购方能针对每张发票协商折扣，无须事先磋商，双方可通过网络平台查看发票、设定规则并试算付款金额，达成一致后即可成交。

动态折扣的优势在于：一是供应商议价权增加，更具吸引力，参与积极性更高；二是降低了运营资产需求的不确定性，能帮助供应商更好地规划资金流入；三是买方能在现货市场获取性价比更高的原材料或产品。通过灵活的折扣管理，供应链效率得以提升，成本得以降低，企业之间的合作也变得更加紧密。

资料 8-3 运营资金优化与零风险共赢模式：C2FO 的动态折扣解决方案

C2FO 是一个全球首创的 B2B 运营资金交易撮合平台。其运作模式如下：在 C2FO 平台上，供应商可以选择希望提前收款的发票，并设定可接受的现金折扣率；买方则设定期望通过提前付款获得的现金折扣率。平台通过算法匹配双方的利率，寻找最佳兼容性。匹配完成后，供应商将收到正式通知，看到每张发票的期望折扣，并在客户即刻支付周期（最快两天）后收到应收账款；买方则收到标示每张发票现金折扣的文件，提示付款时间和减免金额。此外，交易双方可在系统中随时调整现金折扣期望值，买方还须设置"虚拟现金池"，而 C2FO 不直接接触资金，从而确保交易的透明度和可执行性。

C2FO 平台的动态折扣业务具有独特价值，主要体现在对供应商资金需求的精准捕捉和价格发现机制上。通过收集和分析供应商与核心企业的资金交易数据，该平台帮助核心企业将每笔应付账款在不同时间段的价值最大化，同时也助力供应商更好地规划自身动态资金成本和需求。供应商驱动的价格发现机制将定价权交给供应商，价格由供应商根据资金需求的紧迫性进行设定，而非由核心企业统一设定。

C2FO 的动态折扣解决方案允许交易双方通过贴现发票实现早期支付，从而释放现金流。这一过程不仅降低了商品销售成本，增加了买家的毛利，还通过灵活性和即时回报将供应商的参与度和满意度提升至远高于传统线性折扣计划的水平。

资料来源：
未央网，《C2FO：全球 B2B 运营资金撮合平台》，2020-11-09。

2. 应收账款融资

应收账款融资按照所有权是否发生转移以及转移对象，可被划分为应收账款质押融资、应收账款转让融资和应收账款证券化融资三种方式。

（1）应收账款质押融资是指中小企业以核心企业真实交易项下的未到期的应收账款为质押物，在协议规定的期限和信贷限额条件下，采取随用随支的方式，向银行等金融机构取得短期借款的融资方式。应收账款质押融资业务流程如图 8-19 所示。

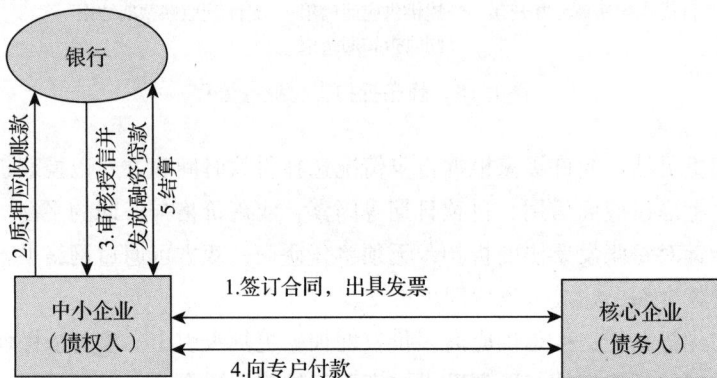

图 8-19　应收账款质押融资业务流程

风险要点：融资企业拒绝付款或无力偿还贷款，银行可以要求应收账款债务人核心企业偿还资金；核心企业与上游中小企业合谋，银行要调查交易的真实性，设计交易的自偿性和封闭性。

（2）应收账款转让融资，也被称作保理融资，是指供应链中小企业通过将应收账款转让给保理商而获得融资服务。保理的业务种类有很多，按照是否保留对上游企业的追索权可以将它划分为有追索权的保理和无追索权的保理。有追索权保理融资是指保理商在核心企业不支付应收账款时，有权要求中小企业偿付融资款项。无追索权保理融资意味着核心企业一旦违约，所有风险将由保理商来承担。应收账款转让融资解决了中小企业赊销货物的流动资金短缺问题，也变相地为核心企业提供了采购融资服务。应收账款转让融资业务流程如图 8-20 所示。

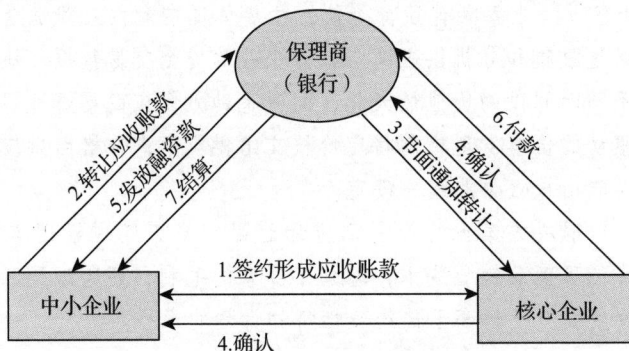

图 8-20　应收账款转让融资业务流程

风险要点：买卖双方的贸易背景真实性；应收账款的存在性和可实现性；应收账款转让手续的合法性、有效性；回款账户的锁定。

在普通应收账款转让融资的基础上还衍生出了很多形式，有保理池融资、票据池融资、暗保理融资、反向保理融资、出口应收账款融资和出口信用保险项下融资等。

（3）应收账款证券化融资是一类新型的应收账款融资模式，是指供应链中的中小企业将销售产品或提供服务产生的应收账款通过特定的组织，做成各种有价证券，向投资者发行来获取资金的模式。一旦有价证券被出售，机构将把资金支付给中小企业，从而实现中小企业筹措资金的目的。应收账款证券化过程包括了证券化资产遴选、风险隔离、信用增级、信用评级以及发行与承销等环节。应收账款证券化融资业务流程如图 8-21 所示。

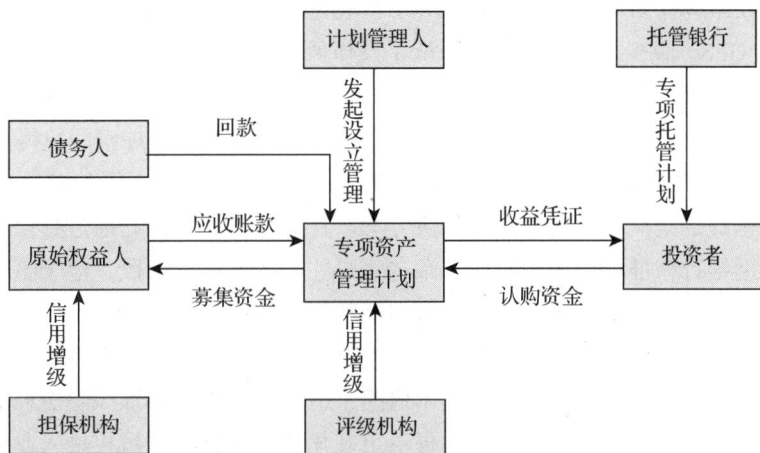

图 8-21 应收账款证券化融资业务流程

风险要点。①交易结构与法律风险：确保应收账款被真实出售，避免变成担保贷款；注意法律合规性，包括合同有效性、转让通知和登记等程序合规性。②信用与市场风险：应收账款信息不透明，投资者面临不确定性；现金流可能与原始权益人资产混同，影响破产隔离效果；市场动荡时，资产证券化产品可能面临流动性不足的问题；债务人提前还款可能影响现金流预测和投资者收益；债务人信用不佳可能导致无法按时还款；市场利率波动可能影响产品吸引力和投资者收益。③基础资产与运营风险：资产池分散度不足可能导致集中度风险，须合理选择资产；基础资产可能与原始权益人其他资产混同，难以被追踪和监控；存在虚假陈述等不诚信行为风险；循环购买的新资产质量可能下降，影响证券表现。

比如，京东白条的 ABS 产品是国内首个基于互联网消费金融的创新金融工具。以 2016 年第一期 ABS 为例，它分为四个层级：优先 1 级占比 75%，获得 AAA 评级；优先 2 级占比 9%，获得 AA 评级；优先 3 级占比 6%，获得 A+ 评级；次级占比 10%。

这些 ABS 产品背后的资产来源于京东商城消费的白条，京东白条依托京东电商的大数据和生态体系内的多元化有效数据，形成了多维度的征信数据来源。与普通互联网金融公司不同，京东金融被定位为金融科技公司，其核心是风控，而风控的关键在于征信。强大的风控和信用体系建设能力，为京东金融在发行白条 ABS 方面提供了坚实基础，成为其竞争优势所在。

8.4 新兴技术赋能供应链金融

1. 金融科技

近些年来，随着区块链、物联网、云计算、大数据、人工智能等新兴技术的出现，供应链金融的智慧化日益成为重要的发展趋势，在这些新兴技术的带动下，供应链金融不断产生出一些新兴业务模式、新技术应用、新产品服务等，有效提升了运营效率并显著降低了运营成本。

金融科技为中小银行在供应链金融领域遇到的问题提供了有效解决方案，解决了传统模式的诸多痛点。比如，大数据技术帮助金融机构精准描绘客户画像，实现了信贷决策和风险管理；区块链技术确保贸易背景真实，提升了供应链信息交互的透明度和信任度；物联网技术（如 RFID、GPS）减少了人工干预，降低了操作风险；人工智能技术则提升了处理非结构化数据和文档的效率，降低了操作成本。通过这些技术，中小银行的客户拓展、风险控制和场景落地等关键环节更高效、更安全、成本更低，市场竞争力和发展空间也得到了提升。

以金融壹账通的壹企链智慧风控体系为例，它整合了大数据、区块链、人工智能等技术，为金融机构提供全流程的智能风控解决方案。在业务开展前，它通过身份认证工具和大数据分析，帮助银行精准识别用户身份并筛选客户。在业务进行阶段，电子签约工具结合身份识别和加密存储技术，确保线上签约的真实性和不可篡改性，同时反欺诈工具可识别企业融资需求的真实性，防范欺诈风险。在业务存续阶段，供应链信息交互系统实时监控资金流和货物流，及时更新负面信息并向银行提示风险，助力银行提前采取风险缓释措施。壹企链通过多种技术组合，针对不同行业和需求提供定制化风控工具，将风控融入业务全流程，实现从传统事后补救向事前预警的模式转变，助力金融机构全面管理风险。

2. 大数据技术在供应链金融中的应用

大数据可以帮助金融机构构建融资客户的全面画像。通过分析多源数据，例如日志数据、各类网站、社交平台和交易平台数据等，中小银行能够了解市场动态、资金流向、客户的采购偏好和购买习惯。多源数据的交叉验证还能提升数据的真实性和有效性。借助这些客户画像，金融机构可以更精准地获取客户并提升客户活跃度。

企业画像通常从以下 5 个维度来分解刻画。

（1）一般维度：企业经营证件类型、经营范围（主营业务）、经营资质起始日期、经营资质截止日期、法人证件类型、登记机关、法人名称、企业员工数量等。根据对企业属性的描述，获知企业的基本信息特征，对企业有初步的了解。

（2）信用维度：根据企业征信、贷款信息、发债信息、外部借贷信息、抵押质押公示信息、财务公示信息（审计、财报、各类统计数据）、纳税信息、发票购销、实际交易数据等，获知企业综合信用水平。

（3）供应链（上下游）维度：根据企业主营业务、商业模式、主要产品及服务、上下游（供应商及销售渠道）、竞争对手，获知市场状况、主要生产地、销售地、用户人群等数据，进而描述企业供应链特征。

（4）内外关联维度：根据企业间合作链信息、企业内部高管信息以及股东代表等信息建立企业外部联系图谱和企业内部关系图谱，了解企业内部管理信息和外部合作发展趋势。

（5）评价信息维度：根据外部舆情信息、企业网站招聘评论数据、企业内部员工评价信息，获知企业的社会总体评价。

大数据技术通过为企业绘制画像，助力金融机构进行信用评估和风险管理。金融机构收集企业多方面的数据，比如交易记录、财务报表和市场行为等，从而建立完整的企业信用档案。这些数据不仅能帮助金融机构判断企业的信用状况，还能预测企业未来的财务表现和还款能力。比如，通过分析企业的采购模式、销售周期和库存水平，金融机构可以更精准地评估企业的资金需求和还款风险。此外，大数据还能实时监测企业运营，及时发现潜在风险并采取相应措施。

大数据的应用特别适合小微企业，这类企业数量多、单体规模小、信用基础弱，且交易频繁、行为模式类似个人零售。大数据能够快速评估这些企业，洞悉市场信息，帮助金融机构制定营销策略和风控措施，大数据技术尤其在数字化程度较高的金融机构中应用广泛。

以网商银行为例，通过大数据分析，网商银行构建了复杂的风险控制模型，能够全面评估供应链上下游小微企业的信用状况。这种评估不仅基于企业与核心企业的交易关系，还综合了历史交易记录、履约记录、企业主个人信用习惯等多维度数据。此外，网商银行利用大数据还原供应链网络，构建了涵盖 1380 个四级行业类目的知识图谱，能更精准地识别小微企业并完善其信用画像。

这些应用有效解决了传统信贷的多个痛点。首先，小微企业通常因生命周期短、抗风险能力弱、缺乏抵押物等原因难以获得银行贷款，而网商银行通过大数据技术摆脱了对抵押物和核心企业担保的依赖，能直接为小微企业提供信贷服务。其次，大数据技术实现了对小微企业经营数据的动态监控和风险预警，降低了信息不对称和信用风险。最后，网商银行通过简化申请流程，实现了"3min 申请、1s 放款、全程无人工干预"的极致体验，极大地提高了小微企业融资的效率和可得性。

3. 区块链技术在供应链金融中的应用

区块链技术在供应链金融中的应用具有显著优势。其去中心化、分布式账本、时间戳和共识机制等特点，能够确保数据来源可靠、证据交互验证且不可篡改，从而保证数据的真实性、完整性和有效性。结合智能合约，区块链技术可实现系统自动执行到期付款等功能，排除人为干预，提高交易效率和信任度。

传统供应链金融面临诸多问题，如信息孤岛、核心企业信用难以传递、缺乏可信的贸易场景、履行风险难以控制以及融资难且成本高等。区块链技术的特性使它成为解决这些问题的理想工具。通过去中心化和不可篡改的特性，区块链可以搭建底层信用体系，确保数据安全可靠，同时仅允许参与者查看数据，保护企业隐私。此外，区块链技术还能帮助上下游企业获取完整的交易数据，建立完善的企业信息档案，避免数据泄露。

智能合约的引入进一步提升了交易效率和信任度，有效控制了履行风险。基于信息记录能力，区块链可以构建一个涵盖企业信息、交易信息和社交信息的信用体系，区块链不可篡改的特性确保了信息的可靠性，防止了数据造假。这不仅提高了企业对自身信用的重视，也增强了企业对合作伙伴信用的关注，从而促进了市场主体之间的信任，推动了供应链金融生态环境的良性循环。

核心企业的信用多层穿透和确权问题一直是中小供应商融资难的关键，也限制了供应链金融的深度发展。尽管核心企业签发的商业票据可以流转并支持末端供应商贴现融资，但由于采购金额不一致以及供应商申请贴现时须经历开户、尽职调查等烦琐流程，所以部分供应商仍面临较高的融资成本和融资困境。

在供应链金融中，大型核心企业的强信用是关键。区块链技术的应用，尤其是付款确认的电子化，确保了付款确认的不可篡改性，并支持电子确认的多级流转。这不仅可以有效记录债权持有情况，还能随时确认持有人对核心企业的债权。锁定核心企业的兑付资金账户，监控账户资金状况，并结合智能合约机制，能够保障核心企业对电子付款确认的刚性兑付。区块链技术不仅在供应链金融中发挥了重要作用，也是构建信用生态的关键技术。

平安银行通过"平安好链"平台，依托区块链、大数据、人工智能等技术，为核心企业及其上下游供应商提供数字化供应链金融服务。该平台通过核心企业的在线确权，将应付账款的电子化付款确认传递至多级供应商，解决了传统供应链金融中信用难以穿透多层级的问题。区块链技术的应用确保了交易数据的不可篡改和可追溯，增强了各参与方的信任。同时，平台与中登网直连，实现自动转让登记，有效防范重复融资。此外，通过大数据智能风控技术，平台对工商、税务、物流等多维度数据进行交叉验证，解决了信息不对称和贸易真实性核验的难题。平安好链还提供线上化的注册、流转和融资服务，配套平安集团多元化的金融服务，如保险、证券、信托等，提升了供应链金融的效率和体验。

4. 物联网技术在供应链金融中的应用

物联网技术在供应链金融中发挥了重要作用，通过实时监控和数据采集，显著提升了供应链的透明度和可追溯性。借助 RFID、传感器和 GPS 等设备，金融机构能够自动获取货物的位置、状态和移动信息，从而实时追踪货物，精准评估其价值和风险。这种自动化数据采集减少了人为干预，降低了操作风险，同时优化了库存管理，提高了资金周转效率。物联网技术还促进了供应链各方的协同合作，通过共享数据，企业能够更高效地协调供应链环节，金融机构也能提供更精准的融资方案，推动供应链健康发展。

在供应链金融的货押类融资中，控货是风控的关键。然而，仓储机构的道德风险和操作风险一直是金融机构的顾虑。为此，金融机构可与物联网技术应用成熟的监管仓合作，通过实时、动态管控质押物，强化对交易环节的监控，提升货物处置的及时性和有效性，为深入介入重点垂直行业、优化供应链金融服务奠定坚实基础。

比如，智布互联通过打造纺织行业的产业物联网，将联盟内企业的生产数据（如可生产品种、规模、价格等）进行共享，形成产能物联网。采购端企业可在云端发布订单，系统通过算法匹配最优产能；制造端企业则通过物联网监测生产线，实现闲置产能的协同生产，缓解淡旺季对传统制造业的影响。智布互联通过连接中小纺织服务商，结合物联网和 RFID 技术，实现智能化生产，并主动对接大型采购客户，锁定销售收入。基于订单和物联网数据，企业可精准测算原材料采购需求和融资额度，形成智能纺织供应链金融模式，有效解决获客、控货和风控问题。

5. 人工智能技术在供应链金融中的应用

人工智能通过机器学习和深度学习，能够快速掌握和判断信息，从而在供应链金融的获客、审批和风控等环节中替代部分人工操作。例如，在传统加工制造业中，企业通过综合应用人工智能、大数据和云计算等技术，实现了定制化柔性生产、敏捷生产、零成品库存以及生产过程的实时可视化。

在供应链金融业务中，人工智能的应用场景广泛。在获客环节，人工智能可以快速识别客户类型和场景，为客户推荐适合的产品和服务。在审批环节，通过分析客户的表情、情绪、声调和语义，人工智能能够判断客户所提供资料的真实性。在风控环节，人工智能通过处理与风险相关的数据，如市场数据、客户采购与销售行为以及资金流向等，预测未来可能出现的风险，并及时发出预警。

以中登网为例，它作为中国人民银行的动产融资统一登记公示系统，涵盖应收账款质押、所有权保留、租购、存货/仓单质押等多种登记业务。然而，由于信息要素繁杂且未标准化，确认其唯一性需要人工花费数小时核对。金融壹账通利用人工智能的机器阅读技术，通过大量文本训练，使系统能够快速提取关键资产信息字段。金融机构只需输入基本信息，系统即可通过直连接口在数秒内完成查询，极大提升了工作效率。

⦿ 尝试应用

1. 模拟任务

2～3个同学组成一组。每个小组选择一条现实的供应链，通过实地调研和网络调研，完成以下模拟任务。

（1）分析该供应链资金流（获取、使用、收益分配、现金流）的现状以及存在的问题。

（2）分析该供应链采用了或可以采用哪些供应链金融模式，以及这些模式对改进供应链资金流系统有何影响。

（3）分析该供应链采用的供应链金融如何应用人工智能、大数据、云计算、物联网、区块链等最新技术。

2. 思考分析题

（1）应收账款、预付账款、外包活动对供应链资金流有什么影响？

（2）目前融资难、贷款难已经成为制约中小企业发展的因素。试分析中小企业融资难的主要原因，并分析如何使用供应链金融的理论和方法来破解中小企业融资难问题。

（3）既然存货可以用于融资，那是不是说明存货越多越好？为什么？

（4）试找出几个不同行业的企业，分析供应链运营活动与其资金流的情况。

（5）找出几个行业中的标杆企业，试从资金流的角度分析其供应链运营的先进性。

（6）由几个同学组成一个团队，分别扮演供应链金融涉及的供应链上下游企业、银行、物流企业，模拟订单融资、存货融资、应收账款融资、预付账款融资等四种模式下不同供应链金融业务的流程。

（7）在网络上查询哪些物流企业开展了供应链金融或物流金融服务，并说明物流企业开展供应链金融或物流金融服务一般需要具备哪些条件。

（8）请给出一个供应链核心企业开展供应链金融的案例。

（9）请给出一个物流企业开展供应链金融的案例。

（10）请给出一个电商平台企业开展供应链金融的案例。

（11）请给出一个供应链管理服务企业开展供应链金融的案例。

（12）分析供应链金融如何提高供应链的弹性，并说明在应对市场波动和供应链中断时资金流管理和供应链金融可以发挥什么作用。

◉ 融会贯通

1. 供应链资金流管理是如何支持供应链实现目标（客户价值、成本、响应时间）的？

2. 实物效率型和市场反应型两类供应链对资金流管理的要求有什么区别？

3. 推式和拉式两类供应链对资金流管理的要求有什么区别？

4. 精益策略、快速响应策略、有效客户反应策略、众包策略等四种策略如何应用于供应链资金流管理？

5. 供应链的产品流、物流、信息流、资金流的关系如何？四者是如何互动的？

6. 供应链金融对你的资金流管理有哪些启示？

7. 研究并总结近年来在全球范围内出现的创新性供应链金融模式，如绿色供应链金融、区块链金融等。请分析这些新模式如何影响供应链中的资金流管理，并评估其潜在的风险与收益。

8. 实验：供应链资金流仿真实验。

使用 anyLogistix 软件，在第 7 章建立的供应链仿真模型的基础上，考虑现金账户和付款条件，建立供应链资金流仿真模型。

供应链资金流仿真实验

anyLogistix 软件 PLE 版官网免费下载地址：https://www.anylogistix.com/。

◉ 参考文献

[1]　邓明荣，葛洪磊.供应链管理：战略与实务 [M].北京：机械工业出版社，2012.

[2]　窦亚芹，吴文杰，刘家豪.基于现金流量周期策略的供应链融资协同 [J].财会月刊，2013（22）：119-121.

[3]　李书文，厚朴保理.商业保理 [M].北京：中国民主法制出版社，2016.

[4]　宋华.互联网供应链金融 [M].北京：中国人民大学出版社，2017.

[5]　宋华.智慧供应链金融 [M].北京：中国人民大学出版社，2019.

[6]　坦普勒，霍夫曼，芬德利.供应链金融 [M].胡海菊，陈红梅，译.北京：中国人民大学出版社，2020.

[7]　闫静.经营者的财务金三角 [M].北京：机械工业出版社，2021.

[8]　中国中小企业协会，中小银行互联网金融（深圳）联盟，金融壹账通，等.中小银行供应链金融创新发展报告（2020）[R]. 2020.

[9]　BOARDMAN C M, RICCI K J. Defining selling terms: economics of delaying payment: how does your industry compare?[J]. Credit and financial management, 1985, 87(3): 31-33.

[10]　EATON G. CIMA official terminology[M]. 2nd ed. Oxford: CIMA publishing, 2005.

[11]　THEODORE FARRIS M, HUTCHISON P D. Measuring cash-to-cash performance[J]. The international journal of logistics management, 2003,14(2): 83-92.

[12]　HOFMANN E, KOTZAB H. A supply chain-oriented approach of working capital management[J]. Journal of business logistics, 2010, 31(2): 305-330.

[13]　HONG S J. Is cash-to-cash cycle appropriate to measure supply chain performance?[M] // KACHITVICHYANUKUL V, SETHANAN K, GOLINSKA-DAWSON P. Toward Sustainable Operations of Supply Chain and Logistics Systems. Cham: Springer International Publishing, 2015.

[14]　MENTZER J T, DEWITT W, KEEBLER J S, et al. Defining supply chain management[J]. Journal of business logistics, 2001, 22(2): 1-25.

[15]　SHERIDAN J H. Now it's a job for the CEO[J]. Industry week, 2000, 249(6): 22-27.

[16]　STEWART G. Supply chain performance benchmarking study reveals keys to supply chain excellence[J]. Logistics information management, 1995, 8(2): 38-44.

第9章　数字化供应链商流管理

聚焦任务

1. 分析供应链商流系统的现状与问题。

2. 优化设计供应链契约模式。

3. 基于商流大数据开展客户关系管理和

消费者行为预测。

4. 开展数字化供应链智能供应和动态履约。

▲ 知识点

供应链契约、契约模型、回购契约、数量弹性契约、价格补贴契约、收入共享契约、期权契约、商流大数据、大数据驱动下的客户关系管理、大数据驱动下的消费者行为预测、智能供应、智能采购执行、智能合约、供应商网络协作

▲ 知识图谱

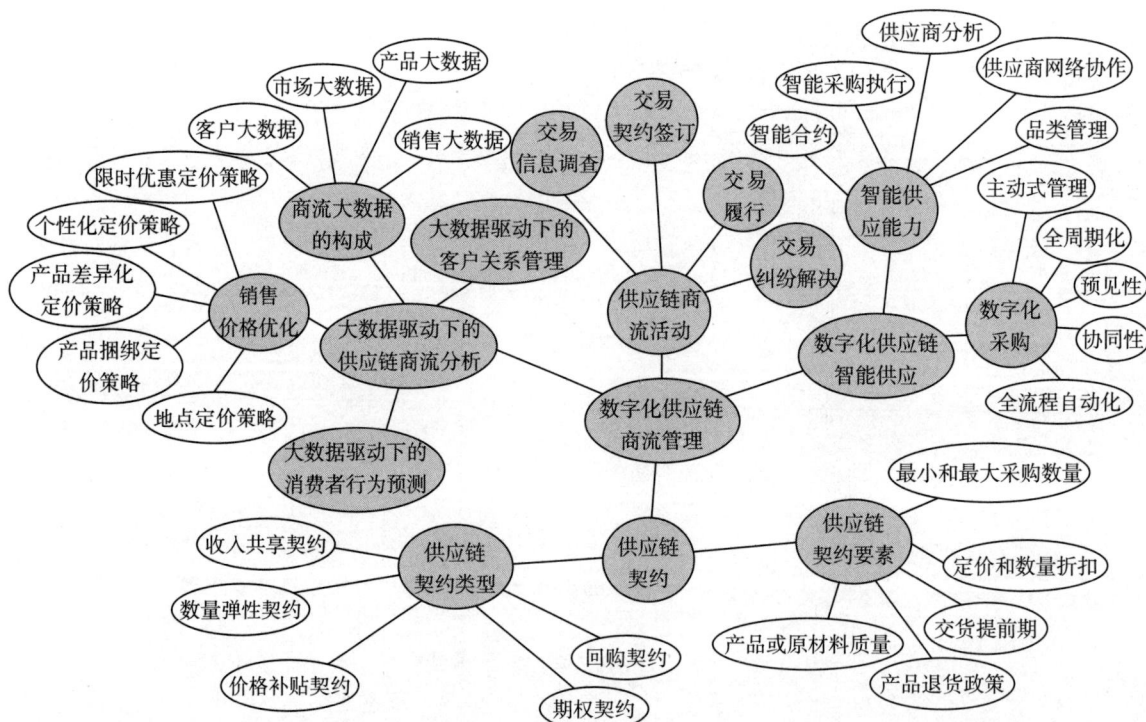

9.1　供应链商流活动

◉ **资料 9-1　零售百货不同业态运营中的商流对比**

零售业态如百货、超市和专业卖场的盈利能力差异主要源于它们与供应商的交易模式和供应链管理水平的不同。

百货业态的经营方式主要包括买断经营、联合经营、经销和租赁柜台等。优越的地理位置是吸引供应商的关键，但由于城市中心商圈门店资源稀缺，供应商往往选择租赁百货商场空间自建终端。同时，为控制资金风险，商场多采用售后结算制度，这促使中国百货业普遍采用联合经营模式。在这种模式下，百货商场确定商品品类后，通过招商引入供应商，由供应商负责柜台装修、商品销售、营业员招聘和存货管理，销售完成后 1 ～ 2 个月内百货商场与供应商结算货款。零售商的盈利主要来自与供应商协商的折扣率，其毛利率相对稳定且经营风险较低。其核心竞争力体现在商圈优势、客流和人气上。

然而，联合经营模式也存在局限性。零售商对商品的控制力较弱，缺乏库存和物流管理，因此也没有定价权。在连锁化发展过程中，百货连锁企业的规模效益主要体现在统一招商和结算上，难以实现显著的规模经济，这在一定程度上限制了连锁化发展。尽管如此，百货连锁企业正在逐步重视供应链管理，通过扩大地区采购规模来提升竞争力。例如，上海百联集团正在利用其销售网络优势，增加经销和买断经营商品的比例，以提高盈利能力。买断经营虽然伴随着一定的风险，但较高的毛利率（接近 40%）是其主要吸引力，买断商品的比例也反映了企业的经营能力。

中国超市业态可分为大卖场、标准超市、便利店和折扣店。大卖场的供应链管理集中在统一采购、约期付款和销售环节。凭借较大的销售量，大卖场通常没有自有物流仓库，商品进入系统后即成为门店库存，所有权转移，账期开始，平均结算周期为 1 ～ 2 个月，与百货业的售后结算模式有较大差异。大卖场的主要经营模式包括联合经营、约期买断和代销，其中约期买断占比约为 70%，是主要盈利模式。例如，沃尔玛的约期买断比例高达 90%，毛利率较高，体现了其强大的销售能力。相比之下，国内零售企业更多采用联合经营模式，这种模式虽然降低了经营风险，但也压缩了盈利空间。

标准超市和便利店通常设有配送中心，负责商品分拨，销售和结算独立运作，门店负责销售，总部负责采购和结算。由于经营成本较低，这两类业态的毛利率普遍高于大卖场。便利店在供应链中还增加了"拆零"环节，以适应小包装需求。目前，许多零售企业将大卖场、标准超市和便利店纳入同一供应链系统，以实现资源共享和协同效应。例如，联华公司正在整合大卖场和标准超市的供应链，以提升整体运营效率。

问题：

（1）零售业中各种业态的商流过程有什么不同？

（2）商流是如何和物流、信息流协调，并影响供应链绩效的？

（3）商流会影响客户价值的哪些方面？

资料来源：

《2024 年零售业态深度比较：流通体系视角下的零售业态比较》，未来智库，2024 年 11 月 14 日。

9.1.1　商流及其重要性

商流是指商品在购、销之间进行交易和商品所有权转移的过程。在商流活动中，商品所有权在购销合同签订的那一刻起，便由供方转移到需方，而商品实体可能并没有因此而移动。在传统的交易过程中，除了非实物交割的期货交易，一般的商流都必须伴随相应的物流活动，即按照需方（买方）的需求将商品实体由供方（卖方）以适当的方式、途径向需方（买方）转移。而在电子商务下，消费者通过上网购物，完成商品所有权的交割过程，即商流过程。

供应链商流是商品所有权转移与价值实现的核心过程。这一过程不仅是供应链协作的理论基础，更直接关联实际业务中各方权责分配与利益协调机制。

从功能上看，商流的重要性首先体现在对资源的优化配置与价值增值作用上。通过交易活动的有序组织（如集中采购、分销代理），商流引导商品从生产端高效流向消费端，缩短交易链路、降低流通成本，从而提升全链条价值效率。其次，商流是维持供需动态平衡的关键纽带，通过快速传递市场需求信息（如预售数据、价格波动），驱动企业精准调整生产计划与库存策略，有效降低供需错配风险，增强供应链的市场响应能力。最后，商流通过规范交易规则（合同、结算、权责划分）构建风险防控机制，降低发生违约纠纷的概率，同时依托长期稳定的伙伴关系促进上下游协同创新（如联合研发、渠道共享），形成差异化竞争优势。在现代供应链中，商流还依托交易数据（订单、支付、信用记录）赋能决策，为供应链金融、智能补货等场景提供支撑，例如基于交易信用评估优化资金周转效率。在全球化背景下，商流需要协调跨国贸易政策、结算规则与税务合规，成为企业拓展国际市场的关键保障（如跨境电商关务设计）。

不同供应商 – 零售商合作类型下决策权（如定价权、促销权）与库存所有权的分配逻辑，也揭示了商流管理如何通过权责界定与利益共享机制，实现供应链整体价值的最大化。表 9-1 以快速响应、连续补货、高级连续补货、供应商管理库存为例，说明了各种供应商 – 零售商合作类型下的决策权归属、库存所有权转移时点的情况。

表 9-1　各种供应商 – 零售商合作类型下的决策权归属和库存所有权转移时点

合作类型	决策权归属	库存所有权转移时点
快速响应	零售商	交付即转移
连续补货	零售商控制决策框架	交付即转移
高级连续补货	联合决策	弹性协议
供应商管理库存	供应商	销售时点转移

在快速响应类型中，商流的核心特征是通过缩短订单周期与加速物流响应，减少需求预测偏差。零售商掌握绝对决策权，根据实时销售数据自主发起补货请求，供应商仅按订单要求被动执行生产和配送，不参与库存管理决策。商品所有权在交付至零售商仓库或货架的瞬间完成转移，此时零售商开始承担滞销风险，而供应商仅对生产延误负责。

在连续补货类型下，商流的突破在于基于零售商实时销售数据的自动化补货机制。零售商通过设定库存目标水平、补货触发阈值等规则框架控制全局策略，供应商则在此约束下自主安排补货时间和数量。商品所有权仍采用"交付即转移"模式，但风险分配出现分化：供应商须确保补货及时性，零售商则继续承担库存积压风险。

高级连续补货是商流协同的高级形态，通过 AI 预测与协作计划、预测和补货实现动态所有权分配。决策权由供需双方共享，共同制定需求预测和库存策略，并借助机器学习算法动态调整补货规则。库存所有权采用弹性协议：供应商可能保留预售库存所有权，在途库存所有权由双方共享，风险通过收益共享合同重新分配（如供应商承担部分滞销成本）。

在供应商管理库存类型中，供应商决定每种商品的恰当库存，以及维持这些库存水平的适当策略，零售商将更多库存或库存所有权转移给供应商。例如，沃尔玛实施供应商管理库存后，供应商在货品销售之前拥有其所有权，沃尔玛不再拥有许多种类货品的库存所有权，包括大部分食品和杂货。在扫描结账的瞬间，货品所有权才属于沃尔玛。自实施以来，沃尔玛的库存周转率从 12 次提高到 52 次。另外，沃尔玛与宝洁的合作，显著改善了宝洁对沃尔玛的按时发货率。

9.1.2　商流环节

供应链各企业之间通过契约建立合作关系，我们将企业间签订契约、履行契约的过程称为供应链中的商流环节，它包括交易信息调查、交易契约签订、交易履行、交易纠纷解决四个部分。

1. 交易信息调查

交易信息调查主要是通过一系列技术经济手段及标准化的调查程序安排，考察交易的不确定性、资产专用性、进入门槛、交易当事人的信用状况和过往交易经验等涉及交易各个方面内容的基础材料。

交易的不确定性是指由市场需求不确定、交易当事人的偏好、交易信息不对称等引起的不确定性。资产专用性是指用于特定用途后，很难再移作他用的资产，若改作他用则资产价值会降低，甚至可能变成毫无价值的资产。资产专用性和进入门槛决定了交易双方进入和退出交易的难易程度，会影响交易当事人的交易动机、交易目标等。交易当事人的信用状况和过往交易经验往往对交易伙伴的选择起决定作用。

供应链中的企业进行交易信息调查可以概括为以下几个方面：潜在交易伙伴评估、竞争对手情况调查、市场预测、风险评估、财务分析等，其目标是使交易可行、可靠。

2. 交易契约签订

交易契约的形成与签订是交易当事人进行交易的实质性谈判阶段，在该阶段，供应链中的交易双方最终形成并签订契约书。交易当事人根据交易信息调查阶段的准备工作，通常已经确定了初步的交易条件和潜在对象的名单。谈判主要通过对交易内容和细节的详细评估来实现利润的最大化。交易契约的内容包括确定一系列契约条件，如交易的基本条件、完整工作范围、双方共同接受的价格、时间进度等。

供应链契约主要包括批发价格契约、回购契约、收入共享契约、数量弹性契约、数量折扣契约、数量承诺契约、期权契约、延迟补偿契约、预购契约、价格补贴契约和回馈与惩罚契约等。但各企业按照各自利润最大化的目标来设计交易契约，并不能实现供应链整体最优。因此，9.2 节在介绍各种供应链契约的同时，也探讨何种契约在什么条件下可以实现供应链成员协同运作，实现供应链协调，达到供应链整体最优。

3. 交易履行

交易履行阶段是交易的实现和完成阶段，包括对契约的履行和根据环境形势变化进行有利于履约的契约修改。当事人根据事先达成的契约条件，履行各自的承诺。这个阶段包括履约、契约条件的调整和修改、风险控制、质量控制、激励和惩罚等工作。

由于信息不对称，交易履行过程中可能存在委托-代理现象。因此，交易一方对另一方要实行必要的监督以减少委托-代理行为。双方也可以通过合理的契约设计来约束各自的行为。

4. 交易纠纷解决

交易过程中难免会由于合同条款模糊不清、交易一方违约而产生交易纠纷，此时，交易各方可以通过协商解决纠纷，也可以通过第三方进行纠纷调解，否则，交易将宣告失败。

9.2   供应链契约

● 资料 9-2   格力的淡季返利制度

格力是空调行业的领军企业，几乎成为"空调"的代名词。1995 年，格力在国内空调销量排名中位居第一，到 2005 年又成为全球行业霸主。格力的成功不仅依赖于"好空调，格力造""格力，掌握核心科技"等技术优势，更在于它对销售渠道的变革与创新，这在业内早已广为人知。

1994 年，格力开始实行淡季返利制度，并逐步完善该制度。1995 年，公司全面推行"先款后货"政策，取消年底退货。1997 年，格力联合湖北几大代理商组建湖北销售公司，统一当地销售渠道，避免代理商之间的恶性竞争。到 2002 年，格力完成了全国各省销售公司的组建。2004 年，因国美单方面降价，格力退出国美，开始自建专卖店。2007 年，格力以 10.3 亿元的价格，将上市公司 10% 的股票（约 8054 万股）转让给由 10 家销售公司组建的京海担保，实现了上市公司与代理商利益的深度绑定。

格力在渠道变革方面的举措大多是行业首创。在渠道为王的时代，格力充分受益于渠道红利，同时也成为竞争对手效仿的对象。在这些变革中，销售返利最为关键。空调销售具有明显的淡旺季之分，4 ~ 7 月的旺季销量约占全年销量的 60%。这对生产厂家来说是个难题：若按旺季销量配置生产线，在淡季则会闲置；若按淡季销量配置生产线，在旺季则会缺货。这两种情况都会增加生产成本。

对生产厂家而言，最理想的状态是产销均衡。具体到空调行业，就是代理商在淡季积极提货，到旺季再销售。这样既能保证厂家库存最小化，又能实现全年生产的稳定。销售返利的目的就在于此，其本质是给予代理商一定折扣，激励他们在淡季拿货。但这些折扣不能直接作为现金，只能在未来用于购买格力的其他商品。从这个角度看，销售返利相当于代理商支付的预付款。

销售返利的实施不仅平衡了格力的生产和销售，还进一步绑定了代理商的利益。格力的销售返利包括打款贴息、提货奖励、淡季奖励和年终返利四部分，返利金额为全年打款额的

10% ～ 15%，其中年终返利是主要部分。

资料来源：
雪球，石豆三，《格力的销售返利和渠道改革》，2021-11-17。

供应链通常是由不同利益主体构成的合作型系统，各利益主体常常以各自目标最大化来进行决策，从而导致整个供应链绩效不能达到最优。正如啤酒游戏，各个利益主体担心缺货而大量订购产品，以及信息不对称，导致最终整条供应链产品积压。因此，需要设计合理的契约形式，使供应链成员协同运作，即达到供应链的协调。

所谓供应链契约（supply chain contract）是指通过提供合适的信息和激励措施，协调买卖双方，优化供应链绩效的有关条款。

合理的供应链契约设计能够极大地提升企业的竞争力和市场稳定性。一个典型的供应链契约常常包含采购方和供应方在以下方面达成的协议：

- 定价和数量折扣；
- 最小和最大采购数量；
- 交货提前期；
- 产品或原材料质量；
- 产品退货政策。

本节介绍需求不确定下的回购契约、收入共享契约、数量弹性契约、期权契约、价格补贴契约五种契约模型。感兴趣的读者可以参考其他研究文献进行更加深入的研究。

下面先给出建立契约模型所需的假设条件，这些假设条件适用于以下所要介绍的各种契约模型，以后便不再赘述。

（1）假定供应链是由一个供应商和一个零售商组成的单一产品二级供应链系统。供应商是领导者，零售商是追随者，供应商给定一套契约参数，零售商据此确定它的最优产品订购量。同时假定产品市场是开放的，有关产品的市场销售价格、需求分布和库存成本等信息是对称的。供应商和零售商是风险中性和完全理性的，都根据期望利润最大化原则进行决策。

（2）零售商面对随机市场需求 $x(x \geq 0)$，其分布函数和密度函数分别为 F 和 f，f 为连续函数且 $f > 0$。设 u 为市场需求 x 的均值。

（3）产品的单位生产成本为 c，零售商的单位产品批发价格为 w，单位产品销售价格为 p，且 $c < w < p$。

（4）零售商订购量为 q。期末未售完产品的处理价格为 s。单位缺货成本为 g，未出售产品单位库存持有成本为 h。

（5）供应商、零售商、整条供应链的利润分别记为 π_s、π_r、$\Pi(q,p)$。

（6）当 $x < q$ 时，销售量等于实际需求量，$S(q) = x$；当 $x \geq q$ 时，销售量等于订购量，$S(q) = q$。则：

$$S(q) = \int_0^{+\infty} \min(x,q)f(x)\mathrm{d}x = \int_0^q (x-q)f(x)\mathrm{d}x + q$$

其一阶导数 $S'(q) = 1 - \int_0^q f(x)dx = 1 - F(q)$。

实际上 $S(q) = \int_0^q [1 - F(x)]dx$。

若供应链处于协调状态下，整条供应链的利润等于销售额减去缺货成本、库存持有成本以及生产成本，即

$$\Pi(q, p) = pS(q) - g[u - S(q)] + (s - h)[q - S(q)] - cq$$

$$= (p + g + h - s)S(q) + (s - h - c)q - ug$$

由于 $\Pi''(q) < 0$，得到函数 Π 对于 q 为凸函数，因此要使 Π 取得最大值，则其一阶导数为 0，即

$$(p + g + h - s)S'(q) + (s - h - c) = 0$$

将 $S'(q) = 1 - F(q)$ 代入上式，得到供应链协调的最优订购量：

$$q^* = F^{-1}\left(\frac{p + g - c}{p + g + h - s}\right)$$

例如，一个由一家供应商和一家零售商组成的供应链，生产并销售泳装产品。供应商投入的固定成本是 10 万元，生产产品的可变成本 $c = 35$ 元 / 件，夏季产品的零售价格 $p = 125$ 元 / 件，季末没有销售出去的产品将以 $s = 20$ 元 / 件的价格销售。整个夏季顾客对零售商的需求概率分布如表 9-2 所示。

表 9-2   需求概率分布

需求数量（件）	8 000	10 000	12 000	14 000	16 000	18 000
概率	0.11	0.11	0.28	0.22	0.18	0.1
累积概率 F	0.11	0.22	0.5	0.72	0.9	1

如果供应商的批发价格 $w = 80$ 元 / 件，且不考虑缺货成本和库存持有成本，则零售商的最优订购量 q 需满足：

$$F(q - 1) < \frac{p - w}{p - s} \leqslant F(q)$$

因为 $\frac{p - w}{p - s} = \frac{125 - 80}{125 - 20} = 0.429$，根据表 9-2，0.22 ＜ 0.429 ＜ 0.5，所以零售商的最优订货量是 12 000 件。它采用不同订购量时的期望利润如表 9-3 所示。

表 9-3   零售商采用不同订购量时的期望利润

订购数量（件）	8 000	10 000	12 000	14 000	16 000	18 000
期望利润（元）	360 000	426 900	470 700	455 700	394 500	295 500

零售商订购 12 000 件时，供应商所获利润为

$$12\,000 \times (80 - 35) - 100\,000 = 440\,000 （元）$$

供应链期望总利润为

$$440\,000 + 470\,700 = 910\,700 （元）$$

实现整个供应链期望利润最大化的订购量 q 应满足：

$$F(q-1) < \frac{p-c}{p-s} \leqslant F(q)$$

因为 $\frac{p-c}{p-s} = \frac{125-35}{125-20} = 0.857$，根据表 9-2，$0.72 < 0.857 < 0.9$，所以协调的供应链契约应该促使零售商订货 16 000 件，供应商所获利润为

$$16\ 000 \times (80-35) - 100\ 000 = 620\ 000\ （元）$$

此时供应链期望总利润为

$$620\ 000 + 394\ 500 = 1\ 014\ 500\ （元）$$

可以看到，传统的批发价格契约只有在批发价格等于生产成本时才能实现供应链协调。下面通过比较建立在不同契约下供应商和零售商各自最优决策下的订购量与该供应链协调下的最优订购量，分析该契约是否能够实现供应链协调。

9.2.1 回购契约

1. 回购契约的概念

回购契约是指零售商在销售季节结束后，可以将未出售的产品以价格 r 退回给供应商的契约。在这种情况下，零售商为了降低缺货风险，会增加订购量，导致供应商风险增加。因此，对供应商来说，制定合理的回购价格与回购数量至关重要。

回购政策被大量地用于销售对时间要求较严的产品，如书籍、杂志、报纸、音像制品、计算机软硬件、贺卡以及医药产品等。

2. 回购契约模型

假设供应商回购价格 r 满足 $s < r < w$，则零售商和供应商的利润分别为

$$\pi_r = pS(q) + (r-h)[q-S(q)] - g[u-S(q)] - wq$$

$$= (p+g+h-r)S(q) + (r-h-w)q - ug$$

$$\pi_s = (w-c)q - (r-s)[q-S(q)]$$

$$= (r-s)S(q) + (w+s-c-r)q$$

分别令 π_r、π_s 对 q 的一阶导数为 0，得到的零售商和供应商利润最大化时订购量分别为：$q_r^{bb} = F^{-1}\left(\dfrac{p+g-w}{p+g+h-r}\right)$，$q_s^{bb} = F^{-1}\left(\dfrac{w-c}{r-s}\right)$，其中，bb 是回购契约（buy back contract）的缩写。

而供应链整体达到最优时的订购量 $q^* = F^{-1}\left(\dfrac{p+g-c}{p+g+h-s}\right)$，

因此，要使供应链达到协调必须满足 $q_r^{bb} = q_s^{bb} = q^*$，即

$$\frac{p+g-w}{p+g+h-r} = \frac{w-c}{r-s} = \frac{p+g-c}{p+g+h-s}$$

这个方程组有唯一解 $w = c + \dfrac{(p+g-c)(r-s)}{p+g+h-s}$。

由于 $p > c$，$r > s$，因此 $w > c$，可见该供应链可以达到协调。

9.2.2 收入共享契约

1. 收入共享契约的概念

收入共享契约广泛应用于录像带行业。录像带零售商曾面临一个困境：一盘录像带往往只风靡几周，在这几周中，租借需求量远远超过录像带供给量。在一个传统的销售协议中，零售商须向供应商支付65美元购买录像带，而出租一次仅获得3美元收入，这意味着零售商须租借22（$\approx 65 \div 3$）次才能赢利，而零售商起初往往没有充足的资金购买足够多的录像带来满足高需求量。

为了解决这个问题，一家大型录像带销售公司与其供应商签订了一份契约，约定将租借录像带获得的部分收入支付给供应商，作为交换，供应商将录像带价格由原来的65美元降低为8美元。

上述案例是收入共享契约应用成功的典范，收入共享契约是指零售商支付给供应商批发价格，并加上其收入的一定百分比的契约。

2. 收入共享契约模型

首先我们来明确下收入共享契约的实施流程。起初，供应商与零售商确定单位产品的批发价格 w 和零售商从每单位产品收入中获得的收入分享比例 φ，则供应商的收入分享比例为 $1-\varphi$，且 $0 < \varphi \leq 1$，并假定该收入分享比例适用于所有类别的产品。然后，零售商决定订购量 q 以及产品的销售价格 p。

其次，根据上述假定，得到零售商、供应商的利润分别为

$$\pi_r = \varphi\{pS(q) + s[q - S(q)]\} - g[u - S(q)] - h[q - S(q)] - wq$$
$$= (\varphi p - \varphi s + g + h)S(q) + (\varphi s - h - w)q - ug$$
$$\pi_s = (1 - \varphi)\{pS(q) + s[q - S(q)]\} + (w - c)q$$
$$= (1 - \varphi)(p - s)S(q) + [w - c + (1 - \varphi)s]q$$

分别令 π_r 和 π_s 对 q 的一阶导数为0，得到对于零售商和供应商来说的最优订购量：

$$q_r^{rs} = F^{-1}\left[\frac{\varphi p + g - w}{\varphi(p - s) + g + h}\right], \quad q_s^{rs} = F^{-1}\left[\frac{w - c + (1 - \varphi)p}{(1 - \varphi)(p - s)}\right],$$ 其中 rs 是共享契约（revenue sharing contract）的缩写。

要使供应链协调，必须同时满足 $\dfrac{\varphi p + g - w}{\varphi(p - s) + g + h} = \dfrac{w - c + (1 - \varphi)p}{(1 - \varphi)(p - s)} = \dfrac{p + g - c}{p + g + h - s}$。

这个方程组有唯一解，为 $w = c - (1 - \varphi)\dfrac{(p - s)c + ph + sg}{p + g + h - s}$。

易知 $w < c$，因此供应商必须提供比生产成本更低的批发价格给零售商，它在批发阶段不能获得利润，而从零售商收入中分享利润。收入分享比例 φ 是调节供应商和零售商之间利润的关键参数，供应商可以确定合理的条件，即设定合理的 (w, φ)，来达到供应链的协调。

9.2.3 数量弹性契约

1. 数量弹性契约的概念

数量弹性契约在电子和计算机产业中得到广泛运用，如 Sun Microsystems、IBM、HP

等大公司均采用过该契约。

在供应链中，假设供应商依据零售商对市场的预测来制订生产计划，由于信息不对称，零售商为了防止出现缺货，往往会向供应商提供高于预测数量的生产计划，而随着不断收集市场信息，真正订购量低于预测数量，显而易见，这种做法会损害供应商的利益，同时导致整条供应链效益的损失。

因此，为了解决这一问题，双方商定，零售商的真正订购量不低于其预测数量一定百分比，该比例设为 $\beta(0 < \beta < 1)$，而供应商保证能在需要时提供多于预测数量一定比例的产品，该比例设为 $\alpha(\alpha > 0)$。即零售商的真正订购量不小于 βq，而供应商保证在需要时供应 $(1+\alpha)q$ 数量的产品。

2. 数量弹性契约模型

由上述对数量弹性契约概念的描述，可知零售商的期望订购数量 $E(q)$ 的数学表达式为

$$E(q) = \int_0^{q\beta} q\beta f(x)\mathrm{d}x + \int_{q\beta}^{q(1+\alpha)} xf(x)\mathrm{d}x + \int_{q(1+\alpha)}^{+\infty} q(1+\alpha)f(x)\mathrm{d}x,$$

它关于 q 的一阶导数为 $E'(q) = \beta F(q\beta) + (1+\alpha)(1 - F[q(1+\alpha)])$。

零售商的期望销售量为 $S[q(1+\alpha)]$。

零售商和供应商的利润分别为

$$\pi_r = pS[q(1+\alpha)] + (s-h)[q\beta - S(q\beta)] - g(u - S[q(1+\alpha)]) - wE(q)$$

$$\pi_s = (w-c)E(q) \quad (这里不计其他费用，如生产过剩的库存费用)$$

要使供应链达到协调，须满足 $q_r^{qf} = q_s^{qf} = q^*$，即可解得零售商的批发价格 w，其中 qf 是数量弹性契约（quantity flexibility contract）的缩写。

9.2.4 期权契约

1. 期权契约的概念

期权契约常常用于生产准备期较长的产品，零售商通过期权的形式分担部分生产成本。起初，零售商提前以期权购买价格 c_0 购买期权 q_0；接着，随着市场信息不断更新，零售商以执行价格 c_e 确认最终订购量 q_e。为了便于介绍、简化模型，这里假定 q_0 和 q_e 不相关。供应商确定期权的购买价格和执行价格，契约形式为 (c_0, c_e)，且 $c_0 < w$，$c_0 + c_e > w$，其中 w 是批发价。

2. 期权契约模型

零售商和供应商的利润分别为

$$\pi_r = pS(q_e) + (s-h)[q_e - S(q_e)] - g[u - S(q_e)] - c_e q_e - c_0 q_0$$

$$\pi_s = c_e q_e + c_0 q_0 - cq_e$$

令 π_r 对 q_e 的一阶导数为 0，得到供应商的最优订购量 $q_r^{op} = F^{-1}\left(\dfrac{p+g-c_e}{p+g-s+h}\right)$，其中

op 是期权契约（option contract）的缩写。

在当前假设条件下易知，只有当 $c_e = c$ 时，即期权的执行价格等于产品成本时，才能实现供应链协调的最大利润。而零售商购买期权的数量 q_0 则起到调节供应商和零售商之间利润分配的作用。

9.2.5　价格补贴契约

价格补贴契约是指由于市场竞争或替代产品的推出导致原有产品价格下跌，供应商根据原来的承诺给予零售商未出售产品一定数量的经济补偿。价格补贴包括两种补贴方式：线性补贴和目标补贴。线性补贴是指供应商对零售商出售的所有商品予以补贴，而目标补贴则是指零售商的销量超过一个既定目标时，供应商对超过部分给予补贴。价格补贴契约在计算机硬件和汽车行业都有着广泛的应用。可以看出，价格补贴契约同回购契约中供应商以价格 r 回购零售商未售出的商品实质是一样的，因此从上面的讨论可知，价格补贴契约也能实现供应链协调，这里不再建模分析。

对于供应链契约的研究，在经典的报童模型的基础上，可以拓展到如下一些领域。

（1）不仅仅局限在单周期、单供应商和零售商的情况，而且扩展到多对一、一对多情况以及多产品、多层次供应链。

（2）供应链企业之间的信息不再是对称的，由于私心存在，供应链一方往往会隐瞒有价值的信息以牟取私利，在这种信息不对称的情况下，如何通过设定相应契约条款和契约参数实现供应链协调的研究具有重要意义。

（3）当前都是假定供应商生产供应能力无限，而实际上企业生产能力往往是有限的，因此现有供应链契约研究已拓展到考虑生产能力约束。

（4）在供应商–零售商系统中加入顾客，研究顾客行为对于供应链绩效的影响，以及在顾客行为存在的条件下原有供应链契约的适用性。

当然，现在对于供应链契约的研究还有很多，不仅仅局限于上述拓展领域，研究成果相当丰富，感兴趣的读者可以阅读相关文献来进行深入研究。

知识解析

9.3　大数据驱动下的供应链商流分析

◉ 资料 9-3　美团利用大数据精准找到客户

现阶段"美团大众点评"平台有美食、外卖、教育、丽人等近 20 个业务，如何在平台近一亿的活跃用户中挖掘垂直频道的潜在用户，从而实现精准化营销，是一个很重要的问题。他们用分层金字塔架构设计了一套营销数据系统，如图 9-1 所示。

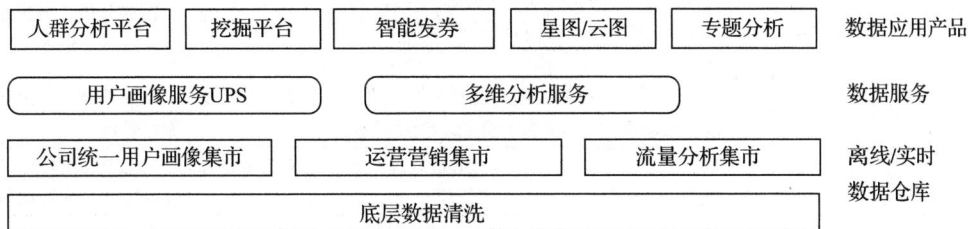

人群分析平台	挖掘平台	智能发券	星图/云图	专题分析	数据应用产品
用户画像服务UPS		多维分析服务			数据服务
公司统一用户画像集市		运营营销集市		流量分析集市	离线/实时数据仓库
底层数据清洗					

图 9-1　营销数据系统

目前，挖掘潜在用户主要基于对画像或关系链的分析。"美团大众点评"团队从用户需求出发，结合点评的画像体系，从关联规则、分类模型和聚类模型三个算法维度进行分析。以微信红包发放优惠券为例，其背景问题是：在微信群或朋友圈发放优惠券时，发放哪个业务、什么面值的优惠券更容易实现转化？这本质上是一个简化的推荐问题。

为此，"美团大众点评"参照广告系统架构设计了智能优惠券引擎。该引擎包含四个主要模块：分流模块用于灰度发布和 AB 测试；召回模块负责从画像服务和优惠配置系统获取人与券的信息；过滤模块用于进行两者的匹配；推荐模块则根据业务规则或挖掘策略对结果进行排序，将结果返回活动系统以发放最合适的优惠券。

整个系统实现了完全服务化和可配置化。外部活动系统可根据配置的开关启用或在特殊场景下禁用服务，引擎内部也可根据配置中心的设置动态调整推荐策略。在数据挖掘方面，除了业务配置规则，"美团大众点评"还基于画像中的用户偏好和优惠敏感等标签进行综合打分，优化了以拉新用户为目的的推荐策略。

资料来源：
陈晴光，龚秀芳，文燕平 . 电子商务数据分析理论、方法、案例：微课版 [M]. 北京：人民邮电出版社，2020.

大数据通过还原消费场景，挖掘消费者偏好，并将这些信息提供给上游供应链企业，推动品牌商实现精准生产和柔性制造，以需求为导向拉动生产。这使得消费环节更加透明化，进而反向影响数字供应链商流的变化。

供应链商流管理涉及从采购到销售的全流程，包括需求预测、订单处理、库存控制、物流配送和客户服务等关键环节，对提升企业运营效率、响应市场变化和提高客户满意度至关重要。大数据技术为商流管理带来了新变革，通过对销售和采购两方面数据的分析，提供市场洞察、客户理解、成本控制和供应保障等支持，助力企业优化决策并预测未来趋势。

9.3.1　商流大数据的构成

从供应链的终端来看，商流大数据主要集中在销售环节。商流大数据主要包括产品、客户、销售、市场四个维度的信息（见表 9-4）。

表 9-4   商流大数据的构成

维度	数据类型	具体内容	应用场景
产品	销售交易数据	交易编号、时间戳、购买者信息、商品详情（SKU、描述、类别）、交易金额、支付方式、支付状态、配送地址、订单状态、客户反馈评分	销售分析、客户服务、订单管理、财务核算
	市场需求数据	销售趋势、季节性购买模式、促销活动效果、消费者偏好变化、地区市场潜力、人口统计指标、经济指标	市场预测、产品开发、库存管理
	退货和换货数据	退货率、换货率、退货原因、退货处理时间、退货成本、客户满意度	产品质量改进、客户服务优化、库存调整
客户	客户行为数据	浏览历史、搜索记录、点击率、页面停留时间、购物车行为、购买频率、重复购买率、推荐接受度、客户生命周期价值	个性化营销、产品推荐、用户体验优化
	客户关系管理（CRM）数据	客户基本信息、购买历史、偏好设置、反馈记录、忠诚度级别、社区互动、品牌活动参与度、服务历史	客户满意度提升、客户忠诚度管理、客户服务优化
销售	销售渠道数据	线上（电商平台、社交媒体）和线下（零售店、展会）的销售量、流量来源、顾客转化率、留存率、渠道成本效益	多渠道销售策略优化、渠道管理
	促销活动数据	促销类型、活动时间、参与产品、促销成本、促销带来的流量和销售增量、顾客反馈	促销活动评估、营销策略优化
	销售绩效数据	销售额、订单量、新客户获取数、客户流失率、平均订单价值（AOV）、销售周期、销售目标完成率	销售团队管理、绩效考核、销售策略调整
市场	竞争情报	竞争对手的销售数据、市场份额、定价策略、新产品推出、市场定位、促销活动、客户评价	竞争策略制定、市场定位、产品差异化
	市场反馈数据	市场调研、在线调查、客户访谈、产品试用反馈、社交媒体监听	市场预测、产品改进、品牌形象优化、客户满意度提升

通过对这四个维度的大数据进行分析和挖掘，企业能够有效优化客户关系管理、预测消费者行为以及调整销售价格策略。

9.3.2   大数据驱动下的客户关系管理

随着智能手机和移动互联网的普及，各行业积累了海量客户数据，大数据正悄然改变传统客户关系管理。数据即资源，企业通过大数据实现客户关系精细化管理，并优化内部决策。

（1）客户信息获取与共享：大数据助力企业通过新媒体推广等手段获取更多客户资源，并对客户进行精准识别。传统营销中，客户可能同时与多个营销人员对接，导致资源浪费和客户不信任。大数据可将线上、线下数据集中存储，销售人员在各环节都能实时获取客户信息，实现数据共享，从而提升沟通效率和销售业绩。

（2）拓展产品推广渠道：新媒体技术的发展为营销提供了更多手段。企业可利用大数据技术（如数据推送、新媒体营销）拓宽推广渠道，打造线上品牌效应，吸引更多客户。

（3）提升客户忠诚度：企业可通过大数据对客户进行分层，针对不同客户群体制定个性化营销策略，提高营销转化率。大多数企业注重维护老客户，通过提供优质产品和服务、营造舒适的交易环境，增强客户满意度和忠诚度。

（4）推动企业组织变革：客户关系管理是先进的管理模式，通过大数据挖掘市场和客户信息，企业可提升销售水平和服务质量，增加收入。在产品同质化的背景下，企业需更加关注客户服务，包括售前、售中、售后以及客户评论分析。大数据在客户关系管理中的应用，有助于提升客户服务质量。

9.3.3 大数据驱动下的消费者行为预测

在大数据时代，企业能够借助数据分析预测消费者的购买行为，并构建相应的预测模型。通过这种方式，企业可以洞察消费者的决策过程，从而制定精准的营销策略。例如，企业可以预测消费者喜欢的产品类型、购买地点和购买时间等信息，并据此量体裁衣，满足不同消费者群体的需求。以下是星巴克利用大数据预测消费者行为、优化营销策略的例子，我们来看一下这个过程。

1. 提出问题

星巴克注意到某些产品在特定季节或促销活动期间销量波动明显，例如秋季的南瓜拿铁销量远高于其他饮品。为了解这些波动的驱动因素，星巴克决定通过大数据分析来优化营销策略。

2. 追踪历史数据

星巴克通过分析历史销售数据，发现季节性饮品（如秋季的南瓜拿铁）和工作日的咖啡饮品销量显著高于其他时段。此外，会员数据表明，高频消费者对新品，尤其是限量版产品的接受度更高。

3. 构建假设模型

星巴克假设产品销量受季节、消费者偏好、促销活动和会员权益等因素影响，设计了数据分析模型，验证这些因素对销量的具体影响。

4. 收集数据

星巴克从 app 和会员系统获取用户的购买习惯和偏好的信息，通过社交媒体分析用户评价，并结合门店销售数据记录不同时间段和季节的产品销量。

5. 分析数据

分析结果显示，季节性饮品（如南瓜拿铁）在特定季节销量更高，高频消费者更愿意尝试新品，且通过 app 推送的个性化优惠券能显著提升购买意愿。

6. 做出预测与决策

星巴克预测在特定季节或节日，消费者对季节性饮品的需求会增加。因此，星巴克在秋季推出南瓜拿铁，并通过 app 向用户推送专属优惠券；根据用户偏好推荐个性化饮品；为高频消费者提供更大优惠，提升用户黏性。

再比如爱奇艺，凭借大数据技术实现了精准的消费者洞察。爱奇艺推出的《中国有嘻哈》，每期视频点击量突破 2 亿，成为现象级综艺。节目成功前，嘻哈音乐在中国被视为小众文化，其市场潜力未被充分挖掘。爱奇艺通过分析用户在平台内的浏览记录、评论、弹幕等，以及泡泡社区中的嘻哈相关讨论，结合站外舆情数据和自然语言处理技术，最终确认嘻哈音乐在年轻、高教育背景、高消费能力的群体中极具影响力，从而决定推出相关综艺。此外，爱奇艺的数据团队还与运营团队合作，通过用户行为分析对付费会员流失进行预警。一旦发现用户行为异常，如社区互动减少、观看频次下降等，运营团队会提前介入，采取针对性措施，有效提升用户黏性。

9.3.4　销售价格优化

差别定价是企业常用的一种精细化管理手段，大数据的应用可以进一步提升其精准度和效果。企业通过收集消费者相关数据，运用大数据分析消费者的 app 使用习惯、商品需求特点、品牌忠诚度等，实施多种差别定价策略。这些策略主要包括个性化定价策略、限时优惠定价策略、产品差异化定价策略、产品捆绑定价策略和地点定价策略。

1. 个性化定价策略

大数据时代，企业能够有效地搜集到与消费者偏好和历史购买记录等有关的数据，信息的公开透明为企业的个性化定价提供了可能。个性化定价策略本质上是一级价格歧视，它根据收集到的消费者数据，逐步设计出满足每一位消费者个人需求的个性化产品，同时再利用大数据分析出消费者能够接受的心理价格范围，企业在这一价格范围内调节价格、控制盈利，从而使每一位消费者以愿意支付的最高价格购买企业的产品。这虽然是一种理想化状态，目前也还无法完全设计出满足每一位消费者的个性化产品，但是在大数据时代，企业将会朝着这个目标不断地发展，即创造个性化将会是未来的主流营销手段。比如，亚马逊通过分析消费者的购物数据和浏览记录，为不同用户推送个性化的产品和定价。例如，对经常购买高端产品的用户，系统会推荐更高价位的商品；而对于价格敏感型用户，则提供更具性价比的选择。这种策略在酒店行业也较为常见，酒店会根据客户的预订习惯和时间，给予提前预订的用户更优惠的价格，而临时预订的用户则需支付更高的费用。

2. 限时优惠定价策略

限时优惠定价是指消费者在特殊的时间段内可以以较低价格购买产品，这种定价策略在各电商平台都有所体现。如淘宝的聚划算会有一些商家限时 24h 或 36h 低价出售产品，消费者在规定时间内能够抢购到低于正常价格的产品，一旦超出规定时间，产品将恢复原价。除此之外还有近些年人们较为熟悉的"双十一"，一些特殊类型的产品在某些节假日也会采取一定的折扣方式进行促销。不同的消费者有不同的消费时间观念，企业可以通过大数据收集到消费者的在线时间分布等信息，按照这些分布特征可以对消费者群体进行细分，对不同细分群体采用不同的定价策略。这种差别定价的实施由于有时间上的限制，即使让消费者知道不同时间段购买价格不同也不易引起他们的不满心理，反而会因为这种折扣力度吸引到更多消费者的关注，从而促进产品销量的提升。

3. 产品差异化定价策略

电商行业出现之后，许多实体店铺转战线上，尤其是随着近两年短视频和网上直播的涌现，网络营销的竞争越来越激烈。大部分企业为了扩大自身的市场份额，取得竞争优势，都会扩大企业规模和产品的覆盖范围。但企业的主要利润只来自其中的部分产品，即企业通过推出不同类型的低价产品达到吸引客流的目的，再通过出售核心产品来获取更高的利润。线上电商经常通过这一手段，对不同定位的产品采取不同的定价，给那些为获取口碑而生产的产品制定较低的价格以吸引客流，同时在店铺内推出较为高档的产品，这样在消费者逐渐对该品牌产生黏性的同时也会关注到其他类型的产品，有助于提高整体的销量。在对产品进行区别时，可以从外包装、产品品质等方面来制造差异，消费者可以根据这些差异选择自己需要的产品。

4. 产品捆绑定价策略

产品捆绑定价是通过产品组合出售的形式来实现的。产品捆绑定价策略是一种典型的二级价格歧视，通过产品的组合减弱了不同产品之间的差异化程度，使消费者更容易接受。例如，一些服装商家将衣服搭配好整套出售时的价格低于单独出售时的价格，又如，一些家居品在出售时整套价格低于单独出售的总价。目前，还有一些企业将组合的权利赋予消费者，消费者可以自行组合需要购买的产品，这一策略极大地调动了消费者的参与程度和购买产品的积极性，增加了消费者对品牌的依赖程度，同时也提高了企业的销售额和利润。

5. 地点定价策略

地点定价策略是在网络背景下随着快递的普及和发展而形成的。消费者在网络上选购所需要的产品之后，要通过快递邮寄的形式取得产品，此时快递价格就成了消费者和商家共同关注的对象。现今，企业基于对消费者收件信息的整合和分析，通过调节快递价格实现差别定价策略，主要包括满额包邮、偏远地区邮费增加以及江浙沪地区包邮等。企业在综合分析相应的成本之后针对不同地区的消费者收取相应的物流费用，能够在不同程度上鼓励各个地区的消费者购买产品。如消费者在购买产品时，综合分析了产品的质量之后，更倾向于购买包邮或者邮费较低的产品。

9.4　数字化供应链智能供应

◉ 资料 9-4　AI 辅助供应商寻源与采购

面对涉及上百万 SKU 和众多供应商的庞大供给体系，企业采购部门以往只能依靠人力查找订单和商品，这种方式不仅耗时费力，而且效率低下。然而，AI 技术的应用让供需匹配变得高效。经过 AI 赋能的寻源系统，支持跨区域搜索，能够智能推荐匹配商品，提供多维度供应商画像，甚至可以全网招募供应商。除了常规的搜索框搜索外，系统还提供高级搜索功能，用户可按采购类型、产品分类、注册地区等要素进行筛选，从而提高寻源精准度。

京东工业的墨卡托标准商品库采用了一种新的编码方式。该系统结合 AI 技术和各品类头部品牌商的专家经验，提炼出商品的共性特征，形成了一套统一的商品参数，构建了统一的工业供应链"语言体系"。目前，墨卡托标准商品库已建成四级类目，与 1500 家工业品专业品牌合作完成数据对接，并建立了 2500 多个商品数据库标准模板，已被广泛应用。

齐心集团通过对大量商品数据进行清洗和提取，识别相同或相似商品，并进行格式标准化转换，将供需双方的商品信息转化为标准化参数，构建了企业标准化商品模型库。基于这一标准化商品模型库，齐心集团能够为供需双方提供高效的匹配服务。

用友 BIP（business innovation platform，商业创新平台）采购云则利用大数据分析模型，从供应商的历史绩效记录、技术能力、成本控制、交付表现以及环境与社会责任等多个维度对供应商进行评估，精准定位并推荐符合企业需求的优质供应商。

大唐犀维电商借助大模型技术自动识别资质和证照，通过 OCR（optical character recognition，光学字符识别）和 NLP 自然语言理解，联动第三方网站进行验证，训练了近 80 种常见资质及业绩合同的智能评审模型。此外，该公司还研发了采购文件和报价文件的结构化编制工具，编制了 600 余个采购文件范本，建设了资质、业绩和供应商信用标准库，实现了信息的自动集成、引用和比对，为智能评审提供了技术支撑。

资料来源：
亿邦动力，胡镇心，《17 万亿数字化采购市场，在 AI 时代质变》，2024-09-19。

随着数字化技术的快速发展，传统供应链的业务流程正在经历深刻变革。这种变革不仅涉及信息流、资金流和物流的数字化，更通过技术手段对供应链的商流管理进行了全面重构。数字化供应链的业务流程重构旨在利用新兴技术和创新理念，打破传统供应链的分割与滞后，实现商流管理的智能化、协同化和实时化，从而提升供应链的整体效能和响应速度。在数字化背景下，传统供应链业务流程正被重新定义，以更好地支持智能供应和动态履约，实现对市场需求的快速响应和有效满足。

9.4.1 数字化供应链智能供应概述

1. 从采购到智能供应

采购是企业获取资源的关键活动，始于"生产"或"购买"的决策。若选择购买，企业需依次完成确定供应商、合同谈判、发布采购订单、接收货物及支付款项等环节，这一过程被称为"采购到付款"（P2P），也可被称作"来源到支付"（S2P）或"源头到结算"（S2S）。

20 世纪 80 年代以前，采购活动以交易为主，目的是以最低成本获取所需产品和服务，但采购与财务、生产脱节，会导致延误和生产损失。1980 年至 2000 年，企业资源计划（ERP）的成熟使采购、财务和生产集成在一个交易系统中成为可能，采购的商业价值逐渐凸显。21 世纪初，随着互联网的兴起，采购发展到"电子采购"，出现了"eRFX"（电子化信息、建议和报价邀请）、"eCatalogue"（电子目录）和"eAuction"（电子拍卖）等新形式。采购数据的数字化始于 2000 年年初，目前许多组织仍在推进这一进程。

数字化时代之前，采购活动对业务支持和成本优化至关重要，但并非组织战略的核心。传统采购主要关注成本最小化和降低供应商风险，创新活动也多局限于组织内部。随着供应链向数字化转型，采购活动逐步升级为智能供应。

智能供应是下一代采购职能，具有价值最大化、成本最优化、风险最小化和业务自动化等优点。它通过转变数据、技术和采购流程，消除传统采购的低效现象，使组织能够以可预测的成本获取世界级供应商的能力，与战略供应商合作加速创新，通过自动化流程改善内部客户体验，并实时监控供应风险，优化端到端操作。

智能供应不仅仅是将数字化工具应用于供应链管理，更是一个全面的转型过程。在新的范式中，供应商成为合作伙伴和共同创新者，而不仅仅是成本最优化的执行者。过去几十年里，企业内部的增值创新水平有所下降，从 60% ～ 80%，降至 30%。这种战略转变要求采购团队在产品开发创新、制造支撑、营运资金管理和客户服务等方面发挥战略引领作用。

智能供应的目标是为采购人员提供直观、简单、高效和有意义的用户体验，使企业的采购流程像在电商平台上购物一样便捷。企业通过虚拟助手完成查找供应商信息或跟踪实时库存等任务，打破数据隐藏在纸质文件和本地 Excel 表格中的现状。智能供应需要多种数据集，包括战略数据集（合同、供应商成本模型、产能、配额协议等）、主数据集（供应商信息、交货期、运输成本等）、交易数据集（订单和库存）和外部数据集（市场趋势、税收、关税、社交媒体数据等）。

智能供应的自动化是通过一系列技术实现的，包括人工智能、机器学习、机器人、二维码、传感器、区块链和 RFID。这些技术可以实现网络协作、平台协作和众包，用于采集实时数据和增强决策。网络协作平台可提供同步规划和需求塑造，优化市场和运营偏差。平台协作和众包通过专家的积极参与解决特定问题，提升组织的创新能力。

2. 数字化采购职能的转型

在数字化时代，采购职能不再局限于传统的压缩供应商成本和实现按时足额交付（on time in full，OTIF）目标，而是向创造价值的战略采购活动转变。这种转型体现在以下几个方面。

（1）预见性：由传统采购转为预测性采购，采购不再仅仅是交易性活动，而是通过数据和技术实现预见性管理的过程。采购团队将供应商视为战略合作伙伴，而非单纯的交易对象，推动供应商关系从基于风险防范的传统合同向基于信任的关系契约转变。机器学习算法利用 ERP 系统、外部数据、历史订单和实时市场信息，预测潜在风险并识别价值机会，为新产品推荐供应商，管理产品流，提前确定备选供应商，从而优化供应链的透明度和端到端集成。

（2）全流程自动化：传统的采购活动如订单创建、发货通知、材料接收、发票处理等，通过技术融合实现自动化。自动化的采购流程不仅提高了效率和准确性，还解放了采购专业人员，使他们能够专注于处理特殊情况，如业务合规性等。

（3）协同性：数字化时代的企业不再局限于内部创新，而是通过建立一个结合供应商和客户网络的生态系统，实现协同创新。这种生态系统将创新活动扩展到企业边界之外，形成一个智能供应链生态系统，推动增值和创新发展。

（4）全周期化：智能供应强调在整个生命周期内评估总体价值和总拥有成本（total cost of ownership，TCO），而不仅仅考虑服务可靠性和产品质量对总成本的影响。这种方法能帮助企业更全面地评估供应商的价值。

（5）主动式管理：传统的供应商管理注重风险最小化和风险转移，而智能供应通过数字化技术实现端到端的优化运营。实时风险监控和信息无缝整合降低了整个网络的风险，提升了供应商管理的主动性和运营效率。

9.4.2　智能供应能力

具体来说，智能供应包含了智能采购执行、智能合约、品类管理、供应商网络协作及供应商分析等内容（见图9-2）。

1. 智能采购执行

在传统采购模式下，采购执行过程通常耗时费力且容易出错，主要依赖手工操作。许多企业配备了庞大的团队来处理烦琐的手工交易，包括订单下达、数量核对、物料出货通知、价格匹配、发票核对、付款清算和结算等。此外，不同 ERP 系统之间缺乏互联互通，且各系统文档格式各异，进一步增加了操作的复杂性。

然而，智能供应的出现彻底改变了这一局面。借助自动化技术，大多数交易流程得以简化，显著提升了效率和准确性，同时员工能够更积极地参与增值

图 9-2　智能供应能力

资料来源：辛哈，贝尔纳德斯，卡顿，等.数字化供应网络：技术突破和过程重构共同推动供应链重塑、增强企业竞争力 [M]. 王柏村，彭晨，彭涛，译.北京：电子工业出版社，2023.

活动。这种变革也延伸至供应商端。供应商系统可以与企业的网络无缝对接，实时获取需求预测和库存信息。基于需求信息，企业能够自动发布采购订单，供应商系统则自动读取订单，并根据订单的日期和数量生成仓库订单，随后自动生成出货单用于运输，并将出货通知和发票发送给企业。最终，企业仓库接收物料，供需匹配完成，企业按照付款条件自动支付货款。在智能供应模式下，整个流程都可以实现自动化。

智能供应系统能够适应多种发票格式和发票接收渠道，将采购订单系统化地转换为发票，实现无接触交易处理。这些系统广泛采用电子发票技术来处理各类发票。通过自动化双向和三方匹配以及简化的异常情况解决方案，发票处理时间大幅缩短，供应链融资和动态折扣能力显著增强。只有系统标记的异常情况才需要人工干预。

智能供应通过数字化采购流程实现了新供应商的快速筛选和评估准入设置。这包括供应商自助注册、竞争性投标、合同合规性检查和在线谈判等功能。系统能够实时根据决策标准评估供应商报价，并将它与成本分析和商品指数进行对比，从而选择最优供应商。此外，智能供应利用认知分析工具为合同签订提供最佳方案，并为价格谈判提供支持，确保节省时间和资源。费率验证、投标分析和合规性检查可以通过集成人工智能和机器人流程自动化的软件套件完成。一旦启动，新产品或服务的自动需求感知和报价可以在执行流程中增加价值并提高效率。

为了实现战略采购的端到端自动化，区块链支持的智能合约逐渐成为主流。智能合约根据区块链中预定义的规则自动执行交易，涵盖交付、质量检查、支付和结算等环节，无须通过银行等权威机构进行统一管理。

智能供应通过互联性和自动化流程，借助实时监测和控制提升了合规性。系统能够在检测到任何违规行为时立即发出警报。机器学习算法甚至可以在违规行为发生之前进行预测，以便采取预防措施。从本质上讲，智能采购执行处于一个透明、互联且合规的环境中，实现了从供应商选择到采购执行的全流程自动化。

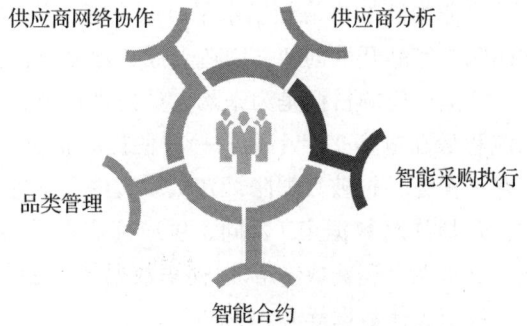

2. 智能合约

在数字化供应链管理中，智能合约正逐渐成为一种重要的创新工具。它是一种基于区块链技术的计算机程序，能够自动执行、管理和验证合约条款。与传统合同相比，智能合约通过代码形式定义合约条款，一旦满足预设条件，合约将自动执行相关操作，无须人工干预。这种自动化模式不仅提高了效率，还降低了交易成本，同时增强了供应链的透明度和可靠性。

智能合约具有多个显著特点：首先，它能够根据预设条件自动执行操作，如资金转账或资产转移，大大提高了效率；其次，智能合约运行在区块链的分布式账本上，不依赖任何中央机构，确保了执行的透明度和可信度；再次，一旦部署，智能合约的代码和执行记录无法被更改，确保了合约的公正性和透明度；最后，合约的执行过程对所有参与者公开，增强了各方之间的信任。这些特点使得智能合约在供应链管理中具有巨大的应用潜力。

在供应链管理中，智能合约能够实现从采购订单到付款的全流程自动化。与传统合同依赖中心化机构（如银行）来执行交易不同，智能合约将交易规则编码到区块链中，实现去中心化和自动化的交易处理。例如，当货物交付完成时，付款会自动按照合同条款和智能合约中的编码规则执行，无须人工干预。智能合约利用数字化工具完成合同的创建和管理，推动了主动式合同管理的实现。通过自定义工作流程，合同的生命周期得以延续，而互联的实时监控系统能够实时跟踪合同执行情况，一旦发现任何偏离合同条款的情况，系统会立即发出警报并触发相应行动。此外，关键绩效指标（KPI）会持续与合同条款进行实时对比，机器学习算法结合物联网传感器，能够预测潜在违规行为，从而采取预防措施。

传统采购交易通常涉及烦琐的手工流程，包括确认订单交货期、质量参数、付款条款等，这些都需要在合同规则的指导下进行。在传统的供应链管理中，合同的起草、谈判和执行监控需要大量的人工，流程烦琐且容易出错。相比之下，智能合约通过区块链技术实现了合约条款的自动化执行和去中心化管理。在数字化供应链环境下，端到端的透明化和互联的数据系统促进了各方之间的信任，从而建立了一个互利、信任和公平的协作合同。

3. 品类管理

品类管理策略是实现业务成功的关键因素之一。品类经理在与业务部门协作时，负责确定供应商和产品类别，以支持业务规划和执行。这些类别通常包括产品组或供应商组，例如MRO（间接物料）、直接材料、IT、物流和专业服务等。在智能供应环境中，品类管理通过重塑流程和应用数字化技术，实现对品类的识别、策略制定和执行。

为了识别品类，支出管理工具和支出分析被用于分析组织的历史数据和未来规划。同时，协作工具可被用于与供应商共享预测和预算计划，以实现同步规划和协同效应。

实时市场情报，包括供应商、产品和其他品类信息，被用于支持品类管理的战略执行和结果监控。在更高级的智能供应场景中，企业可以开发一个品类管理平台，作为品类管理的控制塔。该平台根据传感器数据、市场动态、价格波动和供需变化进行动态更新，并支持与品类管理相关的实时决策和行动。

4. 供应商网络协作

供应商网络协作是智能供应的核心能力之一。过去，如此深度的合作关系难以实现，而如今借助数字化工具，这种协作已成为现实。通过供应商网络协作，企业能够加速创新，缩短产品开发周期，提升客户服务，从而增加收入并降低运营成本。

在智能供应网络中，数字平台通过实时信息共享，促进供应商与合同制造商之间的紧密合作，优化整个网络的运作。供应商和合同制造商可以接收企业的需求预测，并根据自身能力做出承诺。当需求与供应承诺出现不匹配的情况时，同步规划优化引擎和供应商协作门户能够迅速识别备用供应选项。此外，供应商与合同制造商通过实时数据共享和多渠道协作（如文本、语音、备忘录、视频沟通），有效消除了系统中的浪费。

供应商网络是创新和产品开发战略的关键部分。通过利用供应商的网络技术、专业知识和创新解决方案，企业可以加快新产品或服务的上市速度。供应商在网络中积极参与产品开发、设计验证、原型制作、测试和物流验证等，发挥着重要作用。

与其他组织合作管理创新生态系统，能够显著放大创新的影响力。创新生态系统可以被视为采购－供应商关系中的"协同网络"，涵盖产品设计、制造、营销、测试和人员供应等多个环节。这些参与者在一个互联的网络中协作，共同推动产品的设计、制造和分销。通过整合研发战略和供应商管理战略，生态系统能够系统性地提升关键参与方的知识、能力和参与度，从而实现成功。此外，通过众包方式吸引更多参与者，可以使创新工作进一步受益。事实上，许多组织已经利用供应商网络进行产品和服务创新的众包，并取得了成功。

智能供应网络为买家和供应商提供了结构化且高效的合作模式，同时提供了实时可见的交易信息（如订单、发票、信用备忘录）和绩效指标。它不仅降低了风险，还提高了合同绩效，节省了成本。通过共享财务数据、预测和警报，智能供应网络增强了供应商伙伴关系，创造了共同价值。

5. 供应商分析

在供应链管理中，OTIF（按时足额交付）是常用的绩效指标之一，企业通常基于此对供应商进行分类和评估。智能供应技术能够通过供应商分析工具对 OTIF 等关键指标进行深度分析，并生成与采购、成本核算、交货期、品类管理和交付绩效相关的多维度指标，从而全面了解供应商表现并创造价值。

供应商分析可以通过"数字化供应商仪表板"实现，这是一种云端动态分析工具，借助该工具企业能够与供应商实时共享数据。该仪表板利用早期风险洞察功能，结合停产、故障和产能约束信息，实现预测性供应商管理。它可以根据实际或预测的故障（通过异常检测算法）在仪表板上生成警报，并自动触发工作流以应对故障。此外，数字化供应商仪表板整合了同步规划和动态履约能力，能够实时感知需求变化，并在产品和物料流动过程中保证完整的供应网络透明度。

通过理解成本、利润、关键设计要素、技术和工艺限制的每个组成部分，企业可以优化网络，降低总成本。这种优化可以通过消除浪费和解决制约因素来实现。涉及成本和利润率的协作及信息共享，只有在基于共同利益的信任关系中才能有效进行。透明的数字化工具和技术（如数字化供应商仪表板和智能合约）能够促进这种信任关系的建立。

智能供应能力通过多种绩效参数对组织产生积极影响，这些能力共同提高了收入，降低了总成本，最大限度地降低了风险，支持了创新，并提高了组织效率。例如，微软的一项调查显示，北美中型制造企业面临的第二大增长阻碍是供应商质量和交付的不一致性。通过机器学习和高级分析技术，企业能够快速识别优质供应商，提升供应链的准确性和效率。

以京东为例，作为中国电商行业的领军企业，通过自建物流网络和先进的数字化技术，京东实现了数字化供应链商流的动态履约和商流管理的全程智能化。在仓储环节，京东的无人仓库成为数字化商流的核心，它利用自动分拣系统和自动导引车（AGV），实现了商品的高效接收、存储、拣选和发货。这些自动化设备能够全天候运行，减少了人工干预，显著提升了商流的速度和准确性。同时，京东的订单管理系统通过大数据分析对订单进行智能分配，根据商品种类、消费者位置和库存情况，自动选择最优发货仓库，从而缩短了商品在途时间，降低了配送成本。此外，京东利用大数据和机器学习技术进行需求预测，提前在各地仓库备货，优化库存布局，确保商流的顺畅。京东通过全渠道履约模式，进一步优化了数字化供应链中的商流管理。通过"京东到家"业务，京东将线上订单与线下门店的商流整合在一起，消费者可以通过平台下单，由最近的门店直接发货，实现快速响应。这种线上线下融合的模式不仅缩短了商流时间，还提升了客户满意度。此外，京东的动态履约系统通过实时数据分析和预测，动态调整商流路径和配送方式，确保商品以最优路径送达消费者。在城市社区，京东主要依靠专业的快递员团队进行送货上门服务，他们凭借高效的配送能力和优质的客户服务，确保商品能够按时送达。京东也在逐步探索和试点无人配送车等新技术，以进一步提升配送效率和服务质量。通过这些措施，京东不仅提升了商流的灵活性和效率，还在面对突发事件时能够迅速调整策略，确保商品按时送达。

◎ 尝试应用

1. 模拟任务

2 ～ 3 个同学组成一组。每个小组选择一条现实的供应链，通过实地调研和网络调研，完成以下模拟任务。

（1）分析该供应链商流系统（交易信息调查、交易契约签订、交易履行、交易纠纷解决）的现状与问题。

（2）该供应链中是否存在不公平的交易契约？ 举例说明。

（3）分析该供应链采用了或可以采用哪些类型的供应链契约，这些模式对改进供应链商流系统有何影响。

（4）该供应链如何开展电子商务？

2. 思考分析题

（1）供应链商流系统模拟实验。

在第 5 章的啤酒游戏中，重新设置一些游戏规则，以模拟供应链中的商流系统。

1）各个零售商可以向任何一个批发商订货，各个批发商可以向任何一个生产商订货（如果存在多个生产商的话）。

2）零售商、批发商和生产商都需要进行交易信息调查、交易契约签订、交易履行、交易纠纷解决。

3）签订交易契约时，可以参考现有的供应链契约模型，确定定价和数量折扣、最小和最大采购数量、产品退货政策等。

（2）供应链交易过程中可能存在"逆向选择"和"道德风险"问题，如何解决这两类问题？

（3）顾客向零售商购买产品或服务，这时顾客与零售商之间形成的交易契约关系是不是商流的组成部分？他们之间的契约是否属于供应链契约？你在购买产品时，都与零售商签订过哪些类型的契约？

（4）查找相关文献，了解本章没有详细阐述的供应链契约模型，如批发价格契约、数量折扣契约、数量承诺契约、延迟补偿契约、预购契约和回馈与惩罚契约等。

（5）查找相关资料，了解法学中的"契约"与经济学中的"契约"之间的关系。

（6）到一家超市调研，了解该超市与供应商签订了哪些类型的供应链契约，为什么与不同供应商签订的供应链契约有所不同。

（7）在数字化供应链商流系统中，如何设计供应链契约以更好地适应数字化环境？比如，实时数据共享如何影响定价和采购数量的决策？有没有一些新的契约出现？

（8）在数字化供应链中，信息透明度的提高是否能完全消除商流中的"逆向选择"和"道德风险"问题？为什么？

（9）在数字化供应链商流系统中，顾客的购买行为数据如何影响零售商和上游供应商的决策？针对这些数据的分析对商流系统的优化有哪些帮助？

（10）随着数字化平台（如电商平台和供应链管理平台）的兴起，这些平台如何在商流系统中起到整合与控制的作用？平台的作用会对供应链中各方的权力关系产生什么样的影响？

◉ 融会贯通

1. 供应链金融的各种模式是否可以看作供应链契约的表达形式？生产企业将物流服务外包给第三方、第四方物流企业所形成的外包契约是否属于供应链契约？

2. 将不同的参数值代入供应链契约模型中，使用 Matlab 或 Python 软件，通过数值模拟分析不同参数对供应链契约中关键变量最优解的影响。

3. 供应链商流管理是如何支持供应链目标（客户价值、成本、响应时间）实现的？

4. 实物效率型和市场反应型两类供应链对商流系统的要求有什么区别？

5. 推式供应链和拉式供应链中的商流系统有什么区别？

6. 精益策略、快速响应策略、有效客户反应策略、众包策略等四种策略如何应用于供应链商流管理？

7. 供应链的商流和产品流、资金流、物流、信息流的关系如何？五者之间是如何互动的？

8. 数字化技术如何帮助降低供应链中的商流成本？请结合实例，分析数字化手段在商流成本控制中的实际应用效果。

9. 智能合约在数字化供应链商流系统中的应用前景如何？它们如何改变传统供应链契约的执行方式？请举例说明。

10. 数字化供应链商流系统可能面临哪些新型风险（如数据泄露、系统故障）？企业应如何设计应急预案来应对这些风险？

◉ 参考文献

[1]　辛哈，贝尔纳德斯，卡顿，等 . 数字化供应网络：技术突破和过程重构共同推动供应链重塑、增强企业竞争力 [M]. 王柏村，彭晨，彭涛，译 . 北京：电子工业出版社，2023.

[2]　邓明荣，葛洪磊 . 供应链管理：战略与实务 [M]. 北京：机械工业出版社，2012.

[3]　代四广，曹玉姣，申红艳，等 . 供应链大数据：理论、方法与应用 [M]. 北京：机械工业出版社，2023.

第10章 数字化供应链风险管理

⊙ 聚焦任务

1. 识别供应链中存在的主要风险,并进行风险估计和评价。
2. 制定供应链风险规划,设定风险监控流程。
3. 分析影响供应链韧性的主要因素,提出提升供应链韧性的方法。
4. 分析如何通过数字化技术提升供应链韧性。

▲ 知识点

供应链风险、供应链风险特征、供应链风险的类型、供应链风险识别、供应链风险估计、供应链风险评价、供应链风险规划、供应链风险监控、供应链韧性、供应链韧性的测量、提升供应链韧性的方法、数字化供应链韧性构建流程

▲ 知识图谱

10.1　供应链风险概述

资料 10-1　华为供应链风险分析

多源异构全域数据的收集，可助力企业全面分析和判断供应链风险，为决策制定与风险应对提供坚实的数据基础。华为采用全谱系扫描方式，广泛收集数据。在扫描内容方面，华为运用"五看三定"的战略洞察方法，即看行业、看市场、看客户、看竞争、看自己，同时定战略控制点、定目标、定策略，识别风险早期弱信号，洞察风险。从获取渠道来看，华为从人际数据源、传统数据源和网络数据源等多种渠道获取内外部数据。在获取方法上，华为主要通过"硬感知"获取内部数据，"软感知"获取外部数据。华为利用常态化定点采集方式，借助传感器、穿戴设备等搭建的物联网，从供应链各部门获取实时数据。同时，华为通过埋点、爬虫、系统日志等方法动态监测和实时抓取网络数据源。从扫描频度来看，华为的数据收集强调动态监控，以高频率的持续扫描覆盖尽可能全面的信息，捕捉潜在商业价值的弱信号。

企业基于现有供应链风险管理标准和知识，结合其他企业的成功经验或失败案例，精准研判实时性信息，深度挖掘潜伏性信息，将各类数据和信息转化为供应链风险信息。

1. 供应链常规风险分析

采购、生产、仓储、物流等业务中可能出现的供应链常规风险的分析责任主体是各业务部门。华为构建了数智云脑"灵鲲"负责数据分析和决策指挥。"灵鲲"的智能运营中心（IOC）在关键业务点设置了 300 多个探针，能够自动扫描并识别业务活动或指标异常。一旦发现问题，它会立即自动通知相应的业务人员，将以往的"人找异常"转变为"异常找人"，实现风险识别自动化。通过接入供应网络数据，IOC 可快速分析风险事件的原因和影响程度，并智能推荐解决方案，基于预案驱动供应网络的资源和能力，快速进行调配和部署。IOC 实现了业务实时自检、风险在线审视和实时预警、过程结果实时可控，构建了异常发现与问题解决之间的快速闭环，打造出敏捷而有韧性的供应网络。这使得华为的供应链风险管理从传统的事后管理转变为事中管理，部分业务部门的量化风险降低超过 50%。

2. 供应链重大突发非常规风险分析

需求端、供应端、竞争对手或国际业务中可能出现的供应链重大突发非常规风险，由华为公司层面的战略与发展委员会进行分析预测。在数据分析前，华为先对非结构化原始数据进行挖掘，获取被收集对象的行为信息、情境信息和背景信息，作为内容增强型元数据。其中，行为信息涵盖供应链的商流、物流、资金流、信息流；情境信息包括国家宏观政策及其影响、行业政策及其变迁、国际贸易对抗形势、主要竞争对手发展态势等；背景信息则涉及用户的具体信息、消费偏好、购买能力、品牌忠诚度等。

问题：

（1）近几年，华为供应链面临或应对了哪些主要风险？

（2）华为通过收集哪些信息来分析和判断供应链风险？

（3）华为如何对供应链风险进行分类？

（4）华为使用了哪些新技术与方法来分析和评估供应链风险？

资料来源：

宋新平，刘馥宁，申真，等．大数据下企业供应链风险管理与竞争情报融合模型构建：以华为公司为例 [J]．情报杂志，2024，43（6）：185-192，176.

10.1.1　供应链风险的定义与特征

供应链风险是指那些会对供应链成员产生不利影响，甚至破坏供应链运行环境，导致供应链管理无法达到预期目标或使供应链失败的不确定性因素或意外事件。通常而言，供应链风险被视为一种潜在威胁，它利用供应链系统的脆弱性，破坏供应链系统，并给供应链成员及整个供应链带来损失。

供应链风险具有以下特征。

（1）客观性和必然性。无论是自然灾害、突发公共事件，还是需求波动、生产事故等，这些因素都是客观存在的。它们的存在和发生，在整体上是一种必然现象。因此，供应链风险的发生也是客观且必然的。

（2）动态性。在实现供应链目标的过程中，内部和外部的各种因素都会对它产生影响。不同的成员企业和业务所面临的风险因素也各不相同。在这个动态变化的过程中，一些原本确定的因素可能会转化为风险因素。

（3）传递性。传递性指的是供应链风险在节点企业之间的传递。任何一个环节出现问题，都可能波及其他环节，进而影响整个供应链的正常运作。例如，牛鞭效应就是由这种传递性引起的。

（4）复杂性和层次性。一方面，供应链网络本身的复杂性，导致供应链风险的来源也呈现出复杂性特征，风险种类繁多。另一方面，供应链的结构呈现层次化和网络化特点。不同层次的供应链成员，如核心企业、供应商、经销商、协作层企业等，对供应链运作的影响程度不同，同样的风险对不同层次成员的影响程度也不同。

（5）此消彼长性。各种风险之间往往是相互联系的。消除一种风险可能会导致另一种风险加剧；同样，某个企业采取的措施可能会增加供应链上其他企业的风险。例如，企业为了加强与供应商的长期战略合作，可能会采用单一或少数供应商原则，但这会增加供应中断风险。因此，在研究供应链风险以及加强供应链风险控制时，需要充分考虑风险之间的相互影响，对这种此消彼长的风险进行权衡，以确保供应链整体风险最小化。

10.1.2　供应链风险类型

关于供应链风险的分类，国内外众多研究者和组织从不同角度、按照不同标准，提出了多种分类方法。例如，Chopra（2004）将供应链风险划分为中断风险、延误风险、系统风险、预测风险、知识产权风险、采购风险、应收账款风险、库存风险、生产能力风险 9 类。周艳菊、邱莞华（2006）将供应链网络风险分为需求风险、供应风险、环境风险、经营风险、制度风险、信息技术风险 6 类。王平（2011）则根据风险行为主体的不同，将供应链风险划分为供应商风险、制造商风险、批发商和零售商风险、物流服务商风险等。

1. 按照风险存在的周期划分

根据风险存在的周期，供应链风险可以分为长期风险和短期风险。

（1）长期风险。长期风险也称为战略风险，是指在短时间内对企业供应链可能没有明显不良影响，甚至可能带来短期利益，但从长期来看可能给企业造成损失的风险。例如，外包虽然能让企业专注于核心能力，但也可能增加企业对合作伙伴的依赖，甚至导致核心能力的丧失。例如，IBM 公司在个人计算机生产上的外包，使竞争对手得以崛起。战略合作伙伴之间的信息高度共享也可能导致关键信息的泄露。

（2）短期风险。短期风险也称为战术风险，是指在较短的时间内，甚至在某个合同执行期内，供应链偏离预定目标的风险。这类风险是日常供应链管理控制的重点。

2. 按照供应链系统构成划分

供应链是一个多主体、多环节的复杂系统，其风险可以根据系统构成划分为系统环境风险、系统结构风险、行为主体风险以及行为主体之间的协作风险。

（1）系统环境风险。系统环境风险是指由外部环境因素导致的风险，主要包括以下几类。

1）自然灾害风险：地震、台风、洪水等自然灾害可能导致生产设施损毁、交通中断和人员伤亡，进而影响供应链的正常运作。

2）政治风险：包括政局动荡、战争、恐怖主义等。这些因素可能对供应链造成严重威胁。例如，局部地区的内乱和民族矛盾会影响供应链的稳定性。

3）经济风险：通货膨胀、利率波动、汇率变化等经济因素可能对供应链的成本和效益产生影响。

4）技术风险：技术的不成熟或不统一可能导致供应链运作中的协调问题。例如，新技术的应用可能带来意想不到的副作用。

5）社会文化风险：社会风俗、文化差异等可能对跨国供应链产生影响，需要特别关注。

（2）系统结构风险。系统结构风险是指由于供应链结构设计不合理而产生的风险。例如，配送网络设计不当可能导致货物积压或短缺，增加配送成本，降低效率。

（3）行为主体风险。行为主体风险是由供应链各参与方（如供应商、生产商、批发商、零售商、物流服务商等）自身因素导致的风险。不同主体的利益目标、管理水平和信誉差异可能导致供应链运作中的风险。

（4）协作风险。协作风险是由于供应链多主体之间的沟通协作不畅而产生的风险。例如，企业文化和管理模式的冲突、合作协议的漏洞、技术衔接问题、信息传递失真以及违约风险等，都可能导致供应链的不稳定。

3. 按照供应链的过程划分

根据 SCOR（supply chain operations reference，供应链运作参考）模型，供应链全过程可以分为计划、采购、生产、配送、退货等阶段，相应地，供应链风险可以分为计划风险、采购风险、生产风险、配送风险、退货风险。

4. 按照风险来源划分

根据风险的来源，供应链风险可以分为以下几类。

（1）人为原因的风险：参与供应链活动的人员素质、经验、能力不足或行为不当导致的风险。这类风险可能来自企业内部，也可能来自供应商或合作伙伴。人员因素是供应链风险管理中最关键的因素之一。

（2）管理不当的风险：供应链管理方法不当、决策失误或规划错误导致的风险。管理是供应链风险控制的核心，直接影响供应链的效率和效益。

（3）设备造成的风险：设备运转低效或发生故障导致的风险。供应链中的设备包括信息系统、运输设备、仓储设施等，其性能直接影响供应链目标的实现。

（4）产品本身的风险：产品特性导致的风险。例如，保鲜品和冷冻品对运输与储存有特殊要求，增加了供应链的质量风险和成本。

（5）外部环境造成的风险：外部环境变化导致的风险。例如，物流环境的优劣直接影响供应链的物流成本和效率的高低。物流环境包括交通基础设施、物流政策法规等。

5. 其他划分方式

（1）按照风险因素的后果划分。根据风险因素的后果，供应链风险可以分为纯粹风险和投机风险。纯粹风险是指没有获利可能的风险，如自然灾害导致的设备损毁；投机风险则是指可能获利也可能造成损失的风险，如原材料价格波动。

（2）按照风险是否可管理划分。根据风险是否可管理，供应链风险可以分为可管理风险和不可管理风险。可管理风险是指可以通过预测和控制措施加以管理的风险，而不可管理风险在一定条件下可以转化为可管理风险。风险的可管理性取决于其不确定性的可消除程度以及管理团队的能力。

（3）按照风险的影响范围划分。根据风险的影响范围，供应链风险可以分为局部风险和总体风险。局部风险仅影响供应链的某个环节，而总体风险可能影响整个供应链，甚至引发多米诺骨牌效应。局部风险和总体风险是相对的，通过有效的应对措施，总体风险可以转化为局部风险。

（4）按照风险的可预测性划分。根据风险的可预测性，供应链风险可以分为已知风险、可预测风险和不可预测风险。风险的可预测性与供应链管理人员的经验、管理水平和信息资源密切相关。对于有经验的管理者，某些不可预测风险可能变得可预测。

10.2 供应链风险管理

◉ 资料 10-2 华为供应链风险识别与评估

2019 年 5 月，美国商务部工业和安全局将华为列入出口管制"实体清单"，导致众多关键技术供应商中断供应。然而，华为凭借"未雨绸缪"的策略，并未因此陷入困境。此前，华为已制定了科学的自制与外包策略，加强了与战略供应商的合作，并对关键物料进行战略储备，同时制订了备胎计划，包括硬件备胎（海思芯片）和软件备胎（鸿蒙操作系统）。这些风险预控措施的设计,源自华为多年前做出的"极限生存假设"——预计有一天,美国所有的先进芯片和技术将不可获得,而华为仍将持续为客户服务。这一假设将情景分析法成功应用到实践中。

华为战略与发展委员会利用数字化平台上的桌面推演,将大数据、情景分析、战争游戏(红蓝军对抗)、算法模型(如 3D 仿真、人工智能等)和知识管理相结合,实现了对风险(包括风险的前因后果、可能性与影响程度)的全面分析,如图 10-1 所示。

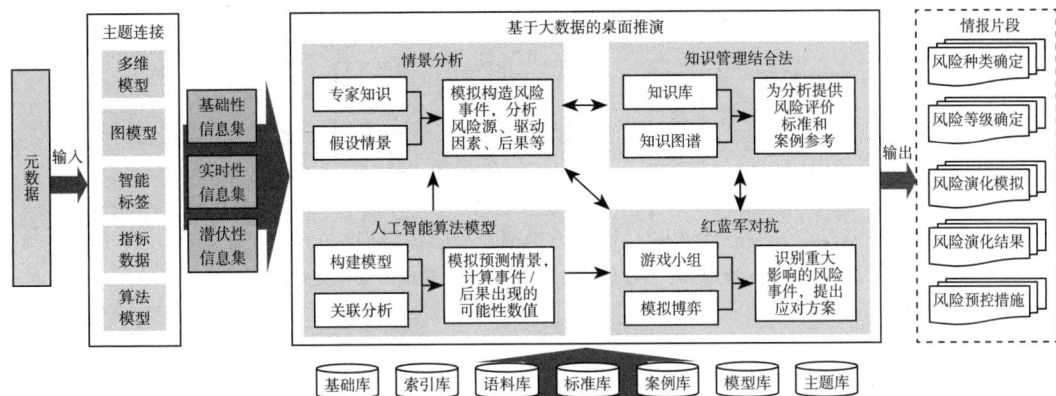

图 10-1　风险分析流程

情景分析主要侧重于对外部环境的模拟。它通过构造供应链中可能出现的未来情景(向前展望),并确定从未来情景到现在必须经历的关键事件(向后推理),来完成风险识别。例如,2003 年思科起诉华为侵犯知识产权时,华为就预想到未来可能出现"美国先进芯片和技术不可获得"的情景,并将它定义为政治风险,尽管当时判断其风险等级尚低。2011 年,美国对华为和中兴展开调查并召开听证会,华为预测美国的政治打击可能在未来 3 ~ 5 年内降临,供应链上被美国垄断的环节风险最高。2018 年,美国制裁中兴后,华为进入全面预警状态,推测美国将在近期制裁华为,而此时华为的"备胎"海思芯片和鸿蒙操作系统仍与美国企业独家供货的关键元器件存在差距。

同时,华为通过设置红蓝军模拟竞争双方的博弈过程,将多种情景缩小到有限的几个,并识别出对企业自身影响最大的情景。考虑到伦敦金融城作为全球金融中心的优势,华为在伦敦设立了财务风险控制中心;考虑到纽约的全球地位、格局及视野,华为在纽约建立了宏观风险控制中心,从宏观层面审视可能面临的外部环境风险;由于日本素以"工匠精神"著称,华为在东京建立了微观风险控制中心,从项目层面审视每个合同、每个项目以及全项目周期的经营管理是否合理、是否存在循环嵌套或违规行为。这三个风险控制中心作为蓝军,充当竞争对手的角色,模拟各种对抗性声音,通过自我批判、警告和模拟,华为时刻保持危机意识。

在情景分析与红蓝军对抗过程中,华为根据分析场景,使用海量数据训练算法模型,建立接近真实世界的测试场景并进行算法可行性测试验证,进而对情景进行模拟和预测,计算事件或后果出现的可能性数值。

资料来源:

宋新平,刘馥宁,申真,等.大数据下企业供应链风险管理与竞争情报融合模型构建:以华为公司为例 [J].情报杂志,2024,43(6):185-192,176.

供应链风险管理是指管理人员通过对风险的识别、估计和评价，运用多种管理方法、技术和手段，对可能影响供应链的风险因素进行有效控制，并妥善处理风险事件所导致的不利后果，从而确保供应链管理目标得以实现。

供应链风险管理的全过程如图10-2所示，这一过程也被称为广义的供应链风险管理。参照一般工程项目风险管理的常见做法，该过程可进一步划分为风险分析和风险管理两个阶段。其中，第二个阶段可称为狭义的供应链风险管理，主要包括风险规划和风险监控。风险分析阶段则涵盖风险识别、风险估计和风险评价。

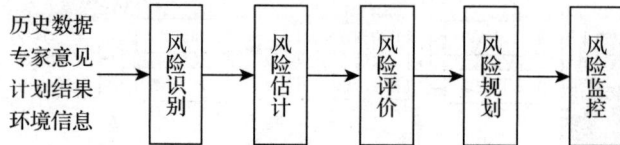

图10-2   供应链风险管理的全过程

资料来源：邵晓峰，张存禄，李美燕.供应链管理 [M].北京：机械工业出版社，2006.

10.2.1   供应链风险识别

供应链风险识别是指通过对供应链各环节、参与主体及其所处环境的分析，找出可能影响供应链的风险因素，掌握风险事件的特征，确定风险源及其相互关联。供应链风险识别需要结合供应链管理目标，借助丰富的信息和经验，并运用适当的工具与方法。

1. 风险识别需要的资料

信息是供应链风险识别的基础，收集信息资料是风险识别的起点。风险识别人员通过分析关键信息，结合供应链管理目标，逐步识别潜在风险因素。缺乏必要信息的风险管理如同盲人骑瞎马，难以有效开展。风险识别需要收集的资料包括以下几类。

- 一般环境信息：政治、经济、社会、技术、自然灾害等方面的信息。
- 供销行情与合作伙伴信息：涉及市场供需变化、合作伙伴的经营状况等。
- 企业物流环境信息：包括物流基础设施、运输条件等。
- 供应链管理历史统计资料：如过往的风险事件记录、事故处理经验等。
- 供应链管理计划与企业战略文件：帮助了解供应链的长期目标和发展方向。

收集资料的方法包括：利用公共媒体（纸质媒体和互联网）获取企业外部信息；通过与合作伙伴沟通获取关键信息；借助企业内部信息网络渠道收集内部信息。

2. 风险识别的方法

对于常见风险，凭借经验和一般知识即可识别和分析。但对于新的、潜在的风险，需要借助特定方法和外部力量才能识别和分析。风险识别的主要方法有如下几种。

（1）情景分析法。情景分析法通过头脑风暴的形式，识别政治、经济、技术、文化等方面的风险因素，并分析它们对企业或供应链的潜在影响。从战略层面看，该方法在识别新技术出现、产业结构变化、经济状况变化等宏观环境风险方面特别有效。同时，它也可用于策略层面，发现现存风险及其影响。

（2）历史事件分析法。该方法通过分析历史事件，总结经验教训，识别潜在风险。通常先收集导致不良后果的历史事件案例，分析其风险因素。此方法的缺点是重大风险事件较少，且只能识别已发生的风险因素，容易忽视新的风险因素。因此，需要扩大历史事件的收集范围，甚至参考其他行业的案例。

（3）流程分析法。流程分析法通过绘制供应链流程图，详细分析每个业务流程的细节，包括流程的目的、执行方式、责任人以及可能的失误点，从而发现潜在风险。此方法特别关注部门或组织交接处的潜在风险，能够识别未展示在现有流程中的控制缺陷和错置的任务职责。与历史事件分析法不同，流程分析法可在损失发生前识别潜在风险，并分析它对供应链的影响。

（4）风险问卷法。风险问卷法通过设计问卷，收集供应链各企业员工对风险的看法，从而识别风险。基层员工熟悉业务细节，能够提供有价值的局部信息，以便系统地识别风险。该方法基于系统论的观点，强调从整体到局部的风险识别。

（5）环境扫描法。风险管理者通过收集供应链内外部环境的信息，分析其变动趋势，及时发现机会和风险。环境扫描法包括以下几种常见模式。

- 连续性模式：持续监控内外部环境，实时发现风险因素，适用于复杂环境的供应链网络。
- 周期性模式：按固定周期（如月、季度）进行环境分析，耗用的成本和时间较为合理，适用于大多数供应链。
- 非定期模式：针对紧急情况的应急反应，较少关注未来事件，不推荐作为主要模式。

（6）事故树分析法。事故树分析法通过图解方式，将事故原因层层分解，找出直接和潜在的风险因素。该方法不仅适用于单个企业，还可用于供应链整体，通过分解风险节点，识别各环节的潜在风险，并汇总分析以发现内在原因，供应链销售风险事故树分析如图 10-3 所示。

（7）财务报表法。财务报表法通过分析企业的财务资料，识别和分析各项经营活动可能面临的风险。企业的资产负债表、损益表等财务报表能够反映风险损失和管理成本。由于供应链风险最终会体现在成员企业的财务报表中，该方法可作为识别供应链整体风险的有效工具。

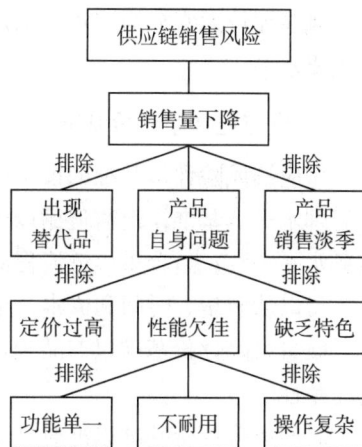

图 10-3　供应链销售风险事故树分析

资料来源：金霞.供应链风险识别与评估研究 [D].兰州：兰州交通大学，2014.

3. 风险识别的结果

风险识别的结果是后续风险分析和管理的基础，有关风险识别结果的书面文件应包含以下内容。

（1）风险形势：根据企业战略和供应链管理目标，明确供应链运行所需的资源和能力，分析风险的发展趋势。

（2）风险来源表：详细列出所有可能出现的风险，包括风险描述、特征、后果、发生时间、预期频率等。

（3）风险分类或分组：按照风险类型进行区分，便于后续处理。

（4）供应链管理问题：对通过风险识别发现的管理缺陷，如计划不匹配、物流不合理等，需及时提出改进意见。

10.2.2　供应链风险估计

风险估计是在风险识别的基础上，进一步分析单个风险的性质，计算风险发生的概率、时间及后果。风险概率分为客观概率和主观概率。基于统计数据计算得到的是客观概率，它适用于有重复性特征的供应链运行。然而，客观概率无法反映新出现的风险因素，且在统计资料不足时难以被计算。

在实际工作中，由于统计制度不完善、数据丢失或信息系统故障等，客观概率的计算往往受限。对于新产品供应链、经过重新设计的供应链或面临新变化的供应链，客观概率难以适用。此时，主观概率成为一种可行的选择。主观概率是基于管理人员的经验和知识，对风险发生的可能性进行主观判断而得到的。尽管主观概率可能受到个人偏好和能力的影响，但它仍然是风险估计的重要工具。

10.2.3　供应链风险评价

风险估计主要针对单个风险，而风险评价则关注供应链的整体风险水平、各风险之间的相互影响以及风险是否可接受。此外，风险评价还涉及对风险管理措施的预期效果进行评估。风险评价通常分为三步：确定风险评价基准、评价供应链整体风险水平、对比基准与实际风险水平。

1. 供应链风险评价基准

供应链风险评价基准的设定应结合企业的运营目标、供应链计划、客户服务水平以及企业管理水平。基准设定需遵循以下原则：与企业运营目标和供应链计划相结合；与目标客户服务水平一致；适合供应链流程活动的特点；便于计算和重复使用。

可以从质量、时间和成本三个维度设定评价基准。

质量风险评价基准以产品到达供应链末端时的完好率表示，包括产品性能、包装及附件的完整性。

时间风险评价基准以准时到货率或必须到货的最后时限表示，需平衡供应链响应时间和风险水平。

成本风险评价基准以供应链总成本与企业销售收入的比值表示，涵盖采购、运输、存储、折旧、管理费用等。

质量、时间和成本风险评价基准相互耦合，提高某一目标可能导致对其他目标的控制难度增加。企业应根据经营目标和资源情况，合理设定各基准。

2. 风险之间的关系研究

计算供应链整体风险水平是风险评价的关键。在单个风险水平已知的前提下，整体风险水平是单个风险水平按照供应链结构及其相互关系综合的结果。要准确评价供应链的总体风险效果，必须分析风险之间的关系，主要从两个方面入手。

（1）风险间的相互作用：分析各独立风险之间的相互耦合关系，包括独立关系和依赖关系。根据单个风险发生的概率和风险之间的相互关系，求出供应链整体的风险水平。

（2）风险的传递：按照各独立风险在供应链中的位置，研究它们沿着供应链结构传播形成的共同风险效果，包括串联关系、并联关系、分配关系、汇总关系、切换关系和混合关系。一个完整的供应链就是上述关系的混合。从风险的角度来看，供应链尽量选用能够降低风险水平的结构（并联结构、切换结构），避免选用风险水平较高的结构（多环节串联结构）。

如果没有定量化的风险估计，或者定量计算评价供应链风险的难度较大，也可以使用定性与定量相结合的办法，如主观评分法、层次分析法、模糊评价法，来评价供应链风险水平，还可以使用计算机进行仿真评价。

10.2.4　供应链风险规划

供应链风险规划的核心在于制定风险规避策略，通过多方面的措施减少风险发生的概率、改变风险后果的性质以及降低风险后果的影响。总体而言，风险规避措施主要包括预防、减轻、转移、回避、自留和后备等。

1. 预防风险

预防风险的本质在于"防患于未然"，通过从风险发生的根源入手，降低风险发生的可能性。供应链风险的成因多种多样，包括外部环境因素、供应链结构不合理、参与主体行为不当、协调失误以及产品特性等。针对这些潜在风险因素，企业需要扎实做好供应链管理的基础工作，利用一切可用手段，尽可能降低风险发生的概率。这不仅是供应链风险控制的优先策略，也是防范风险的根本措施。

具体而言，预防风险的措施包括：建立完善的规章制度和科学的绩效评价体系；优化供应链管理信息系统与数据管理；合理配置供应链资源，确保供需平衡；选择优质合作伙伴；降低库存水平；保障设备可靠运行；提升人员素质；改进业务流程；严格执行法律法规；关注物流环境等。这些措施都要求企业从基础工作入手，夯实供应链管理的根基。

2. 减轻风险

与预防风险不同，减轻风险的策略是针对已知或可预测的风险，通过具体措施降低风险发生的概率和不利后果的影响。对于不可预测的风险，企业可以通过收集信息、研究和监视等手段，尽早将它转化为可预测或已知的风险，并在风险事件发生时及时采取应急措施。

例如，当供应商因自然灾害或内部事故无法正常供货时，企业可以与其他供应商协商增加供应量；当运输因不可抗力延误时，企业可以改变运输方式（如从火车改为汽车或飞机），这虽然会增加运费，但可避免停产损失；当零部件可能出现货源紧张时，企业可以提前安排采购；当新型产品包装的运输破损率未知时，企业可以先进行小批量试验，将未知风险转化为已知风险。

3. 转移风险

转移风险是指通过合同或法律手段，将风险的部分或全部责任转移给供应链合作伙伴、外部单位或个人。实施转移风险策略的原则是：让有能力承担风险的一方获得相应利益，让过错方承担相应责任。转移风险的主要方式包括以下几种。

（1）出售。企业自建的原料基地、运输车队或仓库等资产，如果自身经营效益不高、占用资金较多且服务水平较低，可考虑出售给能够更高效运营的公司，从而将相关风险转移出去。

（2）外包。外包是供应链管理的重要手段。企业将非核心业务外包给专业公司，不仅可以提升服务水平，还能减少直接投资和运营成本，同时将质量风险和时间风险转移给更有能力的合作伙伴。

（3）责任合同。企业通过与合作伙伴签订规范的合同，明确各方在风险控制中的责任和风险损失分担的具体条款。一旦风险事件发生，严格执行合同，将风险转移给责任方。例如，因第三方物流公司的失职导致的货物变质损失，按合同由物流公司承担。

（4）保险与担保。保险是转移风险的常用方法。企业可以购买与供应链相关的保险，如基本险、海运险、空运险、陆运险、罢工险、战争险等。一旦风险事件发生，企业可从保险公司获得补偿。担保则是另一种转移风险的方式。当与信用不明的合作伙伴签订合同时，企业可以与担保方签订担保合同，将违约风险转移给担保方。

（5）诉讼。当合作伙伴的失误或社会其他方面的人为原因导致风险损失时，企业应要求对方承担责任。如果协商不成，企业可以通过法律途径维护自身权益。诉讼是最后的手段，应谨慎使用。

4. 回避风险

当某些方案或做法存在较大风险且后果严重，同时又缺乏有效的风险控制手段时，企业可以选择主动改变行动方案，甚至放弃相关业务。这种策略被称为回避风险。例如，在分仓选址时，企业可以避开物流环境差、治安混乱的地区，从而规避因人为因素导致的货物损失和物流服务水平下降的风险。

5. 自留风险

在某些情况下，企业可以选择自留风险，将风险造成的损失视为正常的费用。自留风险是最省事的风险规避策略。一种情况是，为了获得更大的收益，企业主动承担风险。例如，鼓励零售商多进货并允许它们无条件退货，虽然批发商可能承担退货损失，但降低了供应链的缺货率和整体风险。另一种情况是，当风险规避措施的成本高于风险损失时，自留风险是明智的选择。供应链风险是客观存在的，如果其影响较小且损失可以接受，企业可以选择接受现实。

6. 后备措施

企业可以事先制定后备措施，一旦风险因素出现或风险事件发生，立即启用这些措施。与减轻风险策略不同，后备措施并不针对具体风险，而是为风险控制预留必要的资源和能力。例如，企业可以准备一定的人力、物资和资金，以应对可能出现的风险事件。此外，虚拟库存是一种低成本且有效的后备措施。企业通过信息网络掌握其他企业的库存信息，在供应紧张时紧急调用，虽然这可能需要支付更高的价格，但可以避免缺货风险。企业还可以与未签约的合作伙伴保持良好关系，将他们作为替补。一旦发生严重的风险事件，企业可以及时与替补伙伴合作，确保供应链的正常运行。逆向物流也是一种重要的后备措施，企业可以通过回收销售渠道中的多余商品或有质量问题的产品，减少浪费，提高客户服务水平，使供应链从开环变为闭环。

风险防范和规避措施会占用部分资源并增加成本。因此，在采取风险规避措施时，企业需要综合权衡收益和损失。风险管理规划的最后一步是形成风险管理计划文本，内容包括风险识别、估计、评价的结果以及风险规避策略等。

10.2.5　供应链风险监控

风险监控阶段的主要任务是监视供应链的运行，确保风险规划阶段制定的风险规避策略得以有效实施。典型的供应链风险监控过程如图 10-4 所示。供应链的风险监控过程与一般目标管理的控制过程有所不同。目标管理控制的依据是计划目标与实际运行效果的差距，通过采取措施消除偏差来实现目标。而供应链风险监控则侧重于监视外部环境和内部系统中的风险因素与风险事件，旨在减少风险发生的可能性，减轻风险后果的影响，并恢复供应链的正常运行状态。

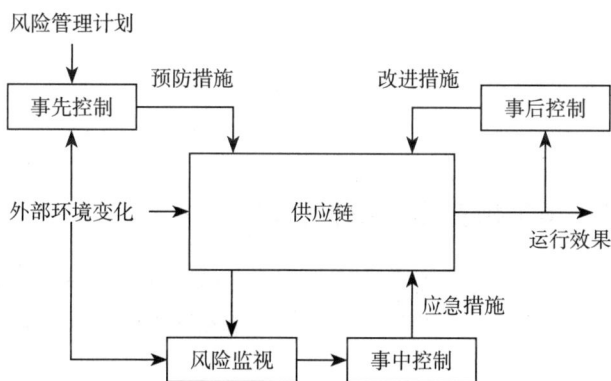

图 10-4　供应链风险监控过程

资料来源：邵晓峰，张存禄，李美燕.供应链管理 [M]. 北京：机械工业出版社，2006.

根据控制措施与风险事件的时间先后关系，风险控制可分为事先控制、事中控制和事后控制。

1. 事先控制

事先控制也称为主动控制或前馈控制，是指根据风险分析结果和风险规划，准备相应的应对策略，提前采取措施防止风险事件的发生。事先控制的措施通常称为预防措施，包括风险规避策略中的预防风险措施、减轻风险的事先措施、转移风险的合同安排以及回避风险的决策等。事先控制是目标控制提倡的控制方式，其效果不仅体现在风险控制方面，还能惠及供应链管理本身。优秀的供应链风险管理团队应尽量将风险化解于无形，而不是等到风险因素酿成重大事件后再采取措施。

2. 事中控制

事中控制也称为被动控制或保护性控制，是指在风险事件发生后，密切监视供应链的运行，及时通知可能受影响的各方，并立即采取措施减轻风险影响。事中控制的措施称为应急措施，即根据风险的成因、性质、分布和影响特征，启动备用方案，调用备用资源，并综合运用行政、经济、技术、法律等措施与合作伙伴密切协作，通过协商、督促、监控等手段，减轻风险影响，恢复供应链的正常运行。如果遇到未预料到的风险，风险管理人员需紧急识别风险特征，估计和评价风险的进一步发展及可能后果，确定应对措施并实施。如果风险后果非常严重，还需修改供应链的计划目标。

3. 事后控制

事后控制是指在风险事件发生后进行的善后工作。事后控制的措施称为改进措施。首先，根据合同、法律和企业内部规章制度，追究相关责任方或责任人的责任。例如，如果是合作伙伴违约导致的风险（如质量问题、交货延期），则按合同追究合作伙伴的责任；如果是自然灾害导致的风险，则按保险合同向保险公司索赔；如果是内部人员失误造成的人为事故，则追究当事人的责任。其次，通过风险事件分析供应链配置和管理中的问题，针对性地改进供应链管理。最后，整理风险处理过程中积累的资料，为后续制定风险管理预案和进行风险分析提供参考。

10.3　供应链韧性

◑ 资料 10-3　三一重工提升供应链韧性的方法

当前，三一重工供应链面临的主要风险包括原材料及零配件采购风险、生产制造风险、产品运输和配送风险以及企业外部环境风险。为应对这些风险，三一重工从以下几方面提升供应链韧性。

（1）增加供应商数量，增强供应链韧性。树根互联平台通过扩大供应商选择范围，显著提升了三一重工的供应链韧性。该平台不仅接入了与三一重工有业务往来的现有供应商，还通过挖掘潜在供应商，进一步丰富了供应商资源。针对原材料及零配件采购风险和外部环境风险，树根互联提供了替代方案，有效提升了供应链的抗风险能力。

（2）实现供应链内信息互联互通，提升供应链柔性。三一重工通过数字化供应链平台，建立了覆盖全业务流程的信息化体系。这一举措显著提升了供应链在库存控制和物流保障方面的能力，大幅降低了市场波动对供应链的影响。通过数字化手段，三一重工能够有效应对产品运输和配送风险以及生产制造风险，从而增强供应链的柔性和适应性。

（3）利用区块链技术构建质量管理中心模块，提升产品质量。基于区块链技术，三一重工构建了供应链质量管理中心模块。区块链作为一种分布式账本，能够存储产品质量溯源信息、交易信息和物流规划路径等关键数据。通过这一模块，三一重工实现了对供应链产品质量的精准把控，有效降低了生产制造风险，提升了供应链的整体质量水平。

资料来源：

马潇宇，张玉利，叶琼伟. 数字化供应链理论与实践 [M]. 北京：清华大学出版社，2023.

当前，世界正处于百年未有之大变局。经济全球化面临诸多阻力，贸易保护主义抬头，地区冲突不断发生，全球治理体系也在发生深刻变革。不确定性、不稳定性和不可预见性事件显著增加，如原料紧缺、生产停滞、产品断供、物流不畅等问题时有发生。这些因素严重阻碍了人、财、物等资源的流通，对供应链造成了巨大冲击，使供应链的脆弱性和中断风险愈加凸显。鉴于此，2022 年 10 月，党的二十大报告强调要着力提升产业链供应链韧性和安全水平。

10.3.1　供应链韧性的定义

"韧性"一词最早源于材料科学领域，指的是材料在变形后能够恢复到原始形状且不超过其极限能力的特性。如今，这一概念已广泛应用于生态学、工程学、心理学和社会学等多个学科。供应链韧性（supply chain resilience）是一个新兴的研究领域，其研究始于 2000 年英国民众抗议燃油涨价以及 2001 年美国"9·11 恐怖袭击事件"引发的供应链中断事件。在我国，部分学者将"supply chain resilience"翻译为供应链弹性，两者在含义上基本相同。然而，学术界目前尚未对供应链韧性形成统一的定义，不同学者从各自的研究角度提出了不同的见解，如表 10-1 所示。

表 10-1　不同学者关于供应链韧性的定义

学者	定义
Christopher 和 Peck（2004）	系统受到干扰后，在可接受的时间内恢复到原始状态的能力
赵林度（2013）	供应链面对冲击时所表现出来的自适应能力和自修复能力，它直接影响着整个供应链的核心竞争力
马潇宇、黄明珠、杨朦晰（2023）	作为一种重要的供应链风险应对能力，能够帮助供应链企业从中断冲击中选择灵活敏捷的方式，以恢复到正常运行的状态，甚至实现突破性的成长
宋华（2022）	供应链稳健性和可恢复性的综合体现，即面对中断时的抵御能力和快速恢复能力。这其中包含了两个因素：①抵御能力，在发生重大灾害和中断时，供应链系统能够完全规避风险或者以最小的损失平稳度过，最小化中断造成的破坏；②快速恢复能力，当供应链发生中断时，能够快速反应并找到有效恢复路径，恢复到稳定状态

10.3.2　供应链韧性的测量

目前，供应链韧性的识别与度量主要从以下四个方面展开。

（1）基于关键性能量化韧性。将供应链韧性分解为若干关键性能指标，如灵活性、可见性和敏捷性等，并通过这些指标进行评分。这些关键性能指标反映了供应链在面对风险时的适应能力和恢复能力。

（2）基于直接定量指标量化韧性。这类方法通过具体的定量指标来衡量供应链的韧性，包括供应链在受到冲击后恢复到原有状态或更理想状态所需的时间、恢复的程度以及恢复期内绩效的损失程度等。

（3）基于供应链绩效评价指标量化韧性。通过供应链的绩效评价指标来量化韧性，常见的指标包括客户服务水平、市场份额以及中断后的财务表现等。这些指标能够反映供应链在风险事件发生后的整体运行状况。

（4）基于拓扑指标量化韧性。从复杂网络的视角出发，利用拓扑指标对供应链韧性进行量化。例如，供应链韧性可以通过未导致网络中断的节点或边的数量与所有可中断节点或边的数量的比值来衡量。此外，基于多层复杂网络理论构建的关键矿产资源全球贸易模型，可以通过风险传导机制对贸易网络的突发风险进行仿真分析，并利用多风险场景的仿真结果对网络节点的风险韧性进行评价。

10.3.3 提升供应链韧性的方法

传统上，供应链可以通过以下几种方式提高自身的韧性：增加冗余、提高柔性以及树立正确的企业文化。

1. 增加冗余

从理论上看，企业可以通过设置冗余产能来增强供应链的韧性。例如，企业可以保持一定量的备用库存、维持设备低利用率、选择多个供应商，或设置备用运输工具以保障物流能力。这些冗余产能能够在供应链中断时为企业提供缓冲空间。然而，这种方法成本较高，多余的库存会占用资金，导致总成本增加和利润下降。因此，企业需要全面权衡收益，谨慎选择增加冗余的策略。

2. 提高柔性

提高供应链的柔性不仅有助于企业在中断时保持稳定，还能使它更有效地应对需求波动。

（1）采用标准化流程。企业可以在全球工厂之间实现产品部件的可替换性和通用性，甚至统一全球产品的设计和生产流程。这通常需要多技能员工的支持，以帮助企业快速响应供应链变化。例如，英特尔公司在全球建设统一模式的生产工厂，实现了车间布局和生产流程的标准化。这种设计使它能够快速调整不同工厂的产量，以应对供应链风险。

（2）采用并行流程。在生产、分销和配送过程中采用并行流程，可以帮助企业加快供应链中断后的恢复速度。朗讯科技公司通过集成化的供应链组织实现了这种并行性，不同职能部门分布在一个集中化的供应链中。这样，企业可以实时监控各职能部门的运作状态，并在紧急事件发生时快速协同应对。

（3）采用延迟制造。延迟制造通过最大化延迟产品、流程和决策，来提高企业运作的柔性。产品保持半完成状态，便于在不同市场需求之间灵活调配，从而提升供应链的柔性。这不仅提高了服务水平，还能控制库存成本。意大利服装巨头贝纳通过重新设计生产流程，实现了最大限度的延迟，满足了客户的多样化需求。

（4）加强供应商关系管理。如果企业过度依赖少数关键供应商，这些供应商的任何事故都可能给企业带来灾难性影响。通过有效的供应商关系管理，企业可以更好地了解供应商的内部运作情况，并快速响应各种风险。即使企业拥有庞大的供应商网络，也需要与供应商保持紧密合作，化解潜在风险。例如，2019年5月，美国对华为实施了全面封锁，包括断供芯片、禁止使用美国技术等。面对断链风险，华为与国内供应商共同合作构建了完整的自主产业链与供应链：从原材料到制造，从芯片到整机，每一个环节都快速补齐短板。

3. 树立正确的企业文化

在供应链中断后能够快速应对和恢复的企业，往往在企业文化方面具有独特之处。

（1）高效的员工信息沟通。高效的信息沟通能够使员工清晰地理解企业的战略目标，并掌握日常运作的进展情况。例如，戴尔公司的员工可以获取大量关于产品生产和运输的信息，因此在供应链风险发生时，他们能够快速做出判断并采取应对措施。

（2）员工授权。员工授权可以确保在供应链风险发生时，有适当的人员能够快速响应。丰田公司的总装线就是一个典型例子，任何员工都可以按下警报按钮，快速解决装配过程中的故障。这种权力分散机制使企业能够在风险发生的早期快速做出响应。

（3）工作激情。成功的企业往往依赖员工的工作激情。美国西南航空公司的 CEO 认为，员工应意识到自己是在搭建房子，而不仅仅是在堆积砖块。激励措施能够激发员工的工作热情，从而避免风险的发生或使他们能够快速应对风险。

10.4　数字化供应链韧性管理

◉ 资料 10-4　华为数字化供应链的韧性

华为集成供应链自 2016 年起启动数字化转型，致力于打造数字化主动型供应链，将它建设成为公司的核心竞争力之一。通过应用组合优化、统计预测、模拟仿真等先进技术，华为构建了供应链核心算法模型，并将它应用于资源准备、供应履行、供应网络和智能运营四大核心场景，显著提升了供应链的智慧化水平。尤其在面对风险冲击时，华为智慧供应链能够实现风险实时感知、影响自动分析、预案智能推荐以及任务自动下达。在供应链中断风险发生时，其快速反应和有效应对能力构建了供应链的韧性，保障了供应的连续性，将潜在危机化解于无形。

例如，在新冠疫情的影响下，市场空运运力一度下降超过 80%，部分航线甚至熔断。面对这一挑战，华为供应链与国际航协合作伙伴紧密协作，集成市场空运资源数据。基于华为业务特点，利用大数据和最短路径算法、网络流、混合整数规划以及 AHP（层次分析法）等科学算法，构建了点-线-面一体的空运网络基础模型。结合资源动态变化，该模型能够快速进行智能分析和方案推荐，及时识别资源风险，并生成应对策略。同时，通过在线闭环跟踪任务进展，形成了覆盖空运资源全面管理的"天网"。

"天网"实现了空运资源的可视化，增强了多节点、多路径、多梯次的物流空运网络韧性。基于智能推荐和 what-if 模拟仿真，"天网"能够进行资源动态调整和快速切换，有效应对疫情期间频繁出现的运能短缺、运价上涨、空班、跳港等风险，保障了面向客户的有效供应。

基于数字化供应链的智慧化建设，华为成功构建了供应链韧性，经受住了自然灾害、突发事件和全球疫情等的极限考验，有效支撑了公司的供应连续性。

资料来源：
马潇宇，张玉利，叶琼伟.数字化供应链理论与实践 [M].北京：清华大学出版社，2023.

在实现供应链韧性的过程中，除了上面提到的传统方法之外，数字技术也发挥着至关重要的作用。这是因为数字技术增强了供应链可视化，通过描述型和预见型的数字分析，企业能够更好地预测供应链运营状况，及时采取各种措施来应对可能出现的风险。数字化供应链韧性体系的建设并非仅仅通过应用数字技术来降低风险，还要将数字技术深度融入建设供应链韧性体系的全过程，构建一个完整的数字化供应链韧性管理框架。Christopher 和 Peck 为韧性供应链开发了一个初始框架，该框架包含四个核心部分：①在中断发生之前，通过供应链设计将韧性嵌入系统；②通过高水平的协作来识别和管理风险；③建立韧性能力，以便对不可预见事件快速响应；④确立良好的风险管理文化。

这一框架为数字化供应链韧性建设提供了重要的原则和方向指引，尤其是在数字技术的渗透下，这四个方面共同构成了一个更具柔性、敏捷性和实时性的供应链韧性管理体系，能够有效应对各类风险。

10.4.1 数字化供应链韧性规划管理

在数字化供应链韧性建设中，将韧性管理纳入供应链运营模式是极为关键的。这不仅需要明确供应链韧性管理的领域和要素，还需要确定采取何种战略姿态来构建和管理韧性。在韧性管理过程中，需重点关注以下三个层面：一是物理层面；二是网络层面；三是分析决策层面，即连接物理与网络两个层面的供应链分析与优化体系。网络供应链和物理供应链中的韧性管理活动如图 10-5 所示。

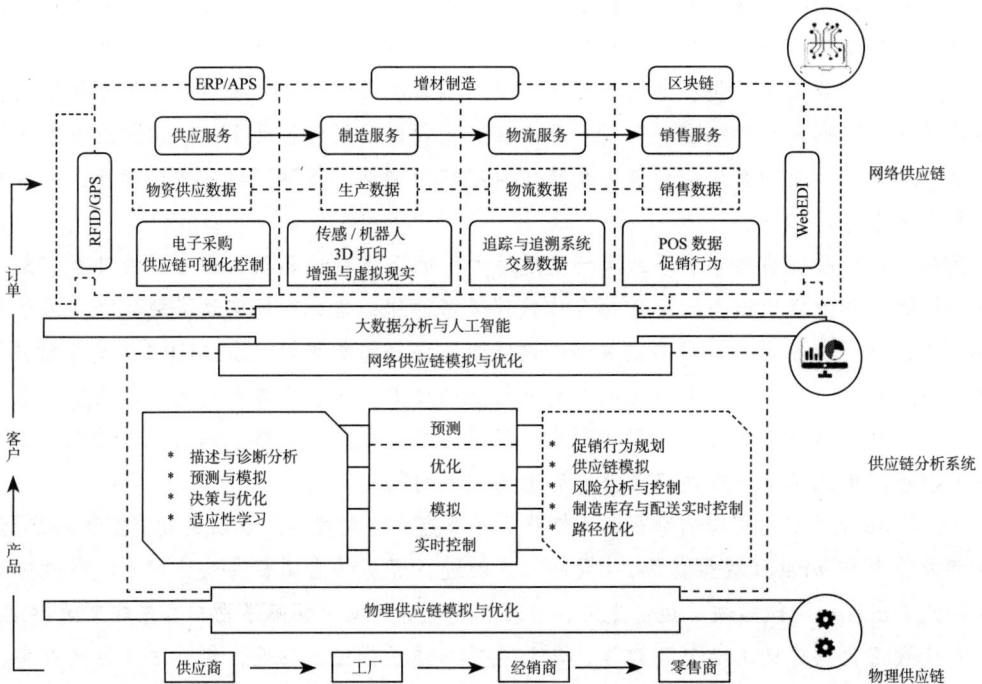

图 10-5 网络供应链和物理供应链中的韧性管理活动

资料来源：宋华.建立数字化的供应链韧性管理体系：一个整合性的管理框架 [J].供应链管理，2022，3（10）：9-20.

1. 物理层面的供应链模拟与调整

在物理层面，供应链模拟与调整聚焦于实际运作，通过及时、高效地配置、调整和管理运营活动与流程，保障供应链的高效运行，并提升其柔性和韧性。合理协调供应链各环节的资源、能力及经济主体，是实现这一目标的关键。因此，对供应链运营的不同情景进行规划，并明确各情景下的应对策略和资源调度，显得尤为重要。

2. 网络层面的供应链信息管理

网络层面的供应链信息管理侧重于对实体运作过程中产生的数据进行管理。这些数据包括采购供应环节的数据、生产制造中的运营数据、物流服务中的商品数据以及销售和促销活动中的数据等。这一层面的核心在于通过有效的信息化系统和数字技术，实现数据的获取、清洗、整合与共享。

3. 分析决策层面的供应链分析与优化

分析决策层面的供应链分析与优化是供应链韧性建设的核心。它将网络层面整合的数据与物理层面的运营状况相结合，通过预测、优化、模拟和实时控制运营流程与活动，实现供应链的持续、稳定和有效运行。这一层面借助先进的技术和模型，为供应链的模拟与优化提供决策支持。

10.4.2　协同数字化供应链风险识别与管理

要实现有效的供应链风险管理，建设具有韧性的数字化供应链需要经历以下几个阶段。

计算机化（computerization）：通过 IT 系统的支持，免除重复性工作的负担。

连接性（connectivity）：系统是结构化且互联的。

可视性（visibility）：能够获取数据，并且基于数字信息管理决策。

透明性（transparency）：公司能够理解事件发生的原因。

预见能力（predictive capacity）：公司能够预测可能发生的情况，基于未来情景规划决策。

适应力（adaptability）：系统能够自主反应并适应变化。

在分析数字化在供应链风险管理各阶段的作用时，需要综合考虑技术和社会两个子系统的交互作用。具体而言，在风险识别、风险估计、风险评价、风险规划与风险监控的各个阶段，应同时关注技术系统和社会系统所发挥的作用。通过这种综合方法，企业可以形成一个完整的数字化供应链风险管理框架，如图 10-6 所示。

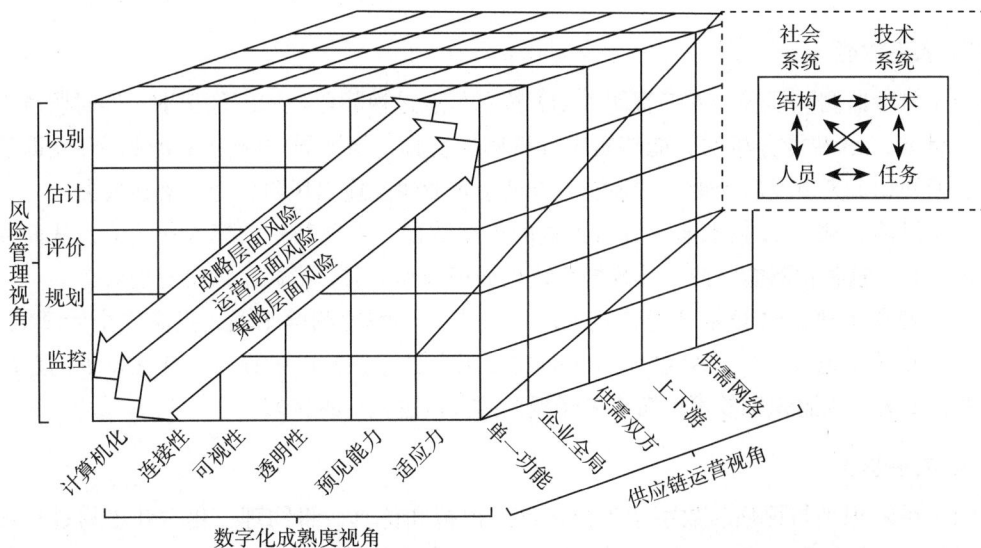

图 10-6　数字化供应链风险管理框架

资料来源：宋华.建立数字化的供应链韧性管理体系：一个整合性的管理框架 [J].供应链管理,2022,3（10）:9-20.

10.4.3　建立综合性数字化供应链韧性能力

要有效应对供应链风险，建立综合性的数字化供应链韧性能力至关重要。这种能力不仅能迅速应对各种风险并做出调整，还能预见性地采取措施，抵御风险的负面影响，使整个供应链既具柔性又具强劲性。除了传统的柔性、冗余和恢复力外，物联网、大数据、人工智能、数字孪生、区块链和供应链控制塔等新兴数字化技术，也在提升供应链韧性方面发挥了巨大作用。

1. 物联网

物联网通过传感器、定位系统、射频识别技术等，实时采集物体或过程的信息，如声、光、热、电、力学、化学、生物、位置等。这些信息接入网络，实现物与物、物与人的广泛连接，进而实现智能化感知、识别和管理。采集的数据转化为有用信息后，可帮助预测和预防事故，并提供实时规避风险的解决方案，从而改变甚至消除供应链中的风险。

物联网还能够实现设备自动化以降低风险。例如，在无人工干预的情况下，物联网执行器可以采取自动化措施，如汽车中的自动驾驶辅助系统（ADAS）。此外，物联网设备也可辅助人工实时干预风险，例如在喷水灭火系统低压或烟雾报警器电池电量不足时发出警告。这两种功能均通过物联网技术的感知、推断和行动能力实现。

2. 大数据

在大数据背景下，通过整合供应链参与者和外部数据源（如交通数据、天气预报），越来越多的供应链数据得以测量。数字化和大数据分析技术的发展，使企业能够创建全面且主动的供应链风险管理流程。大数据分析和实时决策使企业能够快速响应商业环境的变化，将信息转化为商业智能，从而更好地理解过去事件并预测未来事件。

大数据分析能够捕捉多个因素之间的关系，为风险识别提供依据，并提出监控措施以避免未来风险。例如，智能维护系统（intelligent maintenance system，IMS）可以通过分析从机器中收集的物联网数据，预测并预防潜在故障，为供应链企业的风险识别和监控提供支持。

3. 人工智能

（1）风险监测与预警。人工智能（AI）技术可通过视频监控和图像识别，实时监测潜在风险。例如，AI智能分析网关能够实时分析监控视频，检测异常行为或事件，并立即发出警报，通知相关人员及时处理。这种能力有助于企业快速应对风险，减少潜在损失。

（2）风险预测。AI技术通过分析大量的历史数据，发现其中的模式和趋势，从而预测未来的风险。这种预测能力使风险预警系统更加精准和可靠，提高了风险管理效率。

（3）安全管理。AI技术还可通过人脸识别、安全帽检测等手段，提高安全管理效率。例如，在建筑工地或工厂，AI技术可实时监测工人是否佩戴防护设备，并在发现问题时发出警报。此外，人脸识别技术可防止未经授权的人员进入敏感区域。

4. 数字孪生

（1）风险识别与评估。数字孪生技术通过模拟和仿真，将物理、化学和生物过程数字化，并构建虚拟模型。通过分析虚拟模型，更准确地识别潜在安全风险，并用数据支持分析结果，减少人为因素的干扰。

（2）实时风险管理与预测。与传统方法相比，数字孪生技术可实时监测和分析安全系统，根据实时数据预测未来风险事件。这使企业能够及时采取措施降低风险，提高安全性。

（3）风险跟踪与演练。数字孪生技术可实时跟踪安全系统中的潜在风险，并进行风险演练，测试不同应对策略的有效性。这有助于提前发现问题并改进风险管理措施，提高企业的应对能力。

5. 区块链

（1）提升透明度。提升透明度是供应链企业，尤其是复杂的跨国企业面临的关键挑战。区块链技术通过记录保存和货源跟踪，解决了这一问题。所有关于产品从源头到当前位置的交易信息均可通过区块链获取，这可以帮助企业发现欺诈行为，保障产品安全性，提高预测准确性和协同规划能力。

（2）数据完整性与安全性。对于航空、宝石和食品等行业来说，证明产品的真实性和原产地至关重要。区块链支持的数字化供应链能够确保数据在流通过程中不被篡改，提供授权访问的可视性，减少单个实体更改数据的可能性，并为交易设置时间戳。

（3）优化国际贸易流程。国际贸易通常涉及众多参与者和复杂的操作流程。区块链支持的数字化供应链可实现交易的数字化，实时跟踪货物状态，加速管理流程，消除繁杂的文件，降低成本。例如，马士基公司研究发现，一个冷藏集装箱从肯尼亚运往荷兰的全程涉及30 多名参与者和超过 200 次互动，其中很大一部分时间和费用与文件处理相关。采用区块链技术可有效解决这些问题。

（4）提高供应链可视性。在复杂的全球供应链中，可视性是一个重大挑战。区块链支持的数字化供应链可提供更高的可视性，提高交易准确性，减少多个参与者之间保持信息同步的时间。例如，供应链管理人员可通过区块链网络快速更新交易信息，并与其他参与者共享，提前规划仓储和运输，实时接收延迟或阻碍信息并采取纠正措施。

6. 供应链控制塔

供应链韧性需要一个能够实时反映和监控供应链运营，并根据数据优化决策，前瞻性地调整供应链体系的综合性的数字管理平台。这种平台被称为智能供应链控制塔，是产业供应链智能化运营的关键，也是整个数字管理的中枢体系。

10.4.4　建立以事件为基础的风险预警体系

良好的风险管理文化能够推动供应链韧性框架体系的建设。这不仅体现在企业及供应链整体对风险防范和管理的意识上，还体现在通过正式的机制、流程和体系，随时随地观测、监控和防范潜在风险，将风险管理意识融入日常的供应链运营活动中。这种常态化的风险管理意识和体系主要表现为基于事件的供应链早期预警体系（event-based supply chain early warning system，EWS）。EWS 通过识别影响供应链有效运行的关键事件，及时向决策者提供潜在风险预测或建议，从而将风险危害降至最低。

EWS 的基本流程包括四个阶段。

1. 数据收集

数据收集是预警体系的基础环节，需要同时考虑内部和外部数据源。数据收集应根据行业、地理位置和公司目标市场进行严格设计，以监控相关事件。此外，还需对不同类型的事件及其影响进行评级，确保向数据分析系统输入重要数据，并过滤掉冗余信息。

2. 数据评估

数据评估主要借助机器学习算法和人工智能技术，对所有来源的数据进行分析，并提供对事件影响的预测。例如，预警体系的机器学习算法能够监控市场波动，了解特定事件如何导致商品价格波动，以及何时是购买特定商品的最佳时机。

3. 预警报告

预警报告是向主要利益相关方发送警报，预测与事件相关的风险。这使相关方能够有充足的时间采取措施，最大限度地减少事件造成的损失。例如，在遇到物流故障或质量问题时，企业可提前通知零售网点和配送中心，安排替代产品发货，确保填补供需缺口，保障客户服务。

4. 制订权变计划

风险预警体系不仅应能提前预知风险的发生及其影响，还应能推荐替代计划。对于严重情况，应立即启动风险缓解活动；对于不太紧急的状况，应提供研究和建议，以确保事件的负面影响最小化。

◉ 尝试应用

1. 模拟任务

2～3个同学组成一组。每个小组选择一条现实的供应链，通过实地调研和网络调研，完成以下模拟任务。

（1）识别供应链中存在的主要风险，并进行风险估计和评价。

（2）制定供应链风险规划，设定风险监控流程。

（3）分析影响供应链韧性的主要因素，提出提升供应链韧性的方法。

（4）分析如何通过数字化技术提升供应链韧性。

2. 思考分析题

（1）供应链核心企业在供应链中具有权力优势，因此不存在风险。这一说法是否正确，为什么？

（2）所有的供应链风险都应该采用保险来转移。这一说法是否正确，为什么？

（3）只要做好了供应链风险管理，就不会产生任何供应链风险了吗？

（4）党的二十届三中全会提出"健全提升产业链供应链韧性和安全水平制度"，请问有哪些制度？

（5）数字化技术是一把双刃剑，应用数字化技术可以提升供应链韧性，降低供应链风险水平，但是可能会带来新的风险。你如何理解这一观点？

（6）查找资料，了解工业和信息化部近几年的工业互联网试点示范名单中有哪些供应链安全、风险和韧性管理方面的最佳实践。

🔖 融会贯通

1. 从供应链风险管理的角度，你如何改进自己的风险管理水平？

2. 从供应链韧性的角度，你如何提升自己的韧性？

3. 拉式和推式两类供应链中的供应链风险有什么区别？

4. 实物效率型和市场反应型两类供应链中的供应链风险有什么区别？

5. 供应链风险管理是如何支持供应链管理的精益策略、快速响应策略、有效客户反应策略、众包策略的？

6. 供应链如何在产品流、商流、资金流、物流、信息流方面开展供应链风险管理，提升供应链韧性？

7. 供应链风险管理如何促进供应链目标的实现？

8. 实验：供应链风险分析仿真实验。

使用 anyLogistix 软件，在前面两章中建立的供应链仿真模型中添加风险事件的相关逻辑，通过风险分析实验分析不同风险事件对供应链绩效造成的影响，并提出应对措施。

供应链风险分析仿真实验

anyLogistix 软件 PLE 版官网免费下载地址：https://www.anylogistix.com/。

🔖 参考文献

[1] CHOWDHURY M M H, QUADDUS M. Supply chain resilience: conceptualization and scale development using dynamic capability theory [J]. International journal of production economics, 2017, 188: 185-204.

[2] CHOPRA S, SODHI M S. Managing risk to avoid supply-chain breakdown [J]. MIT sloan management review, 2004, 46(1): 53-61.

[3] CHRISTOPHER M, PECK H. Building the resilient supply chain[J]. International journal of logistics management, 2004, 15(2): 1-14.

[4] 辛哈，贝尔纳德斯，卡顿，等 . 数字化供应网络：技术突破和过程重构共同推动供应链重塑、增强企业竞争力 [M]. 王柏村，彭晨，彭涛，译 . 北京：电子工业出版社，2023.

[5] 龚明雷 . 基于情景分析的供应链风险管理研究 [D]. 上海：上海交通大学，2008.

[6] 金霞 . 供应链风险识别与评估研究 [D]. 兰州：兰州交通大学，2014.

[7] 洪流，赵晓波，汪寿阳，等 . 供应链韧性与安全中的关键科学问题 [J]. 中国科学基金，2023，37(3):418-428.

[8] 刘小峰，陈国华 . 基于复杂网络的供应链鲁棒性分析 [J]. 东南大学学报（自然科学版），2007，37(S2):237-242.

[9] 马潇宇，黄明珠，杨朦晰.供应链韧性影响因素研究：基于 SEM 与 fsQCA 方法 [J]. 系统工程理论与实践，2023，43(9):2484-2501.

[10] 马潇宇，张玉利，叶琼伟.数字化供应链理论与实践 [M]. 北京：清华大学出版社，2023.

[11] 齐懿冰.供应链柔性演化及与绩效关系研究 [D]. 长春：吉林大学，2010.

[12] 邵晓峰，张存禄，李美燕.供应链管理 [M]. 北京：机械工业出版社，2006.

[13] 宋华.建立数字化的供应链韧性管理体系：一个整合性的管理框架 [J]. 供应链管理，2022，3(10):9-20.

[14] 王平.供应链风险管理研究综述 [J]. 经济研究导刊，2011(35):215-216.

[15] 易海燕.供应链风险的管理与控制研究 [D]. 成都：西南交通大学，2007.

[16] 赵林度.供应链风险管理 [M]. 北京：中国物资出版社，2008.

[17] 赵林度，王新平.供应链弹性管理研究进展 [J]. 东南大学学报（哲学社会科学版），2013，15(4):21-27，134.

第 11 章　数字化供应链合作关系管理

◑ 聚焦任务

1. 分析评价供应链企业之间的关系。
2. 优化供应链企业之间的已有合作关系。
3. 设计供应链新合作伙伴选择的指标体系

和程序。
4. 应用 CPFR 模型开展供应链合作。
5. 开展数字化供应链同步规划。

▲ 知识点

供应链合作关系、供应链合作伙伴的类型、影响供应链合作伙伴关系运作的因素、供应链合作伙伴关系持续管理能力、CPFR 模型及其应用情境、同步规划

▲ 知识图谱

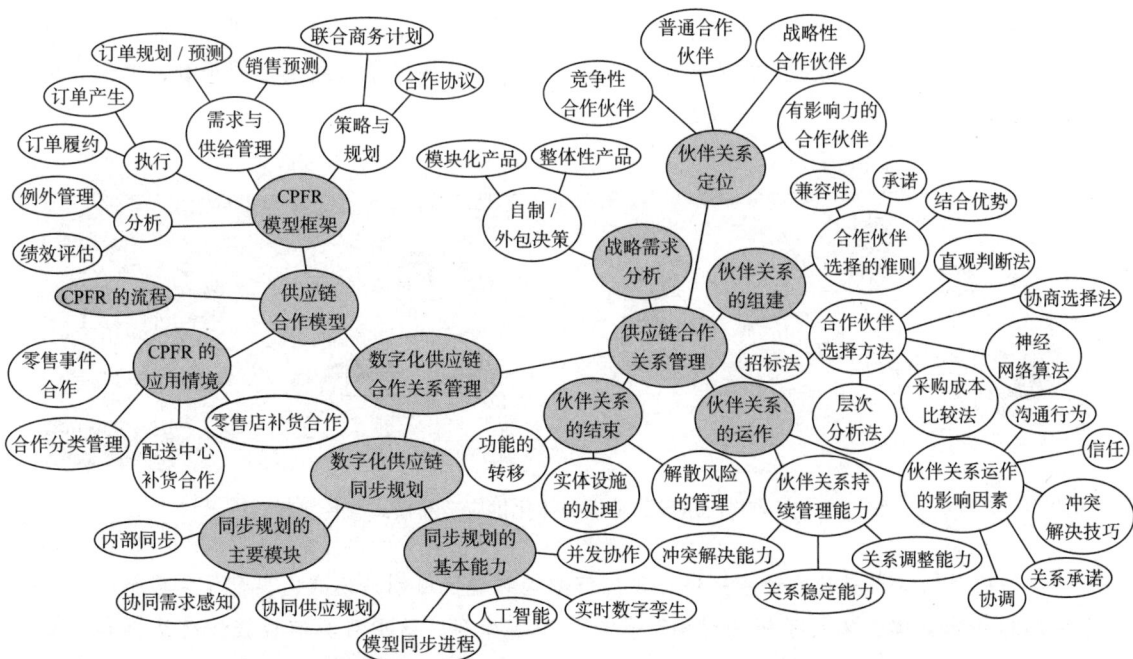

11.1　供应链合作关系管理

◎ 资料 11-1　宝洁与沃尔玛的合作关系

宝洁与沃尔玛分别是全球知名的日用品制造企业和商业零售企业。然而，双方早期的合作并不顺利，曾因销售价格和货架位置等问题陷入"冷战"。直到 1987 年，双方开始寻求深度合作，共同开发了"持续补货系统"，通过 EDI 和卫星通信实现数据共享，优化了生产和库存管理。此后，双方又启动了 CPFR 流程，从商业计划到市场推广、销售预测，再到活动评估，形成了一个可持续的循环。这一合作显著降低了成本，提升了效率，使得沃尔玛分店中的宝洁产品利润增长了 48%，存货接近于零；宝洁在沃尔玛的销售收入和利润也增长了50% 以上。

在此基础上，双方进一步在信息管理、物流仓储、客户关系、供应链预测、零售商平台和人员培训等多个领域深化合作。宝洁还设立了客户业务发展部，以项目管理方式增强与沃尔玛的关系，进一步降低成本、提高效率。沃尔玛凭借高效的物流配送，在零售业竞争中脱颖而出，其商品配送时间不超过 48h，沃尔玛分店货架每周补货两次，远高于同业水平。通过减少库存，沃尔玛降低了存储成本和销售成本，同时与宝洁共享顾客信息和会员资料，进一步优化了产品制造。

供应链合作不仅降低了运营成本，还提高了对客户需求的响应速度，增强了客户忠诚度，为双方带来了丰厚回报。2004 年，宝洁 514 亿美元的销售额中有 8% 来自沃尔玛，而沃尔玛 2560 亿美元的销售额中有 3.5% 归功于宝洁。这种紧密合作成为制造商与零售商合作的典范，推动了更多商家建立深度合作关系。

随着商务环节对效率和成本要求的提升，宝洁与沃尔玛合作开展了零供一体化供应链项目（见图 11-1）。该项目重塑了双方的供应链运作模式，构建了端到端协同平台，使双方能够以更低的成本和库存，更好地服务门店与消费者。

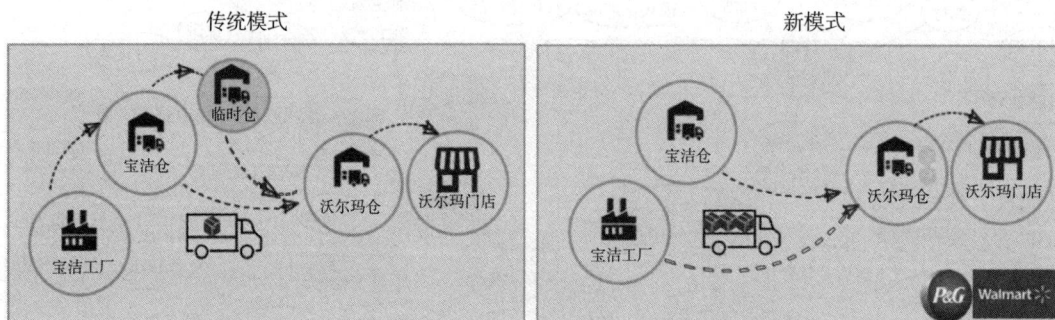

图 11-1　宝洁与沃尔玛的零供一体化供应链新模式与传统模式

这一项目的试点成功验证了一体化供应链的端到端价值创造模式，提升了供应链资源利用率和运输满载率，缩短了履约时间，优化了门店库存。该项目具有很强的普适性和可复制性，为未来供应链合作提供了新方向，并获得 2023—2024 年度中国 ECR 年度案例卓越项目。

问题：

（1）宝洁与沃尔玛之间的合作关系是如何逐步深入的？

（2）宝洁与沃尔玛之间的合作关系与传统的交易关系有何区别？

资料来源：

1. 杨俊锋. 沃尔玛与宝洁的供应链协同管理 [J]. 中外企业文化，2006（12）：53-54.

2. 搜狐网，《宝洁智链 | 中国 ECR 宝洁获奖案例盘点，领略协同共赢新进程》，2024-06-11。

知识解析

11.1.1　供应链合作关系的定义与特征

供应链合作关系（supply chain partnership，SCP）指的是供应链上企业之间在一定时期内共享信息、共担风险、共同获利的伙伴关系。供应链合作关系强调直接的、长期的合作，强调合作伙伴之间的信息共享，强调共有的计划和共同解决问题的能力，强调相互之间的信任与合作，以实现合作伙伴之间的"双赢"或"多赢"。这与传统的供应商关系模式具有很大的区别，如表 11-1 所示。

表 11-1　供应链合作关系与传统的供应商关系模式的区别

主要因素	合作形式	
	传统的供应商关系	供应链合作关系
供应市场的竞争依据	基于价格的竞争	合作和基于技术的竞争
合作伙伴选择标准	基于价格的竞价原则	长期的绩效
稳定性	变化频繁	长期、稳定、紧密合作
信息转移的方向和管理	单向的和封闭的	在每个方向上保持信息透明
对能力的规划	各自独立的	共同承担并从战略上规划
交易过程	秘密博弈，赢 / 输、零和博弈	合作的，通过降低成本共同分享收益，从而实现双赢
合作伙伴管理	单个职能部门的接触，通过签订合同达成协议	多个职能部门的接触，在信任的基础上自觉完成任务
产品特性	标准化的	顾客化的、可灵活定制的
信息交流	信息专有	信息共享
选择范围	投标评估	广泛评估可增值的供应商

供应链合作关系管理主要包括五个阶段：战略需求分析、伙伴关系定位、伙伴关系的组建、伙伴关系的运作和伙伴关系的结束。

11.1.2　战略需求分析

战略需求分析要求企业了解目前所处环境和拥有的资源，根据自己的战略目标和市场竞争环境进行现状分析，进而确定哪些业务过程要寻求合作伙伴，以及建立哪种类型的合作关系。价值链是用于分析持久性竞争优势的有效工具。在实际操作中，可运用价值链分析表将价值链分解为一系列关键价值活动，并结合标杆法（benchmarking）进行对比分析：①与本企业历史对比；②与行业标准对比；③与行业内最优秀企业对比。

企业在确定了自身的核心能力和竞争优势以后，可以依照对产能或对知识的依赖来制定自制 / 外包决策，如表 11-2 所示。

表 11-2　企业自制 / 外包决策框架

产品	特征		
	对知识和产能都依赖	不依赖知识但依赖产能	对知识和产能都不依赖
模块化产品	外包有风险	外包是一个机会	通过外包有机会降低成本
整体性产品	外包有非常大的风险	可外包，可不外包	继续原来的自制决策

基于产能的外包是指企业虽然具备生产某部件的知识和技能，但由于其他因素选择将生产任务外包。而基于知识的外包则是指企业因自身缺乏生产部件所需的人力、技能和知识，通过外包来获取这些能力。

模块化产品是由不同零部件组装而成的产品，其典型代表是个人计算机。消费者可以根据自己的需求选择内存、硬盘、显示器和软件等。模块化产品的特点包括：各部件相互独立、可更换，并且可以在不考虑其他部件的情况下单独进行设计和改进；此外，产品的配置由顾客偏好决定。

整体性产品则是由功能紧密联系的部件组装而成的，例如汽车发动机和飞机。其特点包括：产品并非基于独立部件生产，而是采用统一的系统化设计方法进行开发；对产品的评价需要基于整个系统，不能单独对某一部件进行评估；其部件功能具有多样性。

这一框架综合考虑了模块化产品和整体性产品以及企业对知识和产能的依赖程度。对于模块化产品而言，无论企业是否具备产能，企业掌握产品知识都更为关键。例如，个人计算机生产商需要了解不同部件的设计特性，如果企业具备相关知识，将生产过程外包可以降低成本；然而，如果企业既缺乏知识又没有产能，外包则可能带来风险，因为供应商开发的知识可能会流向竞争对手。对于整体性产品而言，企业应尽可能同时掌握产品知识和产能，自行生产通常是最佳选择。如果企业既缺乏知识又不具备产能，可能意味着它进入了错误的领域。

11.1.3　伙伴关系定位

企业的伙伴关系战略定位应由高层领导根据企业战略目标确定，并结合企业自身状况选择供应链伙伴关系的类型。从供应双方业务的相互影响和核心能力来看，企业可从两个维度对合作伙伴进行分类：一是合作伙伴在所在行业的竞争力，包括行业集中度、技术发展水平、管理能力和价格谈判能力等；二是合作伙伴对企业的增值能力（常用增值率来衡量），表现为现有产品、技术能力对企业现有或未来产品组合的贡献度，以及对企业未来业务计划的潜在影响。根据以上两个维度，合作伙伴可分为四种类型：普通合作伙伴、竞争性合作伙伴、有影响力的合作伙伴和战略性合作伙伴，如图 11-2 所示。

第一类是普通合作伙伴。这类合作伙伴在行业内的竞争力较弱，对制造商现有和未来业务的贡献有限，因此增值率较低。在竞争市场中，此类合作伙伴数量众多，产品质量和技术标准化程度较高，转换成本低。企业通常关注价格，并根据市场需求选择最有效的产品。合作宜采用施加压力和签订短期协议的方式，以充分利用时间和资源。

第二类是竞争性合作伙伴。此类合作伙伴在行业内具有较强的竞争力，但对企业的增值性较弱。它们对企业的当前产品或业务有一定的支撑作用，但缺乏长期发展潜力。由于它们的产品具有技术专有性或特殊性，难以替代，采购这些产品需要耗费大量的时间和精力。合作重点在于降低交易成本。

第三类是有影响力的合作伙伴。这类合作伙伴虽

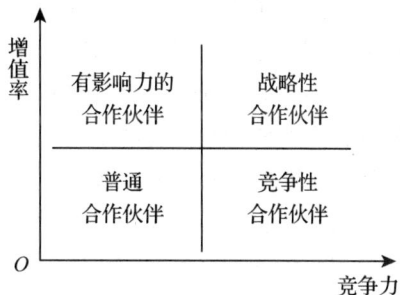

图 11-2　供应链合作伙伴的主要类型

资料来源：邓明荣，葛洪磊. 供应链管理：战略与实务 [M]. 北京：机械工业出版社，2012.

然在行业内的竞争力尚弱，但对企业的增值性较强，有良好发展前景。它们大多是中小型企业或从事新型业务的企业，其技术研发或产品项目与企业的长期发展目标具有很好的互补性。此类合作伙伴的产品通常已建立质量和技术标准，企业可与它们签订长期协议，合作重点在于降低成本或确保材料的可获得性。

第四类是战略性合作伙伴。这类合作伙伴在行业内竞争力强，对企业的增值性也较强。其产品和服务价值高，可能对企业的产品和流程运营产生重大影响，甚至影响企业满足客户需求的能力。由于产品和服务高度个性化，能满足企业需求的合作伙伴数量较少，转换成本高。因此，适宜的合作方式是建立长期、稳定的战略性合作关系。

11.1.4　伙伴关系的组建

1. 合作伙伴选择的准则与指标

合作伙伴的评价选择是供应链合作成功的基础。企业必须明确选择程序和原则，建立科学的评价标准，收集合作伙伴的相关信息，并运用合适的工具与技术方法进行选择。

合作伙伴的选择需要遵循以下三项准则。①结合优势（combined strength）：合作伙伴的优势应符合市场需求，具备实际绩效。需要考虑的因素包括合作伙伴的市场优势、合作带来的协同效应、独立性的提升、重要资源的提供、对公司未来扩张的支持、双方的战略能力、潜在的管理难题及不可控因素等。②兼容性（compatibility）：双方需要具备一定的兼容性，如企业文化、决策模式兼容等，以实现相互依赖与理解。需要考虑的因素包括与关键人物的关系、对彼此风格和技术能力的了解、能否自由提出问题、关键文化价值观的契合度、对合作方式的理解以及在其他方面的表现等。③承诺（commitment）：涉及双方主导人员和高级管理层，需要评估所需努力并给予承诺，以克服彼此间的差距。需要考虑的因素包括能否获得技术支持、高级管理层的承诺以及能否持续履行承诺等。

基于上述准则，合作伙伴评价指标体系可从质量、成本、交货、服务、技术能力、财务状况、管理能力、风险、环境与社会责任、合作历史与声誉、地理位置、创新能力、合规性、信息化水平、灵活性、长期合作潜力等方面构建。

2. 合作伙伴选择方法

选择合作伙伴的方法多种多样，通常根据合作企业数量、对合作企业的了解程度以及物资需求的紧迫性等因素来确定。以下是几种常用方法。

（1）直观判断法。直观判断法是基于征询和调查资料并结合分析判断的方法。合作伙伴的选择主要依赖有经验的采购人员的意见，或由他们直接凭经验做出判断。这种方法常用于选择非主要原材料的合作伙伴。

（2）招标法。当订购数量大且合作伙伴竞争激烈时，选择合作伙伴可采用招标法。企业提出招标条件，各合作伙伴竞标，企业从中选择条件最有利者签订合同。招标法分为公开招标和指定竞标两种形式：公开招标不对投标者资格设限；指定竞标则由企业预先筛选出若干潜在的合作伙伴。招标法竞争性强，但手续烦琐、时间长，不适用于紧急订购，且机动性较差。

（3）协商选择法。当供货方较多且难以抉择时，选择合作伙伴可采用协商选择法。企业先筛选出几个供应条件较有利的合作伙伴，分别与它们协商后确定最终对象。与招标法相比，协商选择法因供需双方充分协商，物资质量、交货日期和售后服务等更有保障，但选择范围有限，企业可能无法获得最优价格或供应条件。在采购时间紧迫、投标单位少、竞争小、物资规格复杂时，协商选择法更为适用。

（4）采购成本比较法。对于质量和交货期均能满足要求的合作伙伴，可通过计算采购成本进行比较。采购成本包括售价、采购费用、运输费用等。企业可以通过分析不同合作伙伴的采购成本，选择成本较低者作为最终合作伙伴。

（5）层次分析法。该方法基于递阶结构的目标、子目标、约束条件等来评价方案。通过两两比较确定判断矩阵，以矩阵的最大特征根对应的特征向量为权重，综合给出各方案的优先程度。该方法可靠性高、误差小，但当因素众多、规模较大时，判断矩阵难以满足一致性要求，分组难度较大。作为一种定性和定量相结合的工具，层次分析法已在多个领域被广泛应用。

（6）神经网络算法。人工神经网络是20世纪80年代后期发展起来的新兴学科，能够模拟人脑的智能行为，具有自学习、自适应和非线性动态处理等特征。将它应用于供应链管理中的合作伙伴评价，旨在建立更接近人类思维模式的综合评价模型。通过对样本模式的学习，该方法可获取评价专家的知识和经验，再现其直觉思维，实现定性与定量分析的有效结合，确保评价结果的客观性。

11.1.5 伙伴关系的运作

企业与合作伙伴达成供应链合作伙伴关系共识并签订契约后，便进入合作伙伴关系的运作阶段。此时，企业需要识别影响合作伙伴关系的因素，稳定双方关系，协调差异，合理解决摩擦与冲突，以提升供应链合作伙伴关系管理水平和绩效，确保合作伙伴关系的稳定与持续发展。

1. 识别影响供应链合作伙伴关系运作的因素

影响供应链合作伙伴关系有效运作的关键因素主要包括关系承诺、信任、协调、沟通行为和冲突解决技巧等。

（1）关系承诺。关系承诺是指合作双方在合作过程中，相信持续稳定的关系具有重要价值，并愿意为之付出努力。它体现为一种长期合作的意愿，合作双方即使需要牺牲短期利益，也对合作关系的稳定性充满信心。对企业而言，关系承诺意味着双方在资源投入和合作计划上相互支持，认识到这种关系对企业利益的重要性。从交易角度来看，关系承诺包括经济性承诺、情感性承诺和持续性承诺。经济性承诺基于对交易成本与收益的权衡，反映了功利性动机；情感性承诺基于共同目标、情感导向和价值观，超越了单纯的利益考量；持续性承诺则强调长期关系的本质，通过长期承诺降低客户流失率，实现共同目标。高度的承诺有助于合作伙伴达成各自及共同的目标，避免投机行为，从而实现合作的成功。

（2）信任。信任是合作一方对另一方完成特定行为的期待，且在此过程中无须监视或控制对方。信任是衡量对方信用和可信任度的重要指标，能够降低投机行为带来的风险。在不确定性较高的环境中，信任尤为重要，它可以通过共同愿景和信息共享来减少投机行为。组织间建立信任包括估算、预测、能力、意图和传递五个过程。估算即评估建立信任关系的成本与收益；预测是对对方行为进行预判；能力是评估对方履行义务的能力；意图是判断对方是否愿意建立信任关系；传递则是通过第三方确认对方的可信任度。信任的建立可以降低监督成本，促进信息共享和资本投入，增强合作满意度。相反，低信任度可能导致猜疑甚至使关系破裂，因此信任对于减少冲突和加强合作关系至关重要。

（3）协调。在合作关系中，组织间的边界可能模糊不清，导致任务分配不明确。协调的作用在于明确组织间的边界，确定各方应承担的工作内容。良好的协调可以减少重复工作和成本浪费，确保在不确定的环境中维持合作关系的稳定。缺乏协调可能导致生产停滞和计划失败，影响合作关系的持续性。

（4）沟通行为。沟通是组织合作的基础，有效沟通是合作成功的关键。对于沟通行为，可以从沟通品质、信息共享程度和计划/目标参与度三个方面进行分析。沟通品质直接影响信息传递的效果，及时、准确和恰当的沟通有助于实现合作目标。信息共享则是将关键信息传递给合作伙伴，帮助合作伙伴更有效地完成任务。信息共享程度较高，则表明合作双方的沟通较充分和有效。计划/目标参与度则体现在合作伙伴共同参与计划制订和目标设定的程度上。当合作伙伴的行动对彼此产生重大影响时，提高参与度是合作成功的重要因素。

（5）冲突解决技巧。供应链企业间的冲突主要源于合作伙伴的相互依赖。当期望与实际结果不一致，或合作伙伴的行为阻碍了对方目标的实现时，冲突便会产生。冲突的处理方式决定了合作的成败。冲突通常要经历感受/知觉阶段和表明阶段，合理处理冲突可以带来潜在利益，如产生新观念和新方法。然而，冲突解决方法不当可能导致关系破裂。因此，建立有效的冲突解决机制是合作成功的重要保障。

在影响供应链合作伙伴关系的因素中，信任和合作意愿是核心要素。缺乏信任和合作意愿，合作关系将难以维持。企业需要及时识别这些因素，关注外部环境变化和内部利益分配导致的矛盾和冲突，培养合作关系管理能力，动态调整合作方式，以确保合作关系的稳定和持续发展。

2. 培育供应链合作伙伴关系持续管理能力

供应链合作伙伴关系持续管理能力包括关系稳定能力、关系调整能力和冲突解决能力三个方面，如图 11-3 所示。基于合作双方的承诺、协调、依赖和信任构建关系稳定能力是培育持续管理能力的基础。在此基础上，企业需要调整合作伙伴之间的差异，包括战略目标、企业文化、组织结构等方面的差异。同时，企业应主动沟通，合理解决冲突，推动合作关系的持续发展，提升供应链绩效。供应链绩效的提高将进一步加强双方的信任和依赖，形成良性循环，提升合作关系的持续管理能力。

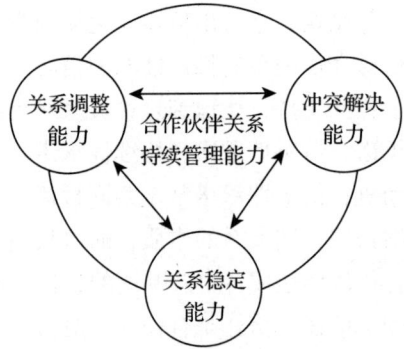

图 11-3   供应链合作伙伴关系持续管理能力结构
资料来源：邓明荣，葛洪磊.供应链管理：战略与实务 [M]. 北京：机械工业出版社，2012.

（1）关系稳定能力。合作双方维持稳定合作关系并发展彼此信任，有助于在资源匮乏时提供稳定供应，降低不确定性冲击，提升市场竞争力。关系稳定能力是指企业与合作伙伴维持合作关系的能力，它是基于各阶层人员的紧密互动和相互信任、尊重与友谊而建立的。双方应基于共同目标，为彼此利益共同努力，帮助对方，从而实现互惠互利。善意和沟通水平的提升也有助于减少冲突，稳定合作关系。

（2）关系调整能力。随着时间的推移，合作伙伴的利益和需求可能发生变化，进而导致利益冲突或目标分歧。企业需要通过弹性调整，克服战略、组织或运营上的不匹配。关系调整能力是指企业在能力范围内，根据外部环境变化或合作伙伴间的差异，对合作关系中的战略、组织和运营匹配进行调整和适应的能力。企业可以通过建立弹性合伙关系来应对内外部环境变化，并通过理解和妥协来缩减双方差距。

（3）冲突解决能力。合作伙伴间的相互依赖可能导致利益冲突和运营冲突。利益冲突源于双方具有竞争性利益，运营冲突则源于组织文化与运营实践的不兼容。冲突解决能力是指企业通过有效沟通化解冲突的能力。有五种冲突解决方法：强迫、合作、避免、容忍和妥协。企业应采用建设性的冲突解决技术，如共同问题解决和说服，避免使用破坏性的方法，如支配和言语挑衅。通过建设性方法，双方可能达成满意结果，从而确保合作的成功。

11.1.6 伙伴关系的结束

供应链合作伙伴关系的结束是指供应链节点企业之间连接、关系或联盟的解除。

1. 供应链合作伙伴关系结束的分类

供应链合作伙伴关系结束可以分为以下三种情况。

（1）为了拓展其他范围的共同利益而结束关系。在这种情况下，企业或其合作伙伴决定进入不同的产品领域或市场范围，而现有的合作伙伴关系无法支持这一目标的实现，因此需要终止现有的合作关系。

（2）友好结束合作关系。当企业或其合作伙伴通过现有合作关系取得了富有成效的成果，并且未来没有需要共同合作完成的目标时，会选择友好地结束合作关系。

（3）带有敌意或痛苦的分离。这种情况下，合作双方可能因为冲突或管理不善导致关系恶化，最终不愉快地结束合作关系。

2. 供应链合作伙伴关系结束的管理

供应链合作伙伴关系结束的管理包括以下几个方面。

（1）实体设施的处理。在合作过程中，企业可能会对合作伙伴进行相关设施或设备的投资，例如信息系统或特殊作业设备等。对这些设施的投资可能是供应链运营中不可或缺的，也可能是激励性投资。在合作关系结束时，这些设施无论是由一方独资还是双方合资，都需要被妥善处理。具体措施包括评估设备的剩余价值、处理剩余价值以及设备的入库闲置等。

（2）解散风险的管理。供应链合作伙伴关系的结束可能导致整个供应链管理体系的瓦解，上下游成员可能面临关系断裂带来的风险，如商业机密泄露或合作优势丧失等。因此，企业需要及时停止合作性交易、停止技术和信息交流，并防范商业机密泄露。

（3）功能的转移。合作关系结束后，原来分工明确的功能将不再存在，但这些功能不能被消除，而需要被全部或部分转移，以维持业务的连续性或为下一次合作做准备。功能转移的对象可以是企业内部，也可以是外部第三方。转移内容包括设备移交、人员培训以及相关设施或设备的增设等。

11.2　供应链合作模型

◉ 资料 11-2　京东和美的合作的 CPFR 项目

京东与美的共同打造的 CPFR 项目荣获"2015 年中国 ECR 优秀案例"供应链优化方向白金奖。该项目的业务流程主要涵盖以下三个方面。

（1）协同销售计划：京东提前一个月向美的提交备货计划，美的接收后反馈供货计划，双方以此作为下个月采购及供货的依据。随后，美的根据供货计划制订每周生产计划，并与京东共享。

（2）协同订单预测：商品生产完成并入库后，美的将库存数据同步给京东。京东利用自动补货系统，结合仓到仓支援关系及供应商库存等限制因素，计算出各仓补货建议，并与美的共享。美的根据补货建议对发货计划进行调整后反馈给京东。

（3）协同订单补货：美的评审后的补货建议自动形成京东的采购单，美的接收系统自动发起仓库入库预约。收到预约号后，美的进行发货，并向京东反馈发货单。京东仓库收到货物后，回传美的收货确认单。

该项目的成功实施，实现了京东与美的近 50 个品类的对接，显著推动了双方业务的发展。该项目至少实现了以下三大效果。

（1）降低缺货风险：通过销售计划的协同，京东能够介入供应商的商品生产环节，借助有效的数据共享，将商品的销售数据、销量预测等信息实时共享给供应商，使供应商提前安排生产，从而降低缺货风险。

（2）提高库存周转率：实现供应商排产计划和库存数据共享后，美的等供应商可以单独区分开给京东的库存。基于此，过去大批量、低频率的补货方式得以优化为小批量、多频次的补货方式，有效提高了库存周转率。

（3）提高数据共享效率：京东与美的的沟通从过去的邮件、电话沟通等转变为通过系统自动实现数据共享。这一模式减少了手工操作，显著提高了数据传输和共享效率。对于美的而言，该项目提升了生产计划预测的准确性，优化了智能补货功能。

资料来源：
1. 中国经济网，《京东携手美的打通供应链 获中国 ECR 优秀案例白金奖》，2016-03-01。
2. 虎嗅网，《一文读懂供应链库存管理》，2020-09-09。

合作计划、预测与补货（collaborative planning，forecasting and replenishment，CPFR）是供应链合作的一个整合模型，目前在全球很多知名企业的供应链合作中得到应用。

11.2.1　CPFR 的产生与发展

1996 年，Verity 在《商业周刊》中提到了沃尔玛和沃纳兰波特两家公司正在通过合作预测与补货（collaborative forecast and replenishment，CFAR）方式来降低库存，同时提高补货能力。后来，志愿性跨行业商务标准协会（Voluntary Inter-industry Commerce Standards Association，VICS）成立了下属委员会来将 CFAR 发展为行业标准，将它演变为 CPFR。2001 年 VICS 提出了 CPFR 流程的九个步骤。2004 年，VICS 的 CPFR 分会发展了新的 CPFR 模型。新的 CPFR 模型强调消费者是供应链的核心，制造商和零售商通过共享信息、协同作业来满足消费者的需要。

VICS 对一些实施 CPFR 的项目进行研究后得出结论：这些项目的预测准确度提高了 30%～40%；顾客服务有了明显提高；销售额提高了 15%～60%：供货周期降低了 15%～20%。

11.2.2　CPFR 模型框架

CPFR 模型可以分解为 4 个主要阶段和 8 个工作任务，CPFR 合作方分别扮演买方（buyer）或卖方（seller）的角色，顾客处于各个行为阶段的中心，如图 11-4 所示。CPFR 模型的 4 个阶段环环相扣，不断循环，实现供应链全过程合作。

1. 策略与规划

策略与规划阶段的核心是建立合作的一致性原则，明确参与合作的产品组合及相关内容，并制订阶段性计划。此阶段的主要任务包括制订合作协议和联合商务计划。

（1）合作协议：明确业务目标，界定合作范围，确定各方角色、责任、检查点以及后续实施的具体程序。

（2）联合商务计划：识别并确认影响计划的关键事件，例如促销活动、库存政策调整、新产品上市等。

2. 需求与供给管理

需求与供给管理阶段主要关注客户需求预测及订单管理。此阶段的主要任务如下。

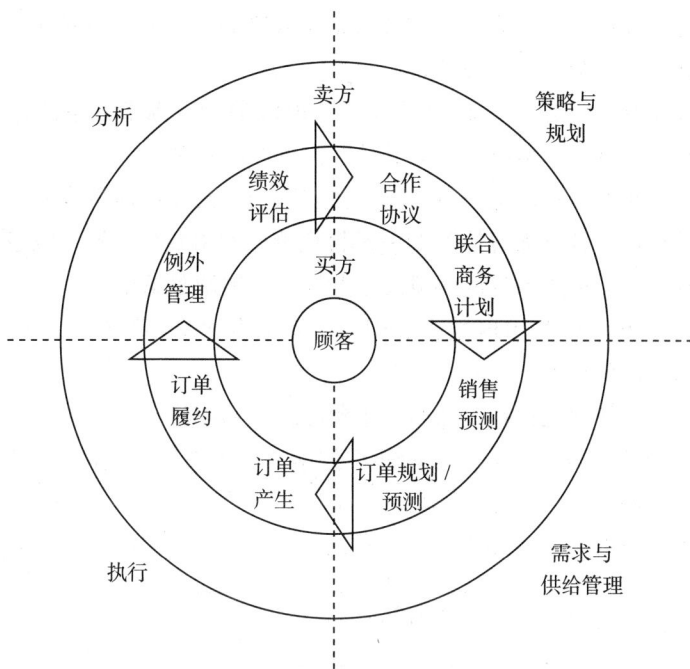

图 11-4 CPFR 模型框架

资料来源：邓明荣，葛洪磊.供应链管理：战略与实务 [M]. 北京：机械工业出版社，2012.

（1）销售预测：准确预估客户需求。

（2）订单规划 / 预测：根据销售预测、库存状况、交易提前期等因素，确定未来的产品订单及运输需求。

3. 执行

执行阶段涉及订单下达、运输准备、产品接收与存储、销售交易记录以及货款支付等操作，这些活动通常被称为"订单 – 现金"循环。此阶段的主要任务如下。

（1）订单产生：将前期预测转化为实际订单。

（2）订单履约：完成生产、装运、存储等处理流程。

4. 分析

分析阶段旨在监测计划与执行过程中的异常情况，整合实施结果，计算关键绩效指标，并同步共享调整信息。此阶段的主要任务如下。

（1）例外管理：识别异常情况，并基于共享信息进行合作处理。

（2）绩效评估：计算 CPFR 实施过程中的关键绩效，对实施过程进行全面评估，以实现合作流程的持续改进。

11.2.3 CPFR 的流程

按照 VICS 颁布的 CPFR 指导模型，CPFR 的流程如图 11-5 所示。

（1）达成合作协议：CPFR 各方共同制定合作关系的指导方针和合作规则，为后续合作奠定基础。

（2）创建联合商务计划：各方在考虑各自组织战略的基础上，明确在合作中的角色、目标和战术，进而创建一个全面的业务计划。

（3）进行销售预测：合作一方利用零售商的 POS 数据、因果关系信息以及已计划事件信息，生成初始销售预测，该预测将作为其他各方预测的基础。

（4）识别销售预测的例外情况：找出超出协议中约定的销售预测范围的项目。

（5）处理例外项目：各方通过协商调整销售预测，利用共享数据、电子邮件、电话、面谈或会议等方式解决销售预测中的例外情况，并提交预测调整结果。

（6）进行订单预测：基于 POS 数据、因果关系信息和库存策略，生成支持共享销售预测和共同业务计划的订单预测。

（7）识别订单的例外情况：找出超出订单预测范围的项目。

（8）处理订单的例外情况：通过查询共享数据、电子邮件、电话、面谈或会议等方式，调查订单预测中的例外情况，并提交预测调整结果。

（9）生成订单：合作一方将预测的订单转化为正式订单，完成订单生成过程。

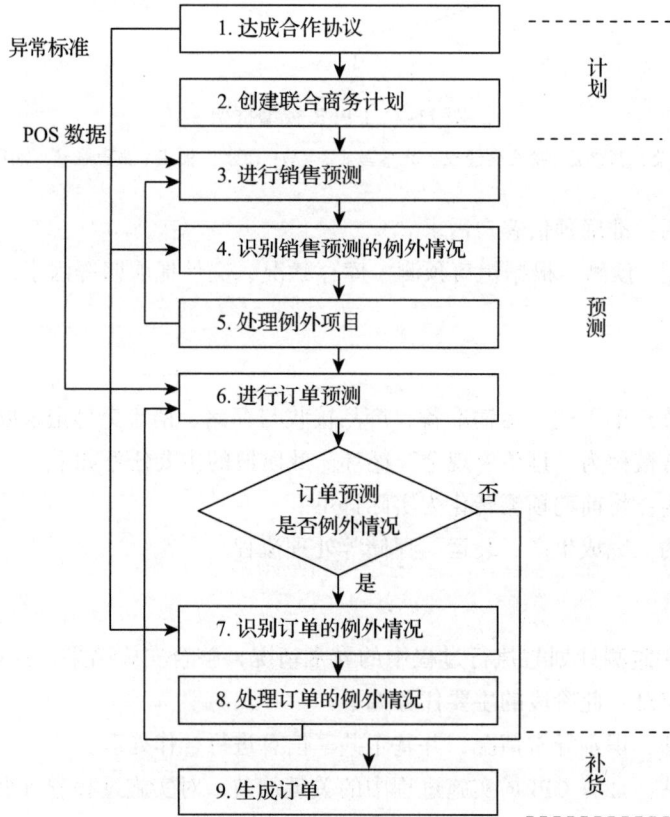

图 11-5　CPFR 流程图

资料来源：邓明荣，葛洪磊.供应链管理：战略与实务 [M].北京：机械工业出版社，2012.

11.2.4　CPFR 的应用情境

VICS 确定了应用 CPFR 的四种最普遍的情境，如表 11-3 所示。

表 11-3　CPFR 的应用情境

CPFR 的应用情境	供应中的应用领域	应用的行业
零售事件合作	经常促销的渠道或种类	除了实施每日低价策略的所有行业
配送中心补货合作	销售配送中心或分销配送中心	药品、硬件、杂货业
零售店补货合作	供应商向商店直接送货或零售配送中心向商店送货	大宗批发店、俱乐部商店
合作分类管理	服装和季节性产品	百货商品、专业零售

1. 零售事件合作

在零售领域，促销及其他零售商行为常导致需求大幅波动，进而引发缺货、库存积压和物流成本超支等问题。为应对这些挑战，零售商应更多地将精力投入到零售事件合作中。CPFR 在这一领域的应用能够帮助合作伙伴制定统一的促销战略和商业计划，共同研究促销行为对顾客需求和销售渠道的影响，从而确保促销计划实施后快速交货。此外，在合作过程中，合作伙伴能够及时发现并解决促销计划制订与实施中的例外事件。

2. 配送中心补货合作

CPFR 的另一个重要应用是配送中心的补货合作。传统补货方式通常基于固定的提前期来满足订单需求，整个流程由单一企业独立管理。而合作式配送中心补货则由供应链合作伙伴共同管理补货流程。对于制造商而言，这种合作方式支持按需求生产的模式，合作伙伴通过共同预测配送中心的需求水平，生成基于时间点的需求计划，并据此制定补货策略，从而降低库存水平和缺货风险。这里的配送中心不仅包括零售商的配送中心和制造商的成品仓库，还涵盖供应链上的所有节点，如货架和原材料仓库等。

3. 零售店补货合作

如今，越来越多的零售商通过合作承担更多的商品库存管理责任。合作库存管理使制造商和零售商能够制订更合理的补货计划，共享 POS 数据能帮助他们准确把握顾客需求变化，并据此调整销售策略。这种合作以最终消费者需求为导向，能够确保货架上产品的可得性，从而减少顾客流失率、提高补货准确性并降低库存水平。

4. 合作分类管理

合作分类管理是指根据产品特点进行合作分类，并针对不同类别采取相应的管理方法。例如，服装行业的产品需求具有明显的季节性，供应链合作伙伴的合作周期可能仅限于一个季节。时尚产品或其他生命周期较短的商品的计划周期具有不连续性，因此合作伙伴需要共同研究行业趋势、顾客需求和宏观市场环境。合作分类管理的核心是共同制订分类管理计划，针对每种产品类别预测市场需求，并确定采购与生产计划。

11.3　数字化供应链同步规划

◐ 资料 11-3　公牛集团基于工业互联网平台的电工电器供应链协同试点示范项目

公牛集团基于工业互联网平台的电工电器供应链协同试点示范项目成功入围工业和信息

化部 2022 年工业互联网平台 + 产业链 / 供应链协同试点示范项目。

公牛集团构建的工业互联网平台以 SAP 系统为核心，以 APS 自动排产系统为关键工具，高效整合了 B2B、CRM、PLM、SRM、MES、WMS 及 TMS 等十余个核心业务系统。该平台实现了从客户订单、产品研发、物料采购、生产制造、仓储物流到营销推广的全链条信息互联互通，完成了业务横向互联、流程纵向集成和数据上下互通。通过工业互联网平台高效集成应用，公牛集团显著提高了供应链协同效率，加强了产品质量一致性管控，降低了运营成本，提升了企业综合竞争力，推动了区域经济的全面转型升级，引领行业高质量发展。

在制造端，公牛集团通过 MES 系统实现了生产计划、制造工艺、质量管控、设备能效和员工作业等全流程的数字化管理，确保生产各环节数据贯通并被实时监测。同时，借助 5G 和 AI 视觉技术，实现了上百条产线、近千台设备、数万个点位的数据实时采集与存储，并通过大数据技术对这些数据进行智能分析。这解决了传统产线能效数据收集难、不准确、无法持续跟进等问题，开创了作业能效改善的新模式，使生产效率提升了 50% 以上，制造成本降低超亿元。

在研发端，公牛集团应用三维设计、工艺仿真和有限元分析等设计软件及知识模型库，基于研发云平台搭建了数字化智慧研发体系。通过开展产品协同研发与设计、虚拟仿真试验，使研发周期缩短了 35% 以上，新品指标符合率提升了 30%。

在仓储物流端，公牛集团采用智能立库技术，结合自动输送线、堆垛机、AGV、RFID 和电子标签等技术，完成了产品的自动分拣和无人化出入库管理。基于 WMS 和自主开发的 TMS 系统，实现了库内作业、人车联动、库存预警及交付运输等环节的数据流和实物流同步更新，全面实现了仓储物流的平台化和数字化。这使得库存周转率提升了 50% 以上，运输成本降低超 5000 万元，高效协同运作的智能仓储物流网络初步建成。

资料来源：
慈溪市人民政府网站，《公牛集团入围示范名单》，2022-11-04。

11.3.1　同步规划的必要性

随着产品组合的复杂性增加和客户定制化需求提升，企业必须显著提高感知需求和跨渠道规划的能力。数字计算和数据处理技术的发展，使供应链企业能够做出实时协同决策。借助人工智能、机器学习、机器人技术和认知自动化等技术，企业可以在最细粒度上优化结果，实现决策流程的自动化，并推动端到端生态系统的实时协作。通过供应链的实时数字孪生技术，企业能够模拟财务、物理和运营等多维度场景，从而优化总体战略。机器学习方法可以帮助供应链在同步规划状态下识别失效模式，赋予供应链自我纠正和"自我修复"的能力。

在数字化供应链中，企业应根据客户需求以及供应链内外部的各种信息进行实时合作。这种合作模式使传统供应链企业间的合作，从间断性合作转向连续性合作，从部分职能合作转向全面职能合作，从战略层面的务虚合作转向运作层面的务实合作。供应链"同步规划"是数字化供应链实现实时合作的重要方式。同步规划是指供应链中的各个企业通过合作，利用数字化供应链中流动的数据，根据实际需求准确、动态地规划整条供应链。在一个互联的数字化供应链中，数据在各个节点之间流动，使供应商能够更准确地进行协同规划，并在正确的时间和地点提供正确的资源，以更快的速度和更具竞争力的价格将个性化产品交付给最终客户。机器学习和人工智能的应用可以增强人类决策能力，实现高度灵活、动态、高效、前瞻性和主动性的规划，使整个供应链能够实时协同，并将战略目标与财务、商业、运营等战术计划整合起来。

在同步规划状态下，销售和运营规划（sales and operations planning，S&OP）与综合商业规划（integrated business planning，IBP）被有效地转化为一系列自动化和机器学习辅助的协作，从而提升企业解决供需失衡问题的速度和能力。在这种模式下，组织无须遵循固定周期，即可实现规划和执行的同步状态。

11.3.2　同步规划的主要模块

同步规划使端到端的供应链能够作为一个单一的生态系统被管理。同步规划主要由以下三个模块来实现：协同需求感知、内部同步和协同供应规划，如图 11-6 所示。

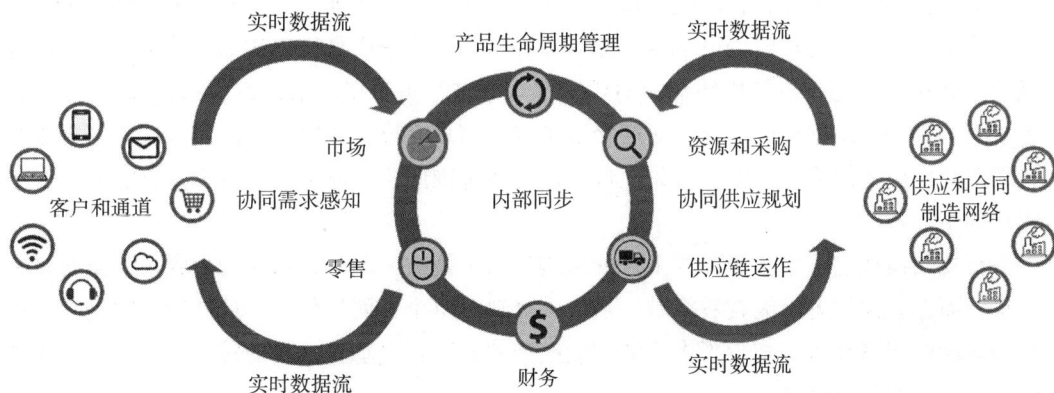

图 11-6　同步规划的主要模块

资料来源：辛哈，贝尔纳德斯，卡顿，等.数字化供应网络：技术突破和过程重构共同推动供应链重塑、增强企业竞争力 [M].王柏村，彭晨，彭涛，译.北京：电子工业出版社，2023.

1. 协同需求感知

在同步规划状态下，此模块的目标是基于"感知"同步规划各种因素（如历史数据、客户反馈和环境因素）以及相关数据科学方法，建立对产品或服务的需求。通过不断从过去规划者的决策中学习并修正判断，需求预测的准确性得以增强。一旦建立了基线需求水平，就可以将人工智能应用到数据集上，学习、预测和理解如何对需求进行最佳建模。

2. 内部同步

在这个模块中，供应链能够无缝地集成财务、战略及运营规划，使组织中的所有功能与全局运作的共同目标保持一致。这种同步利用了企业内部的各类数据，并持续感知来自所有供应链生态系统参与者和驱动程序的信息。在这个循环中，人类和计算机在供应链上动态地重新安排和移动产品。其最终目标是通过对所有受约束资源（产能计划、库存定位和劳动力计划）进行并行规划，找到最经济、最佳的生产和库存水平。

3. 协同供应规划

在这个模块中，企业的目标是集成供应商、合同制造商和其他向企业提供产品与服务的实体。如果将这些实体作为企业所拥有的资源，并正确设置信息交换模型，它们将成为同步规划闭环的有效组成部分。这创造了联系需求和供应的机会，使供应商的能力和可用性以及它与消费者信号的相关性完全可见。例如，一家全球果汁公司利用消费者对口味的洞察力，决定在特定地理位置和时间购买的最佳橙子类型。

11.3.3　同步规划的基本能力

数字化供应链实施同步规划必须具备以下基本要素。

1. 从串行流程到并发协作的转变

传统供应链的思维方式是按照周、月或季度的节奏进行线性规划。这主要是因为历史上的决策制定需要时间，必须收集、协调和分析信息以做出最优决策。并行规划的概念包括从串行思维向实时协同转变，在问题出现时"几乎实时"地解决问题。随着数据存储技术和内存处理技术的进步，这种转变已成为可能。在并行规划场景中，网络规划者持续监控供应链的绩效，并在扩展的供应链中协作，对供应链规划进行近乎实时的调整，以提高盈利能力。并行规划利用公共数据模型实现实时或接近实时的信息交换，并紧密集成需求和供应规划功能，以提高供应链的响应速度。规划人员跨越时间范围同步战略决策，并迅速将它们整合到战术计划中。

并行规划模型也给传统竖井式工作的结构带来了挑战。例如，网络规划者可以查看整个供应链，而单独规划者仅能查看需求、供应、材料等单个方面的信息。这些网络规划者可以执行跨职能的规划活动，减少了供应链职能在竖井式工作中垂直运作的需要。这对传统规划职能人才的转型具有重要意义。

2. 模型同步进程、实时数字孪生及人工智能

供应链实时数字孪生是实体供应链的虚拟表现，它可以创建一个跨企业的虚拟模型，并使用历史数据进行预测和说明性分析，以确定战略或战术变化的影响。它通过模拟规划中的生态系统，复制物理世界并对各种变化进行建模，从而获得实时的自上而下的成本洞察力，预测各种决策对财务的影响。通过将供应链数字孪生与机器学习和人工智能相结合，组织可以训练供应链尝试采用不同的方法来优化自身，从现实世界中学习，并向用户推荐改进措施，从而完全改变传统的供应链规划和运作方式。

同步规划可以通过机器人实现，它们利用认知和机器学习技术，在现有资产和应用的基础上复制人类的行为及判断。人工智能通过自动化提高资源配置效率，并通过从多种结果中学习来提高流程效率。

11.3.4　同步规划的角色调整

向同步规划能力转变需要规划者转变责任和所需技能：从关注一个特定任务到同时处理多个任务；从精通一个任务到精通多个任务；从收集信息到分析根本原因并做出优化；从关注单个职能的KPI到关注跨组织共享的KPI；从功能导向到以矩阵报告为依据。同时，数字

化的同步规划社区提供端到端的透明度，使员工能够在整个供应链中与各类节点企业（供应商、客户和不同渠道及地域的业务合作伙伴）合作。

为了充分实现供应链同步规划，组织需要转变其员工的角色、责任和心态，更多地关注战略规划。传统上，企业的需求和供应规划团队中有四个主要角色（见表 11-4），但在同步规划状态下，这些角色将发生显著变化（见表 11-5）。

表 11-4　传统的需求和供应规划团队的角色

需求管理	供应链管理	事务数据领导	逻辑和运行
需求规划 预测和建模 市场研究分析	供应规划 库存规划 类别及分配 采购分析	商业分析 事务数据分析	合约规划 生产规划

表 11-5　同步规划状态下的角色

连接规划	数据池维护	算法维护	人工智能和机器学习
管理供应和需求	管理结构化和非结构化数据，以保持数据完整	通常外包或由 SaaS 提供商处理	领导工具、总体战略和数据可视化任务的开发

⊙ 尝试应用

1. 模拟任务

2～3 个同学组成一组。每个小组选择一条现实的供应链，通过实地调研和网络调研，完成以下模拟任务。

（1）分析目前该供应链企业之间存在哪些具体的合作模式。

（2）分析目前该供应链企业之间是否存在非合作行为或纠纷，它们是如何解决这些问题的。

（3）分析该供应链如何应用 CPFR 模型改进供应链的合作关系。

（4）分析该供应链如何实施同步规划。

2. 思考分析题

（1）为了便于管理供应商，生产企业会和所有的零部件供应商建立同一类型的合作关系。这一说法是否正确，为什么？

（2）供应链合作关系的建立是一个逐步形成与完善的过程，往往从非正式到正式，从松散到紧密。这一说法是否正确，为什么？

（3）只要签订了合作契约，供应链合作关系自然就能够持续良好地运作吗？

（4）调查一家企业，了解该企业选择合作伙伴时采用了哪些指标，这些指标的重要性如何。

（5）合作伙伴选择评价指标越多，使用的评价方法越复杂，选择结果就越合理。这一说法是否正确，为什么？

（6）给出 CPFR 模型应用的一个案例，并深入分析 CPFR 模型应用的要点。

（7）查找资料，了解工业和信息化部工业互联网平台＋供应链协同解决方案试点示范项目中有哪些供应链协同和同步规划的最佳实践。

⦿ 融会贯通

1. 从供应链合作关系的角度，你如何改进与其他人的关系？

2. 影响供应链合作的关键因素与社会主义核心价值观有没有联系？

3. 从宝洁和沃尔玛供应链合作的最佳实践出发，思考如何实现和谐社会和人类命运共同体。

4. 从供应链合作关系出发，分析如何促进家庭和谐，降低离婚率。

5. 拉式和推式两类供应链选择合作伙伴的标准有什么区别？

6. 实物效率型和市场反应型两类供应链选择合作伙伴的标准有什么区别？

7. 供应链合作伙伴关系是如何支持供应链管理的精益策略、快速响应策略、有效客户反应策略、众包策略的？

8. 供应链节点企业如何在产品流、商流、资金流、物流、信息流、风险管理等方面形成合作关系，实现供应链的集成管理？

9. 供应链合作关系如何促进供应链目标的实现？

⦿ 参考文献

[1] 辛哈，贝尔纳德斯，卡顿，等.数字化供应网络：技术突破和过程重构共同推动供应链重塑、增强企业竞争力 [M].王柏村，彭晨，彭涛，译.北京：电子工业出版社，2023.

[2] 邓明荣，葛洪磊.供应链管理：战略与实务 [M].北京：机械工业出版社，2012.

第 12 章　数字化供应链绩效评价

◎ 聚焦任务

1. 选择供应链绩效评价模型。

2. 建立供应链绩效评价指标体系。

3. 开展供应链绩效评价。

4. 开展数字化供应链成熟度评价。

▲ 知识点

供应链绩效评价、供应链绩效评价的步骤、SCOR 模型、SCOR-DS 模型、ROF 模型、供应链绩效评价指标体系、数字化供应链成熟度

▲ 知识图谱

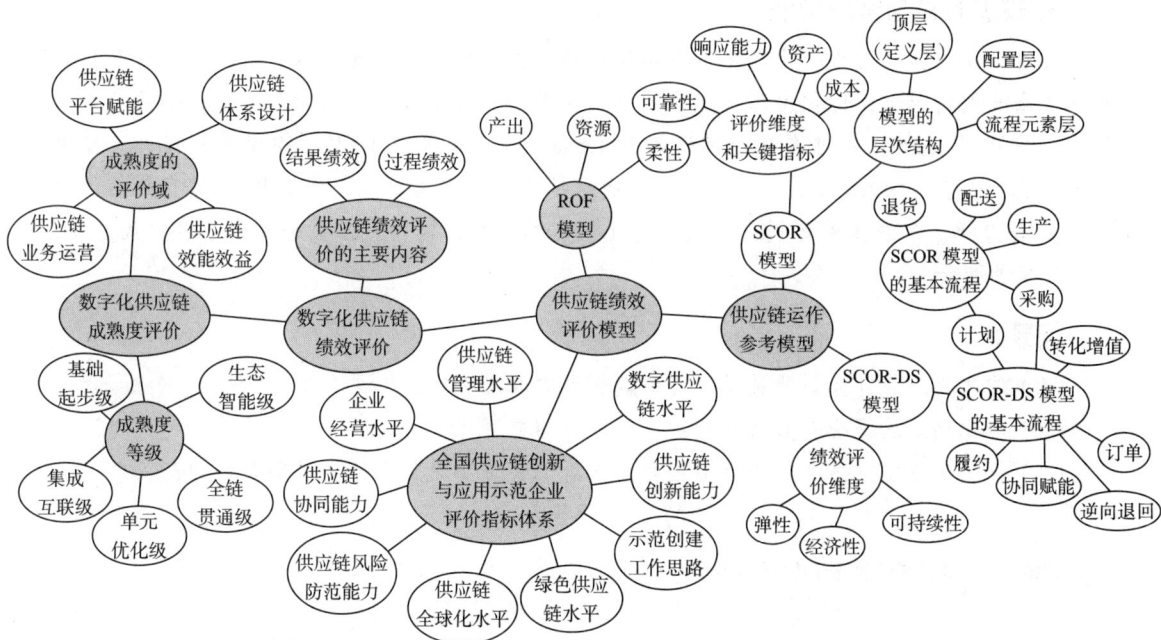

12.1　供应链绩效评价概述

资料 12-1　传化化工供应链绩效管理的数字化转型

　　近年来，杭州传化精细化工有限公司（以下简称传化化工）通过供应链绩效管理的数字化转型，显著提升了供应链效率和企业竞争力。面对传统供应链管理中部门间信息孤立、绩效考核分散等问题，传化化工从 2017 年开始实施了一系列供应链绩效改进措施。

1. 改进背景

　　在传统供应链管理中，传化化工各部门的绩效考核指标多以局部职能视角制定，例如计划部门仅以工厂成品入库作为绩效考核指标，难以打破部门壁垒，会导致供应链整体效率低下。此外，随着市场竞争加剧，企业需要更高效、更灵活的供应链来支持业务增长。

2. 改进内容与变革焦点

　　建立以客户为中心的绩效考核机制：传化化工从 2017 年开始，逐步建立围绕总成本和服务最终客户的绩效评价体系，将各部门的绩效与客户满意度挂钩。数字化转型与数据驱动决策：通过引入数字化工具，传化化工实现了供应链各环节的数据采集、管理和分析，提升了决策的科学性和及时性。优化供应链流程：通过整合供应链上下游数据，传化化工优化了物流、库存管理和生产计划，减少了库存积压和缺货现象。提升供应链协同能力：通过加强与供应商和客户的协同，传化化工实现了信息共享和实时响应，提升了供应链的灵活性和响应速度。

3. 改进收益与客户价值

　　经过三年的持续改进，传化化工在供应链绩效方面取得了显著成效。业务增长：在行业整体负增长的情况下，传化化工实现了同比两位数的业务增长。交付效率提升：全年订单履行率同比提升 1.2%，关键客户交付率提升 1.6%，缺货率降低 1.1%。物流效率提升：物流时效达成率提升至 99% 以上。库存优化：成品销售物流费用每吨下降 2.4%，库存周转天数缩短至 15.7 天。客户满意度提升：通过优化供应链流程，传化化工显著提升了客户满意度，减少了客户投诉。

　　问题：

　　（1）传化化工为什么要开展供应链绩效管理的改进工作？

　　（2）传化化工从哪些方面来进行供应链绩效的数字化？

　　（3）传化化工供应链绩效的数字化对客户价值和企业竞争力产生了哪些影响？

　　资料来源：

　　搜狐网，达睿供应链管理咨询，《精细化工制造企业供应链转型升级之路》，2020-12-17。

12.1.1　供应链绩效评价的概念

1. 供应链绩效

所谓绩效（performance）是指正在进行的某种活动或已经完成的某个活动的结果。从绩效的定义中我们发现，它可以是一个过程，也可以是一个结果。相应地，供应链绩效可以被定义为：供应链运作的过程或运作效果。更具体地说，供应链绩效是指供应链各成员在内外部资源（如信息、基础设施、人力资源、技术开发等）的支持下，在信息共享和协调的基础上，通过生产运作、市场营销等一系列活动增加和创造的价值总和。

2. 供应链绩效评价

迄今为止，供应链绩效评价还没有十分明确统一的定义。我国学者比较常用的定义如下：供应链绩效评价是指围绕供应链的目标，对供应链整体各环节（尤其是核心企业）运营状况以及各环节之间的运营关系等所进行的事前、事中和事后的分析评价。

从着眼点来看，供应链绩效评价应服务于供应链的目标；从客体来看，供应链绩效评价的客体包括供应链所有成员及其最终客户；从内容维度来看，供应链绩效评价的内容包括内部绩效、外部绩效、综合供应链绩效等；从时间来看，供应链绩效评价可以分为事前、事中和事后评价；从评价导向来看，供应链绩效评价可以分为过程导向的评价（即对供应链成员各类活动的评价）、结果导向的评价（即对增加和创造价值的评价）以及两者兼顾的评价。

12.1.2 供应链绩效评价的主要内容

从供应链绩效的定义来看，供应链绩效主要包含结果绩效和过程绩效两个方面的内容。所谓结果绩效评价，是对供应链成员及整个供应链创造的价值总和的评价；所谓过程绩效评价，是对为创造这些价值而开展的各种活动、业务流程效率的度量。结果绩效反映了供应链的目标达成情况，过程绩效反映了供应链达成目标的效率，这也是绩效管理通常涵盖的两大维度。

从供应链运营机制的基本特征来看，供应链绩效评价不仅要反映各个节点企业的运营情况，还要反映节点企业间的关系及供应链整体运营情况，因此供应链绩效评价主要包括内部绩效评价、外部绩效评价和供应链综合绩效评价三个方面的内容。内部绩效评价主要是对供应链上的企业内部绩效进行评价，和一般企业绩效评价相比，这种评价立足于供应链整体角度，关注的重点在于企业对供应链整体绩效的贡献和供应链带来的企业业绩的提升。外部绩效评价主要是对供应链节点企业之间的关系进行评价，包括从客户满意角度评价上下游企业间的合作伙伴关系、核心企业对其他节点企业的激励等。供应链综合绩效评价主要从总体上透视供应链运作绩效，考虑不同供应链之间的竞争，为供应链的组建、运行和撤销决策提供依据。

12.1.3 供应链绩效评价的步骤

要建立和实施一个完整的供应链绩效评价体系，需要遵循科学的评价步骤，一般来说，可以将供应链绩效评价分成七个步骤（见图 12-1）：明确评价目标、分析供应链业务流程、设计供应链评价体系、选择评价指标、选择评价

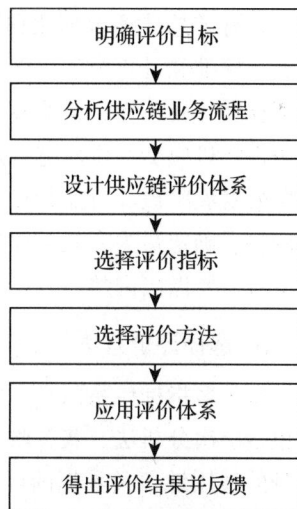

图 12-1 供应链绩效评价的步骤

明确评价目标

分析供应链业务流程

设计供应链评价体系

选择评价指标

选择评价方法

应用评价体系

得出评价结果并反馈

方法、应用评价体系、得出评价结果并反馈。

1. 明确评价目标

任何管理或者评价，都要做到目标先行，也就是说必须先明确对象的核心竞争力和战略目标。这也是管理界常说的"做正确的事比正确地做事更加重要"。对于供应链绩效评价而言，这一点尤为重要。因为要协调成员企业各自的目标并达成一致远比单纯确立企业目标困难。

要建立供应链绩效评价体系，首先需要分析供应链对绩效评价的需求，从而确定供应链绩效的目标。针对单个企业的绩效评价，可能较少存在目标冲突，而针对供应链的绩效评价，由于涉及多个成员企业，它们出于追求各自利益的需要，可能会有不同的战略和目标。此时，企业将自己看作供应链中的一员，确立供应链整体战略和长期目标，就评价目标达成一致。只有这样，供应链绩效的评价才是有意义的。

2. 分析供应链业务流程

对供应链绩效的分析应该是基于流程的，因为这样具有更强的控制和分析意义。供应链流程分析和企业流程分析的基本理论是一致的，但在规模、范围、地理分散程度上有所区别。对于供应链流程的分析，强调一种整体的观念，同时又可以根据评价目标的不同，选择宏观性地分析业务流程（将企业看作"黑箱"）或者微观性地分析业务流程（打开企业"黑箱"，深入企业内部流程）。

3. 设计供应链评价体系

根据科学合理的原则，设计适用于特定供应链的绩效评价体系。通常，体系应具有一定的层次性，并且能从多个角度反映和评价供应链运营情况。不同的供应链需要不同的评价体系，但是一些基本的维度和关键的要素是不变的。建立绩效评价体系，必须基于相应的原则、方法和步骤，保证体系本身的科学性是开展公平评价的基础。

4. 选择评价指标

在有了总体评价框架和评价体系后，需要确定供应链的关键评价指标，对指标的定义、内涵、标准和计算方法等予以说明，并将指标归类分层。权变理论（contingency theory）认为不存在一成不变、普遍适用的最佳管理理论和方法，组织管理应根据组织所处的内部和外部条件随机应变，供应链管理亦是如此。供应链绩效评价应基于权变理论的思想，结合供应链所处发展阶段、行业特点、自身构成等因素，对供应链绩效评价体系的构建及方法进行适当调整，确定最为有效的评价方式。比如，相比初期的供应链，成熟期供应链的某些指标的权重就需要做出调整。

5. 选择评价方法

对于多指标体系而言，要得到综合评价结果，需要选择合适的评价方法。可以采用的方法包括层次分析法、灰关联方法、模糊综合评价法等。选择评价方法的时候，需要考虑方法本身的适用性以及数据的可获性两个方面。就方法本身而言，不同的方法有各自的优缺点。在具体应用时，需要考虑体系中的指标，必要的时候可以对方法进行一些修正；同时，还要考虑方法所需数据的可获性。选择了评价方法，其实也就明确了各指标数值和权重的计算方法，明确了后续应用的基本步骤。

6. 应用评价体系

将评价体系应用到具体的供应链中，收集数据，了解现状。评价体系不是由核心企业或者供应链以外的评价机构单独设计并确立的，而是在征求所有相关成员意见，并达成共识之后形成的。只有共同参与评价体系的构建，相关成员才能有较高的积极性参与评价体系的应用，才能确保最终评价结果的公平公正。

7. 得出评价结果并反馈

整理、分析得到的数据，基于选择的评价方法得出最终的评价结果，并将结果反馈到各成员企业。对于发现的问题和不足，及时采取纠偏和改进措施；对于绩效表现好的方面，进一步探究原因，深入推广使之持续进步。

以顺丰为例，近年来顺丰通过供应链绩效评价与改进，显著提升了运营效率和绿色低碳能力。2023 年，顺丰与某全球奢侈品头部品牌签署"全链路物流碳足迹管理"协议，启动了"供应链级碳中和加速"（LNA+）计划，推动供应链的绿色转型和绩效提升。顺丰在供应链绩效评价中采取了系统化的步骤来提升运营效率和绿色低碳能力。首先，顺丰明确了以绿色供应链管理为核心的战略目标，从经济、环境、社会和运营四个维度设计了绩效评价体系，确保评价指标与企业战略高度一致。其次，顺丰利用数字化工具采集供应链各环节的实时数据，包括碳足迹、运输效率、库存周转率等关键指标，并通过大数据分析识别薄弱环节和潜在风险。再次，顺丰实施了绩效评价系统，定期对供应链进行评估，并通过可视化图表直观展示实际绩效与目标的差距，帮助管理层快速发现问题并制定改进措施。基于评价结果，顺丰优化了运输方式、减少了碳排放，并加强了与供应商的合作，推动上下游企业共同提升绿色低碳能力。最后，顺丰将绩效评价纳入日常管理流程，定期监控供应链绩效，并根据市场变化和业务需求动态调整评价指标和改进措施。

12.2　供应链绩效评价模型

◉ 资料 12-2　日日顺供应链的创新

供应链创新是提升供应链绩效的关键因素。2024 年 9 月，日日顺供应链入选了由商务部流通发展司联合中物联共同评选的"全国供应链创新与应用优秀实践案例"。

一方面，日日顺供应链深入洞察行业发展趋势，积极运用互联网、大数据和人工智能等现代信息技术，构建了以数字化为基础的运营管理能力。通过数字化手段，实现了仓储、运输和末端服务等供应链各环节的高效衔接和协同运作。例如，在智能仓储建设方面，日日顺供应链已在青岛、杭州、佛山、南昌等地布局多座智能仓库。其中，位于青岛市即墨区的全国首个大件智能无人仓尤为突出。该仓库通过全景智能扫描站、关节机器人、龙门拣选机器人等多项定制化智能设备，结合 5G、视觉识别和智能控制算法等人工智能技术，实现了

24h 不间断作业。每日自动进出库的大件商品超过 2 万件，显著提升了运营效率。

另一方面，日日顺供应链顺应现代物流及供应链管理服务的发展趋势，通过产品和服务内容的创新，打造贴近客户需求的供应链解决方案，助力产业转型升级。例如，针对大件消费品物流及供应链需求的高频次、碎片化、高时效和全流程复杂性，日日顺供应链推出了"统仓统配"服务方案，并持续巩固"送装一体"服务优势。以"库存共享"和"从用户最佳体验出发"为理念，"统仓统配"服务方案有效解决了全渠道融合过程中不同渠道库存信息不对称的问题，实现了信息流、商流和资金流的合理规划。

资料来源：
千龙网，《日日顺供应链入选商务部"全国供应链创新与应用优秀实践案例"，创新引领铸就行业标杆》，2024-09-11。

目前，供应链绩效评价常用的模型主要包括：供应链运作参考模型、平衡供应链计分卡、ROF（resource，output，and flexibility，资源，产出和柔性）模型等。其中平衡供应链计分卡在第 2 章中已经介绍过，此处不再介绍。除此之外，本章还将介绍在国内比较有影响力的全国供应链创新与应用示范企业评价指标体系。

12.2.1　供应链运作参考模型

1. 模型的提出

1996 年，美国波士顿两家咨询公司（PRTM and AMR）为了帮助企业更好地实施供应链，实现从基于职能管理到基于流程管理的转变，成立了国际供应链理事会（SCC），并于 1996 年年底发布了供应链运作参考（supply chain operations reference，SCOR）模型。SCOR 模型是第一个标准的供应链流程参考模型，也是供应链的诊断工具，涵盖了所有行业。

2. 模型的构成

SCOR 模型主要由四个部分组成：供应链管理流程的一般定义、对应于流程绩效的指标基准、供应链"最佳实践"（best practices）的描述以及选择供应链软件产品的信息。SCOR 模型的基本流程和结构如图 12-2 所示。

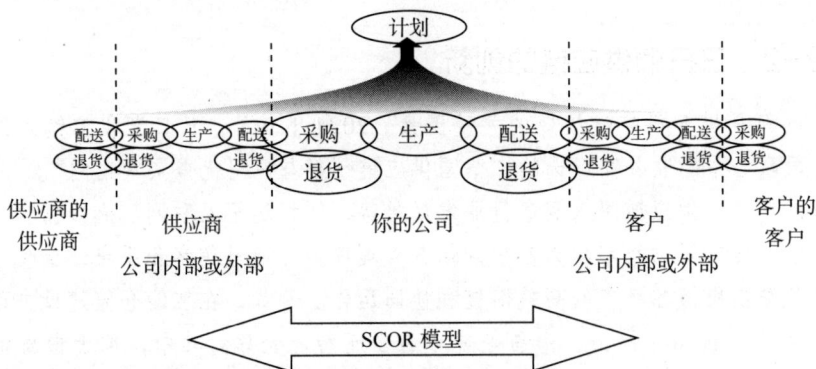

图 12-2　SCOR 模型的基本流程和结构

资料来源：ASCM 官网（https://scor.ascm.org）。

3. 模型的层次结构

SCOR 模型按流程定义的详细程度可分为三个层次：顶层（定义层）、配置层、流程元素层。每一层的每一个过程都有明确定义的绩效衡量指标和最佳实践，可用于分析供应链的运作。同时根据各企业的特有流程，第三层以下还可以有第四层、第五层来详细描述，但这些层次中的流程定义不包括在 SCOR 模型中。

第一层为顶层，定义了五个基本流程，即计划（plan）、采购（source）、生产（make）、配送（deliver）和退货（return），它们定义了 SCOR 模型的范围和内容。通过第一层 SCOR 模型的分析，企业可以做出基本的战略决策。

第二层（配置层）由构成供应链的 26 个核心流程组成。企业可以根据自己的需要，选择该层中相应的流程单元来构建自己的供应链，据此实施运作战略。

第三层（流程元素层）将第二层中定义的流程进一步分解为连续的流程元素，为企业提供制订计划和设定供应链改进目标所需的信息，从而使企业获得竞争优势。在第三层中，各企业可以微调它们的运作战略。

4. 评价维度和关键指标

SCOR 模型的一个基本原则就是要多维度地评价供应链，其绩效评价指标从五个维度展开，即可靠性、响应能力、柔性、成本以及资产，每一个维度都表明供应链的一个典型特征。其中可靠性、响应能力和柔性是针对企业外部顾客的，而成本和资产是针对企业内部绩效的。

SCOR 模型的每一层都有相应的评价指标，共计 200 多个，关键评价指标包括交货情况（delivery performance）、订货满足率（fill rate）、订货满足的提前期（order fulfillment lead time）、完美的订货满足情况（perfect order fulfillment）、供应链响应时间（supply chain response time）、生产柔性（production flexibility）、供应链管理总成本（total supply chain management cost）、产品销售成本（cost of goods sold）、附加价值生产率（value-added productivity）、担保成本或退货处理成本（warranty cost or returns processing cost）、供应周转的库存天数（inventory days of supply）、现金周转期（cash-to-cash cycle time）、资产周转率（asset turns）。

知识解析

5. SCOR-DS 数字化供应链运营模型

国际供应链管理协会于 2022 年 10 月正式推出了数字化供应链运营模型，简称 SCOR-DS，如图 12-3 所示。SCOR-DS 模型将供应链界定为计划（plan）、订单（order）、采购（source）、转化增值（transfer）、履约（fulfill）、逆向退回（return）以及协同赋能（orchestrate）七大流程，并分别从供应链战略、配置和流程元素三个层次切入，描述了各流程的标准定义、对应各流程绩效的衡量指标，提供了数字化供应链的"最佳实施"和人力资源方案。

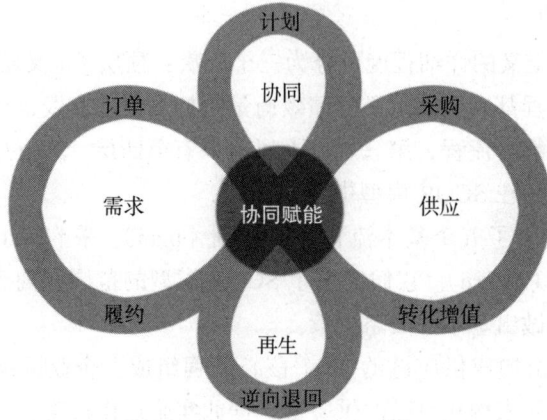

图 12-3　SCOR-DS 模型

资料来源：ASCM 官网（https://scor.ascm.org）。

　　将来供应链的界面不再是线性的、平面的，而是立体的、360°信息平等的，沟通的成本是越来越低的，互动性以及全域优化是越来越强的，如图 12-4 所示。

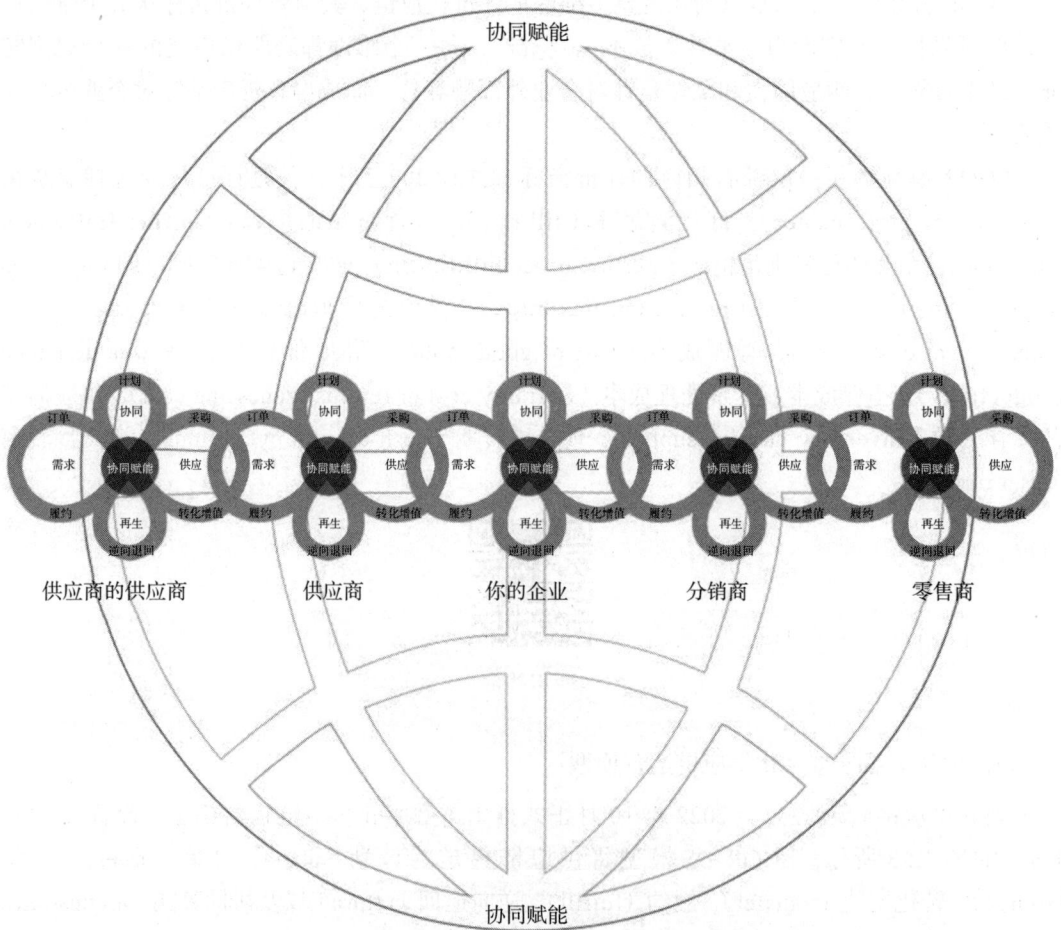

图 12-4　SCOR-DS 模型的供应链概念图

资料来源：ASCM 官网（https://scor.ascm.org）。

SCOR-DS 模型重新定义了供应链绩效大类，即弹性、经济性和可持续性，增加了 3 个指标，即利润、环境保护与社会责任，增加了绿色供应链内容，将碳排放、水资源、能源消耗都纳入度量指标，这个变动也顺应了现在全球供应链的发展趋势，如表 12-1 所示。

表 12-1　SCOR-DS 模型的供应链绩效大类

供应链绩效大类	绩效指标	定义
弹性	可靠性	按预期执行任务的能力，可靠性的重点是过程结果的可预测性，可靠性属性的典型指标包括按时、按量、按正确的质量水平交付产品
	响应能力	执行任务的速度和供应链向客户提供产品的速度，例如周期时间指标
	柔性	应对外部影响和市场变化以获得或保持竞争优势的能力
经济性	成本	运营供应链的成本，包括劳动力成本、材料成本以及管理和运输成本
	利润	利润属性描述了当一项商业活动产生的收入超过维持该活动所涉及的费用、成本和税收时实现的财务利益
	资产	有效利用资产的能力，供应链中的资产策略包括减少库存和自制而不包括外包
可持续性	环境保护	环境属性描述了以最小的环境影响来运营供应链的能力，包括材料、水和能源
	社会责任	社会属性描述了与组织的社会价值相一致的供应链运营能力，包括多样性和包容性、工资和培训指标

12.2.2　ROF 模型

ROF 模型由比蒙（Beamon）于 1999 年提出，包括三个可以反映供应链绩效的战略目标：资源（resource）、产出（output）和柔性（flexibility）。这三个指标具有各自不同的目标。资源是高效生产的关键，包括库存、人力资源、设备、能源和成本等方面；产出必须达到很高的水平以保持供应链的增值性，主要包括客户响应、质量以及最终产出产品的数量；柔性则要达到在变化的环境中快速响应，主要包括范围柔性和响应柔性。三者之间相互作用、彼此平衡，具体关系如图 12-5 所示。目前，资源评价和产出评价在供应链评价中已经得到了广泛的应用，而柔性评价的应用则相对有限。

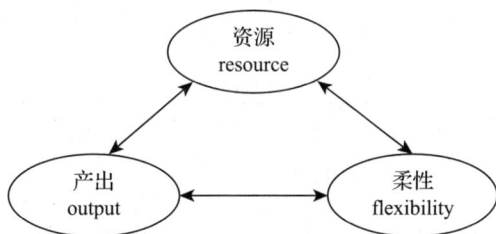

图 12-5　ROF 绩效指标模型

知识解析

12.2.3　全国供应链创新与应用示范企业评价指标体系

2018 年 4 月，商务部等 8 部门联合启动供应链创新与应用试点。2022 年 5 月，商务部等 8 单位发布《全国供应链创新与应用示范创建工作规范》，并制定了《全国供应链创新与应用示范城市（企业）评价指标体系》。该体系旨在通过每年认定一批城市和企业，分别授予"全国供应链创新与应用示范城市"和"全国供应链创新与应用示范企业"称号，以提升产业链供应链现代化水平，维护产业链供应链的安全稳定。

示范企业类别包括农业农产品类、工业制造类和商贸服务类。评价指标体系涵盖企业经营水平、供应链管理水平、供应链创新能力、数字供应链水平、供应链协同能力、绿色供应链水平、供应链全球化水平、供应链风险防范能力、示范创建工作思路 9 个一级指标，这些一级指标进一步被分解为约 30 个二级指标，包含定量和定性指标。每一类示范企业的评价指标均有所差异，以工业制造企业为例，其评价指标体系如表 12-2 所示。

表 12-2   全国供应链创新与应用示范企业评价指标体系（工业制造类）

序号	一级指标	二级指标	单位	指标解释
1	企业经营水平	主营业务收入增长率	%	反映企业产品销售收入增长情况
2		年度利润增长率	%	反映企业年度盈利增长情况
3	供应链管理水平	及时交付率	%	反映企业客户服务水平。计算公式为：及时交付率 = 按时交付订单的数量 / 需要交付订单的数量 ×100%
4		库存周转率	%	反映企业库存周转快慢程度，体现了企业一定时期内的库存控制水平和供应链管理水平。计算公式为：库存周转率 = 年度销售产品成本 / 当年平均库存价值 ×100%
5		成本利润率	%	反映企业一定时期内的利润水平。计算公式为：成本利润率 = 利润 / 成本费用 ×100%
6		现金周转期	天	从购买存货支付现金到销售产品收回现金这一期间的长度。计算公式为：现金周转期 = 应收账款周转期 – 应付账款周转期 + 存货周转期
7		标准规范建设水平	定性评价	企业获得质量管理、风险管理、安全管理等国际标准资质，以及商品条码、物品编码、数据接口标准、作业流程规范、标准载具、供应链管理服务等标准体系建设情况
8	供应链创新能力	研发人员数量	%	企业技术研发人员占总员工的比重
9		研发投入水平	%	科技活动经费、科学研究和试验发展（R＆D）活动经费投入占产品销售收入的比重
10		发明专利等数量	定性评价	拥有发明专利、新型设计等数量情况，以及业内影响力
11		新产品、新技术研发水平	定性评价	企业新产品销售收入占产品销售收入的比重，新技术、新工艺发展情况
12	数字供应链水平	信息化升级改造情况	定性评价	企业信息化设备、网络、软硬件等升级改造情况
13		工业互联网应用及"上云用数赋智"水平	定性评价	企业 5G、云计算、大数据、人工智能等新一代信息技术应用水平
14		供应链系统平台建设情况	定性评价	企业在产品设计、物资采购、需求预测、自动排产、智能补货、分销管理、仓储配送等供应链系统平台建设情况
15	供应链协同能力	平台协同用户数量及增速	家；%	企业供应链平台协同供应链上下游企业数量及年增长率
16		产业链供应链协同水平	定性评价	企业与上下游企业共同开展产品开发、制造、物流配送等，实现产业链供应链垂直整合、横向联动情况
17		生产制造服务化整合能力	定性评价	企业整合资源、延伸链条，发展咨询设计、制造采购、施工安装、系统集成、运维管理等一揽子服务，提供整体解决方案的水平

（续）

序号	一级指标	二级指标	单位	指标解释
18	绿色供应链水平	生态环境守法合规情况	定性评价	近三年来因环境违法行为受到行政处罚情况
19		绿色采购	%	采购经权威机构认定的具有节能低碳环保标识或企业自身绿色采购标准体系的产品情况
20		绿色制造	定性评价	在产品生产制造过程中，企业按照绿色产品、绿色工厂等要求，贯彻全环节、全流程绿色管理、绿色生产理念，包括减少有毒有害物质生产、使用情况
21		单位产值能耗下降率	%	计算公式为：单位产值能耗下降率 =（1- 本年单位产值能耗 / 上年单位产值能耗）× 100%
22		单位产值碳排放下降率	%	企业单位产值碳排放相比上年的下降比例
23		单位工业增加值工业固体废物产生量降低率	%	企业每万元工业增加值工业固体废物产生量相比上年的下降比例
24	供应链全球化水平	进出口规模	亿元；%	企业进出口规模及年增长率
25		海外业务收入水平	%	企业商品及服务海外收入比重
26		先进技术、管理方法引进情况	定性评价	从国外引进先进工艺、制造技术、经营管理方法和人才等情况
27		生产力海外布局情况	定性评价	企业充分利用海外人才、技术等先进要素，向海外延伸产业链，在海外进行研发、生产、仓储、物流、分销等布局情况
28	供应链风险防范能力	供应链安全可控	定性评价	企业增强供应链弹性与韧性所做的工作
29		重要资源能源掌控力	定性评价	生产制造所需原材料、能源等采购来源多元化情况
30		供应链风险预警体系	定性评价	企业建立供应链风险防控及预警体系情况
31	示范创建工作思路	示范可行性	定性评价	结合企业自身情况和所属行业未来发展，判断企业的示范创建工作是否具有可行性
32		示范创新性	定性评价	企业的示范创建工作是否能体现供应链创新与应用未来发展方向，对破解制约产业发展的核心基础零部件（元器件）、先进基础工艺、关键基础材料和产业技术基础是否有积极推动作用
33		示范带动性	定性评价	企业的示范创建工作是否能带动本行业大中小企业和上下游产业协同共享发展，对完善产业供应链体系具有积极作用

12.3　数字化供应链成熟度评价

◑ 资料 12-3　吉利汽车构建了供应链数字化成熟度模型

　　吉利汽车于 2021 年 9 月成立了供应链数字化中心，团队规模约 180 人。该中心由采购、物流、SQE（supplier quality engineer，供应商质量工程师）和供应链公共能力四个团队组成，分别负责对应业务的信息化项目落地和数字化场景应用，以及大数据应用、供应链互联互通等公共能力的建设。2022 年 6 月，吉利汽车构建了供应链数字化成熟度模型，从五个成熟度等级评估"数字化转型治理能力"（见表 12-3）和"业务能力数字化水平"（见表 12-4）。

表 12-3　吉利数字化转型治理能力成熟度模型

等级	初始级（A）	开发级（B）	已定义级（C）	已管理级（D）	创新优化级（E）
分值区间	0～1	1～2	2～3	3～4	4～5
定义	数字化转型的概念不清晰	开始导入数字化转型工作	明确定义数字化转型机制	数字化转型工作被全面管理	数字化变革为企业运营提供持续的创新驱动力

表 12-4　吉利业务能力数字化水平成熟度模型

等级	初始级（A）	审批在线级（B）	流程在线级（C）	全面数字化级（D）	智能运营级（E）
分值区间	0～1	1～2	2～3	3～4	4～5
定义	业务主要在线下运作或基于单机版软件工具开展	业务主要在线下运作或者基于单机版软件工具开展，但是审批活动已经获得 BPM 等流程平台的支撑	业务活动的核心流程已经通过在线化管理，形成了业务流程结果的结构化数据	业务活动全面获得 IT 产品支撑，业务过程和业务结果的数据都进行了系统沉淀	已经对业务过程进行自动化、智能化分析等，实现基于数据的业务智能化运营

　　吉利汽车依据该数字化成熟度模型对业务进行了评估，2023 年年初吉利汽车旗下多个板块，包括供应链体系团队的业务能力成熟度都处于 B 级到 C 级之间。以满分为 5 分来看，采购、物流和 SQE 3 个实体单位的平均分大约为 1.8 分，大部分还处于审批在线级的阶段，少部分已处于流程在线级的阶段。这个模型能帮助吉利汽车更好地理解自身的数字化状态，识别存在的瓶颈和发展机会，从而更好地指导数字化转型的过程和路径，它也能使各业务单元的晋级目标变得更清晰。

资料来源：
极客邦科技 InfoQ，罗燕珊，《专访吉利汽车：供应链数字化不能有"断点"，业技融合是必经之路》，2023-02-17。

　　随着数字化转型的加速，供应链管理的复杂性和动态性显著增加，企业需要一种标准化的方法来衡量其数字化供应链的成熟度，并据此优化绩效。2023 年 4 月，数字化供应链国际标准 ITU-T Y.4910 Maturity model of digital supply chain for smart sustainable cities（《数字化供应链成熟度模型》）在国际电信联盟（ITU）正式发布。该标准给出了数字化供应链成熟度模型的构建原则，提出了数字化供应链成熟度模型的构成、成熟度等级、评价域和评价子域，规定了数字化供应链成熟度要求。

　　数字化供应链成熟度模型不仅帮助企业识别了当前供应链的薄弱环节，还提供了一种逐级提升的路径，助力企业从基础起步级向生态智能级迈进。通过成熟度模型的评价域和评价子域，企业可以更精准地定位数字化转型的关键领域，如供应链体系设计、平台赋能、业务运营和效能效益等，从而实现资源的高效配置和绩效的持续改进。

　　此外，该模型还强调了供应链透明度的重要性。数字化转型能够通过促进信息共享和资源流动，提升供应链透明度，进而增强供应链的柔性和响应能力。这种透明度的提升有助于企业更好地应对环境不确定性，优化供应链绩效。

12.3.1　数字化供应链成熟度模型构成

　　数字化供应链成熟度模型由成熟度等级和评价域构成，共包含 4 个评价域和 5 个成熟度等级。企业可基于数字化供应链成熟度模型，综合评价数字化供应链水平与能力，或根据业务需求选择若干评价域进行专项评价。数字化供应链成熟度模型构成如图 12-6 所示。

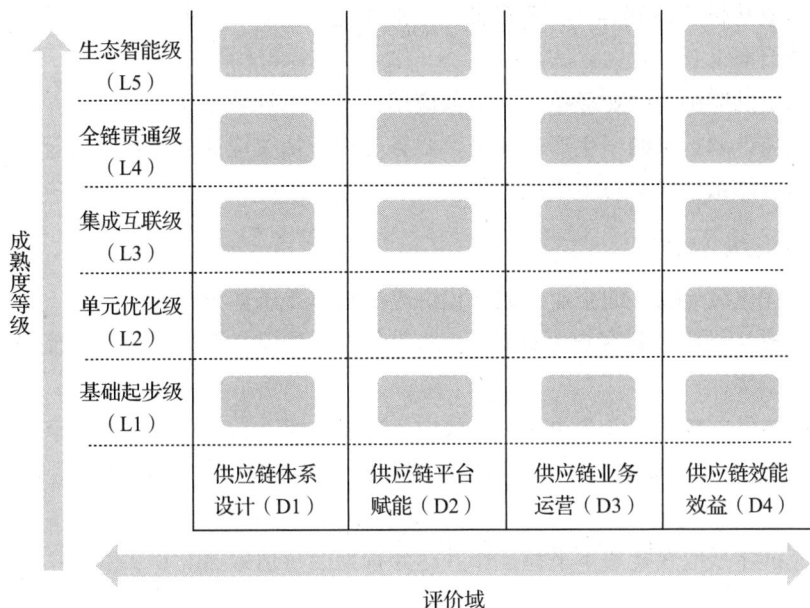

图 12-6　数字化供应链成熟度模型构成

资料来源：国家市场监督管理总局，国家标准化管理委员会，《中华人民共和国国家标准：数字化供应链成熟度模型（GB/T 45403—2025）》。

12.3.2　数字化供应链成熟度等级

数字化供应链的成熟度等级自低向高可划分为基础起步级（L1）、单元优化级（L2）、集成互联级（L3）、全链贯通级（L4）、生态智能级（L5）。较高的成熟度等级要求应涵盖较低的成熟度等级要求。数字化供应链的成熟度等级如图 12-7 所示。

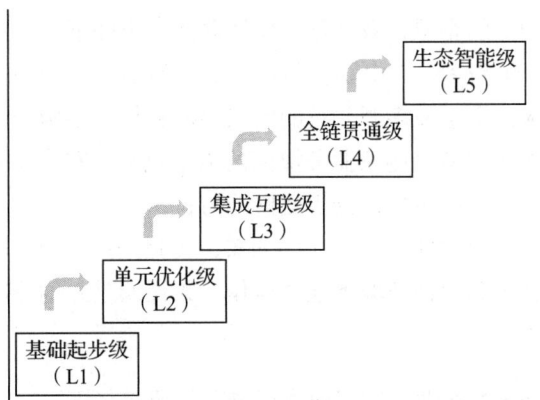

图 12-7　数字化供应链的成熟度等级

资料来源：国家市场监督管理总局，国家标准化管理委员会，《中华人民共和国国家标准：数字化供应链成熟度模型（GB/T 45403—2025）》。

1. 基础起步级（L1）

处于基础起步级（L1）的企业，数字化供应链总体要求如下：

（1）应形成从供应商到客户（消费者）的业务流、物流、数据流、资金流直线串行的链状供应链体系结构；

（2）应围绕供应链部分业务单元，规范应用信息技术和数字化工具；

（3）应开展计划、采购、生产、交付、服务等供应链关键业务的规范化管理；

（4）供应链体系应在常态下平稳运作。

2. 单元优化级（L2）

处于单元优化级（L2）的企业，数字化供应链总体要求如下：

（1）应形成从供应商到客户（消费者）的业务流、物流、数据流、资金流呈多源单链状的供应链体系结构；

（2）应围绕供应链关键业务单元，有效应用信息技术、自动化设备和数字化工具；

（3）应实现计划、采购、生产、交付、服务等供应链单一业务单元高效执行和透明可视；

（4）供应链体系应在常态下平稳运作并达到预期的价值效益。

3. 集成互联级（L3）

处于集成互联级（L3）的企业，数字化供应链总体要求如下：

（1）应形成从供应商到客户（消费者）的业务流、物流、数据流、资金流呈多源单链状的供应链体系结构，并实现企业内部供应链各节点的网络化连接；

（2）应部署应用支撑企业供应链核心业务集成运作的数字化平台和自动化设备，能实现企业供应链数据端到端集成；

（3）应实现计划、采购、生产、交付、服务等供应链业务的一体化协同；

（4）供应链体系应及时控制风险、连续运作并持续创造价值效益。

4. 全链贯通级（L4）

处于全链贯通级（L4）的企业，数字化供应链总体要求如下：

（1）应形成以客户（消费者）为中心，与供应商、制造商、经销商、服务商等合作伙伴的业务流、物流、数据流、资金流多源并行的网状供应链体系结构；

（2）应部署应用支撑供应链全链条业务协同的数字化平台和自动化设备，构建供应链知识库和模型库，具备供应链全链条数据分析建模能力；

（3）应开展跨供应链合作伙伴的业务在线感知、实时分析、动态决策和精准执行；

（4）供应链体系应在不确定性环境下连续运作、柔性调整并创造附加价值。

5. 生态智能级（L5）

处于生态智能级（L5）的企业，数字化供应链总体要求如下：

（1）应形成以客户（消费者）为中心，与供应链合作伙伴和外部利益相关方建立全面业务连接、数据连接、价值连接的供应链生态体系；

（2）应部署应用支撑供应链生态运营的数字化平台和自动化设备，构建供应链生态体系的数字孪生体，实现供应链生态场景数字化、资源模块化和业务智能化；

（3）应实现供应链生态合作伙伴的业务自感知、自执行、自学习、自优化；

（4）供应链生态体系应具备高度的韧性和柔性，能根据内外部环境变化实现自适应调整并持续创造附加价值。

12.3.3 数字化供应链成熟度的评价域与评价子域

数字化供应链成熟度共包括供应链体系设计、供应链平台赋能、供应链业务运营和供应链效能效益 4 个评价域和 18 个评价子域，如表 12-5 所示。

表 12-5 数字化供应链成熟度的评价域和评价子域

评价域	评价子域
供应链体系设计（D1）	供应链战略规划（D1.1） 供应链组织架构（D1.2） 供应链合作模式（D1.3） 供应链网络结构（D1.4） 供应链能力布局（D1.5）
供应链平台赋能（D2）	供应链使能技术（D2.1） 供应链数据管理（D2.2） 供应链数据模型（D2.3） 供应链信息追溯（D2.4）
供应链业务运营（D3）	供应链计划与预测（D3.1） 多元寻源与采购（D3.2） 智能化生产管理（D3.3） 订单精准交付（D3.4） 数字化客户服务（D3.5）
供应链效能效益（D4）	供应链柔性性能（D4.1） 供应链韧性性能（D4.2） 供应链风险防控（D4.3） 供应链综合绩效（D4.4）

（1）供应链体系设计：重点评价数字化供应链顶层战略和结构布局的规划能力，包括供应链战略规划、供应链组织架构、供应链合作模式、供应链网络结构、供应链能力布局 5 个评价子域。

（2）供应链平台赋能：重点评价信息技术、自动化设备与数字化平台对于数字化供应链的赋能作用，包括供应链使能技术、供应链数据管理、供应链数据模型、供应链信息追溯 4 个评价子域。

（3）供应链业务运营：重点评价供应链计划、采购、生产、交付、服务等业务活动的数字化运营水平，包括供应链计划与预测、多元寻源与采购、智能化生产管理、订单精准交付、数字化客户服务 5 个评价子域。

（4）供应链效能效益：重点评价数字化供应链的整体性能和价值绩效，包括供应链柔性性能、供应链韧性性能、供应链风险防控、供应链综合绩效 4 个评价子域。

⦿ 尝试应用

1. 模拟任务

2～3个同学组成一组。每个小组选择一条现实的供应链，通过实地调研和网络调研，完成以下模拟任务。

（1）分析目前该供应链是否建立了供应链绩效评价体系，从你可以获得的信息来判断该供应链绩效如何。

（2）结合供应链目标，重新设计和优化该供应链的绩效评价指标体系，并分析使用这一评价指标体系开展供应链绩效评价存在的难点有哪些。

（3）结合数字化供应链成熟度模型，评估该供应链数字化的成熟度，并找出薄弱环节，指出其建设路径。

2. 思考分析题

（1）供应链绩效评价与单个企业绩效评价有哪些区别？对供应链进行绩效评价的障碍可能有哪些？

（2）在进行供应链绩效评价时，管理者可能倾向于使用最容易达到的指标，或使用那些可以显示业绩的指标。这种行为会导致何种结果？请举例说明。

（3）不同的绩效指标可能会得出相互冲突的结果，如提高某些指标可能会使得其他指标变得更差。怎样才能进行综合判断和平衡？

（4）供应链绩效评价指标是不是越多越好？

（5）供应链绩效评价应该由什么样的主体来组织实施？仅仅由核心企业来进行绩效评价可以吗？

（6）供应链的数字化成熟度对其整体绩效有哪些影响？你认为数字化水平较低的供应链在绩效评价中会面临哪些特殊挑战？

（7）不同数字化成熟度的供应链在绩效指标选择上可能存在哪些差异？这些差异会如何影响供应链的绩效评价结果？

（8）在供应链数字化转型过程中，哪些关键因素可以显著提升供应链绩效？这些因素是否能通过成熟度模型来有效衡量？

（9）随着技术的不断进步，数字化供应链成熟度模型应如何演进和创新？如何确保该模型始终反映当前的数字化发展水平？

⦿ 融会贯通

1. 如何使用供应链绩效评价模型对个人进行评价？
2. 服务供应链和产品供应链绩效评价指标有什么差别？
3. 改变绩效评价的模型和方法对企业、政府、个人的行为有什么影响？结合"物质文明、政治文明、精神文明、社会文明、生态文明"五个文明进行分析。
4. 推式和拉式两类供应链的绩效评价指标及其权重存在什么区别？
5. 实物效率型和市场反应型两类供应链的绩效评价指标及其权重存在什么区别？

6. 能否针对供应链管理的精益策略、快速响应策略、有效客户反应策略、众包策略等四种策略单独建立合理的供应链绩效评价指标体系？

7. 能否针对供应链的产品流、商流、资金流、物流、信息流、风险管理单独建立合理的供应链绩效评价指标体系？

8. 能否针对供应链的合作关系单独建立合理的供应链绩效评价指标体系？

9. 实验：供应链绩效评价仿真实验。

使用 anyLogistix 软件，基于前面几章建立的供应链仿真模型，在仪表盘中设置各类供应链绩效评价指标，分析各类绩效评价指标之间的关系；通过参数分析实验，分析参数变化对各类绩效评价指标的不同影响。

anyLogistix 软件 PLE 版官网免费下载地址：https://www.anylogistix.com/。

参考文献

[1]　邓明荣，葛洪磊. 供应链管理：战略与实务 [M]. 北京：机械工业出版社，2012.

第13章 数字化供应链改进与提升

◐ 聚焦任务

1. 进行供应链持续改进。

2. 设计数字化产品服务化供应链。

3. 设计全球数字化供应链。

4. 设计数字化逆向供应链。

5. 设计数字化绿色供应链。

▲ 知识点

产品服务化、服务化供应链、国内供应链、全球供应链、可持续供应链、逆向供应链、绿色供应链、ESG

▲ 知识图谱

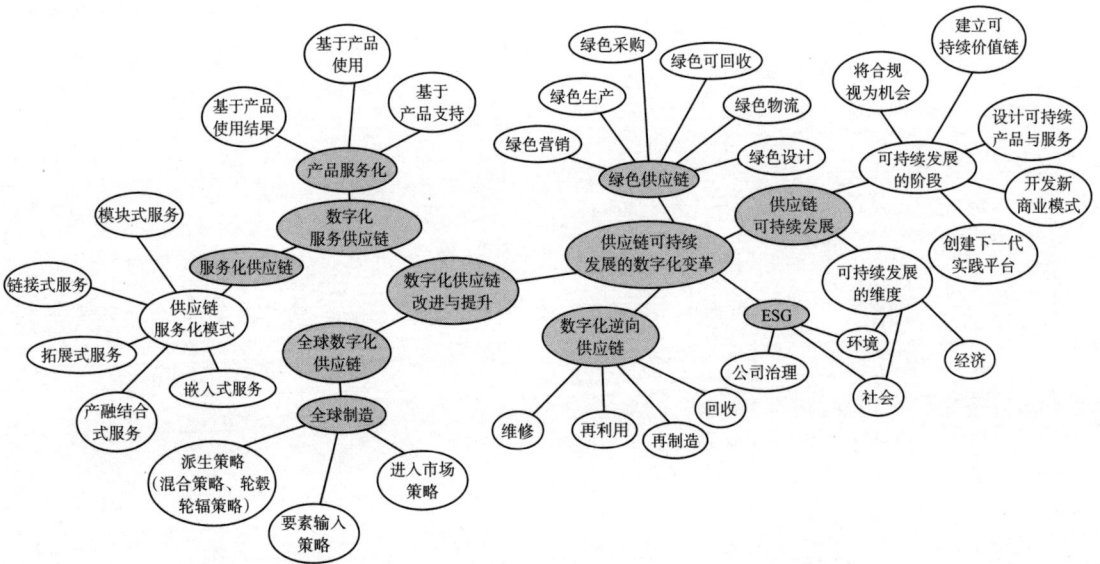

在全球经济一体化与技术快速迭代的背景下，供应链的改进与提升已成为企业实现竞争力突破和可持续发展的关键所在。随着市场需求日益复杂化、消费者对环境与社会责任的关注度不断提高，以及数字化技术被广泛应用，传统的供应链管理模式已难以满足现代企业的战略需求。因此，供应链的改进与提升不仅是优化成本和效率的必要手段，更是企业适应未来市场变化、实现可持续增长的战略选择。

在这一过程中，数字化服务供应链、全球数字化供应链以及可持续发展供应链（包括循环供应链、绿色供应链和 ESG 等）成为重要的发展方向。通过引入物联网、大数据、人工智能等前沿技术，企业能够实现供应链的智能化与透明化，提升响应速度与协同效率；同时，结合可持续发展的理念，企业能够在优化运营的同时，积极应对环境与社会挑战，实现经济效益与社会责任的双赢。本章将深入探讨这些关键领域，分析它们在供应链改进与提升中的应用和价值。

13.1　数字化服务供应链

⦿ 资料 13-1　特斯拉：汽车的产品服务化

特斯拉的产品服务化模式彻底改变了传统汽车制造与销售的格局，并通过创新的售后服务和软件更新，为用户提供了更优质的体验。这一模式不仅提升了特斯拉的市场竞争力，还为整个行业树立了新的标杆。

特斯拉不再将自己视为传统汽车制造商，而是将汽车定位为电子消费品，自身则转型为出行服务提供商。特斯拉开创性地将软件作为"物料清单"的一部分，与电池和硬件相结合。通过 OTA（over the air，空中下载）技术，特斯拉汽车能够在实际道路上实时更新软件，包括轮胎系统、雨刷系统等。

在商业模式上，特斯拉通过产品服务化颠覆了传统汽车制造模式，重新定义了汽车。特斯拉汽车在销售后的服务环节，每年可获得约 1177 欧元的营收，这一数字是福特的 4 倍。在特斯拉汽车全生命周期中，售后数字化服务收入占比接近 30%，远高于苹果的 19% 以及行业平均水平的 16%。

特斯拉的远程诊断服务依托 OTA 技术，在获得车主授权后，通过智能化后台对车辆故障进行远程修复。2022 年，特斯拉为超过 76 万人次的客户提供了远程诊断服务，平均为每位客户节省了约 1h 的到店等待时间。

特斯拉还构建了全球性的充电网络，战略性地将充电站布局在方便车主充电的位置。这一超级充电网络有效解决了车主对电动汽车充电基础设施的担忧，为车主提供了安心保障，消除了车主的里程焦虑。

此外，特斯拉定期更新其电动汽车软件，例如摄像头视觉、导航、车门锁、交通灯控制以及系统中新增语言的整合，通过这些更新，车辆性能得到增强。这些更新为特斯拉汽车提供了重要功能，使客户更倾向于选择特斯拉而非其他品牌。

特斯拉的产品服务化模式不仅提升了用户体验，还创造了新的收入来源。其模式涵盖了车辆销售、售后服务、软件更新和充电网络等多个方面，形成了一个完整的生态系统。这种模式不仅提高了客户满意度，还增强了客户的品牌忠诚度。

资料来源：
搜狐网，《Gartner：解读产品服务化，如何迈向数字经济"新蓝海"》，2022 年 12 月 1 日。

当前，服务业在世界经济中的比重越来越大，服务经济正逐步成为世界经济的核心，服务业成为投资的最大热点之一，固定资产投资增长速度明显高于第一产业和第二产业，服务经济时代已经到来。服务业的不断发展为服务供应链的兴起提供了机遇，从产品供应链过渡到服务供应链是供应链升级的重要策略。随着数字化技术的快速发展，服务供应链的内涵和外延将不断拓展。

13.1.1　数字化背景下的产品服务化

1. 产品服务化的概念

近年来，制造企业逐渐将产品的概念从单纯的有形产品扩展到包含增值服务的模式，这一趋势被称为产品服务化。例如，通用电气提供能源管理服务，壳牌提供化学品管理服务，施乐公司提供文件处理服务，IBM 和惠普提供信息服务，伊莱克斯提供一体化电气解决方案等。

Gartner 公司认为，产品服务化是一种商业模式，制造商和服务提供商通过在产品中嵌入连接技术，为客户创造贯穿产品全生命周期的持续价值，而不仅仅是进行一次性的产品销售。这种模式将传统的"卖产品"转变为"卖服务"，消费者无须购买产品本身，只需要获取它提供的服务即可。例如，过去消费者购买电视机仅获得设备，如今还能享受持续的在线服务，这就是产品服务化的体现。

随着大数据技术的发展，产品服务化成为一种创新商业模式。借助互联网和大数据，原本无法服务化的产品也能满足消费者的短期或临时需求。以汽车行业为例，过去消费者通过购买获得汽车的所有权和使用权，后来通过贷款方式提前获得使用权，如今则可以通过共享汽车模式仅获取使用权，而由运营方保留所有权。这种模式借助互联网、物联网和大数据技术，确保使用过程中的安全和效率，同时减少了面对面交接的烦琐流程。

在互联网和大数据技术的支持下，产品服务化的应用范围不断扩大，甚至涵盖了电池、雨伞、房间和自行车等临时借用产品。然而，这种模式的核心在于盈利能力。如果产品服务化的收入无法覆盖运营成本和产品成本，商业模式将难以持续。例如，共享自行车如果运营成本过高且使用费无法填补成本，就无法维持运营。因此，在实施产品服务化时，必须明确盈利来源。

在工业和 B2B 领域，产品服务化和服务智能化也逐渐成为创新点。例如，通用电气为空客提供装有智能数据采集器的发动机。飞行过程中，发动机数据被实时传输至通用电气的数据中心，后者通过分析飞行参数、发动机运行数据等，判断飞机是否需要停机检修，从而确保飞行安全，降低故障率。

如今，众多企业纷纷在其产品中嵌入数据采集器，通过分析回传数据，实时掌握设备运行状态并预测潜在故障风险。一旦发现设备可能出现故障，系统会提前发出预警并建议及时保养，这正是产品服务化的典型应用。

目前，大部分大型机床设备都已配备数据采集模块，不仅能实时收集数据，还能即时分析处理。这使得设备全生命周期管理在数据驱动下得以实现。这些数据不仅能为客户带来预见性的维护和保养服务，还能帮助客户优化生产工艺、提升设备运行效率、降低故障率。同时，设备制造商可以通过分析多个客户回传的数据，评估设备性能，为产品研发、设计和制造提供数据支持，从而形成良性循环。这种模式以设备数据采集与回传为关键支撑，推动了产品服务化和服务智能化的发展。

2. 产品服务化的三大类型

"服务化"这一概念的核心在于它体现了服务业的基本特征：首先，生产与消费同步进行，供应商的能力输出与用户的使用同时发生，用户按需使用，供应商按需输出，避免资源过剩；其次，具有定制化或异质性，供应商能够根据用户的具体需求，在数量、品种和质量上灵活调整服务内容，使得交付结果因用户而异。服务化已成为数字经济的重要商业模式之一，对产业发展和经济治理具有深远意义。作为一种新兴的商业范式，服务化借助互联网、云计算、API 等技术，从传统的出售产品转向输出服务能力，从提供固定容量的整套产品转向"按需提供"实际功能，从而优化了用户的使用体验，实现了更合理的社会分工。Gartner公司将"产品服务化"的常见形式归纳为以下三种。

（1）基于产品使用的服务化：以订阅模式为核心。例如，微软通过 Microsoft 365 提供基于订阅的软件服务，用户按月或按年支付费用，即可获取软件的持续更新和使用权限，而无须一次性购买永久许可证。

（2）基于产品使用结果的服务化：根据用户实际使用的结果或产出收费。例如，施耐德电气为工业企业提供节能服务，根据设备实际节省的能源成本收取费用，而非单纯销售设备。

（3）基于产品支持的服务化：在提供核心产品的同时，增加支持性服务。例如，西门子为医疗设备客户提供远程监控和预防性维护服务，确保设备的高效运行，延长设备寿命，而不仅仅是销售设备本身。

13.1.2　服务化供应链

1. 服务化供应链概述

Johnson 等（2008）提出，产品服务化供应链是一种创新模式，通过产品与服务的融合、客户全程参与以及企业间的生产性与服务性协作，实现制造资源的整合和核心竞争力的协同，从而为供应链各环节的利益相关者创造价值。这种模式是产品供应链与服务供应链的集成，依赖于产品流和服务流的相互配合。

产品流和服务流的集成增加了供应链的复杂性，表现为：节点企业间的服务交互增加了网络复杂性；服务的即时性增强了供应链的动态性；服务的跨界性提升了资源利用的复杂性；服务的无形性则增加了供应链对客户感知和企业知识的依赖。根据 Vandermerwe 和 Rada 的定义，许多制造企业已从单纯的产品提供者转变为提供产品-服务包的解决方案提供商，经历了从仅提供物品到提供物品与附加服务，再到提供完整产品-服务包的转变。在这一转变中，供应链的角色发生了显著变化，不同角色下需采取不同的战略。因此，产品服务化供应链的细分是制定针对性战略的基础，以确保其有效实施。

2. 供应链服务化模式

Lambert 和 Cooper（2000）指出，供应链的形成和绩效主要由网络结构、业务流程和管理要素三方面决定。基于供需双方视角的服务化价值诉求，形成了五类供应链服务化创新模式，每种模式都有其独特的结构、流程和能力要素。

（1）嵌入式服务。以嵌入式服务为例，其核心在于将服务要素嵌入产品中，通过物质产品为客户创造使用价值和服务体验。这种模式通常表现为纵向供需关系，服务集成商通过整合内部资源，将服务融入产品中。例如，劳斯莱斯作为发动机制造商，不直接出售发动机，而是以"租用服务时间"模式提供产品，并承担保养、维修等服务。这种模式不仅为客户节约了成本，还为劳斯莱斯带来了服务型收入，其服务型收入占比已超过 55%。类似的还有合同能源管理模式，通过节能项目为客户降低运行成本，同时为服务提供商创造收益。

嵌入式服务与传统产品服务的主要差异：一是产品设计导向不同，嵌入式服务强调通过产品传递额外的服务价值；二是产品传递方式不同，嵌入式服务需要客户参与才能完成传递过程。

在供应链服务流程和管理能力方面，嵌入式服务主要涉及三种流程：一是市场响应流程，强调供应链的高效率和稳定性；二是价值创造流程，突出市场预测和需求创造能力；三是服务定制化流程，强调根据客户需求灵活组织资源和服务。嵌入式服务更侧重于价值创造流程，通过挖掘互补性产品和服务，为客户创造价值并分享利益。

（2）链接式服务。链接式服务通过整合系统设计、生产管理和物流分销，打通完整产业链，优化交易成本，为客户提供高效的产品服务。服务集成商在此过程中成为客户不可或缺的平台，其结构既包含纵向供需整合，也涉及横向的与其他机构（如金融机构、第三方物流等）的协同。

以香港利丰集团（后更名为冯氏集团）为例，它依托采购贸易、物流服务和本地分销三大职能，从传统贸易商转变为客户的供货商。香港利丰集团直接与境外买家签约，将生产任务外包给优质工厂，并统筹管理方案设计、采购、生产控制及物流等环节。凭借 15 000 多家合格供应商，香港利丰集团根据客户需求灵活选择最佳合作伙伴，实现供应链的高度定制化。此外，香港利丰集团还拓展了分销推广、供应链融资等服务，为客户提供了更具竞争力的产品。

类似地，国内一些基于互联网的行业垂直平台也通过整合供需信息、信用管理、物流服务、资金融资等功能，降低客户在复杂的全球化供应链中的交易成本，增强客户黏性。

在供应链服务流程和能力方面，链接式服务更注重市场响应型流程，通过整合各类活动和要素，提升供应链效率和稳定性。服务集成商需要具备技术与知识创造能力、流程设计能力、资源调配能力、生产管理能力和物流分销能力等。

（3）拓展式服务。拓展式服务是指服务集成商在深刻理解服务内涵和供应链组织方式的基础上，通过协调不同经济组织、整合服务要素，向上下游延伸价值链活动，创造新的价值诉求，推动服务运作水平的提升。这种服务化战略适用于产业服务复杂且需求连续性强的场景。

例如，国内一些装备制造企业［如陕西鼓风机（集团）有限公司或陕鼓集团］从单一设备生产逐步转向成套设备供应，甚至拓展到工程承包（EPC 模式），即工程、采购和建设一体化的交钥匙工程。这种模式不仅为客户省去了资源整合的成本，解决了多设备、多供应商的配套问题，还为客户强化了竞争力。对于服务集成商而言，这种延伸使它摆脱了单纯设备供应商的角色，开拓了新的市场空间，形成了新的经营能力。

此外，这些企业还通过提供维修、保养、远程监控和诊断等服务，为客户减轻了设备管理的负担，同时也开拓了新的业务领域，如备品备件采购和管理，创造了新的盈利点。

拓展式服务的供应链流程具有高度综合性，一方面要求具备完善的市场响应能力，包括系统设计、综合采购、生产管理和物流分销等能力；另一方面需要具有较强的价值创造能力，即感知市场变化、创造服务需求的能力。这种能力是服务集成商发展的关键，通过这种创新活动，供需双方都能提升竞争力并获得发展。

（4）模块式服务。模块式服务是指服务集成商围绕客户的核心业务，提供配套管理和后勤服务，以满足客户核心业务的多元化需求。在这种模式下，服务企业替代客户或后勤部门，以市场化方式提供全面解决方案，使客户能专注于核心业务和品牌价值创造。服务集成商将配套管理和后勤服务设计成不同服务模块，根据客户需求组合后提供给客户，帮助客户节约资源，强化核心竞争力，同时自身通过服务模块群获得收益。

例如，国内一些物业公司提出"后勤平台化"或"城市物业运营商"的概念，将客户所需资源和服务设计为基础管理、设备管理、资产管理、行政后勤等模块，并根据客户需求提供定制化集成服务。这种服务化战略既能满足大型客户对部分服务的需求，也能为资源有限的小型客户提供综合服务。

对于服务集成商而言，模块化服务通过标准化设计降低了完全定制化的高成本，同时模块组合带来了更多业务机会和组合利润。这种服务化战略强调定制化流程，基于供需双方互动、价值诉求和客户特点动态创造服务形态。因此，服务集成商需要具备服务模块标准化设计能力。

（5）产融结合式服务。产融结合式服务是一种特殊的供应链服务化模式，既可以独立存在，也能与其他服务化战略结合运用。其目标是通过整合物流、商流、信息流和资金流，帮助客户实现低成本和增强竞争力。这种模式依托产业供应链，结合金融资源，创新性地将商业、物流、金融和风险管理服务相结合，实现商流、物流和资金流的深度融合。

例如，怡亚通为中小型通信和 IT（信息技术）加工企业提供服务。这些企业面临订单交付时间紧张、采购周期长、上游供应商要求预付款等问题，而且自身流动资金不足。怡亚通利用自身的信用额度从金融机构获取资金，通过"代付款项"方式间接融资给客户，收取一定比例的服务费。提供该服务的前提是客户将采购和物流业务外包给怡亚通，因此怡亚通的收入与供应链环节的周转速度直接相关。同时，怡亚通通过掌控物权，进一步从金融机构或第三方物流公司获取资金收入。

这种服务化战略要求服务集成商具备以下五种能力：一是供应链组织结构设计能力，合理设计融通仓的主体构成和运作模式；二是集成模式设计能力，根据不同业务特点，将物流、金融、商业和风险管理等服务有机结合；三是信息系统设计能力，确保信息流和资金流的顺畅管理；四是合同设计与运营管理能力，通过合同管理降低业务风险，优化支付机制；

五是综合风险管控能力，有效管理供应链环境、质押物和企业经营状态，实现融资量和融资期限的良好设计。

知识解析

13.2   全球数字化供应链

◎ 资料 13-2   吉利汽车打造全球供应链

吉利汽车认为，它在出口发展中的核心竞争力源于全球化体系力的有效发挥。通过品牌、产品、供应链、工厂及销售链的全球化布局，吉利汽车深化全球战略，强化海外本土化能力，使品牌价值和产品竞争力在全球市场稳步提升。

据吉利汽车介绍，截至 2023 年 4 月它已覆盖中东、亚太、拉美、非洲及部分欧洲市场，在 59 个国家设有 457 家销售和服务网点，建立了体系化的运营管理组织和全球合作伙伴网络。

在营销层面，吉利汽车深入洞察消费者需求，优化渠道设施，强化用户体验，通过属地化人员和本地化营销活动，积极履行企业社会责任，逐步优化服务保障体系。在技术层面，吉利汽车依托 26 年的造车经验，拥有 BMA、CMA、SPA 及 SEA 四大全球领先的架构技术。此外，吉利汽车在全球布局研发设计中心和技术人才，为其全球化发展奠定了坚实基础。在产品层面，吉利汽车推出的 COOLRAY（缤越）、EMGRAND（第 4 代帝豪）、TUGELLA（星越）、MONJARO（星越 L）和 GEOMETRY C（几何 C）等车型，均根据当地市场趋势和消费者需求设计，具备造型、动力性能、科技性和人性化等多方面的竞争优势。例如，GEOMETRY C 在以色列市场已实现万辆交付，而 TUGELLA、MONJARO 和 EMGRAND 在中东、亚太等市场的细分领域跻身销量前三。吉利汽车的高端品牌领克在欧洲首创"订阅制模式"，截至 2023 年 4 月，欧洲订阅会员数已接近 20 万。

吉利汽车正加快海外业务的转型升级，以本地市场为中心，以用户需求为出发点，通过品牌、产品和 KD 工厂的国际化布局，加强产品、供应链、人才和营销的本地化运营能力。同时，吉利汽车将把握新能源发展机遇，加快右舵市场拓展，采用技术授权和订阅等多种创新合作方式，将高价值技术和产品输出到全球主要市场，助力实现 2025 年海外销售 60 万辆的目标。

资料来源：

中工网，《从产品出口到技术输出，吉利迈进"全链"出海新阶段》，2023-05-31。

当前，信息技术的快速发展推动了制造业的全球化趋势，全球化战略已成为跨国制造企业抢占世界市场的关键选择。全球化促使制造企业参与国际分工，利用全球资源，开展国际合作与竞争，从国内企业向跨国公司转变。

经济全球化使得自然资源、资金、技术和劳动力等生产要素在全球范围内流动，市场竞争也从区域化走向全球化。制造资源的组织优化从局部转向全球范围，传统的以区域为主、以产品为核心的集中式制造模式已难以适应新环境。新一代制造模式强调全球性、灵活敏捷的组织结构和快速响应能力，对企业提出了更高要求。大部分世界 500 强企业将精力集中在关键业务上，与全球优质企业建立战略合作关系，开展全球制造并构建全球供应链。全球制造的发展推动了供应链从国内向全球的扩展，这是供应链升级的重要策略。

13.2.1　全球制造

1．全球制造的概念及特点

20 多年来，经济全球化对制造业产生了两大主要影响：一是使大多数制造企业面临的竞争压力加剧；二是激发了制造企业开发全球市场的动机。为了更好地迎接全球化经济的挑战并充分利用其提供的机遇，许多企业正在竞相寻求全球制造策略。

全球制造的基本思想可以概括为利用全球资源，开发全球市场，追求全球效率（如通过全球制造构筑区域经济或实现风险的转移），以及获得附加的策略价值（通过全球制造实现长期的战略目标，如商标的价值）。可以把全球制造企业定义为为用户创造价值的一系列生产活动的载体。它可以是一个单纯的跨国公司（multinational enterprise，MNE），也可以是一种通过互相合作以捕捉特定市场机遇的策略联盟企业，即虚拟企业（virtual enterprise，VE）。

过去几十年，制造企业日益国际化，全球制造不断发展。表 13-1 将几十年来全球制造及市场的发展过程分为 4 个阶段，对每一个阶段分别给出了制造企业面向国际、国内市场的有关制造及市场开发的主要思想，以及赖以成功挑战竞争对手的策略。

表 13-1　全球制造及市场的发展过程

视角	第 1 阶段	第 2 阶段	第 3 阶段	第 4 阶段
策略	国内扩展	国外有限扩展	合理化	分散、分块、简化
生产	刚性、大批量、少品种	在国内大量生产，少量分散在国外刚性生产	全球及国内生产、集成网络、全球资源及零件的全球输送	柔性制造系统，多品种，不断革新，能力波动
市场	国内市场、出口国外	跨国市场	区域集成	分散各地
市场类型	单一市场	多个市场	多块集成	多级分散

全球制造的主要优点如下。

（1）可以方便地获得廉价的生产输入要素，特别是廉价的劳动力、原材料、能源等。

（2）由于接近市场，企业能为用户提供更加优质的服务，并可减少流通及价格浮动的不确定性。

（3）可以利用当地的技术资源。

（4）可以更方便地控制技术资产而无须技术特许。

（5）及早取得竞争优势，即有能力给其他竞争对手设置进入新市场的障碍。

2. 全球制造策略

近年来被普遍采用的获得竞争优势的全球制造策略有三类：第一类是要素输入策略（factor-input strategy），第二类是进入市场策略（market-access strategy）；第三类是由这两类派生出来的，如混合策略、轮毂轮辐策略。

（1）要素输入策略。该策略强调各种可利用的输入要素最优组合（低成本且高质量）的获取和运用，其原理如图 13-1 所示。其目的主要是通过将当地的竞争优势并入增值系统，增强企业在本国市场的竞争地位。它追求的是将不同的区域经济联结成一个有凝聚力的系统以提高生产率，把产品生产的某些阶段安排在有相对优势的国家，使企业获得经济优势。电子行业的许多企业在太平洋地区设立装配厂以利用当地的廉价劳动力，采用的就是这种策略。英特尔（Intel）公司率先于 1972 年在马来西亚的槟城（Penang）建立装配和测试厂，1974 年又推广到菲律宾的马尼拉。20 世纪 80 年代中期，在槟城建厂的电子公司超过了 40 家，在马尼拉的也超过了 20 家。一般来说，高技术加工器件（如半导体晶片）仍在美国生产，而劳动密集型的中低技术制造（如装配和测试）则转移到国外进行。墨西哥的保税工厂（Maquiladora）是要素输入策略的另一个典型的实例。20 世纪 80 年代后期，西欧和日本在墨西哥建立了许多保税工厂，到 20 世纪 90 年代，美国 500 强企业中的 75% 在墨西哥拥有一家或几家保税工厂，以利用墨西哥的廉价劳动力。

（2）进入市场策略。该策略注重不断开发外国市场，把获取相对的经济优势放在相对次要的位置，其原理如图 13-2 所示。这种策略促使许多企业在全球的关键市场建立生产厂以便将产品推向该地区，并使当地人尽快了解其产品，或者便于克服诸如关税、配额和当地有关规定等贸易壁垒。此外，进入和开发全球市场也使企业获得规模经济优势并能够转移其生产和市场风险。本田（Honda）汽车在美国俄亥俄州设立制造厂以及 1992 年欧洲经济一体化之前，美国和日本的企业竞相在欧洲建立制造厂就是企业采用进入市场策略的例子。

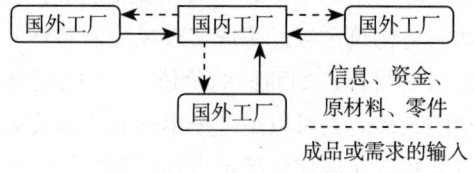

图 13-1 要素输入策略的原理

资料来源：邓明荣，葛洪磊.供应链管理：战略与实务[M].北京：机械工业出版社，2012.

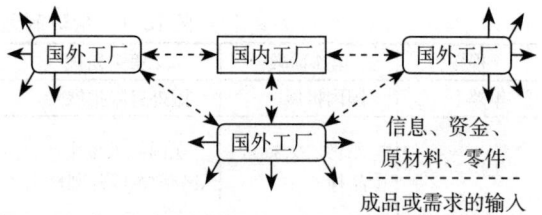

图 13-2 进入市场策略的原理

资料来源：邓明荣，葛洪磊.供应链管理：战略与实务[M].北京：机械工业出版社，2012.

（3）派生策略（混合策略、轮毂轮辐策略）。在很多情况下，当企业采用要素输入策略体现出一种全球化倾向，从而使它们进入全球市场时，混合策略就会产生。当开发全球市场的企业遇到价格压力时，又倾向建立要素输入的工厂，最终，真正的全球企业将集成上述两种策略，以提高它在全球市场中的竞争地位。这方面成功的例子有很多，如 1992 年福特（Ford）汽车公司已在五大洲具有生产和销售投资，它的管理者已认识到要通过全球制造网络来提高其生产效率。20 世纪 90 年代，福特汽车公司将营销重点放在开发亚洲主要国家、欧洲和南美洲的市场上。

在一定的情况下，当混合策略与当前的政治、经济形势结合在一起以开发某一地区的规模贸易时，一种新的全球竞争策略就会出现，它以新的竞争方法在世界主要贸易地区（西欧、北美洲、太平洋地区）建立制造和销售中心，以克服可能出现的贸易障碍，从而顺利进入这些市场。在每一个贸易区，销售及最终制造（装配）厂建立在主要市场附近；而劳动密集型的制造、装配厂则分布在劳动力价格低廉的周边地区；其他的零部件生产则放在离中心市场更远的地方。零部件通过进口到达贸易区以维持贸易区的生产，从而获得重要的价格优势。这种轮毂轮辐策略可以用美国企业寻求在欧洲或太平洋地区建立竞争市场的例子来说明。在欧洲，企业将销售中心（轮毂）建立在英国和德国，而将劳动密集型的制造、装配厂建立在西班牙和东欧国家（如匈牙利），这些工厂的竞争地位可能需要远在美国的研究和设计活动的进一步支持，劳动密集型的零部件生产则在墨西哥保税工厂完成，其他工程活动的支持可能来自日本。当一个企业试图在太平洋地区竞争时，也可能出现类似的情况，销售中心可能建立在日本和澳大利亚，而生产中心则建立在马来西亚和菲律宾。此外，这一策略不仅能帮助企业进入全球市场，还能帮助企业取得国内市场的竞争优势。需要强调的是，如果没有先进的供输系统的协调和集成，这种轮毂轮辐策略将不能有效地发挥作用。

3. 全球制造网络

Ernst（2002）提出全球制造网络（global production network）的概念，它包括企业内与企业间的交易以及各种形式的协调。这种网络将核心企业自己的分支机构、子公司和独立供应商、研发联盟等机构联系起来，其结构如图 13-3 所示。全球制造网络的核心企业是旗舰企业，它们与其分支机构、子公司、合资企业与外包服务商、供应商、服务供应商、研发联盟等联结在一起，将企业价值链分解成许多不同的功能块，并按照资源和能力的可获得性以及市场的成长性，把这些分解后的功能块放置在最能为企业带来效益的地方，从而形成全球制造网络。这些多样化的网络参与者将不同地域联系起来，并且涵盖了价值链的不同阶段，除了制造生产环节，还包括设计、采购、分销、物流、服务等环节。

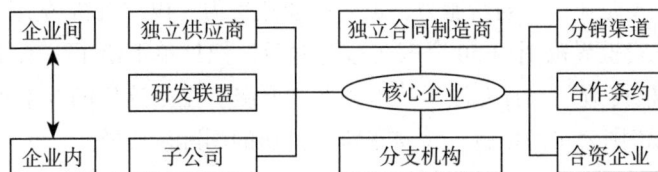

图 13-3　全球制造网络的结构

资料来源：邓明荣，葛洪磊.供应链管理：战略与实务 [M]. 北京：机械工业出版社，2012.

全球制造网络总体上包含两类成员：核心企业和各种类型的供应商。全球制造网络具有不平衡的特点，核心企业往往处于领导地位，而其他企业处于从属地位。

核心企业即全球制造网络中的旗舰企业。它们掌握着关键技术，决定着全球制造网络的战略，同时从全球制造网络中迅速获取与企业核心竞争力互补的低成本资源、能力和知识。旗舰企业包括品牌领导者和合同制造者，它们分别通过品牌企业的生产网络和自己的业务优势，将企业分散的供应商、知识和客户资源整合到全球制造网络中。

全球制造网络中各种类型的供应商，包括旗舰企业的子公司、分支机构、合资企业，也包括与旗舰企业无产权关系的独立供应商、独立合同制造商、分销渠道，以及研发联盟、以契约为基础的合作条约等，它们为旗舰企业提供不同的制造服务。这些成员可以粗略地分为两种类型：低层次和高层次成员。低层次成员比较不稳定，它们的成本较低，灵活性强。同时，它们只与高层次供应商接触，为高层次供应商提供服务，作为产能缓冲器，在全球制造网络中单纯替旗舰企业做外包业务，它们比较容易受到市场、技术和财务变化的威胁，其本身不具有独特的核心竞争能力，很容易被替代；高层次成员已经融入全球制造网络，处在供应商和旗舰企业的中间层级，具有自己的私有资产和小型的制造网络，并具有管理协调整个供应链的能力，形成了一定的核心竞争力，成为全球制造网络中相对难以替代的一部分，如富士康等企业。

4. 从国内供应链到全球供应链

国内一些企业可以积极地嵌入全球供应链，从全球价值链的边缘环节向核心环节攀升，努力提升自主创新能力，抢占全球竞争中的制高点。企业嵌入模式主要有两类。

（1）积极嵌入由旗舰企业主导的全球供应链。随着全球竞争的加剧，国内企业亟待摆脱将重点放在单纯满足本地有限市场需求的状况。一些初具实力的企业，可以尝试利用自身优势嵌入全球制造网络。旗舰企业在价值创造中占主导地位，这使得在全球供应链中，越接近核心企业的企业（高层次网络供应商），与其他的一般企业（低层次网络供应商）相比，越能更加迅速地与旗舰企业以及新进入网络的企业建立起相互间的资源交换关系。与越多企业进行技术交流，往往能产生越多的技术创新，而且，企业间的这种社会联结可以促进同一细分市场中的知识共享，企业间的强联结甚至可以促进复杂知识的共享。

国内中小企业有必要积极嵌入由旗舰企业主导的全球供应链，并且不断提升自身在全球供应链中的地位，从低层次的非核心成员向高层次的核心成员转型升级，成为能够直接和旗舰企业紧密合作的战略型合作伙伴。在全球供应链中建立起一种与旗舰企业强联结的伙伴关系，非常有益于国内企业利用旗舰企业的技术溢出，也能够快速帮助国内企业更有效地促进资源和能力的开发，提升自主创新能力，提高产业竞争力。以"杭机铸造"为例，日本东洋阀门株式会社在考察世界范围内50余家铸造企业后，把订单下给了一家此前并不知名的企业，原因在于"杭机铸造"一直专注于技术创新和升级。正是这样的技术实力，使它赢得日本三菱重工等一批跨国公司的信赖，跻身于跨国公司的国际供应链。

（2）构建企业自身主导的全球供应链。随着通信和物流技术的迅速发展，国内一些产业的领军企业的国际化进程日益加快，面临的挑战也更加严峻。这些企业的全球化发展，由以往的以贸易全球化为基本特征转向了以生产、资本、研发、服务的全球整合发展为特征，组织形式突破了以往立足于国内的局面，实现了企业内部分工国际化与产业价值链国际分工的深度协同，构建起以虚拟制造网络为支撑平台，整合制造外包、研发协作、生产联盟等多元化战略合作的新型组织生态。与此同时，企业的价值已不再单纯依赖于生产活动，而是取决于散布在全球供应链中的，包括研发、设计、生产物流、营销与服务等活动的复杂价值网络。

面对全球制造业重新布局、分工和整合的重要历史机遇，国内已经具备国际化经营能力的领军企业可以发挥国内要素优势，更加积极地开展国际分工和产业结构调整，加快建设依托本国优势的全球供应链。国内企业构建自身主导的全球供应链可以通过兼并收购海外的旗舰企业、自建海外基地等方式实现。以吉利汽车为例，通过品牌、产品、供应链、工厂、销售链等的全球化布局，吉利汽车深化全球战略，加强端到端的海外本土化能力，品牌价值及产品在全球市场的竞争力稳步上升。

13.2.2　全球数字化供应链概述

1. 全球数字化供应链的定义

全球数字化供应链是一种跨国界的供应链模式，其成员遍布全球，涵盖生产资料采购、产品生产、货物运输与销售，以及信息获取等环节。这种模式打破了传统的垂直一体化分工体系，改变了中小企业在国际贸易中的生态，成为国际贸易发展的新趋势和我国外贸高质量发展的重要推动力量。其构建意义在于，作为经济全球化和数字变革的产物，全球数字化供应链是我国实现国内国际双循环的战略节点，也是推动贸易数字化转型的关键力量。因此，需要加强战略指引和政策支持，拓展数字化供应链的全球布局，助力中小企业融入数字化供应链体系，并推动形成全球数字化供应链与经贸规则的新框架。

全球数字化供应链的功能在于，通过现代网络信息技术，全面快速地了解全球消费者需求，实现供应链的一体化和快速反应。核心企业与供应商、销售商乃至最终消费者之间通过信息共享，优化商流、物流、资金流和信息流，以满足全球消费者的需求。其含义是，通过在全球范围内组织分散的商业活动，包括采购原材料、加工增值、配送产品、交换信息等，实现降低成本和扩大收益的目标。

全球产业链供应链是经济一体化的产物，也是其重要支撑。随着国际分工的深化，全球产业链供应链已形成相互依存、共生发展的格局。各国在供应链运营中认识到：开放共享和包容共生是产业链供应链融合的基础；数字化和网络化是融合发展的关键路径；绿色低碳和可持续发展是融合的方向。只有深度融合的产业链供应链才能具备稳定性和韧性。

因此，各国需要通过共同的数字化改造优化全球治理环境，构建具有普适性的顶层设计。只有完善国际化规则设计，建立平等的协商机制，充分考虑各国实际和独特性，才能确保全球供应链在重大突发事件下仍能保障关键资源的顺畅流通。

2. 全球供应链资源整合

全球供应链伴随经济全球化而生，是国际分工深化的必然结果。不同地区的企业通过合作，建设一个响应速度快、运作成本低、质量水平高的全球化产业链，使供应链上的企业能够获得持续竞争优势。

全球供应链整合包含两个维度：内部整合与外部整合。内部整合关注制造企业内部的活动；外部整合包括供应商整合与客户整合，关注的是组织间、区域间的资源整合。比如，菜鸟构建了覆盖全球 200 多个国家和地区的跨境物流网络，日均处理跨境包裹超过 450 万件。通过"点线面"多维度布局，菜鸟在海外建设了 eWTP、eHub、海外仓和自提点等基础设施并搭建了欧洲卡车网络。数智化技术如 RFID 技术和 Apollo 系统的应用，显著提升了物流效率和准确性，降低了成本。菜鸟还通过智能合单和分段协同模式优化物流流程，进一步提升了跨境物流的效率和稳定性。菜鸟不仅拓展了跨境物流业务，还稳步推进了海外本土化物流。其物流产品具备灵活配置能力，能够满足不同国家的差异化需求，同时，菜鸟在海外部署了技术团队，支持本土化业务的研发和运营。

3. 全球供应链战略模型

美国在 2012 年就发布了《全球供应链安全国家战略》，从促进商品高效安全运输和构建弹性全球供应链两个方面着手，维护国家的安全与经济稳定。我国若要扩大国际贸易流通范围，就必须打通国际物流枢纽渠道。这不仅需要在供应链创新应用上发力，还需加大对供应链枢纽城市物流基础设施的投入，扩大政策红利的覆盖面，以便在全国范围内积极推广相关举措。构建全球供应链战略模型时，应全面考虑内部要素、限制性要素和外延要素。全球供应链的研究范围涵盖宏观和微观层面。在分析具体对象时，应主要关注全球供应链的体系架构、目标设定以及约束条件等问题。尽管供应链管理活动本身不受国界限制，可在全球范围内开展，但不同主体实施供应链物流活动时，会受到多种约束条件的影响，包括商业环境、政策环境和地理环境等方面的限制。全球供应链的外延涉及经济环境、地缘政治环境、军事环境和自然环境等多个方面，这些要素还可以进一步被细分。此外，这些外延要素可以融入全球供应链物流的体系结构，从而拓展供应链的内涵和功能。

知识解析

13.3 供应链可持续发展的数字化变革

13.3.1 供应链可持续发展

1. 可持续发展的定义

可持续发展被定义为"在不损害子孙后代满足其自身需求的能力的情况下满足当前需求的发展。"它有三个维度：经济维度，经济发展要考虑可持续性；社会维度，社会要进步，消除贫困和不道德等；环境维度，要保护和改善环境与生态资源。数字经济的兴起和数字技术的变革应该有助于社会和企业的可持续发展。

2. 可持续发展的阶段

未来，只有将可持续发展作为目标的公司才能获得竞争优势，这意味着要重新思考商业模式以及产品、技术和流程。Ram Nidumolu 等（2009）指出实现可持续发展是一个包含 5 个阶段的过程，每个阶段都有其独特的挑战，需要企业培养新的应对能力。可持续发展的 5 个阶段如表 13-2 所示。

（1）阶段 1：将合规视为机会。企业迈向可持续发展的第一步通常是满足法律要求。合规并非易事，因为环境法规因国家、州甚至城市而异。例如，2007 年旧金山禁止超市使用塑料袋，而圣迭戈尚未实施类似禁令。除了法律要求外，企业还需遵守自愿性规范，如《温室气体核算体系》《森林管理委员会规章》和《电子产品环境评估工具》等行业标准。这些非政府和行业组织制定的标准往往比国家法律更严格，尤其在跨境贸易中。

表 13-2　可持续发展的 5 个阶段

阶段	核心挑战	所需能力	创新机遇
阶段 1：将合规视为机会	将符合规范的过程变为创新的契机	• 预见并引导法规的能力 • 与其他公司（包括竞争对手）合作实施创造性解决方案的技能	通过合规推动公司及其合作伙伴尝试可持续的技术、材料和流程
阶段 2：建立可持续价值链	提高整个价值链的效率	• 碳管理和生命周期评估等专业知识与技能 • 重新设计运营方式，以减少能源和水的消耗、减少废弃物排放 • 确保供应商和经销商的运营符合环保要求	• 开发可持续的原材料和零部件来源 • 增加风能、太阳能等清洁能源的使用 • 为退货寻找创新用途
阶段 3：设计可持续产品与服务	开发可持续产品，或重新设计现有产品以实现生态友好	• 识别对环境不友好的产品或服务 • 为可持续产品赢得公众支持，而不被认为是"漂绿" • 有扩大绿色材料供应和产品制造规模的相关管理知识	• 在产品开发中应用仿生学等技术 • 开发精简且生态友好的包装
阶段 4：开发新商业模式	寻找提供和获取价值的新方法，从而改变竞争基础	• 理解消费者需求并具备以不同方式满足需求的能力 • 了解合作伙伴提升产品价值的能力	• 开发改变价值链关系的新型交付技术 • 打造新的获利模式，提供服务而非仅仅依赖产品 • 设计结合数字与实体基础设施的商业模式
阶段 5：创建下一代实践平台	以可持续发展的视角质疑当今商业的主流逻辑	• 了解可再生和不可再生资源如何影响商业生态系统和行业 • 整合不同行业的商业模式、技术和法规的专业能力	• 构建商业平台，使客户和供应商以全新方式管理能源 • 针对传统上需要水的品类（如清洁产品），开发无须水的产品 • 设计新的技术，把运营过程中的副产品当作能源

资料来源：NIDUMOLU R, PRAHALAD C K, RANGASWAMI M R. Why sustainability is now the key driver of innovation[J]. Harvard business review, 2009: 56-64.

在全球范围内遵守最高标准可以节省成本。当企业仅满足最低标准时，因各国规则不同，需针对每个市场分别管理采购、生产和物流。惠普、思科等企业通过在全球工厂执行统一规范，实现了规模经济，优化了供应链运营。这种统一规范通常是全球最严格的规范。

率先响应政策的企业可以将监管者转变为盟友。例如，惠普曾协助欧洲制定环境法规，并利用这些法规提升自身竞争力。2001 年，欧盟通知硬件制造商从 2006 年起禁用六价铬。惠普成功说服监管机构将禁令推迟一年，以测试替代品，并利用这段时间将新技术传授给供应商，从而降低了采购成本。

处于合规前沿的企业往往能最早发现商业机遇。2003 年，欧盟颁布了 2002/96/EC 号"关于报废电子电气设备指令"，即 WEEE 指令，要求硬件制造商承担回收费用。惠普预测由政府主导的回收安排成本较高，于是与索尼、博朗和伊莱克斯合作创建了欧洲回收平台。到 2007 年，该平台在 30 个国家与 1000 多家公司合作，回收了约 20% 的设备，运营成本比竞争对手低了约55%。这一创新不仅为惠普节省了超过1亿美元，还提升了它在消费者、政府和行业中的声誉。

（2）阶段2：建立可持续价值链。企业一旦意识到法规的重要性，就会在环境问题上变得更加积极主动，重点关注减少不可再生资源（如煤炭、石油、天然气）和可再生资源（如水、木材）的消耗。这种努力不再局限于制造和办公环节，而是扩展到整个价值链。企业通过与供应商和零售商合作，开发环保原材料和零部件，减少废弃物，从而改善企业形象、降低成本或创造新业务，尤其在经济困难时期，这种方法显得尤为重要。为了推进可持续运营，企业需分析价值链中的每个环节（从显而易见的环节到不太显眼的产品退货环节）。

在供应链方面，大型企业通过激励措施促使供应商注重环保。例如，嘉吉和联合利华等公司针对雨林和湿地破坏问题，投资开发新技术，与农民合作推广可持续耕作方式，从而改善作物产量和种子生产技术。一些企业还自行设定环保规范。例如，沃尔玛要求供应商减少废弃物排放，降低包装成本，并提高产品能源效率；联合利华承诺只采购可持续来源的棕榈油和茶叶；史泰博计划使大部分纸质产品来自可持续采伐的森林。此外，企业碳管理、碳与能源足迹分析和生命周期评估等工具可以帮助企业识别供应链中的废弃物来源，其中生命周期评估尤其重要，它涵盖从原材料供应到产品使用再到退货的整个价值链中的环境相关投入与产出。例如，某公司通过生命周期评估发现，其供应商消耗了供应链中80%的资源，因此供应商成为可持续运营的优先对象。

在运营方面，构建可持续供应链的核心是通过创新提高能源效率，减少对化石燃料的依赖。例如，联邦快递通过其Fuel Sense计划，用波音757替换旧飞机，引入波音777，开发优化航班安排的软件，并安装太阳能系统和使用混合动力货车，从而大幅减少燃油消耗并提升运载量。此外，联邦快递还将节能专业技术转化为独立的咨询业务，开辟新的利润增长点。

在工作场所，一些企业鼓励员工远程办公，以减少通勤时间和能源使用。例如，IBM有25%的员工远程办公，每年节省7亿美元的房地产成本；AT&T（美国电话电报公司）每年因远程办公节省5.5亿美元。研究表明，每周远程办公3天以上可提高10%～20%的生产力，并显著提升员工满意度。

在退货管理方面，企业通过关注削减废弃物，将退货视为价值回收。例如，思科曾将二手设备视为废品，每年回收成本约800万美元。后来，公司成立价值回收部门，将退回设备用于内部保修、实验室培训等，设备重复利用率从2004年的5%提高到2008年的45%，回收成本降低了40%。2008年，该部门为思科带来了1亿美元的利润。

通过建立可持续价值链，企业不仅能享受能源效率提升和浪费减少带来的经济效益，还能将可持续发展举措与业务结果挂钩，为应对未来挑战奠定基础。

（3）阶段3：设计可持续产品与服务。在这个阶段，管理者发现不少消费者更倾向于选择环保产品。于是，企业可以通过提前对现有产品进行改造或者开发新的环保产品，来赢得竞争优势。为了确定哪些产品创新最优先，企业需要利用之前积累的经验和工具。

（4）阶段4：开发新商业模式。成功的商业模式不仅包括创新的营收方式，还涉及与其他公司合作提供服务。例如，联邦快递将其文档递送业务与收购的Kinko's打印店整合。如果客户需要从西雅图寄文件到纽约，联邦快递会建议客户将文件以电子形式传输到纽约的办公室，然后在当地打印和装订，第二天送达目的地。这样，客户有更多时间准备材料，还能享受高质量的打印服务。同时，大部分文件通过电子传输，减少了运输成本和碳排放，使服务更环保。

新技术也为初创企业提供了颠覆传统商业模式的机会。比如，加州的 Calera 公司开发了一种技术，从工业排放物中提取二氧化碳，结合海水中的钙和镁制造水泥，模仿珊瑚礁的形成过程。Calera 的第一家工厂位于蒙特雷湾 Moss Landing 发电厂附近，该厂每年排放 350 万 t 二氧化碳。Calera 的商业模式是免费提供水泥，向污染企业收取排放清除费用。虽然前景尚不确定，但其技术可能颠覆传统水泥行业，减少污染。

（5）阶段 5：创建下一代实践平台。要引领下一代创新，高管需要质疑现有实践背后的假设。这种思维方式是推动工业和服务业发展的关键。历史上，许多变革源于大胆的提问，比如"能否制造不用马匹拉动的车辆？"或"能否像鸟儿一样飞翔？"这些挑战现状的思考改变了世界。同样的思路也可以应用于解决资源稀缺问题，例如开发不用水的洗涤剂或培育无须灌溉的水稻。

可持续发展可以催生下一代实践平台。一个典型的例子是智能电网，即利用互联网技术管理能源生产、传输、分配和消费。智能电网不仅能降低成本，还能提高能源使用效率。如今，随着大量投资涌入，智能电网正逐步成为现实。通过智能电表和传感器，企业可以优化设备的能源使用，同时推动跨行业平台的开发，以管理城市、企业和家庭的能源需求。思科、惠普、IBM 等技术公司，以及杜克能源、南加州爱迪生电力等公共事业单位，都在积极投资这一领域。

13.3.2　供应链可持续发展的数字技术

通过概念化物质、能源和信息的组合，物理产品和生产的数字化已经成为可持续发展的一个新兴理念。数字化为应对全球可持续发展挑战提供了巨大机遇。目前，包括无人机、传感器、GPS 和大数据处理算法在内的数字技术对阐明（和解决）世界的社会和环境挑战至关重要。新兴的数字技术和其他高新技术将在以下几个方面推动和赋能供应链的可持续发展。

（1）物联网技术，如物联网、传感器、GPS 等大大提高了供应链的可见性和透明度，这将助力减少供应链运营风险。许多供应链运营风险将造成对社会、环境的破坏和对员工的伤害，减少这类风险无疑有利于可持续发展。

（2）物流的智能自动化，如物流机器人，不仅提高了物流的效率和准确性，而且减少和代替了工人繁重、重复的劳动，提高了工人的幸福指数。

（3）人工智能技术，如人工智能中的机器学习算法能帮助企业认识影响供应链的战略和机会，从而将供应链的不确定性和风险转变为发展机会。

（4）高级分析和人工智能，能帮助企业找出问题产生的原因和改善供应链协同，并做出正确的可持续发展的决策。

（5）智能的数字化供应链管理平台，能提供最佳的供应链计划、最优的网络设计和最优的运输线路规划，大大提高物流的效率，减少运输次数和缩短运输距离，推动供应链可持续发展。

13.3.3 数字化逆向供应链

1. 循环供应链

在传统经济模式下，供应链主要关注从原材料采购到产品制造，再到交付终端客户的过程，这被称为正向供应链。然而，随着数字经济的兴起，企业开始重视产品交付后的一系列活动，如维护、退货、再制造以及原材料回收等，这些活动构成了逆向供应链。逆向供应链对社会和企业的可持续发展具有重要意义，因为它有助于改善人们的生活环境。

传统的线性经济以生产和消费为核心，忽视了资源的循环利用和可持续性，导致资源的过度消耗。而现代数字经济推动了循环经济的发展，循环经济强调资源的循环利用，通过循环供应链实现可持续发展。循环供应链是解决可持续发展问题的重要工具，它对环境保护和资源利用具有显著贡献。

循环经济的基本原理包括：采用可再生或可恢复的工业系统设计，替代传统的"生命终结"模式；通过再利用等方式延长产品使用寿命；创新商业模式，优化材料、产品和系统设计以减少浪费；转向可再生能源的使用；加强供应链管理，促进资源的最大化循环利用。这种模式为循环供应链提供了清晰的框架，正向供应链从原材料到产品交付，而逆向供应链则负责回收和再利用，形成一个完整的循环。

据高德纳咨询公司预测，循环经济将在未来十年内取代线性经济。其调查显示，84%的参与者认为供应链在组织的循环经济战略中扮演着关键角色。消费者也越发关注减少浪费、使用绿色能源等环保措施。数字经济未来将向数字循环经济转型，数字化供应链也将演变为数字化循环供应链。正向供应链与逆向供应链相结合，形成了全供应链，这是一个多循环的供应链体系（见图 13-4）。

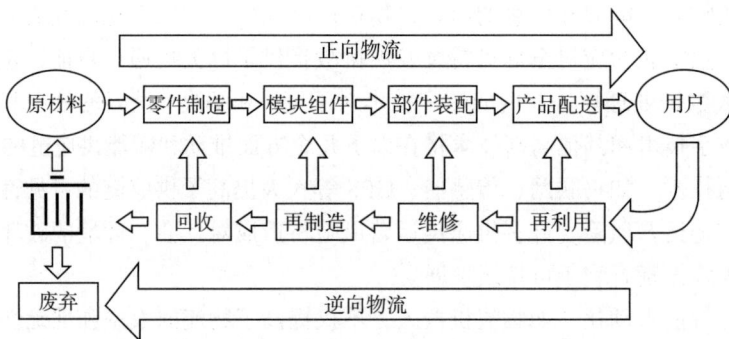

图 13-4　全供应链

资料来源：唐隆基，潘永刚.数字化供应链：转型升级路线与价值再造实践 [M]. 北京：人民邮电出版社，2021.

过去，企业主要关注正向供应链的优化，如制造商、批发商和零售商之间的协作。然而，随着市场竞争加剧，企业开始重视逆向供应链的管理。逆向物流的概念早已存在，尤其在汽车行业，制造商通过回收汽车零部件来创造价值。如今，逆向物流已扩展到制造业、零售业等各个行业。在数字经济时代，消费者的购买行为发生变化，电商推出灵活的退货政策，导致退货库存增加，如何将这些退货转化为价值成为企业面临的一个挑战。同时，电子垃圾和生活垃圾等废弃物的增加也对环境造成了威胁，逆向物流在废弃物的再生和回收方面发挥着重要作用。

逆向物流的概念最早由美国学者道格拉斯·兰伯特和詹姆斯·斯托克于 1981 年提出，他们将它定义为与正常物流方向相反的流动。1992 年，美国物流管理协会正式定义逆向物流为与循环利用、废弃物处置和危险物质管理相关的物流活动。1997 年，学者莫里茨·弗莱施曼进一步指出，逆向物流不仅包括产品的逆向运输，还涉及将回收产品转化为可再用产品的过程。2002 年，美国逆向物流协会成立，推动了逆向物流的全球化发展。2013 年，该协会从循环供应链角度重新定义了逆向物流，将它提升到逆向供应链的高度，并从产品生命周期角度进一步完善了逆向物流的定义（见表 13-3）。

表 13-3　产品生命周期管理

	供应链类型	供应链管理活动	具体内容
产品生命周期	供应链/正向物流	新产品开发	设计开发、技术路线图、ASIC 开发、机械设计、PCB 布局、原型设计、新产品引入
		原材料管理	供应商关系、规划、采购、库存计划、组件制造
		制造/分销	印刷电路板组装、箱盒组装、量产、集成、配置、最终测试、对客户的分销、履约运输
	后市场供应链/逆向物流	后市场客户服务	客户服务（服务台）、库存维修/再制造、物流服务（运输管理/仓储管理、备件管理、退货管理、更换管理）、产品翻新、筛选/计数审计产品、产品报废、资源/再生、履约服务、信息过程管理、回收利用、废料/废物管理、灰色渠道管理、保修管理、召回管理、资产管理、可持续发展、环境资源保护

资料来源：根据美国逆向物流协会创建的产品生命周期管理图表整理。

循环供应链是未来的发展趋势，传统的线性供应链正逐渐被循环供应链取代。制造商通过翻新废弃产品进行再销售，以应对原材料成本上升和供应不稳定的问题。许多公司选择将产品分解为原材料，以降低生产成本，减少对新流程的依赖。循环供应链不仅降低了原材料采购成本，还减少了价格波动风险，同时通过减少浪费，降低了企业对环境的负面影响。此外，日益严格的回收和废物处理法规也推动企业采用循环供应链。消费者对环保产品的偏好也为推动可持续发展实践的企业带来了市场激励。

2. 逆向供应链数字化变革

虽然人们对逆向供应链的认知时间晚于正向供应链，但近年来随着循环经济的兴起，逆向供应链的重要性越发凸显。在新兴技术的推动下，逆向供应链的数字化转型已成为行业趋势。

循环经济构建了一个物质循环的生态系统，在这个系统中，过去被视为废弃物的物品如今被赋予了新的价值。然而，这些生态系统复杂且充满相互依存关系和反馈循环。数字技术能够支持供应链的可视化并优化原材料和服务的决策过程。目前，已有 35% 的公司认为新兴数字技术将成为其循环经济战略的关键驱动力，但实际应用这些技术的企业仍然较少。

多种技术的组合将推动企业实现循环经济，高级分析、3D 打印、物联网（IoT）、机器学习（ML）和人工智能将发挥关键作用，这些技术将成为循环供应链，尤其是逆向供应链的重要推动力量。

以 Optoro 智能逆向供应链物流平台为例，Optoro 是一家领先的逆向物流解决方案提供商，为零售商优化退货和过剩库存的管理与销售。其智能平台通过数据驱动的方式，为每件退货和过剩产品创建信息档案，并通过分析确定最佳处理渠道，包括直接再售、批发、退回供应商、捐赠或回收。Optoro 的智能逆向物流系统借助前沿数字技术，利用大数据分析挖掘退货、过时产品及过剩库存的市场价值。其智能配置系统可精准识别、分析并分类这些物品，为每件物品匹配最合适的处理路径，以实现价值最大化。同时，Optoro 配备的数据可视化仪表盘显著增强了逆向供应链的全程可视性，助力了制造商、零售商和处理商等的快速决策，例如优化废旧物回收网络和选择最佳处理方案。

再如，双星集团是全球轮胎行业中率先实现全生命周期绿色化管理和数字化转型的企业之一。它通过技术创新和智能化升级，打造了全球首个全流程"工业 4.0"智能化工厂，并构建了从研发、制造到废旧轮胎循环利用的全产业链绿色生态，每年可处理废旧轮胎近2000 万条。这些工厂不仅实现了废旧轮胎的无害化、减量化处理，还通过资源化利用，形成了绿色循环产业链。

13.3.4 绿色供应链

1. 绿色供应链的概念

随着中国经济进入新常态，供应链发展速度放缓，更加注重高质量发展。与此同时，环境问题日益凸显，促使供应链管理向绿色化转型。绿色供应链是可持续供应链在环境维度的具体实践，旨在综合考虑环境影响、资源利用效率和企业收益，遵循生态环保理念，在从原材料采购到废料回收再利用的供应链全流程中，实现环境效益最大化。

绿色供应链的概念最早由美国密歇根州立大学在 1996 年提出，也被称为环境意识供应链或环境供应链。它是一种现代管理模式，基于绿色制造理论和供应链管理技术，涵盖供应商、生产厂、销售商和用户，目的是在产品全生命周期中，最小化环境影响，最大化资源效率。

广义上，绿色供应链要求供应商将环保原则纳入管理机制，使产品更具环保属性，以提升市场竞争力。企业通过实施环保采购方案、绩效评估等，促使供应商遵循环保要求；列出有害物质清单，禁止供应商使用相关原料和包装，减少污染排放。

未来，随着绿色消费观念的普及和绿色消费群体的扩大，需求端将推动供应链革新，促使企业输出绿色产品和服务，提供更环保的消费方式。全球数字化供应链中的企业将更加注重通过信息流和物流协同合作，降低物流损耗，提高包装利用率，实现绿色供应链价值。电商、零售等行业也将通过推广绿色消费观念，促进绿色消费的实现。

2. 绿色供应链的管理结构

（1）精益和绿色供应链模型。"精益和绿色供应链模型"（lean and green supply chain model）是由美国环境保护署（EPA）于 2000 年发布的，旨在为材料经理和供应链经理提供一种实用指南，帮助他们削减成本并提升环境绩效。该模型由美国政府与美国工业企业、行业协会及科研院所共同开发，是一种系统化的绿色供应链实施方法。该模型采用四阶段决策流程：首先，识别各流程和设备的环境影响，并筛选出具有显著改善潜力的环节；其次，评估这些环节中能够带来成本节约和环境影响降低的机会；再次，对各种备选方案进行定量和定性收益分析；最后，选择最优方案并实施，同时监控执行效果，确保系统性能达到预期目标。这一模型为不同产品、流程和行业的绿色供应链管理与研究提供了通用框架，广泛适用于各类企业，帮助企业在实现经济效益的同时，兼顾环境可持续性。

（2）绿色供应链运作参考模型。绿色供应链运作参考模型（LMI，2003）是聚焦产品生命周期每一阶段对环境影响的一个模型。GreenSCOR 修正了 SCOR 5.0 模型结构，使它包含了环境过程、绩效体系和最佳实践。这些修正大部分出现在 SCOR 模型"最佳实践"部分。LMI 通过构造法开发了 GreenSCOR 模型。首先，他们研究了 GrSCM（绿色供应链管理）最佳实践和绩效体系。其次，评估现有 SCOR 模型程序的环境影响。最后，LMI 把环境绩效体系和最佳实践合并到 SCOR 模型，并分析了关于每一变化的特定原因及其对供应链运营影响等方面的改变（Wilkerson，2003）。

SCOR 9.0 中只有回收过程与 GrSCM 概念部分相关，而 SCOR 10.0 对绿色供应链提出了明确要求，适应全球可持续发展的绿色供应链成为主要发展方向。环境管理和供应链管理领先企业更有意愿使用 GreenSCOR 模型。对环境管理来说，这里包含 GrSCM 实践与生命周期评估。对供应链管理而言，企业必须实施供应链整合并采用 SCOR 模型。

（3）基于不同环节的绿色供应链结构模型。我国学者深入剖析了生产企业、供应商、物流企业以及销售企业等在从供应链源头到终端的各个节点中的关键作用。在此基础上，以供应链管理、环境保护和资源优化的综合效益为目标，将绿色供应链管理划分为绿色设计、绿色采购、绿色生产、绿色物流、绿色营销和绿色可回收等 6 个核心领域，形成了完整的绿色供应链结构模型，如图 13-5 所示。

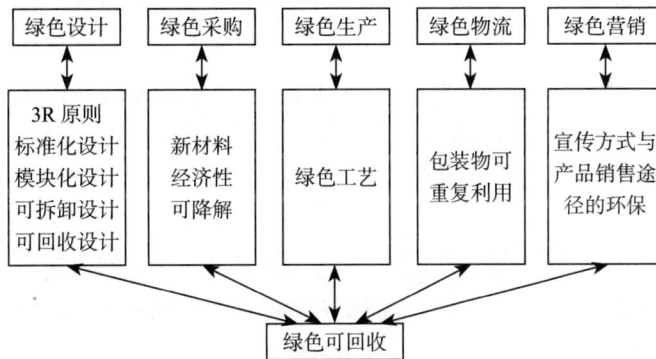

图 13-5　绿色供应链结构模型

1）绿色设计。在 GrSCM 中，供应链的各个层面都有机会通过相关策略实现优化。有关生命周期评估（life cycle assessment，LCA）的研究显示，产品设计阶段是减轻环境影响和减少资源需求的关键环节，其潜在的改善机会可达 70% 以上（Johannson，2001）。因此，绿色设计成为绿色企业必须关注的核心问题。

绿色设计是一个跨学科领域，不仅需要多领域的专业知识，还涉及环境风险管理、产品安全、污染防治、资源保护和废弃物管理等方面。目前，环境分析方法已较为成熟，主要包括生命周期评估（LCA）和环境意识设计（environmentally conscious design，ECD）。生命周期评估用于量化产品、工艺或活动在整个生命周期内的环境负荷，涵盖从原材料开采、加工到制造、运输、配送，再到再使用、维护、回收利用及最终处理的全过程。环境意识设计则专注于在产品和工艺设计中融入环境因素,以实现更低的成本、更清洁的生产过程、更小的环境与健康风险、更好的企业形象和更高的生产效率。环境意识设计的方法包括物料/产品回收设计、可循环设计、易拆卸设计、废弃物最小化设计、再制造设计以及优化材料选择等。

绿色设计的核心理念是 3R 原则(reduce,reuse,recycle),即减少资源消耗、促进产品和零部件的再利用以及实现再生循环。此外,绿色设计的主要原则还包括标准化设计、模块化设计、可拆卸设计和可回收设计等。

2)绿色采购。绿色供应链的起点在于原材料供应,源头的污染控制至关重要。原材料从自然中提取,经过加工制成零部件,在这个过程中会产生废料和污染物。这些副产品部分被回收利用,部分则回归自然。零部件组装成产品后进入市场,消费者在使用过程中会多次维修,直至产品报废。报废后的产品经过拆解,部分零部件可直接回收用于生产,部分经加工再利用,剩余的废物经过处理后,一部分转化为原材料,另一部分回归自然,通过自然降解和再生形成新的资源。

绿色采购是绿色供应链的重要环节,企业通过与供应商的紧密合作,根据绿色制造的要求,提出原材料的环保标准,如辐射性、毒害性和可回收性等,从而选择低污染、低资源消耗且成本合理的原材料。绿色采购的目的是减少产品和服务的环境影响,其程序和系统是绿色供应链的起点,因为采购是企业与供应商接触的最初环节。引入绿色标准可以推动整条供应链的绿色化。

例如,宜家公司要求其产品所用的木质原材料必须来自经过林业监管部门认证或森林管理委员会(Forest Stewardship Council,FSC)等同等标准认证的林区,以确保原材料的可持续性。

3)绿色生产。生产过程是通过机械、物理或化学作用将原材料转化为所需零部件的过程,包括毛坯制造、表面加工和质量检验等环节。绿色生产需要综合考虑生产过程中的资源消耗、物料流动、废弃物产生以及对环境的影响。

绿色生产的核心目标是通过合理选择材料和技术,降低产品对环境的影响。绿色再生产则是对磨损产品进行修复,使其恢复如新。绿色生产涉及减量和回收活动,而再生产包括产品和材料的再利用与再循环。这些环节都需要有效的库存管理和生产计划,因为回流产品的数量往往是不确定的。

随着国际环保法规(如欧盟的 REACH 法规)的日益严格,环保已成为新的贸易壁垒。中国制造业要保持竞争力,必须走绿色生产之路。绿色生产要求企业对生产过程、产品和服务实施整体预防的环境战略,提高生产效率,节约原材料和能源,避免使用有毒物质,并在排放废弃物前减少其数量和毒性。

目前,电子和汽车行业等领域的领先企业已将绿色制造纳入发展战略。例如,广州万宝公司与通用电气(GE)公司合作开展材料应用和替代技术研究;TCL 公司正在推进无铅焊工艺和绿色供应链管理;美的公司建立了有害物质的环境质量控制体系和检验标准,并在电子电气产品无铅化方面取得了成果,同时与供应商签订了绿色采购协议。

4)绿色物流。物流活动对环境的影响不容忽视,而绿色物流的核心目标是最大限度地降低这种负面影响。在物流采购环节,必须严格筛选,杜绝不符合环保标准的原材料和产品进入供应链。在装卸和搬运过程中,一方面要提升设备的利用效率,推广节能和环保型设备；另一方面要防止物品在搬运中损坏或泄漏，尤其是化学物品和不可降解物品，以免对环境造成严重污染。运输环节是绿色物流的关键，应合理规划运输路线，减少总里程；同时，选择尾气排放达标、能耗低、噪声小、污染少的运输设备和运输方式。在包装方面，应倡导使用节约型、可回收或可降解的包装材料。在流通加工环节，应通过规模化作业实现资源利用效率的提升。

5）绿色营销。绿色营销是指企业在市场调研、产品研发、定价策略和促销活动等营销环节中，以生态平衡和环保理念为指导，实现企业发展与消费者及社会利益的协调一致。2009 年，德勤公司对美国 11 家主要零售商的 6000 多名消费者进行调查，结果显示 54% 的受访者在选择产品和购物场所时会考虑绿色和环保因素，其中 1/5 的人认为这一因素极为重要。2010 年美国国家地理学会的"绿色指数调查"也表明，46% 的受访者计划在未来两年内购买节能型汽车，这反映出消费者对绿色产品的需求正在增长。

6）绿色可回收。随着技术的发展，产品功能日益丰富，但其生命周期却不断缩短，导致废弃物数量急剧增加。这不仅造成了资源和能源的巨大浪费，还成为固体废弃物和环境污染的主要来源。为应对这一问题，绿色可回收策略应运而生，其关键在于构建从最终用户到零售商、回收站、制造商或处置点的物料逆向流动体系。

3. 数字化绿色供应链

数字化绿色供应链是指在供应链的全生命周期内，通过物联网、大数据、区块链、人工智能等数字化技术，实现环境影响最小化和资源效率最大化的供应链模式。这种模式不仅关注经济效益，还强调环境和社会的可持续性，通过数字化手段提升供应链的协同性、透明度、动态性和创新性，推动供应链各环节的绿色转型。数字化绿色供应链有如下特征。

（1）协同性。数字化绿色供应链强调企业间的紧密合作。在这一模式下，供应链上下游企业通过数字化平台实现信息的实时共享，共同参与环境项目，开展绿色创新合作。这种合作不仅限于业务层面，还涵盖了环境和社会责任的共同承担。企业之间形成一个信任网络，通过知识创造的协同效应，共同推动供应链的绿色转型。例如，供应商可以实时向制造商提供原材料的环境数据，制造商则可以根据这些数据优化生产流程，减少环境影响。同时，企业内部各部门之间也通过数字化工具实现高效协同，共同推动绿色供应链的实施。这种协同性不仅提高了供应链的运作效率，还增强了企业的环境责任感和可持续发展能力。

以宝马为例，它在绿色供应链实践中展现了行业领先的可持续发展理念。通过与河钢集团合作，宝马从 2023 年中期开始逐步使用低碳汽车用钢，这一合作推动了钢铁生产的绿色化。在生产环节，宝马沈阳基地通过优化水资源利用、实现零废弃物填埋以及建立动力电池闭环回收模式，推动绿色制造和循环经济的发展。同时，宝马通过 SAQ 5.0 评估体系全面监督供应商的环境、社会和治理表现，推动供应链的全面可持续发展。此外，宝马积极探索可再生能源的应用，如地热能和生物沼气，并计划到 2027 年实现绿色充电，进一步降低使用阶段的碳排放。通过这些举措，宝马不仅在自身生产中践行绿色理念，还通过与供应商的深度合作，推动整个产业链的可持续发展，为汽车行业树立了绿色转型的标杆。

（2）透明度。透明度是数字化绿色供应链的重要特征之一。借助数字化技术，供应链各环节的环境表现和资源利用情况清晰可见。企业可以实时获取供应商的环境数据，确保供应链的绿色合规。例如，通过物联网技术，企业可以实时监测原材料的来源、生产过程中的能耗和污染物排放情况，从而确保供应链的环境友好性。此外，大数据分析技术使企业能够基于实时数据做出更科学的决策，优化供应链运作。提高透明度不仅有助于企业内部的管理，也为消费者提供了更多的信息，增强了消费者对产品的信任度。例如，消费者可以通过手机应用查看产品的环境足迹，从而做出更环保的消费选择。

（3）动态性。数字化绿色供应链具有很强的动态性。数字化技术使供应链能够根据市场变化、环境政策调整等实时优化运作，快速响应外部环境的变化。例如，通过大数据分析，企业可以预测市场需求的变化，提前调整生产计划，减少库存积压和资源浪费。同时，企业可以利用数字化平台灵活调整供应链布局，优化资源配置，提高供应链的韧性和适应性。这种动态性不仅提高了供应链的灵活性，还增强了企业的市场竞争力。例如，当新的环保政策出台时，企业可以迅速调整供应链的运作模式，确保符合政策要求，避免因违规而产生经济损失。

（4）创新性。创新性是数字化绿色供应链的核心特征之一。数字化技术为企业提供了更多的创新机会，鼓励企业探索新的绿色供应链模式和解决方案。例如，通过数字化绿色设计，企业可以在产品设计阶段就考虑环境因素，减少产品的环境足迹。在生产过程中，智能化管理技术可以优化生产流程，提高资源利用效率，减少污染物排放。此外，数字化平台促进了企业之间的知识共享，企业可以共享和交换关于环境问题的关键知识和信息，促进绿色创新。例如，企业可以通过在线社区分享绿色技术的应用经验，共同解决环境问题。这种创新性不仅推动了供应链的绿色转型，还为企业带来了新的经济增长点。

13.3.5　ESG

1. ESG 的概念

ESG 是环境（environmental）、社会（social）和公司治理（governance）的缩写，是一种新兴的企业评价标准，关注企业在环境、社会和治理方面的绩效。狭义上，ESG 是企业履行环境、社会和治理责任的核心框架，也是评估企业相关风险的体系。对投资者而言，ESG 是一种系统方法论，用于关注企业非财务绩效的价值与风险，以实现长期收益。广义上，ESG 是一种追求经济、环境、社会和治理效益协调发展的价值观，体现了长期价值增长的投资理念。

ESG 作为衡量企业可持续发展绩效的体系，对企业供应链管理提出了更高要求。可持续供应链的实践能够显著提升企业在 ESG 评级中的表现。供应链 ESG 管理是在传统供应链管理的基础上，增加对供应商治理架构、员工福利、利益相关者管理、碳排放、环境效益和危机管理等 ESG 要素的评估。这种管理方式不仅能确保产品和服务的高质量，还能从供应链环节降低国际贸易、政策、气候、产业转型和市场消费模式变化等潜在风险，从而提升企业的市场竞争力。以日日顺供应链为例，该企业深度践行 ESG 理念，通过绿色物流体系助力"双碳"目标。在仓储端，公司通过打造智能无人仓，应用 AGV、RGV 等智能设备，实现 24h "黑灯"作业，提升效率并降低能耗。在运输环节，依托 TMS 系统和北斗、GPS 技术，优化配送路径，推广新能源车辆，减少碳排放。在交付场景中，采用智能定制循环箱实现数字化监控，降低包装成本与环境压力。此外，日日顺供应链通过场景物流模式，为用户提供从方案设计到安装售后的全流程服务，实现产品全生命周期的绿色化管理。

在社会与公司治理方面，日日顺供应链聚焦"人的价值"，自 2016 年起打造"日日顺创客训练营"，为大学生提供创业孵化平台，覆盖 500 多所高校，孵化项目 261 个，推动产学研融合。在社会责任上，日日顺积极投身抗疫赈灾一线，开通抗疫物资免费运输通道，开放网点和仓库，提供便民救助服务，助力社会应急保障。凭借这些实践，日日顺不仅推动了自身与行业的可持续发展，也为社会的绿色转型贡献了重要力量。

近年来，ESG 在全球范围内迅速普及，越来越多的投资者和资产管理机构将它纳入公司研究和投资决策框架。同时，多国政府和交易所开始制定规则，鼓励或强制上市公司披露 ESG 信息。上市公司参与 ESG 实践的积极性也在不断提高。对 ESG 的广泛认可不仅源于企业对可持续发展的追求和投资者对长期效益的需求，更在于它凝聚了社会对向善向好理念的共识。

根据使用主体的不同，ESG 可分为 ESG 实践和 ESG 投资。ESG 实践是指企业履行环境、社会和治理责任，推动可持续发展的过程；而 ESG 投资则是指投资者依据企业在环境、社会和治理方面的表现进行投资的过程。两者相辅相成，互相影响。此外，ESG 生态圈还包括 ESG 信息披露标准、ESG 评价体系和 ESG 投资产品。其中，高质量的信息披露是基础，评价体系为企业绩效提供评估和比较方法，投资产品则是基于这些实践的金融工具。通过这些要素的协同作用，ESG 构建了一个完整的生态系统，推动企业和投资者共同实现可持续发展目标。ESG 生态圈图谱如图 13-6 所示。

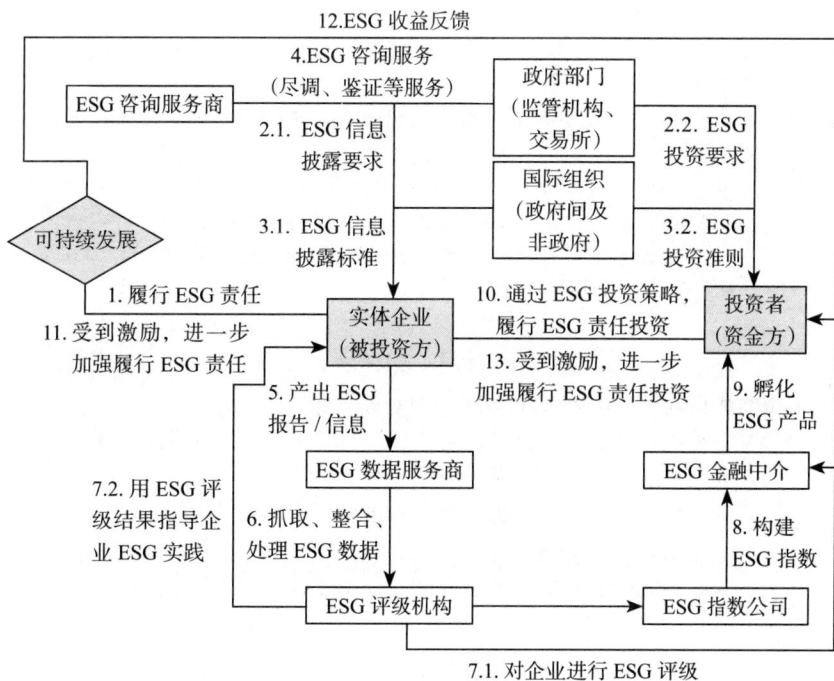

图 13-6　ESG 生态圈图谱

资料来源：华宝证券；北京 ESG 研究院整理。

2. 制定 ESG 战略规划及指标

为了实现 ESG 目标、增强经营韧性以及优化成本管理，企业不能仅停留在定义 ESG 战略的层面，而应将 ESG 战略深度融入运营管理与决策过程。企业需要制定贴合自身实际的

ESG 战略规划，并积极行动，明确实现目标所需的指标和关键绩效指标（KPI）。这将助力企业在业务和社会层面取得积极成果。

　　ESG 战略规划（见图 13-7）应涵盖企业使命、关键风险与机遇的识别，以及 KPI 的制定。同时，规划需围绕 ESG 战略和目标制定详细的实施路线图，明确 ESG 工作的方向、重点领域以及短期、中期和长期的行动路径。路线图应包含议题提升的时间表、关键里程碑、责任部门和具体任务。在规划前，企业需要通过内外部调研，了解利益相关方关注的议题及其对企业业务的影响，结合行业趋势和自身业务情况，评估议题的重要性与紧迫性。ESG 战略规划应根据议题的重要程度，制订短期、中期和长期的提升计划，合理分配资源。在规划过程中，企业需要确保议题提升路径的可行性，并将责任落实到具体部门和个人，明确实现关键里程碑的执行方式和预期成果。

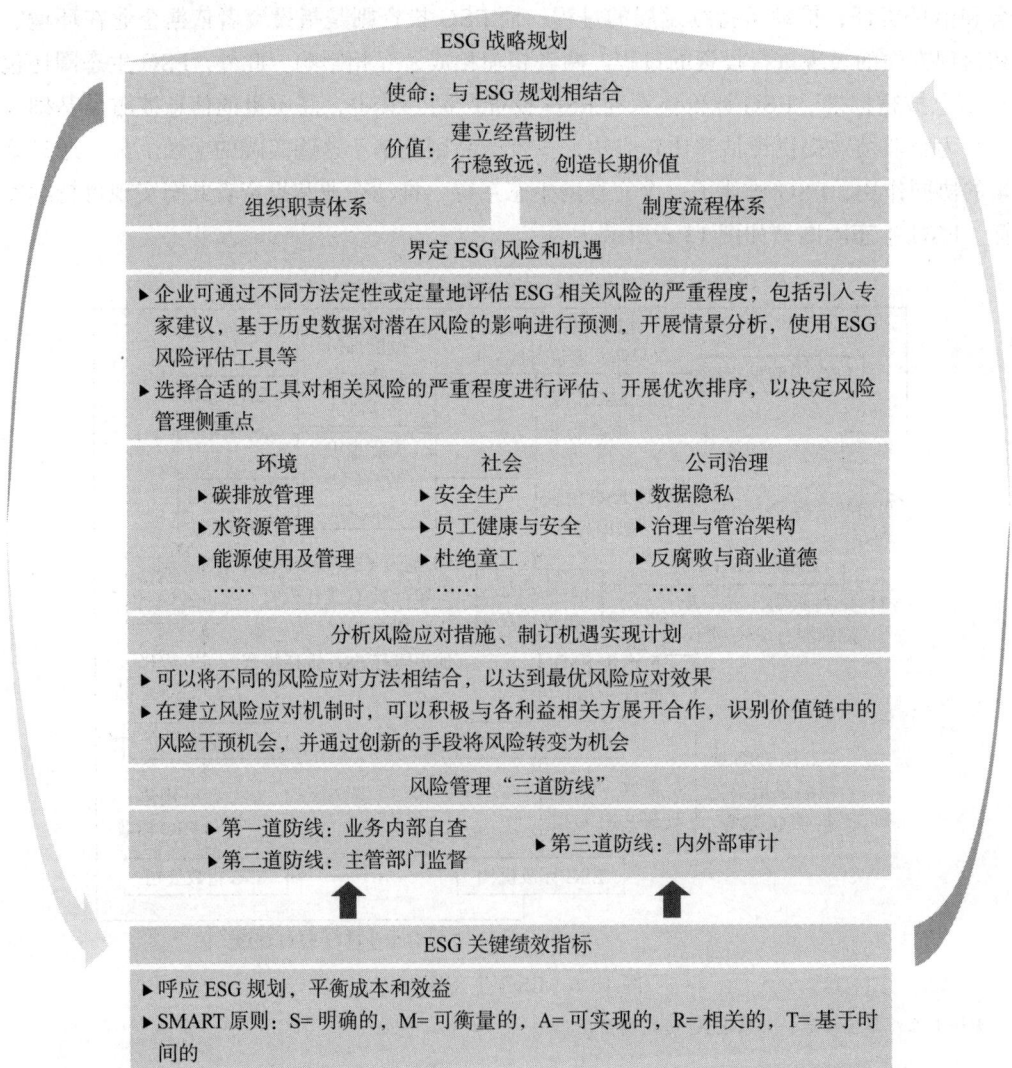

图 13-7　ESG 战略规划

资料来源：安永 ESG 课题组 . 一本书读懂 ESG[M]. 北京：机械工业出版社，2024.

为了推动企业内部从上至下按规划落实工作，制定科学合理且符合成本效益原则的ESG 的 KPI 至关重要。KPI 的制定可依据"SMART"原则，使指标更具科学性和规范性，从而助力员工高效完成 ESG 战略规划任务。KPI 基于 ESG 战略规划设定，并随着战略的推进不断调整和完善。同时，KPI 的完成情况也能为管理层制订分阶段提升计划提供反馈。

比如，安永大中华区针对 ESG 投资中存在的信息获取难题和评级体系本土化不足的问题，开发了"ESG 智能管理系统"，旨在帮助投资机构搭建符合中国市场特点的 ESG 评价体系，全面提升企业的 ESG 管理水平。该系统集 ESG 战略规划、投资管理与表现分析于一体，涵盖八大功能模块，为企业提供一站式解决方案。

系统功能包括：战略规划模块从企业使命出发，定制分阶段的 ESG 战略，将核心议题转化为量化指标，贯穿企业运营管理全流程；智慧填报模块实现数据一键上传、自动测算能耗、异常数据捕捉与风险预警，通过数字孪生技术赋能智慧运营；现状研判模块分析数据与规划目标的差距，对标同行业领先实践，预测发展轨迹并调整策略；风险管控模块全面分析气候、信用、舆情等 ESG 风险类型，并通过风控流程保障企业稳健运营；机遇洞察模块洞察政策和市场机遇，进行场景模拟，助力企业把握商机；信息披露模块满足监管要求，对标国际标准，一键生成多口径报告，减轻企业披露压力；投资表现分析模块涵盖绿色金融、气候风险分析、碳足迹核算等功能，为机构投资者提供有力支持；ESG 投资管理模块制定投资策略，支持多种投资方法，一键量化数据并生成投资报告，全面展现 ESG 价值。

◎ 尝试应用

1. 模拟任务

2～3 个同学组成一组。每个小组选择一条现实的供应链，通过实地调研和网络调研，完成以下模拟任务。

（1）该供应链如何开展产品服务化，从产品供应链向产品服务供应链转型？如果该供应链本身是服务供应链，如何基于服务产品的类型来配置供应链？

（2）该供应链如何实现全球化，或深化其全球化？

（3）该供应链如何通过循环供应链、绿色供应链、ESG 战略实现可持续发展？

2. 思考分析题

（1）试分析供应链绩效评价与供应链改进及提升的关系。

（2）调查一家企业，了解该企业及其所在供应链做过哪些改进，这些改进属于哪种供应链策略。

（3）查找资料，总结并归纳供应链优化设计会用到哪些管理工具、优化模型和数量方法。

（4）供应链优化往往由核心企业来设计和实施，但也离不开其他企业的合作与支持。你怎么看待这一观点？请举例说明。

（5）在互联网上查询哪些企业通过数字化手段，设计了产品服务化的商业模式，实现了从产品供应链到产品服务化供应链的转型。

（6）在《财富》世界 500 强企业中挑选一些企业，查找这些企业的相关资料，分析其全球制造网络或全球供应链的构成，并使用 GIS 软件绘制地理分布图。

（7）在互联网上查询哪些国内企业在打造全球化供应链的过程中成功了或失败了，成功和失败的原因分别是什么，其中，使用数字化的技术和手段可以为全球化供应链实现哪些功能，带来哪些价值。

（8）调查国内企业中哪些行业里的企业重视并发展循环供应链，分析这些循环供应链是如何设计的，是否使用了数字化的一些手段，如果没有，你能为其提出哪些数字化的建议来改进和提升。

（9）调查国内外企业，找出一些践行绿色供应链的实例，分析其是否使用了数字化的一些手段，如果没有，你能为其提出哪些数字化的建议来改进和提升。

（10）在你所了解的企业或行业中，有哪些企业已经开始实施 ESG（环境、社会和公司治理）战略？请结合具体案例，分析这些企业是如何在供应链管理中融入 ESG 理念的，它们在环境、社会和治理方面分别采取了哪些具体措施，这些措施对企业的长期发展有何积极影响。

◎ 融会贯通

1. 主动地改善、被动地改善、主动地突破、被动地突破，这些改进方式你用过哪些？

2. 你在日常生活中消费过哪些服务？这些服务的服务供应链由哪些主体构成？试构建该服务供应链的网络结构。

3. 你用过哪些通过数字技术来实现的产品与服务的组合？企业或供应链是如何提供的？还有哪些生活中的产品可以通过数字化技术来实现其服务化？

4. 教学供应链是产品服务化供应链吗？

5. 供应链管理的精益策略、快速响应策略、有效客户反应策略、众包策略等四种策略是否适合于服务供应链？

6. 服务供应链的商流、资金流、物流、信息流、风险与产品供应链有什么区别？

7. 服务供应链的合作伙伴选择与产品供应链有什么区别？

8. 全球供应链的产品流、商流、资金流、物流、信息流、风险与国内供应链有什么区别？

9. 你有建立全球化人际供应链的打算吗？应如何建立？

10. 作为消费者，我们在日常生活中可以通过哪些方式支持可持续供应链？

11. 服务供应链与产品供应链在可持续性方面存在显著差异。请思考并讨论服务供应链如何实现可持续性。

12. 实验：全球供应链优化与仿真实验。

使用 anyLogistix 软件，考虑海陆空等多种运输方式和关税，建立全球供应链优化模型和仿真模型，求解全球供应链网络优化最优解决方案，进行仿真实验，并探讨风险事件对全球供应链绩效的影响。

全球供应链优化与仿真实验

anyLogistix 软件 PLE 版官网免费下载地址：https://www.anylogistix.com/。

⊙ 参考文献

[1] 安永 ESG 课题组 . 一本书读懂 ESG[M]. 北京：机械工业出版社，2024.

[2] 邓明荣，葛洪磊 . 供应链管理：战略与实务 [M]. 北京：机械工业出版社，2012.

[3] 丁俊发 . 供应链理论前沿 [M]. 北京：中国铁道出版社，2018.

[4] 金宝辉，马啸来，孙艳敏，等 . 供应链管理 [M]. 成都：西南财经大学出版社，2019.

[5] 刘常宝，刘平胜，林子杰，等 . 数字化供应链管理 [M]. 北京：清华大学出版社，2023.

[6] 唐隆基，潘永刚 . 数字化供应链：转型升级路线与价值再造实践 [M]. 北京：人民邮电出版社，2021.

[7] 赵兴峰 . 数字蝶变：企业数字化转型之道 [M]. 北京：电子工业出版社，2019.

[8] NIDUMOLU R, PRAHALAD C K, and RANGASWAMI M R. Why sustainability is now the key driver of innovation[J]. Harvard business review, 2009: 56-64.